商标注册审查制度改革研究

RESEARCH ON THE REFORM OF THE TRADEMARK REGISTRATION AND EXAMINATION SYSTEM

王莲峰 等 著

法律出版社
LAW PRESS·CHINA
北京

图书在版编目（CIP）数据

商标注册审查制度改革研究 / 王莲峰等著. -- 北京：法律出版社, 2025. -- ISBN 978 - 7 - 5244 - 0068 - 4

Ⅰ. D923.434

中国国家版本馆 CIP 数据核字第 2025P97Y40 号

商标注册审查制度改革研究　　　　　　　　　　　　　策划编辑　李捷琳
SHANGBIAO ZHUCE SHENCHA ZHIDU　　王莲峰　等　著　　责任编辑　李捷琳
GAIGE YANJIU　　　　　　　　　　　　　　　　　　　　装帧设计　苏　慰

出版发行　法律出版社	开本　710 毫米×1000 毫米　1/16
编辑统筹　法律出版社	印张　25.75　　　字数　359 千
责任校对　王晓萍	版本　2025 年 7 月第 1 版
责任印制　胡晓雅	印次　2025 年 7 月第 1 次印刷
经　　销　新华书店	印刷　北京建宏印刷有限公司

地址：北京市丰台区莲花池西里 7 号(100073)
网址：www.lawpress.com.cn　　　　　　销售电话：010 - 83938349
投稿邮箱：info@ lawpress.com.cn　　　　客服电话：010 - 83938350
举报盗版邮箱：jbwq@ lawpress.com.cn　　咨询电话：010 - 63939796
版权所有·侵权必究

书号：ISBN 978 - 7 - 5244 - 0068 - 4　　　　定价：98.00 元

凡购买本社图书，如有印装错误，我社负责退换。电话：010 - 83938349

前　言

《商标注册审查制度改革研究》是2020年国家社科基金项目重点课题指南"法学"中"72.商标注册制度改革研究"选题下的题目,本课题重在研究我国商标注册审查制度存在的问题,通过理论分析和域外审查制度的比较借鉴,提出适合我国商标注册审查制度改革的方案和制度设计。按照申报课题要求,本课题的预期结项成果为专著,课题组已经按照计划在申报期限内完成了书稿。

随着我国商标审查数量的突飞猛进,尽管《商标法》多次修改,但仍然存在亟待提高审查效率的问题;加之国际经济一体化的发展趋势,这一问题更加凸显。如何从根本上提高审查效率又确保商标注册的质量？这是商标注册审查制度改革的目标,也是本书研究的出发点和落脚点。

由于我国的商标注册审查制度建立较晚,商标注册数量又在迅猛的市场经济发展形势下持续增长,我国的商标注册审查制度长期以来都经受着严峻考验,《商标法》历次的修改、完善与改革也都面临巨大挑战。目前来看,我国的商标注册审查制度在商标使用义务强调、审查模式选择、异议程序设置与配套机制完善等方面亟待进一步优化和改革。此外,我国市场信用发展的迟缓还滋生了恶意注册的顽疾。上述问题需要我们通过对商标注册审查制度的变革从根本上予以纠正。

一、本书的主要内容和重要观点

本书的主要内容包括五个方面,分别为:我国商标注册审查制度的变迁与现实问题及成因;商标注册审查制度的理论构造及制度协调;商标注册审查制度的主要模式及变革趋势分析;我国商标注册审查制度的改革方案;我国商标注册审查制度改革的具体建议。

1.凝练我国商标注册审查制度改革的理念和指导思想,并体现在具体制度的设计中。本书认为,作为一种行政确认行为,商标注册审查主要依赖注册机关的行政职能,即公共审查。但是,这一公共审查也需要与私人审查"取长补短",在特定国情条件下,调动申请人、在先权利人、利害关系人,乃至社会公众的力量,在最低的审查成本下获取最大的审查净收益,是课题组提出的解决审查制度问题的理念和指导思想。

这种理念体现到商标注册审查制度的总体设计上表现为:首先,需要与商标权取得模式进行充分协调。无论是商标权的使用取得模式、注册取得模式,还是并行或混合的模式,都需要通过与审查理由等事项的紧密联系,在兼顾公平与效率的同时,解决商标使用义务的风险分配问题。其次,需要实现商标审查模式与异议设置模式的有效组合,这是商标注册审查制度改革的主要内容。无论是全面审查模式还是绝对理由审查模式,无论是异议前置模式还是异议后置模式,其本身都各有利弊,无论采取何种组合方式,都应以切实解决我国商标注册审查制度运行中的突出问题为目标。最后,在商标注册审查制度关涉的各项程序内部,如异议、无效或撤销等后续程序的选择与设计,也会影响到制度运行的整体绩效与实际体验,因此也需慎重处理。

2.通过比较研究,提出了符合我国当前国情的商标注册审查制度改革的模式选择:保留全面审查模式并转向异议后置,更能兼顾商标注册审查的质量和效率。考察其他国家和地区的商标注册审查制度模式可以发现,不同的商标审查模式与异议设置模式均有其代表性的立法例。这也从侧面说明,商标注册审查制度的不同模式并未有优劣之分,只有与具体国情和实施条件相结合的模式设计才是最优的选择。不过,从商标注册审查制度的宏观发展来看,主要国家和地区的商标注册审查制度的改革呈现两种趋势,一是从全面审查模式改采绝对理由审查模式,二是从异议前置模式转向异议后置模式。前一趋势的典型代表有欧盟、英国。由于绝对理由审查模式对实施环境的要求较高,对于商标申请量十分庞大的我国而言,应持较为审慎的态度。后一趋势的典型代表有日本、德国。保留全面审查模式并转向异议后置更能兼顾商标注册审查的质量和效率,更符合我国当前国情。

3.提出了我国商标注册审查制度的改革目标:必须定位于"提质增效"。我国商标注册审查制度的改革应紧密联系现实国情,并明确改革的根本目标。

与其他发达国家和地区相比，我国的商标注册与审查工作面临两个特殊问题，一是市场信用的发育迟缓无法匹配市场化的迅速发展，二是不当的资源配置无法迎合行政机关主导的审查优势。在这种情况下，我国商标注册审查制度的改革目标必须定位于"提质增效"。而将两种主要改革趋势所要求的成本、具有的优势与需要的改革环境对比来看，转向异议后置的改革方案于我国而言更具有必要性和可行性。

在保留全面审查并转向异议后置的改革选择下，我国商标注册审查制度的改革设计应该紧紧围绕"提质增效"这一目标发力，分别针对商标注册审查制度所涵盖的商标权取得制度、审查制度和异议制度进行优化和改革。就商标权取得制度而言，改革的重点在于规范商标申请和使用行为。就商标审查制度而言，需要从内容和程序两方面采取多种措施提升其质效。就商标异议制度而言，一方面要通过程序简化，最大化异议后置改革的效率优势；另一方面要做好程序衔接，保障异议后置模式下的商标质量。此外，针对恶意异议这一特殊问题，还应采取不同措施多管齐下，以便有效规制。

4.提出了适合我国国情的商标注册审查制度的改革方案："全面审查+异议后置"模式，并提供了具体的立法建议和改革路径。

（1）强化商标使用义务的审查。在厘清注册商标专用权人商标使用概念的基础上，本书建议在商标注册审查中明确申请人的使用意图要求，并以之代替《商标法修订草案（征求意见稿）》的承诺使用制度。以使用意图为基点，分别在商标权维持、商标权处分以及商标权救济中，明确权利人的商标使用义务，以期提高商标使用的法律地位，引导商标注册制回归"商标的生命在于使用"的制度本源。

（2）完善商标注册申请的审查内容与程序。第一，通过适当扩大形式审查阶段的处理权限、重点扩充实质审查阶段的申请事项，合理配置不同阶段的审查内容与重点。第二，明晰我国现行商标注册快速审查机制存在的问题并有针对性地加以完善，系统构建我国的商标注册申请快速审查机制。第三，通过提高商标注册收费并实行"先缴费再审查"、允许当事人在任何阶段撤回商标注册申请、赋予知识产权行政部门撤回初审公告的权力、规定知识产权行政部门帮助推行快速审查等方式，灵活促进商标注册审查中的程序协调。第四，探索人工智能技术在商标审查中的应用，利用人工智能技术加强商标审查工作质效控制和在初期审查中的应用，引领未来商标注册审查制度改革潮流。

(3) 优化异议审查流程以凸显改革效率优势。第一,将异议程序由前置改为后置,取消初步审定公告,对通过实质审查的商标立即核准注册并公告。第二,将异议期由 3 个月缩短至 2 个月,以鼓励异议主体尽快启动异议,进一步提升商标注册效率。第三,通过推行口头审理、增设异议纠纷自我和解机制、引入不使用抗辩规则等,提升异议程序的纠纷解决效能。第四,通过引入第三方陈述意见制度实现商标注册审查的公众监督。第五,通过在商标评审程序之间适用"一事不再理"原则并取消异议不予注册复审程序,合理简化商标评审程序之间的流程。商标异议制度并不存在所谓的自我监督功能,其应当主要发挥权利救济功能,社会监督功能是异议制度的次要功能。商标异议裁决,本质上应当属于一种行政裁决,具有"准司法行为"性质,兼具行政性与司法性。商标异议裁决后续程序同样兼具行政救济与司法救济两种法律属性。根据商标异议裁决及其后续程序的双重法律属性,应当区分异议人以不予注册绝对理由提起异议与异议人以不予注册相对理由提起异议的两种不同模式。在异议后置模式下,应当使异议程序与无效宣告程序合理分工,并与撤销制度有效联动,从而兼具效率与公平价值。

(4) 协调异议后置下的相关商标注册审查制度。第一,在异议制度的基本原理与后续程序选择上,应当主要使其发挥救济功能,明确异议裁决兼具行政性与司法性的双重属性,区分异议人以不予注册绝对理由提起异议与异议人以不予注册相对理由提起异议的两种不同后续模式,对于前者,选择异议后复审模式;对于后者,选择异议后民事诉讼模式。第二,在异议制度与无效宣告制度的协调上,应通过限制无效宣告程序的申请主体与申请理由、明确其准司法性质并衔接民事诉讼、恢复"一事不再理"等方式,协调异议制度与无效宣告制度的分工。第三,在异议制度与撤销制度的联动上,增加撤销事由,发挥撤销制度在激活商标、权利规制、促进竞争等方面的功能,使其为异议后置模式的实施提供有力保障。

(5) 加大对恶意注册的规制力度。商标恶意注册有违商标本质且危害显著,应从立法、司法、行政三个层面进行立体化规制。第一,在立法层面,应当在商标权取得阶段增设使用意图要求,在权利利用阶段加大对权利人实际使用商标的审查,在权利救济阶段对恶意注册者的诉讼请求不予支持。第二,在司法层面,法院不应保护侵害他人在先权利的商标,此种行为可能构成不正当竞争行为,代理机构帮助恶意注册的行为可能构成帮助侵权。第三,在行政层面，行政机关应当不断明确商标恶意注册打击要点，并完善商标恶意注册打击手段。此外，还应在《商标法》中增设商标恶意抢注的民事责任，进一步明确商标恶意注册的行政责任，以构建商标恶意注册的法律责任体系。

二、本书研究成果的主要价值与影响

本书构建了以异议后置为核心的商标注册审查制度，涉及商标法的重要基础理论问题，如商标注册审查模式的成因、商标注册审查事由的类型及法律属性、商标审查职能及实现路径的法理基础、异议程序的制度功能等，对其进行探讨既有助于促进商标注册制度理论研究乃至商标法理论研究的深化，也有助于完善我国《商标法》，进一步优化我国商标注册审查制度，有效提升商标确权机构的审查效率，为立法机关改革现行商标注册审查制度提供理论支持。

通过对基于不同审查事由的属性、不同阶段的审查任务所进行的审查方式的研究，本书将审查功能、审查事由、审查阶段的任务有机结合，既有助于拓宽商标审查理论研究的视野和思路，也有助于提升商标审查的质量，促进商标审查制度的完善，为进一步完善《商标审查审理指南》提供修改方案和具体修改建议。

结合2023年年初颁布的《商标法修订草案（征求意见稿）》，为更加直观地展现本书的研究成果，本书于最后附有《商标法》、《商标法实施条例》、《商标审查审理指南》、《商标注册申请快速审查办法（试行）》及与之对应的修改建议对比表。

2024年9月，课题顺利结项并取得良好成绩。在取得国家社科基金委员会的同意后，本书在结项报告基础上多次修改而成。由于时间仓促、资料有限，本书不足之处，还望读者批评指正。

感谢课题组张立新博士、胡丹阳博士和黄安妮博士等多位成员为课题的顺利完成和书稿的撰写所作的付出和贡献。

感谢法律出版社编辑及所提的专业的建议，其认真负责的敬业精神令我敬佩。

王莲峰
2025年6月于上海华政园

目　录

第一章　我国商标注册审查制度的变迁与现实问题及成因 …………… 001
　第一节　我国商标注册审查制度的历史沿革 …………………………… 001
　　一、我国商标立法审查制度的变迁及评析 …………………………… 002
　　二、我国商标注册行政审查制度的变迁 ……………………………… 015
　　三、我国商标注册司法审查规定的比较及变化 ……………………… 023
　第二节　我国商标注册审查制度的现实问题及其成因分析 …………… 025
　　一、我国现行商标注册审查模式存在缺陷 …………………………… 026
　　二、商标异议制度功能和定位不明 …………………………………… 031
　　三、商标使用义务规定缺乏体系化 …………………………………… 035
　　四、恶意商标注册缺乏体系化规制 …………………………………… 036
　　五、商标注册审查制度的配套措施不足 ……………………………… 040
　本章小结 …………………………………………………………………… 042

第二章　商标注册审查制度的理论构造及制度协调 …………………… 044
　第一节　商标注册审查制度的理论构造 ………………………………… 044
　　一、商标权的来源：确权与授权 ……………………………………… 045
　　二、商标权的属性：私权与公权 ……………………………………… 048
　　三、商标注册审查的性质：私人审查与公共审查 …………………… 049
　　四、商标注册审查的价值定位：公平与效率 ………………………… 052
　第二节　商标权取得模式与商标注册审查制度的协调 ………………… 054
　　一、商标权取得模式的目标是兼顾公平与效率 ……………………… 055

二、商标权取得模式的历史与现实 …………………………… 058
　　三、商标注册审查中的使用义务风险分配 …………………… 063
第三节　商标注册审查模式与异议设置模式的组合与选择 ………… 066
　　一、全面审查模式与绝对理由审查模式的利弊分析 ………… 066
　　二、商标异议模式及其功能分析 ……………………………… 069
　　三、商标注册审查模式与异议模式的不同组合 ……………… 071
　　四、商标注册审查与异议组合模式的选择逻辑 ……………… 074
第四节　商标异议和无效与撤销及其后续程序的模式与设置 ……… 078
　　一、商标异议后续程序的基本模式与设置原理 ……………… 078
　　二、商标无效宣告及后续程序的基本模式与设置原理 ……… 086
　　三、商标撤销及后续程序的基本模式与设置原理 …………… 087
本章小结 …………………………………………………………………… 090

第三章　商标注册审查制度的主要模式及变革趋势分析 …………… 092
第一节　商标注册审查制度的主要模式及其典型代表 ……………… 092
　　一、"全面审查+异议前置"模式的典型代表 ………………… 093
　　二、"绝对理由审查+异议前置"模式的典型代表 …………… 105
　　三、"全面审查+异议后置"模式的典型代表 ………………… 116
　　四、"绝对理由审查+异议后置"模式的典型代表 …………… 119
第二节　商标注册审查制度的变革趋势之一：改采绝对理由审查 …… 122
　　一、改采绝对理由审查国家和地区的商标注册审查制度改革
　　　　实践 ……………………………………………………………… 123
　　二、改采绝对理由审查模式对我国商标注册审查制度改革的
　　　　启发 ……………………………………………………………… 145
第三节　商标注册审查制度的变革趋势之二：转向异议后置 ………… 149
　　一、转向异议后置国家和地区的商标注册审查制度改革实践 …… 149
　　二、转向异议后置对我国商标注册审查制度改革的启发 ……… 166
本章小结 …………………………………………………………………… 176

第四章 我国商标注册审查制度的改革方案 …… 178
第一节 我国商标注册审查制度改革的国情与目标 …… 178
一、我国商标注册审查制度改革面临的特殊国情 …… 178
二、我国商标注册审查制度改革的目标：提质增效 …… 182
第二节 我国商标注册审查制度的改革选择：转向异议后置 …… 187
一、方案比较：异议后置改革的成本与优势 …… 188
二、现实需求：异议后置模式改革的必要性 …… 192
三、实施基础：异议后置模式改革的可行性 …… 199
第三节 "全面审查+异议后置"模式下的商标注册审查制度改革设计 …… 204
一、坚持全面审查并优化商标审查工作以确保商标注册质效 …… 204
二、改革异议程序以提高注册审查效率 …… 208
三、做好制度衔接配套以改善异议后置不足 …… 211
四、规范商标申请使用以筑牢注册制度根基 …… 215
五、切实采取有效措施以规制商标恶意注册 …… 218
本章小结 …… 221

第五章 我国商标注册审查制度改革的具体建议 …… 223
第一节 优化商标注册申请的审查以确保注册质量 …… 223
一、合理配置不同阶段的审查内容与重点 …… 224
二、加快构建商标注册申请快速审查机制 …… 228
三、灵活促进商标注册审查中的程序协调 …… 237
四、积极探索人工智能技术在商标审查中的应用 …… 239
第二节 重构商标异议审查制度以凸显改革效率优势 …… 242
一、异议程序由前置改为后置 …… 243
二、异议期由3个月缩短至2个月 …… 245
三、提升异议程序的纠纷解决效能 …… 246
四、引入第三方陈述意见制度以实现公众监督 …… 250
五、合理简化商标评审程序之间的流程 …… 252
第三节 商标异议后置改革与无效宣告和撤销制度的协调 …… 255

一、异议后续程序的基本原理与模式选择 …………………… 255
　　二、异议后置改革下异议制度与无效宣告制度的协调 ………… 261
　　三、异议后置改革下异议制度与撤销制度的联动 ……………… 270
　第四节　进一步强化对商标使用义务的审查 ……………………… 274
　　一、注册商标权人商标使用的概念界定 …………………………… 275
　　二、注册审查程序中的商标使用义务：使用意图的设定 ………… 283
　　三、强化商标使用义务审查的立法体系化建构 …………………… 289
　第五节　加大对商标恶意注册的规制力度 ………………………… 310
　　一、商标法上恶意注册及其危害 …………………………………… 310
　　二、商标恶意注册类型化分析 ……………………………………… 320
　　三、商标恶意注册法律规制及其完善 ……………………………… 329
　　四、商标恶意注册法律责任之建构 ………………………………… 343
　本章小结 ……………………………………………………………… 354

结　论 ………………………………………………………………… 357

附录一　《商标法》与修改建议对比表 …………………………… 362

附录二　《商标法实施条例》与修改建议对比表 ………………… 371

附录三　《商标审查审理指南》与修改建议对比表 ……………… 373

附录四　《商标注册申请快速审查办法（试行）》与修改建议对比表 …… 374

参考文献 ……………………………………………………………… 376

后记　有梦不觉人生寒 ……………………………………………… 400

第一章　我国商标注册审查制度的变迁与现实问题及成因

商标权取得有注册取得制与使用取得制之分。德国、日本、韩国,皆采取注册取得制,商标权经核准注册而产生。美国虽采取使用取得制,商标权经实际使用而产生,但商标注册审查在美国商标法上亦占重要地位。可以说,商标注册审查制度勾勒了商标法的基本面貌。[①] 我国向来采取注册取得制,商标注册审查制度相关条款一直占据着商标法的大部分。但从1950年《商标注册暂行条例》发展至今,我国商标注册审查制度依然存在较大缺陷。本章首先从我国商标立法、商标注册行政审查制度、商标注册司法审查标准三个角度,梳理我国商标注册审查制度的历史沿革,继而分析我国商标注册审查制度的现实问题及其成因。

第一节　我国商标注册审查制度的历史沿革

法律诞生于历史,任何法律规则、法律理论,都是在历史长河中不断被创立、否定、修正、重塑的。所以,对法律问题的分析必定涉及历史向度的追问,以期体察法律制度的发展趋势、指明有利于本国法律的改革方向。[②] 本节以历史的眼光梳理我国商标法、司法解释、行政规章中的商标注册审查制度,总结其制度变迁趋势,继而为商标注册审查制度的变革提供理论基础。

[①] 参见张玉敏:《商标注册与确权程序改革研究——追求效率与公平的统一》,知识产权出版社2016年版,第57~58页。
[②] 参见胡玉鸿:《论法学研究中的历史分析方法》,载《甘肃社会科学》2023年第1期。

一、我国商标立法审查制度的变迁及评析

(一)商标注册审查制度初创时期:从自愿注册到强制注册

1. 1950 年《商标注册暂行条例》采用自愿申请注册确权原则

中华人民共和国成立初期,百废待兴。1950 年 7 月 28 日,为推动经济发展,统一管理商标工作,政务院通过第一部商标法规——《商标注册暂行条例》。1950 年 9 月 29 日,政务院财政经济委员会颁布《〈商标注册暂行条例〉实施细则》。[①]《商标注册暂行条例》规定 6 章内容,分别为总则、申请、审查、注册、异议、附则,共计 34 条。在商标权取得方面,该条例采用注册取得原则、自愿注册原则,建立了"在先申请"兼顾"在先使用"的商标注册取得制度。2 人以上在相同或类似商品之上使用相同或近似商标,且申请商标注册的,核准最先申请的注册;如果是同一天申请,核准先使用的注册。[②] 注册人自商标注册之日起享有专用权。[③]

在注册审查方面,《商标注册暂行条例》为商标注册申请人规定了救济措施,申请人不服驳回决定的,可以在法定期限内请求再次审查。[④] 商标经核准注册,发给注册证,注册人从注册之日起享有为期 20 年的专用权,期满得申请继续专用。[⑤] 商标注册人的歇业或转业均可以使商标专用权消灭。[⑥] 在商标撤销方面,《商标注册暂行条例》规定了撤销商标的 3 种情形:(1)商标专用权人自行变换注册商标的;(2)停止使用注册商标满 1 年的;(3)商标专用权自行移转已满 6 个月而未经报请移转的。[⑦] 在商标异议方面,《商标注册暂行条例》第 24 条、第 25 条规定,对于已经审定公告或者核准注册的商标,他人认为与自己已注册或审定的商标相同或近似时,得提出异议。对于已经核准注册的商标,为保证注册商标的稳定性,异议应当在注册商标登载商标公报之日起 1

[①] 参见张玉敏:《商标注册与确权程序改革研究——追求效率与公平的统一》,知识产权出版社 2016 年版,第 16 页。
[②] 参见《商标注册暂行条例》第 10 条。
[③] 参见《商标注册暂行条例》第 18 条。
[④] 参见《商标注册暂行条例》第 15 条。
[⑤] 参见《商标注册暂行条例》第 17 条、第 18 条。
[⑥] 参见《商标注册暂行条例》第 22 条。
[⑦] 参见《商标注册暂行条例》第 21 条。

年内提出。① 在商标权救济方面,商标权人可以针对侵害注册商标专用权的行为向法院提起诉讼。②

《商标注册暂行条例》是根据解放区的商标法,综合考虑我国当时经济成分与《中国人民政治协商会议共同纲领》所规定的"公私兼顾……内外交流"的方针而制定的。③ 虽然该条例在诉讼程序罚则方面的规定有所欠缺,但无论是从保护商标专用权的宗旨,还是从商标的注册审查程序来看,该条例的规定都是比较完备的,为后来商标注册审查制度打下了坚实的基础。④

20世纪50年代初,我国商品经济尽管已经有所复苏和发展,但是总体上还很落后。商品的品牌没有受到所有企业的关注⑤,导致社会上存在大量的未注册商标。1954年3月9日,为加强对未注册商标的统一管理,中央工商行政管理局发布《关于未注册商标的指示》与《未注册商标暂行管理办法》,规定所有未经注册商标都要到地方工商局进行注册。但由于未注册商标的核准登记并不能产生商标专用权,也不能转让,登记过程中如发现与注册商标相同或近似,反而要撤销登记,未注册商标使用人并无动力注册商标。再加上当时的工商部门还不够完善,又缺乏商标管理人员,登记工作难以为继。⑥

虽然未注册商标的登记工作在大多数城市未得到有效落实,但此种方法成为日后推行强制注册制度的滥觞。⑦ 国务院于1957年1月17日转发中央工商行政管理局《关于实行商标全面注册的意见》,指出未注册商标泛滥的原因在于《商标注册暂行条例》确立的自愿注册原则,规定商标只有经过注册才能使用。从此,我国商标注册制度发生了根本性变革,由自愿注册转变为强制注册,"把监督商品质量作为商标管理的主要任务,改变了保护商标专用权的固有性质,取消了商标权的法律内涵,显然偏离了商标管理的法律轨道"。⑧

---

① 参见曹世海:《商标权注册取得制度研究》,西南政法大学2016年博士学位论文,第39页。
② 参见《商标注册暂行条例》第29条。
③ 参见国家工商行政管理总局编著:《商标注册与管理》,中国工商出版社2012年版,第4页。
④ 参见国家工商总局商标局:《新中国商标注册与管理制度的建立和发展》,载《中华商标》2003年第2期。
⑤ 参见国家工商总局商标局:《新中国商标注册与管理制度的建立和发展》,载《中华商标》2003年第2期。
⑥ 参见国家工商总局商标局:《新中国商标注册与管理制度的建立和发展》,载《中华商标》2003年第2期。
⑦ 参见曹世海:《商标权注册取得制度研究》,西南政法大学2016年博士学位论文,第39页。
⑧ 国家工商总局商标局:《商标注册与管理工作的曲折道路》,载《中华商标》2003年第3期。

2.1963年《商标管理条例》确立了强制注册原则

1963年4月10日,《商标管理条例》出台。第一,该条例明确规定其立法目的在于强化商标管理、保证和提高产品质量;第二,确立强制注册原则,规定商标只有经过注册才能使用,否定未注册商标存在的合理性①;第三,规定先申请原则,两个及以上主体申请相同或近似商标的,准许最先申请的企业注册;第四,规定商标的主要功能在于区分附着商标的商品质量,要求工商行政机关应会同有关部门对商品质量进行监督管理;第五,由于强制注册制的确立,取消异议程序,商标经核准注册并经过公告即可获得注册证;第六,明确4种商标撤销事由②。

《商标管理条例》对立法目的的修改、对强制注册原则的确立、对商标功能的误解,以及对粗制滥造成为商标撤销事由的规定,表现出《商标管理条例》重在管理商标注册、监督商品质量,而不在于保护商标权。事实上,《商标管理条例》全文并没有出现"商标权"或"权利"等字样,其既没有规定如何保护"权利",也没有规定如何运用注册商标的"权利"。③《商标管理条例》反映了在计划经济条件下,商标完全成为政府管理经济的工具,与商标权应有的私权属性没有任何关系。④

(二)商标注册审查制度探索时期:自愿注册与商标异议制度的初步构建

1.1982年《商标法》采用自愿注册并开启异议制度

随着改革开放的进程和商品经济的发展,《商标管理条例》已然无法满足时代要求。1982年8月23日,《商标法》由全国人民代表大会常务委员会通过。1982年《商标法》是我国首部有关知识产权的法律,具有起点性的历史地位与里程碑式的历史意义。⑤

第一,在商标法立法目的方面,1982年《商标法》第1条将"保护商标专用

---

① 参见党晓林:《商标权注册取得制度研究》,中国政法大学2018年博士学位论文,第45页。
② 具体包括:(1)粗制滥造降低商品质量的;(2)自行变更商标名称、图形的;(3)商标停止使用已满1年未经核准保留的;(4)人民群众或者机关、团体、企业提出意见要求撤销,经审查认为应当撤销。参见1963年《商标管理条例》第11条。
③ 参见郑成思、黄晖:《中国改革开放以来的商标立法及四次修正(一)》,载《中华商标》2022年第9期。
④ 参见张玉敏:《商标注册与确权程序改革研究——追求效率与公平的统一》,知识产权出版社2016年版,第17页。
⑤ 参见黄汇:《商标法的历史功绩与时代局限》,载《光明日报》2012年11月4日,第5版。

权"作为立法目的之一。第二,废除《商标管理条例》确立的强制注册原则,转而采用自愿注册原则。① 正如任中林先生在给全国人民代表大会常务委员会所作的说明中指出:在使用之前必须注册商标的要求不利于发挥企业的积极作用,这对于由农民经营的小型企业而言尤其不合理。因此,该要求在新法中有所改变,未注册商标变得合法,而在第 5 条中,规定了必须强制使用注册商标的商品。② 第三,在商标权取得制度方面,1982 年《商标法》恢复了 1950 年《商标注册暂行条例》规定的"在先申请"兼顾"在先使用"的商标注册取得原则。③ 第四,在权利保护方面,首次明确规定侵害注册商标权的行为④,并规定商标权人既可以要求工商部门处理,也可以向法院起诉⑤。第五,在商标注册审查方面,对初步审定公告的商标,自公告之日起 3 个月内,任何人均可以向商标局提出异议。⑥ 商标局对异议作出裁定,当事人不服的,可以向商标评审委员会⑦提出复审,由其作出终局裁定。⑧ 无异议或者经裁定异议不能成立的,商标核准注册。对于已经核准注册的商标,任何人可以自核准注册之日起 1 年内,向商标评审委员会申请裁定,商标评审委员会将作出终局裁定。⑨ 同时,该法第 28 条规定了商标异议与商标争议的"一事不再理"制度,即"对核准注册前已经提出异议并经裁定的商标,不得再以相同的事实和理由申请裁定。"因而有学者认为此时的《商标法》在商标获得注册前后各设置了一次异

---

① 参见 1982 年《商标法》第 4 条。
② 参见郑成思、黄晖:《中国改革开放以来的商标立法及四次修正(一)》,载《中华商标》2022 年第 9 期。此外,1983 年《商标法实施细则》对此也有规定,例如,第 4 条规定:"药品必须使用注册商标。申请药品商标注册,应当附送省、自治区、直辖市卫生厅、局的批准生产的证明文件。"
③ 1982 年《商标法》第 18 条规定:"两个或者两个以上的申请人,在同一种商品或者类似商品上,以相同或者近似的商标申请注册的,初步审定并公告申请在先的商标;同一天申请的,初步审定并公告使用在先的商标,驳回其他人的申请,不予公告。"
④ 具体包括:(1)未经注册商标所有人的许可,在同一种商品或者类似商品上使用与其注册商标相同或者近似的商标的;(2)擅自制造或者销售他人注册商标标识的;(3)给他人的注册商标专用权造成其他损害的。参见 1982 年《商标法》第 38 条。
⑤ 参见 1982 年《商标法》第 39 条。
⑥ 参见 1982 年《商标法》第 19 条。
⑦ 需要说明的是,2018 年国务院机构改革之后,原国家工商行政管理总局商标局、原商标评审委员会等整合为国家知识产权局商标局,不再保留原商标评审委员会,原国家工商行政管理总局商标局、原商标评审委员会等机构的名称不再使用,但涉及原国家工商行政管理总局商标局、原商标评审委员会的业务办理程序不变,"商标局""商标评审委员会"已经统称为"国务院知识产权行政部门"。因此,除法条原文与历史沿革内容外,对于涉及我国商标注册审查制度改革的内容,本书统一使用"知识产权行政部门"这一表述。
⑧ 参见 1982 年《商标法》第 22 条。
⑨ 参见 1982 年《商标法》第 27 条、第 28 条。

议程序,这是事实上的"异议双置"制度。① 虽然这种观点可能受到 1950 年《商标注册暂行条例》规定注册前后皆可提出异议的影响,从"一事不再理"制度的设置来看,"异议双置"的说法也是有一定道理的。但考虑到后来《商标法》中将商标争议修改为商标无效,本书对于 1982 年《商标法》还是归纳为"异议前置"。

总体来说,1982 年《商标法》在名称上既没有沿袭此前"商标管理法"的先例,也没有采用"商标注册法"的说法,而是选择了"商标法"的表述;在内容上,该法没有拘泥于商标注册程序的规定,对于商标使用的管理、注册商标专用权的保护等方面作出规定,在形式与内容上均实现了重大超越,是一部真正意义上的"商标法"。② 但是,囿于时代背景,1982 年《商标法》依然带有计划经济色彩,例如,依然将"加强商标管理"作为立法目的,未确立诚实信用原则的地位与作用,未对未注册商标提供任何保护等。制度上的缺陷为后来的商标抢注现象频发埋下了伏笔。③

2. 1993 年《商标法》异议制度仍没有明确的规定

1993 年 2 月 22 日,全国人民代表大会常务委员首次修改《商标法》。1993 年 7 月 15 日,国务院批准了与之配套的《商标法实施细则》。此次修法是外部压力与内部需求的双重产物。一方面,我国修改《商标法》是在履行《巴黎公约》(1985 年加入)和《商标国际注册马德里协定》(1989 年加入)等条约的义务,④并使《商标法》符合处于草案阶段的《与贸易有关的知识产权协定》(以下简称 TRIPS 协定)的要求。⑤ 另一方面,1982 年《商标法》的缺陷造成商标抢注等诸多问题,有必要完善商标立法,营造诚实信用的市场环境。

相较于 1982 年《商标法》,1993 年《商标法》作出如下修改:第一,将服务商标纳入注册范围,明确服务商标同样适用《商标法》关于商品商标的规定。⑥

---

① 参见周俊强:《商标异议程序立法研究——兼论我国商标异议程序的改革》,载《知识产权》2010 年第 2 期。
② 参见余俊:《走在市场经济体制改革前列的 1982 年商标法——纪念 1982 年商标法颁布 40 周年》,载微信公众号"北京知识产权法研究会"2022 年 8 月 24 日,https://mp.weixin.qq.com/s/3AeWMtpliAnjthjJLQIObw。
③ 例如,安徽亳州古松酒厂抢注古井公司"曹操"牌白酒商标案、北冰洋汽水厂的"维尔康"(welcome)商标抢先申请注册案等。
④ 参见杜颖:《〈商标法〉第四次修改的问题面向与基本思路》,载《中国发明与专利》2018 年第 8 期。
⑤ 参见张玉敏:《商标注册与确权程序改革研究——追求效率与公平的统一》,知识产权出版社 2016 年版,第 19 页。
⑥ 参见 1993 年《商标法》第 4 条。

第二,明确指出除地名另具其他意义的情况外,县级以上行政区划的名称,以及一般人所熟知的外国地名,不能作为商标。① 第三,规定被许可人有义务标注其商标及其产品的来源。② 第四,针对实践中出现的违反诚实信用原则的商标注册申请行为,规定已注册的商标,如有违背商标禁用条款,或采取欺骗或其他不正当的手段获得注册的,可以被商标局撤销。③ 第五,增加侵害注册商标专用权的行为类型。④ 第六,增加侵害商标权的犯罪行为。⑤

概言之,1993年《商标法》加大了对注册商标专用权的保护力度,规制以欺骗或其他不正当手段取得商标注册的行为,体现出诚实信用原则在商标法中的具体落实。不过,1993年《商标法》依然存在一些缺陷。例如,由于1982年《商标法》和1993年《商标法》中异议条款并未明确异议理由、异议申请受理制度,商标异议制度在实践中沦为异议收文制度,而异议审查制度于法无据、名不副实。⑥ 另外,1993年《商标法》依然没有为商标确权提供司法救济,没有明确诚实信用原则在商标法上的地位等。这些缺陷导致1993年的修法难以对恶意抢注行为进行有效规制,也成为我国加入世界贸易组织的法律障碍。

(三) 商标注册审查制度发展时期:诚实信用原则的引入与异议制度的完善

1. 2001年因"入世"需要《商标法》确立了商标确权的司法审查制度

受我国加入世界贸易组织的大环境影响,我国《商标法》面临与国际条约接轨的义务。⑦ 为此,2001年10月27日,我国对《商标法》进行了第二次修正。本次修法涉及商标注册审查制度相关的修改主要有:

第一,2001年《商标法》第32条和第33条取消商标评审委员会的决定/裁定的终局状态,规定当事人不服商标评审委员会的决定/裁定,可以向人民法院起诉。因此,商标评审委员会作出的复审裁决不再是终局裁决,当事人对其

---

① 参见1993年《商标法》第8条。
② 参见1993年《商标法》第26条。
③ 参见1993年《商标法》第27条。
④ 增加"销售明知是假冒注册商标的商品的"侵权行为,增加伪造注册商标标识或销售伪造注册商标标识的侵权行为。参见1993年《商标法》第38条。
⑤ 1982年《商标法》仅规定"假冒注册商标罪",1993年《商标法》新增"非法制造、销售非法制造的注册商标标识罪",增加"销售假冒注册商标的商品罪"。参见1993年《商标法》第40条。
⑥ 参见汪泽:《简论异议程序的完善》,载《工商行政管理》1999年第Z1期。
⑦ TRIPS协定第62条要求缔约国应当设置司法或准司法程序对知识产权取得或维持程序中的行政裁决进行审查。

不服的,可以继续诉讼至人民法院。[①] 商标授权确权诉讼适用《行政诉讼法》,性质为行政诉讼[②],诉讼当事人为不服复审裁决的一方和原商标评审委员会。人民法院应当通知复审程序的另一方作为第三人参加诉讼。[③] 由此,我国异议程序演变为异议前置下行政二审与司法二审终局模式。

第二,2001年《商标法》第41条对"注册不当的商标争议及其裁定"条款进行了修改。其中,第1款规定了因商标不当注册而撤销的情况,在1993年修正的《商标法》的基础上,增加缺乏显著性的商标在注册后也可以撤销的规定。第2款增加了利害关系人对注册商标核准之日起5年内向商标评审委员会提请撤销的规定,利害关系人包括驰名商标的所有人、商标注册的被代理人或代表人、在先权利人等。第3款延长了可请求撤销争议商标的时间期限,由之前的1年延至5年。有学者认为《商标法》第二次修正取消了异议后置程序,保留了注册之前的异议程序,从而实现了我国商标注册异议程序从"双置"到"前置"的转变。[④] 但也有学者认为第41条第3款就是异议程序,仅将时间延长至5年,本质不变。[⑤]

第三,2001年《商标法》对商标不予注册的绝对理由和相对理由进行了完善。在绝对理由方面,扩大了商标的构成要素,[⑥]区分禁注条款和禁用条款,将1993年《商标法》中第8条第1款第5项和第6项规定的商标显著性内容独立出来,新增"缺乏显著特征的"兜底条款,作为显著性禁注条款,并规定经过使用取得显著性的,可以作为商标注册。[⑦] 1993年《商标法》第8条其余部分作为因违反社会公共利益而不予注册的禁用条款。[⑧] 在相对理由方面,2001年《商标法》有禁止使用复制、摹仿或翻译他人的驰名商标[⑨];代理活动中的商标

[①] 参见2001年《商标法》第33条。
[②] 最高人民法院《关于专利法、商标法修改后专利、商标相关案件分工问题的批复》明确指出,按照行政诉讼法有关规定,当事人不服专利复审委员会和商标评审委员会的复审决定或裁定的诉讼案件由北京市高、中级人民法院管辖。
[③] 参见2001年《商标法》第33条。
[④] 参见周俊强:《商标异议程序立法研究——兼论我国商标异议程序的改革》,载《知识产权》2010年第2期。
[⑤] 参见李雷、梁平:《论我国商标授权确权程序的优化》,载《知识产权》2017年第7期。
[⑥] 参见2001年《商标法》第8条。
[⑦] 参见2001年《商标法》第11条。
[⑧] 参见2001年《商标法》第10条。
[⑨] 参见2001年《商标法》第13条。

异议[1];地理标志禁用条款[2];以及不得损害他人在先权利、不得抢先注册他人有一定影响的商标[3]的规定。

2001年《商标法》中不得损害他人在先权利、不得抢先注册他人有一定影响的商标的规定，反映出了对《商标法》采取注册取得制度存在缺陷的认识，不再简单地将注册程序作为商标权原始取得的唯一标准，而是开始认识到商标使用的重要性，给予了在先使用的未注册商标一定的优先地位。[4] 而司法审查制度的确立，虽然有效制约了行政权力的滥用，表面上符合TRIPS协定第62条第5款的规定，但异议程序的前序步骤没有简化，增加了司法程序，导致商标注册程序过于烦琐冗长[5]。并且，由于《商标法实施条例》第22条[6]对异议程序的细化，异议制度的可操作性大大加强，实践中商标异议数量激增，而又未限定商标异议主体和异议理由，任何人可以以任何理由向商标局提出异议。异议程序逐渐沦为恶意异议人阻碍竞争对手顺利取得商标权的"敲竹杠"的工具。[7] 因而，2001年《商标法》异议制度实际上违背了TRIPS协定第62条第2款"取得或维持知识产权……应符合合理的程序和手续"的规定。

2. 2013年《商标法》引入诚实信用原则并大幅度修改异议制度

针对2001年《商标法》带来的商标注册程序烦琐、授权确权程序冗长、恶意异议滋生的问题，该法通过仅两年后，国家工商行政管理总局于2003年年底正式启动《商标法》修订工作，并确立了"缩短审查周期，完善确权程序，加大保护力度，提供更好服务"的修订目标。[8] 不同于以往两次修法为外压型被

---

[1] 参见2001年《商标法》第15条。
[2] 参见2001年《商标法》第16条。
[3] 参见2001年《商标法》第31条。
[4] 参见党晓林：《商标权注册取得制度研究》，中国政法大学2018年博士学位论文，第47页。
[5] 例如，"鸭王"商标确权案从2001年1月申请商标至2010年12月北京市高级人民法院作出再审判决，经历多道行政和司法程序。先后经历了驳回、驳回复审、异议、异议复审4个行政程序，法院一审、二审2个司法程序，以及法院再审司法程序。
[6] 2002年《商标法实施条例》第22条对商标异议程序进行了细化，规定了异议申请制度，明确商标异议书中应当有明确的请求和事实依据，要求附送相关证据材料，并规定了当事人补充证据材料的程序和时限等。参见2002年《商标法实施条例》第22条。
[7] 参见郭珺：《我国商标异议程序完善研究》，中央财经大学2021年博士学位论文，第14页。
[8] 参见原国家工商行政管理总局：《关于提请审议〈商标法（修订送审稿）〉的请示》（2009年11月18日）附件2《关于〈商标法（修订送审稿）〉的说明》。转引自张玉敏：《商标注册与确权程序改革研究——追求效率与公平的统一》，知识产权出版社2016年版，第21页。

动立法①,《商标法》第三次修正是立足于国内现实需求的自觉型主动立法,实现了从被动移植到主动安排的转变。2013年8月30日,第十二届全国人民代表大会常务委员会第四次会议通过了《商标法》第三次修正的决定。本次修法有关商标注册审查制度的内容如下。

第一,确立了《商标法》中诚实信用原则的基本地位②,并在注册审查、商标使用、商标异议、无效宣告等具体制度中加以落实。2001年《商标法》虽然已经规定了与诚实信用原则有关的一些具体规定,但尚未在《商标法》中明文规定该原则。2013年《商标法》引入诚实信用原则条款,即重申身为民法上"帝王条款"的诚实信用原则在商标领域的当然适用,也是对日益泛滥的恶意注册、商标囤积、恶意异议等行为的规制。不仅如此,2013年《商标法》还新增了若干涉及诚实信用原则的专门规定,例如,禁止抢注基于商业往来等关系而明知他人已经在先使用商标,③明确商标代理机构应当遵循诚实信用原则④等。

第二,扩张了注册商标的构成要素。2001年《商标法》第8条规定只有"可视性标志"才能申请注册商标,2013年《商标法》将"可视性"删除,并明确规定声音也可以作为商标申请注册,丰富了注册商标的构成要素。

第三,进一步强化了商标使用在《商标法》中的地位。2013年《商标法》第48条新增商标使用条款;第49条修改注册商标的"撤三制度";第59条规定未注册商标的先用权;第64条新增商标侵权损害赔偿中的免赔条款,注册商标专用权人此前3年内未实际使用商标的,其损害赔偿请求权将受到限制。

第四,在商标授权确权程序方面,2013年《商标法》大幅度修改异议制度。在程序方面,明确规定审查时限⑤,并在保持异议前置的基础上,对异议复审程序进行分置:异议成立,商标局作出不予注册的决定,申请人可以在15日内向商标评审委员会申请不予注册的复审,商标评审委员会维持不予注册的,申请人可以在30日内向法院起诉,异议人应当作为第三人参加诉讼。⑥ 商标评审

---

① 《商标法》1993年第一次修法是为了与《巴黎公约》和《商标国际注册马德里协定》衔接;第二次修法是为了与TRIPS协定衔接。
② 参见2013年《商标法》第7条第1款。
③ 参见2013年《商标法》第15条第2款。
④ 参见2013年《商标法》第19条。
⑤ 参见2013年《商标法》第35条。
⑥ 参见2013年《商标法》第35条第3款。

委员会作出准予注册决定的,被异议人不能对此直接提起行政诉讼。并且,由于2013年《商标法》删除了2001年《商标法》第42条"一事不再理"制度,①规定异议人不服的可以以相同事实和理由向商标评审委员会申请商标无效宣告②。异议不成立的,商标局作出准予注册的决定,取消了之前的复审程序和诉讼程序。异议人不服的,可以向商标评审委员会请求宣告商标无效。③ 商标局认为异议成立的,依然进入复审程序及诉讼程序。此处修改大幅缩短了异议不成立时商标核准注册的时间,有利于提高商标注册的效率。

在实体方面,2013年《商标法》对提出异议的主体和理由进行了限制,规定任何人可以以商标不予注册的绝对理由提出异议,在先权利人和利害关系人可以以不予注册的相对理由提出异议。④ 绝对理由主要指商标合法性条款、商标显著性条款、商标非功能性条款⑤;相对理由主要指驰名商标条款、特定关系人抢注条款、误导公众的地理标志条款、在先商标权条款、在先申请条款、在先其他权利条款等。⑥ 另外,相较于2001年《商标法》,2013年《商标法》不仅在异议条款中明确了可以提起异议的法律依据,在立法技术上有所提升;而且在"代理活动中的商标异议"条款中增加了合同、业务往来关系或者其他关系的人的抢注,⑦完善了不予注册的相对理由。

3. 2019年《商标法》修正对恶意商标注册进行了程序规则的完善

相较于2001年《商标法》,2013年《商标法》区分异议主体和理由、分置复审程序、限制审查审理期限等规定,在一定程度上遏制了恶意异议的情况发生。但自1982年《商标法》制定以来就存在的恶意注册与商标囤积问题,始终没有解决。为此,2019年《商标法》进行第四次修改。本次修法涉及商标注册审查制度的内容包括:第4条第1款规定"不以使用为目的的恶意商标注册申

---

① 2001年《商标法》第42条规定:"对核准注册前已经提出异议并经裁定的商标,不得再以相同的事实和理由申请裁定。"2002年《商标法实施条例》第35条后半段规定:"商标评审委员会对商标评审申请已经作出裁定或者决定的,任何人不得以相同的事实和理由再次提出评审申请。"
② 2014年《商标法实施条例》第62条后半段规定:"商标评审委员会对商标评审申请已经作出裁定或者决定的,任何人不得以相同的事实和理由再次提出评审申请。但是,经不予注册复审程序予以核准注册后向商标评审委员会提起宣告注册商标无效的除外。"
③ 参见2013年《商标法》第35条第2款。
④ 参见2013年《商标法》第33条。
⑤ 参见2013年《商标法》第10条、第11条、第12条。
⑥ 参见2013年《商标法》第13条第2款、第3款,第15条,第16条第1款,第30条,第31条,第32条。
⑦ 参见2013年《商标法》第15条第2款。

请,应当予以驳回";第19条第3款规定,商标代理机构知道或应当知道委托人申请注册商标属于不以使用为目的恶意商标注册申请,或是抢注他人有一定影响商标的情形的,不得接受委托;第33条将"不以使用为目的恶意注册商标"及"商标代理机构恶意注册"作为提起异议的绝对理由[①],为异议程序更好地发挥打击恶意注册的作用提供了新的法律依据。但是,2019年《商标法》对异议程序未作其他调整,异议程序大体上仍延续了2013年《商标法》的规定。

(四)2023年启动《商标法》第五次修正及商标注册审查制度的发展趋势

为解决我国恶意商标注册顽疾、提高商标注册质量和优化商标审查程序,2023年1月13日《商标法修订草案(征求意见稿)》[以下简称《商标法(征求意见稿)》]由国家知识产权局发布。《商标法(征求意见稿)》与2019年《商标法》相比,新增"商标注册的条件"与"促进商标使用、服务与商标品牌建设"两章,法条数量扩充至101条。《商标法(征求意见稿)》对《商标法》的修改主要涉及以下内容。

第一,加大对商标恶意注册的打击力度。《商标法(征求意见稿)》第45条至第47条初步建构恶意注册商标的强制移转制度,规定在先权利人有权要求恶意注册者将恶意注册的商标移转至其名下。[②] 第48条、第83条进一步明确了恶意注册者应当承担的法律责任。

第二,强化注册商标的使用义务。《商标法(征求意见稿)》第59条完善了商标使用概念,突出商标使用在商标法中的基础地位,并新增对服务商标和互联网环境下商标使用行为的规定。第5条在商标注册申请阶段为商标注册申请人设置了商标使用或者承诺使用的要求。第61条规定说明商标使用情况制度,商标权人在注册商标后,每隔5年须主动报告商标使用情况,未说明且无正当理由或者经抽查发现商标权人的说明不真实的,将被撤销注册商标。

第三,强化商标领域诚信的建设。《商标法(征求意见稿)》第22条第2项明确以欺骗或者其他不正当手段申请商标注册属于商标恶意注册,该情形可作为驳回、异议和无效宣告的理由。第32条规定旨在惩罚不诚实的行为。第87条则加强了对失信行为的监督和惩罚。

---

① 参见2019年《商标法》第33条。
② 参见《商标法(征求意见稿)》第45条。

第四,完善商标授权确权程序和审查制度。《商标法(征求意见稿)》对商标异议制度作出重大修改,压缩异议期限、取消不予注册复审。从程序规定来看,一方面,《商标法(征求意见稿)》第 36 条将异议期限从 3 个月修改为 2 个月;另一方面,《商标法(征求意见稿)》第 39 条第 3 款取消了不予注册的复审程序,国务院知识产权行政部门认为异议成立的,作出不予注册的决定,被异议人不服的,可以自收到通知之日起 30 日内向人民法院起诉。人民法院应当通知对方当事人作为第三人参加诉讼。

从实体规定来看,《商标法(征求意见稿)》沿袭了 2013 年《商标法》和 2019 年《商标法》区分异议主体和理由的模式。在具体的不予注册绝对理由和相对理由的设置上,2019 年《商标法》无效程序中的绝对理由相较于异议程序中的绝对理由,多了"以欺骗手段或者其他不正当手段取得注册"[①]的规定。《商标法(征求意见稿)》则统一了异议程序与无效程序中绝对理由和相对理由的设置。从绝对理由来看,《商标法(征求意见稿)》对禁用标志条款[②]、显著特征条款[③]、代理机构申请商标限制条款[④]作出修改,并新增禁止重复注册条款[⑤]、商标恶意注册申请条款[⑥];从相对理由来看,《商标法(征求意见稿)》对驰名商标保护条款[⑦]、保护在先权利条款[⑧]、注册在先条款[⑨]、申请在先条款[⑩]作出修改。

从程序规定来看,《商标法(征求意见稿)》旨在促进程序间协调,避免程序空转和行政资源浪费。2019 年《商标法》第 31 条规定"两个或者两个以上的商标注册申请人,在同一种商品或者类似商品上,以相同或者近似的商标申请注册的,初步审定并公告申请在先的商标;同一天申请的,初步审定并公告使用在先的商标,驳回其他人的申请,不予公告。"《商标法(征求意见稿)》第

[①] 2019 年《商标法》第 44 条。
[②] 参见《商标法(征求意见稿)》第 15 条。
[③] 参见《商标法(征求意见稿)》第 16 条。
[④] 参见《商标法(征求意见稿)》第 26 条。
[⑤] 参见《商标法(征求意见稿)》第 21 条。
[⑥] 参见《商标法(征求意见稿)》第 22 条第 1~2 项。
[⑦] 参见《商标法(征求意见稿)》第 18 条。
[⑧] 参见《商标法(征求意见稿)》第 23 条。
[⑨] 参见《商标法(征求意见稿)》第 24 条。
[⑩] 参见《商标法(征求意见稿)》第 25 条。

25条将"同一天申请的"修改为"同一天申请不能辨别申请时间先后的"。《商标法(征求意见稿)》第42条第2款还增加了法院审理商标授权确权行政案件不适用情势变更原则。第14条第2款、第21条增加了禁止重复注册相关规定。

第五,加强商标专用权保护。《商标法(征求意见稿)》第72条增加打击通过电子商务实施侵犯注册商标权的行为,加强了商标权在互联网环境下的保护力度。第74条健全商标纠纷多元化解机制。第75条加强商标案件的行刑衔接。第76条完善查处商标违法的执法措施。第77条优化商标侵权赔偿数额的计算方法,明确赔偿数额还应当包括权利人的合理开支;将适用惩罚性赔偿的条件由"恶意"修改为"故意",与《民法典》保持一致。

第六,提升驰名商标的保护水平。《商标法(征求意见稿)》第10条第4款将"驰名商标认定"改为"确认商标驰名情况",进一步淡化行政认定色彩,给予驰名商标与其显著性和知名度相适应的保护范围和强度。第18条第3款对广大公众所熟知的驰名商标给予反淡化保护,加强了对未注册驰名商标的保护程度。

通过上述对我国商标法制的建立、修改和完善的分析研究,可以看到我国商标注册审查制度有如下发展趋势。

第一,诚实信用原则越发具体化。1993年《商标法》加大了对注册商标专用权的保护力度,规制以欺骗或其他不正当手段取得的商标注册申请行为,以及2001年《商标法》中不得损害他人在先权利、不得抢先注册他人有一定影响的商标等规定,已初步体现出诚实信用原则对商标法的影响。2013年《商标法》则确立了商标法中诚实信用原则的基本地位,并增加与诚实信用原则有关的一些具体条款。

第二,商标使用地位不断增强。2013年《商标法》第48条新增商标使用条款,明确界定何为商标使用。第49条第2款修改连续3年不使用撤销制度,第59条第3款规定未注册商标的先用权,第64条新增商标侵权损害赔偿中不使用抗辩制度,越发凸显注册取得制下商标使用的重要性。

第三,商标异议制度兼顾公平与效率。就实体规范而言,异议主体历经"任何人→区分任何人与在先权利人、利害关系人"的分化过程;异议理由历经"未规定→区分绝对理由与相对理由→绝对理由与相对理由不断丰富"的发展进程。这种修改趋势体现出我国《商标法》旨在提高商标异议制度可操作性、防止恶意异议情况发生的立法精神。就程序设置而言,一方面,2001年《商标法》引入司法审查制度,客观上提高了我国商标注册审查程序的公平性,规范了我国商标注册审查流程;另一方面,2013年《商标法》分置复审程序、限制审查审理期限的规定,简化了商标异议流程,体现出提高效率的修法取向。

第四,进一步完善了商标审查和确权制度。2023年发布的《商标法(征求意见稿)》对商标异议制度作出重大修改,压缩了异议期限、取消了不予注册复审。在实体法方面,对异议程序与无效程序中绝对理由和相对理由的设置进行了统一。同时,为促进审查程序间的协调,在避免程序空转和行政资源浪费等方面都作了新的规定。

为实现我国商标注册便利化改革的目标,《国家知识产权局2022年工作要点》要求"建设一流专利商标审查机构,全面打赢审查提质增效攻坚战",《商标局2022年工作要点》也明确表示需要扎实推进审查审理提质增效。2023年国家知识产权局《商标法(征求意见稿)》的颁布,也向社会公众发出信号,应进一步完善异议制度的实体规范,同时在确保程序正义的前提下尽可能提高效率,以实现"提质""增效"的政策要求和变革趋势。

二、我国商标注册行政审查制度的变迁

(一)《商标审查及审理标准》概述

为配合2013年《商标法》的修正,使商标审查与审理工作更加规范化和科学化,在充分听取各方意见,参考国外审查准则,并结合多年商标审查与审理实践的基础上,商标局和商标评审委员会修订《商标审查及审理标准》。

《商标审查及审理标准》分为上下两篇。上篇规定商标审查标准。其中,第一部分规定不得作为商标标志的审查,增加"带有欺骗性,容易使公众对商品的质量等特点或者产地产生误认的"审查标准,以配合2013年《商标法》第10条的规定。第二部分为商标显著特征的审查,依据2013年《商标法》第11条,对缺乏显著性的情形进行详尽规定,并规定经过使用取得显著特征的商标的审查标准。第三部分为商标相同、近似的审查,依据2013年《商标法》第30条、第31条,从文字商标、图形商标、组合商标3个角度分别规定商标相同或近似的审查标准。第四部分为立体商标审查标准,增加了对立体商标禁用条

款的审核,使"三维"商标的实质审查更加完备;将仅由商品本身的特性而产生的形状,仅由为取得技术效果所必需的形状,以及仅由赋予商品实质性价值的立体形状,一并列入立体商标的功能性审查范围。第六部分新增声音商标的形式审查和实质审查标准。第九部分新增商标代理机构申请注册商标的审查。第十部分新增《商标法》第50条的适用规定,区分能够印证和不能够印证第50条的情形。第十一部分增加审查意见书在实务中的适用规定。

《商标审查及审理标准》下篇规定商标审理标准。第1条规定驰名商标认定的原则,新增驰名商标保护范围的判定,删除利害关系人的判定。第3条新增特定关系人抢注他人在先使用商标审理标准。第4条修改在先权利中的商号权为字号权,增加规定在先权益的内容。第5条将原有的"恶意判定"改为"不正当手段判定",删除利害关系人的判定。第7条将商标撤销事由予以细化规定。第10条进一步明确在先权利的利害关系人的4种类型。

(二)《商标审查审理指南》概述

2022年1月1日,《商标审查审理指南》正式实施,原《商标审查及审理标准》同时失效。《商标审查审理指南》由上、下两编组成,上编为"形式审查和事务工作编",是对现有各类程序的形式审核规范及工作规范进行的系统性的整理与完善;下编为"商标审查审理编",为商标审查审理实体性标准。

《商标审查审理指南》的上编"形式审查和事务工作编"分为五部分,共计25章。上编根据《商标法》和《商标法实施条例》等相关法律法规、规章及国际公约的要求,根据方便申请者的原则,在遵循公平、公开要求的基础上,对《商标审查及审理标准》内容进行重组。各章一般都先列出相关法律规范,然后再根据相应的业务顺序来安排内容。同时,上编还对涉及商标审查审理所涉词语、术语作了较为详尽的整理与标准化。

《商标审查审理指南》下编为"商标审查审理编",由19章组成。《商标审查审理指南》在体例上改变了分列"审查"和"审理"的安排,各章节顺序依照《商标法》的规定进行编排。除了"概述"章外,《商标审查审理指南》下编还在每一章都设置了"释义"的部分,并加入了一些指导性的案例,以便对有关条文的具体适用,提高了指引的明确性。此外,《商标审查审理指南》从理论和实践两个方面,对我国现行的商标审查审理的实体标准作了补充、完善和修正。

(三)商标行政注册审查标准的变化及比较

1. 形式上的比较与变化

在形式上,2021年《商标审查审理指南》上编整理、优化了商标审查审理各流程形式审查标准和工作规程。下编在原有的商标审查审理标准的基础上进行修订和完善,是商标审查审理的实体性标准。

新增的上编内容包括五大部分,共25章。第一部分"商标申请形式审查",规定了形式审查的一般要求。第二部分"商品服务和商标检索要素的分类"。第三部分"其他商标业务审查",规定了商标变更类申请、商标权处分类申请、商标续展的相关程序和要求。第四部分"马德里商标国际注册审查"详细规定了马德里商标国际注册审查全部业务的审查具体要求和内容,包括国际注册申请审查、后续业务申请审查、异议形式审查、领土延伸申请审查以及领土延伸至中国的国际注册后续业务的形式与实质审查要求。第五部分"商标申请事务处理"系统梳理了文件接收和送达、缴费、出具和补发证明文件、档案管理、商标公告、电子申请的相关规定和要求。

2. 内容上的比较与变化

《商标审查审理指南》下编的内容一共分为19章,是在《商标审查及审理标准》的基础上进行修订而成。在体例编排上,《商标审查审理指南》增加"概述"章为下编第一章,其他章的内容在法律依据的具体条文之下增设了"释义"部分,对各实体审查审理标准对应的法律条款进行了相应阐释,并在具体适用部分嵌入指导性案例,更好地说明了相关条款的适用。具体来看,《商标审查审理指南》相较于《商标审查及审理标准》,存在以下内容上的变化。

第一,新增下编第一章"概述"。《商标审查审理指南》下编新增"概述"章统领全编,主要内容包括:明确商标审查审理适用的基本原则、审查审理范围、并对"商标""商标的显著特征""商标相同与近似""同一种与类似商品或服务""混淆""商标的使用""不正当手段与恶意"等基本概念进行了解释说明。

第二,新增下编第二章"不以使用为目的的恶意商标注册申请的审查审理"。其阐述了"不以使用为目的的恶意商标注册申请"的含义、判断考虑因素,并以列举典型案例的形式归纳、列举了构成《商标法》第4条所指的"不以使用为目的的恶意商标注册申请"的典型情形和兜底情形。

第三,下编第三章"不得作为商标标志的审查审理"的修订。主要修订内容包括:首先,《商标审查审理指南》将《商标审查及审理标准》中关于"同我国国家名称相同或近似的"列举式说明抽象为文字表述,并对该规则进行部分修改:(1)整体而言与中华人民共和国的国家名称等标志不相同或不相近似的标志,即便含有中华人民共和国的国家名称等要素,也不属于《商标法》第10条第1款第1项的情形。(2)虽然整体上与中华人民共和国的国家名称等标志不相同或不相近似,但具有损害国家尊严的可能性的,可能落入《商标法》第10条第1款第8项的范围。① 其次,《商标审查审理指南》对"带有欺骗性,容易使公众对商品的质量等特点或者产地产生误认的"情形进行修改:(1)规定应当严格审查首字为"国"字的商标注册申请,明确其具体的判断情形。②(2)修改与公众人物肖像相同或近似的标志的审查审理标准,《商标审查审理指南》将"他人姓名"修改为"公众人物姓名、肖像",一方面限制了他人姓名对抗商标注册的情形,只有公众人物的姓名才能对抗商标注册;另一方面扩张了其他人格权可对抗商标注册的情形,将公众人物的肖像也涵盖在内。③(3)《商标审查审理指南》增加了对体育机构、教育机构、慈善组织、环境保护机构等机构名称和标志的审核。④ 再次,修改"有害于社会主义道德风尚的或者有其他不良影响的"情形,⑤将除"有害社会主义道德风尚的"和"具有政治上不良影响的"之外的不良影响统一整合为"对我国经济、文化、民族、宗教、社会易产生消极、负面影响,损害公共利益,扰乱公共秩序的。"⑥最后,修改"含有地名的商标"的审查。⑦

第四,下编第四章"商标显著特征的审查审理"的修订。本章是在《商标审查及审理标准》上篇第二部分"商标显著特征的审查"和下篇第九条"经使用取得显著特征的标志审理标准"的基础上修订而成,主要修订内容如下:(1)明晰相关概念,⑧使整章规定的可操作性大幅加强。(2)变更判断商标经

---

① 参见2021年《商标审查审理指南》下编第三章"不得作为商标标志的审查审理"第2.1条。
② 参见2021年《商标审查审理指南》下编第三章"不得作为商标标志的审查审理"第3.7.1.1条。
③ 参见2021年《商标审查审理指南》下编第三章"不得作为商标标志的审查审理"第3.7.2.6条。
④ 参见2021年《商标审查审理指南》下编第三章"不得作为商标标志的审查审理"第3.7.2.7条。
⑤ 参见2021年《商标审查审理指南》下编第三章"不得作为商标标志的审查审理"第3.8条。
⑥ 参见2021年《商标审查审理指南》下编第三章"不得作为商标标志的审查审理"第3.8.3条。
⑦ 参见2021年《商标审查审理指南》下编第三章"不得作为商标标志的审查审理"第3.9条。
⑧ 例如,《商标审查审理指南》下编第四章"商标显著特征的审查审理"在第2.2条"释义"部分新增对"通用名称""仅直接表示""质量""主要原料""功能""重量""数量"等概念的阐释。

使用取得显著性的标准,将相关判断标准从以"国内相关公众的认知为准"改为"以相关公众的认知为准"[1]。(3)修改"其他缺乏显著特征的"情形。首先,《商标审查审理指南》删去"单一颜色",在上编第二章"注册申请形式审查"中明确不接受单一颜色作为商标,只接受颜色组合作为商标;其次,将商品的外包装与指定商品的容器或者装饰性图案分列为两种单独的情形;最后,新增其他缺乏显著性的情形。[2]

第五,下编第五章"商标相同、近似的审查审理"的修订。主要修订内容如下:(1)完善基本概念。完善相关释义,对商标相同、商标近似、同一种商品、同一种服务、类似商品、类似服务的阐释进行整合和完善;新增对于《类似商品和服务区分表》中未涵盖的商品和服务判定类似关系的考量因素。[3] (2)明确商标相同或近似的判定原则和方法。《商标审查审理指南》将"对比主要部分的方法"修改为"要部对比的方法"[4]。(3)对商标相同、近似的审查进行了完善。[5] 在商标近似的审查方面,《商标审查审理指南》对图形商标、组合商标的近似审查进行了完善。

第六,下编第六章"三维标志商标的审查审理"的修订。《商标审查及审理标准》使用的是"立体商标"的概念,《商标审查审理指南》不再使用"立体商标",而是改为"三维标志商标"的表述。关于三维标志商标实质审查,《商标审查审理指南》新增实质性价值的解释,[6]并规定"商品自身的三维形状即使经过设计,具有独特的视觉效果,也不能依据其独创性当然认为其具有作为商标的显著特征。但是,有证据证明此类三维标志商标经过长期或广泛使用起到了区分商品来源作用的,可以取得显著特征。"[7]此外,《商标审查审理指南》还对"三维标志商标相同、近似的审查"进行了一定的完善。

第七,下编第七章"颜色组合商标的审查审理"的修订。本章是在《商标审查及审理标准》上篇第五部分"颜色组合商标的审查"基础上修订而成,主

---

[1] 2021年《商标审查审理指南》下编第四章"商标显著特征的审查审理"第2.4条。
[2] 参见2021年《商标审查审理指南》下编第四章"商标显著特征的审查审理"第3.3条。
[3] 参见2021年《商标审查审理指南》下编第五章"商标相同、近似的审查审理"第2条。
[4] 2021年《商标审查审理指南》下编第五章"商标相同、近似的审查审理"第3条。
[5] 参见2021年《商标审查审理指南》下编第五章"商标相同、近似的审查审理"第4条。
[6] 参见2021年《商标审查审理指南》下编第六章"三维标志商标的审查审理"第3.3.3条。
[7] 2021年《商标审查审理指南》下编第六章"三维标志商标的审查审理"第3.2.1条。

要修订内容如下:(1)新增颜色组合商标的适用对象、使用方式、显著性的说明,规定颜色组合商标仅由颜色构成,不限定具体形状,保护对象是以特定方式使用的颜色组合本身。商标图样中呈现的形状并不是颜色组合商标保护的对象。颜色组合商标可以用于商品的全部或部分,也可以用于商品包装的全部或部分;颜色组合商标在服务上使用时,可以用于服务所需载体,比如快递服务过程中的包装箱、运输工具或快递员的服装,或是服务场所的外部装饰和内部装潢等。颜色组合商标一般需要通过时间和空间上的广泛使用,获得第二含义之后,才能具有显著性。[1] (2)对颜色组合商标的审查进行修订。增加颜色组合商标显著性审查的考量因素,细化审查意见书、申请人提交证据的要求[2];新增结合商业活动中的具体使用方式和整体视觉效果进行判断的要求。[3]

第八,下编第八章"声音商标的审查审理"的修订。本章是在《商标审查及审理标准》上篇第六部分"声音商标的审查"基础上修订而成,主要修订内容如下:(1)新增声音商标获得显著性的规定。[4] (2)对声音商标的实质审查进行修订,新增声音商标显著特征审查考虑因素。

第九,下编第九章"集体商标、证明商标的审查审理"的修订。本章是在《商标审查及审理标准》上篇第七部分"集体商标、证明商标的审查"基础上重新撰写而成,本章不再使用"普通集体商标"和"普通证明商标"的表述,统一为"集体商标"和"证明商标"的表述,主要修订内容如下:(1)对证明商标、集体商标标志的审查进行修订。《商标审查审理指南》新增集体商标和证明商标显著特征的审查[5],新增无其他含义的县级以上行政区划地名的集体商标和证明商标的审查[6]等规定。(2)对地理标志证明商标和地理标志集体商标标志的审查进行修订。从第5.3条"地理标志集体商标和地理标志证明商标相同、近似的审查"中可以看出,这些规定体现了在普通商标注册在先、地理标志集体商标注册在后的情况中,地理标志集体商标和证明商标具有一定的优先性,

---

[1] 参见2021年《商标审查审理指南》下编第七章"颜色组合商标的审查审理"第2条。
[2] 参见2021年《商标审查审理指南》下编第七章"颜色组合商标的审查审理"第3.2条。
[3] 参见2021年《商标审查审理指南》下编第七章"颜色组合商标的审查审理"第3.3.1条。
[4] 参见2021年《商标审查审理指南》下编第八章"声音商标的审查审理"第2条。
[5] 参见2021年《商标审查审理指南》下编第九章"集体商标、证明商标的审查审理"第3.2条。
[6] 参见2021年《商标审查审理指南》下编第九章"集体商标、证明商标的审查审理"第3.4条。

在与在先普通商标的相同、近似判断上较为宽松。①

第十，下编第十章"复制、摹仿或者翻译他人驰名商标的审查审理"的修订。本章在《商标审查及审理标准》下篇第一条"复制、摹仿或者翻译他人驰名商标审理标准"基础上，除了增加"释义"与"典型案例"外，主要修改如下：(1)在完善驰名商标按需认定原则的情况下，新增诚实信用原则，规定当事人应当对所述事实及所提交证据材料的真实性、准确性和完整性负责，并书面承诺依法承担不实承诺的法律责任。②（2）更新了证据提交范围及相关要求，对非传统经营方式、非传统媒体形成的使用证据予以认可，增加了部分证据提交的形式。③

第十一，下编第十一章"擅自注册被代理人或者被代表人商标的审查审理"的修订。本章修订的主要内容在于根据《民法典》无权代理追认规则的变化，删除了默示追认的规则，仅规定"代理人、代表人虽然在申请注册时未取得被代理人、被代表人的明确授权，但被代理人、被代表人对该申请注册行为进行了事后追认的，视为代理人、代表人取得了被代理人、被代表人的授权。"④

第十二，下编第十二章"特定关系人抢注他人在先使用商标的审查审理"的修订。本章是在《商标审查及审理标准》下篇第三条"特定关系人抢注他人在先使用商标审理标准"的基础上修订而成，修订的主要内容为：在"在先使用"的判定方面，取消仅在中国市场使用的限制⑤，并在"常见的其他关系"中新增"商标申请人与在先使用人营业地址邻近"的情形。⑥

第十三，下编第十三章"商标代理机构申请注册商标的审查审理"的修订。本章是在《商标审查及审理标准》上篇第九部分"商标代理机构申请注册商标的审查"的基础上修订而成，修订的主要内容为：增加了未备案，视同商标代理机构的情形；并补充说明了代理服务的内容。⑦

---

① 参见2021年《商标审查审理指南》下编第九章"集体商标、证明商标的审查审理"第5.3条。
② 参见2021年《商标审查审理指南》下编第十章"复制、摹仿或者翻译他人驰名商标的审查审理"第3.4条。
③ 参见2021年《商标审查审理指南》下编第十章"复制、摹仿或者翻译他人驰名商标的审查审理"第5.3条。
④ 2021年《商标审查审理指南》下编第十一章"擅自注册被代理人或者被代表人商标的审查审理"第6条。
⑤ 参见2021年《商标审查审理指南》下编第十二章"特定关系人抢注他人在先使用商标的审查审理"第4条。
⑥ 参见2021年《商标审查审理指南》下编第十二章"特定关系人抢注他人在先使用商标的审查审理"第5.3条。
⑦ 参见2021年《商标审查审理指南》下编第十三章"商标代理机构申请注册商标的审查审理"第2条。

第十四，下编第十四章"损害他人在先权利的审查审理"的修订。本章是在《商标审查及审理标准》下篇第四条"损害他人在先权利审理标准"的基础上修订而成，主要修订内容如下：(1)完善了相关概念，并明确了在先权利的保护范围。(2)修改了判断系争商标与外观设计相同或近似的标准，在使用要件中增加了关于损害后果的考虑，规定外观设计专利权作为在先权利应当考虑"系争商标的注册与使用容易导致相关公众产生混淆，致使在先专利权人的利益可能受到损害"这一要件。[1] (3)增加了"地理标志"为独立的在先权利类型，明确了地理标志作为在先权利类型的适用要件。[2] (4)细化了其他应予保护的合法在先权益，并列举典型案例。[3]

第十五，下编第十五章"抢注他人已经使用并有一定影响商标的审查审理"的修订。本章修订的主要内容如下：(1)明确"他人已经使用并有一定影响的商标"为"未注册商标"，规定《商标法》基于诚实信用原则，对已经使用并有一定影响的未注册商标予以保护，制止以不正当手段抢注的行为，弥补严格实行注册原则的不足。[4] (2)完善适用要件，在保留"他人商标在系争商标申请日之前已经在先使用并有一定影响；系争商标与他人商标相同或者近似；系争商标所指定的商品或者服务与他人商标所使用的商品或者服务原则上相同或者类似；系争商标申请人采取了不正当手段"四项适用要件的基础上，明确规定"是否构成本条款所指情形应对'一定影响'的程度和'不正当手段'的情形予以综合考虑。"[5](3)修订"已经使用并有一定影响商标"的判定，取消在中国使用的要求，但要求在中国的知名度，并新增"法律规定不得作为商标使用的标识，不能认定为'已经使用并有一定影响的商标'"的规定[6]。(4)完善"不正当手段"的判定考虑因素，将系争商标申请人与在先使用人的磋商情况、亲属关系，以及在先使用的未注册商标的知名度纳入考虑因素[7]。

第十六，下编第十六章"以欺骗手段或者其他不正当手段取得商标注册的

---

[1] 参见2021年《商标审查审理指南》下编第十四章"损害他人在先权利的审查审理"第3.3.2条。
[2] 参见2021年《商标审查审理指南》下编第十四章"损害他人在先权利的审查审理"第3.6条。
[3] 参见2021年《商标审查审理指南》下编第十四章"损害他人在先权利的审查审理"第3.8条。
[4] 参见2021年《商标审查审理指南》下编第十五章"抢注他人已经使用并有一定影响商标的审查审理"第2条。
[5] 参见2021年《商标审查审理指南》下编第十五章"抢注他人已经使用并有一定影响商标的审查审理"第3条。
[6] 参见2021年《商标审查审理指南》下编第十五章"抢注他人已经使用并有一定影响商标的审查审理"第4.1条。
[7] 参见2021年《商标审查审理指南》下编第十五章"抢注他人已经使用并有一定影响商标的审查审理"第5条。

审查审理"的修订。本章是在《商标审查及审理标准》下篇第六条"以欺骗手段或者其他不正当手段取得商标注册审理标准"的基础上修订而成,主要修订内容在于对"以其他不正当手段取得商标注册的行为",规定根据在案证据能够适用商标法其他条款对系争商标不予注册或宣告无效的,不再适用《商标法》第44条第1款,恶意明显的例外。①

第十七,下编第十七章"撤销注册商标案件的审查审理"的修订。本章是在《商标审查及审理标准》下篇第七条"撤销注册商标案件审理标准"的基础上修订而成,主要修订内容如下:(1)细化了"是否存在注册商标成为其核定使用商品的通用名称"的判定。②(2)完善了商标使用的判定规则,明确非规范使用商品构成在核定商品上使用的情形。③(3)补充了商标使用的具体表现形式,将互联网、电子商务经营的交易单据或者交易记录纳入商标使用的判定。④

三、我国商标注册司法审查规定的比较及变化

(一)2017年与2020年最高人民法院颁布审理商标授权确权行政案件的规定

为了更好地解决商标授权确权纠纷,依据《商标法》《行政诉讼法》等相关法律法规,2017年最高人民法院审判委员会通过了最高人民法院《关于审理商标授权确权行政案件若干问题的规定》(以下简称2017年《授权确权规定》),后于2020年修正。2017年《授权确权规定》对于商标授权确权案件中的重要问题与疑难问题进行明确,既涉及商标授权确权案件的实体问题,也涉及程序问题。在实体问题方面,2017年《授权确权规定》对审查范围、商标显著性判断、在先权利保护、驰名商标保护作出规定。在程序问题方面,2017年《授权确权规定》对于"一事不再理"、违反法定程序等问题进行了明确。

2017年《授权确权规定》主要目标在于:第一,明确法律条文的界限以提

---

① 参见2021年《商标审查审理指南》下编第十六章"以欺骗手段或者其他不正当手段取得商标注册的审查审理"第3.2.4条。
② 参见2021年《商标审查审理指南》下编第十七"撤销注册商标案件的审查审理"第4.2条。
③ 参见2021年《商标审查审理指南》下编第十七"撤销注册商标案件的审查审理"第5.2条。
④ 参见2021年《商标审查审理指南》下编第十七"撤销注册商标案件的审查审理"第5.3条、第5.4条。

高法律适用的准确性。商标授权确权案件较为复杂,涉及《商标法》多个条文,由此带来法律适用的困难。2017年《授权确权规定》通过厘清法律条文含义、划定法律条文的辐射范围,有助于准确适用法律。第二,宣扬诚实信用原则以塑造良好稳定的商标申请和授权环境。2017年《授权确权规定》坚持贯彻诚实信用原则,保护诚实守信的经营者维护其商标权,打击恶意注册者通过商标注册制度谋取利益的不法行为。第三,强化司法审查作用以保证纠纷的实质性解决。2017年《授权确权规定》加大司法审查力度,可以有效化解商标纠纷,解决授权确权程序中的循环诉讼与程序空转的问题。

2020年修正后的《授权确权规定》未对2017年《授权确权规定》作出实质性修改,仅将行政主体的名称统一修改为"国家知识产权局"。

(二)2014年与2019年北京市高级人民法院发布商标授权确权行政案件审理指南

1. 2014年北京市高级人民法院《关于商标授权确权行政案件的审理指南》

在商标授权确认案件的审理过程中,存在一些争议较大、判决不一的问题。针对这一现状,北京市高级人民法院于2014年出台了《关于商标授权确权行政案件的审理指南》(以下简称2014年《审理指南》),重点对以下问题进行明确:第一,明确行政诉讼裁判基准时。确定行政诉讼裁判基准时应当以实体法的具体规定为依据,原则上按照商标注册申请的时间来确定事实状态,例外情况下,也可以国家知识产权行政部门或法院确定的事实状态为准。第二,运用体系化解释提高法律适用准确性。商标授权确权相关规范散落于《商标法》不同章节,对于这些规范的适用应当坚持体系思维,运用体系解释,保证法律适用的一致性与准确性。第三,在尊重历史和现实的基础上进行法律判断,充分考量商标权人及其他主体的生产经营活动。第四,严格区分程序不当与程序违法。

2014年《审理指南》明确指出,对于法律法规未明确规定的程序性事项,行政机关的处理方法欠缺合理之处的,应根据行政行为的实质后果,对该程序的违法与否进行全面评判。在程序上存在瑕疵,但实质上并没有出现错误,并且事实上并没有给相对人的权利带来任何伤害的,则可以在发现有错误的情况下,拒绝原告的起诉要求;如果该过程自身存在缺陷,且该实体处理的结果同样是错误的,或是基于程序的原因,该主体的权益受到了侵害,那么在撤销该特定的行政行为时,可以指出程序上的缺陷和实质上的缺陷,以便商标评审委员会在再次作出具体行政行为的时候对于错误一并纠正。① 随着2019年新指南的发布,2014年《审理指南》已经失效。

2. 2019年《北京市高级人民法院商标授权确权行政案件审理指南》

2019年4月24日,北京市高级人民法院积极总结审判经验,在相关法律法规和司法解释的基础上,形成《北京市高级人民法院商标授权确权行政案件审理指南》(以下简称2019年《审理指南》),主要体现了4个方面的精神:一是规范行政行为,总结提升审查效率;二是促进商标使用,探索完善相关规则;三是加大权利保护,合理确定保护范围;四是打击恶意注册,积极鼓励诚信经营。

在内容上,2019年《审理指南》主要规定了4个方面:第一,为提高商标授权确权审查的效率,规范相关行政行为,对主体资格、审查理由作出规定,并将程序不当与程序不合法区分开来;第二,为促进商标诚信适用,结合《商标法》具体规定完善相关规则;第三,根据不同权利和利益的自身特点,合理确定保护规则和范围,尤其是强化对在先著作权和驰名商标的保护;第四,为构建诚信经营的市场氛围,塑造健康有序的竞争环境,加大对恶意注册行为的打击力度。相较于2014年《审理指南》,2019年《审理指南》规定内容更为详尽。第一部分为相关程序问题,对主体资格的确定、审查范围、送达、"一事不再理"的认定、重新作出行政行为的处理,以及其他程序事项作出规定。第二部分为相关实体问题,从《商标法》第4条以及诚实信用原则等基本规制出发,对具体条款涉及的实体内容作出规定。

第二节 我国商标注册审查制度的现实问题及其成因分析

我国商标注册审查制度发展至今,依然存在诸多问题,包括商标注册审查模式存在缺陷、商标异议制度功能和定位不明、商标使用义务规定缺乏体系

---

① 参见《解读北京市高级人民法院〈关于商标授权确权行政案件的审理指南〉》,载北京知识产权律师网2025年4月20日,http://www.qinfulawyer.com/a/20143181545015756.shtm。

化、恶意商标注册缺乏体系化规制以及商标注册审查制度配套措施不足。只有明晰上述问题并分析其背后成因，才能为我国商标注册审查制度的变革指明方向。

一、我国现行商标注册审查模式存在缺陷

（一）全面审查模式效率低下

商标权原始取得，可分为注册取得与使用取得两种立法例。在注册取得制下，权利人获得的是一种"法律拟制的商标权"。注册取得制不要求权利人实际使用商标，仅需注册便赋予权利人商标权，体现出对市场主体快速获得商标权进而进行生产经营活动的鼓励，并且相较于使用取得制，其体现出对效率的追求。然而，全面审查模式无益于审查效率的提高。

1982年《商标法》规定的注册取得制，配合改革开放与市场经济的发展，使商标这种作为符号的无形财产"飞入寻常百姓家"，商标申请量逐年升高。2001年我国加入世界贸易组织后，国内商标申请量大幅度增长。2017年至2023年，商标注册申请量从574.82万件上升至698.90万件，商标有效注册量从1491.98万件上升至4404.71万件。[①] 与如此庞大的商标注册申请量相对应的，是我国商标注册所采取的全面审查模式。此种模式下，知识产权行政部门审查内容既包括涉案商标的显著性、合法性及是否损害公共利益等绝对事由，也包括对商标是否与他人在先权利冲突等相对事由。从理论上说，全面审查模式能够有效避免大量的近似商标获得注册，有利于商标注册的稳定性，保障在先权利人的权益及公共利益。但是，由于全面审查模式的要求，商标审查机关要主动对新注册商标与在先商标发生冲突与否（相对事由）进行审查，不可避免地需要涉及在先商标的实际使用情况、知名度及范围等因素，其结果不仅增加了审查机关的负担，降低了商标审查效率，且可能造成实际上不存在冲突的在先商标驳回在后注册的情形；同时，审查机构主动对相对事由进行审查，也有悖于公权干预私权的法治理念。[②] 在我国现行大规模商标申请的背景

[①] 参见《2023年四季度各省、自治区、直辖市商标注册申请量、注册量统计表》，载中国商标网，https://sbj.cnipa.gov.cn/sbj/sbsj/202401/t20240109_32113.html。

[②] 参见王莲峰、黄安妮：《论我国商标注册审查制度的优化——兼评〈商标法修订草案（征求意见稿）〉的相关规定》，载《知识产权》2023年第5期。

下,全面审查模式的弊端逐渐显现,以全面审查作为打击恶意注册行为的方式,无益于商标审查效率的提高。①

(二) 商标授权确权程序繁杂冗长

2001年《商标法》形成商标权利取得程序繁杂冗长缺乏效率的格局。例如,"鸭王"商标确权案耗时10年,从2001年1月申请商标至2010年12月北京市高级人民法院作出再审判决,先后经历了驳回、驳回复审、异议、异议复审4个行政程序,法院一审、二审两个司法程序,以及法院再审司法程序,最终尘埃落定。②此后《商标法》修改或多或少涉及商标权利取得程序的简化,本次《商标法(征求意见稿)》也不例外。但是,《商标法(征求意见稿)》依然存在程序繁杂冗长、缺乏效率的问题。

第一,《商标法(征求意见稿)》对异议流程简化力度依然不足,依然存在"审级设置过多"的缺陷。《商标法(征求意见稿)》进一步简化异议程序,异议成立,知识产权行政部门作出不予注册的决定后,取消不予注册的复审,后续承接行政诉讼程序,对同一事由进行5次审理。异议不成立,后接无效宣告程序,对同一事由进行6次审理。在异议成立不予注册后,申请人虽然可通过行政诉讼进行救济,但处于市场中的私主体,是否使用涉案商标、是否等待行政诉讼的最终结果,都是需要考量的问题。

第二,本次修法压缩权利救济的期限,将异议期限从3个月缩短至2个月,对于商标注册审查提质增效实属"隔靴搔痒",未提升异议程序的效率,反而压缩了权利人、利害关系人的"睡眠利益"③,阻碍了公平的实现。同时,本次修法规定了相同的异议理由与无效理由,从实体层面考察,两种制度均在审理相同事由,降低了在先权利人、利害关系人通过异议程序救济权利的效率。④

第三,异议前置对商标审查周期造成虚耗。2019年《商标法》第33条为初步审定公告的商标设置了自公告之日起3个月的异议期间,《商标法(征求

---

① 参见董慧娟、贺朗:《新"商标法"背景下恶意注册之类型化及规制——以商标审查程序为重点》,载《电子知识产权》2020年第6期。
② 参见北京市高级人民法院行政判决书,(2010)高行再终字第53号。
③ 法律不保护在权利上睡眠之人,因此诉讼时效等制度规定了权利人应当在一段时间内提起诉讼。法律赋予权利人一段时间内行使权利的利益,可称为"睡眠利益"。
④ 参见王莲峰、胡丹阳:《商标异议制度改革研究——以〈商标法修订草案(征求意见稿)〉为视角》,载《河南财经政法大学学报》2023年第5期。

意见稿)》第 36 条将这一期间缩减至 2 个月。不过,我国商标异议率与异议成立率双低,造成了我国异议前置模式下的商标审查周期的虚耗。数据表明,2021 年,商标初步审定量为 535.89 万件,商标异议申请量为 17.60 万件,商标异议率为 1.67%,异议成立率为 48.97%。由于我国《商标法》采取异议前置,绝大多数商标申请人即便未被提出异议,也必须等待 3 个月异议期间届满,才能获得注册商标专用权。在商标异议率每况愈下的情况下,越来越多比例的商标申请人不得不陪同比例极低的被异议人一起,等待异议期间届满才能获得商标权。有观点认为,异议成立率逐年攀升,至 2021 年,异议成立率已达到 48.97%,因此我国《商标法》应当坚持异议前置。但此种高异议成立率与我国巨额注册量的背景是分不开的。从异议成立量占审定量的比例来看,除 2015 年异议成立量占审定量的比例略微超过 1% 外,其余年份中,异议成立量占审定量的比例均稳定在 1% 以下,且未见上升趋势。从 2021 年数据来看,异议成立量占审定量的比例为 0.82%,这就表明在我国 2021 年初步审定公告的商标申请中,对于 99.18% 的商标申请来说,3 个月的异议期仅具有理论意义而没有任何实际价值。从公平与效益的平衡来说,让 99.18% 的注册商标申请人为 0.82% 的被异议人耗上 3 个月时间显然缺乏效率。可以认为,我国当前异议制度的程序设置在为极少数可能存在的权利人提供救济的同时,迫使绝大多数善意商标申请人付出 3 个月的时间成本甚至丧失一些可能的市场机遇,异议前置是否妥当有待商榷。[1]

(三)我国商标授权确权程序未能定分止争

在我国《商标法》修改过程中,关于如何完善商标授权确权程序,曾出现过三种方案:第一,对异议主体及理由加以限定,实质上取消商标异议程序,即商标局在审理异议事项时,不对异议作出裁定,而是在核实有关事实与理由后,立即作出驳回申请或授予商标权的决定,并取消随后的商标评审委员会复审和行政程序;第二,将"二审"改为"一审",即由商标评审委员会直接对异议作出决定;第三,赋予法院直接改判的权力,即对商标评审委员会决定不服的当事人提起行政诉讼的,人民法院可以作出是否成立异议、驳回申请或授予商标

---

[1] 参见张立新、王莲峰:《制度变迁视域下的商标异议程序及改革方向》,载《河南财经政法大学学报》2021 年第 5 期。

专用权的裁定。① 最终,2013 年《商标法》选择了第一种方案,2019 年《商标法》沿用此种规定。

一般而言,商标申请人申请注册商标的目的,在于获得注册商标专用权,将商标附于商品或服务之上,从事生产经营活动。但是,在商标注册审查过程中,一旦出现异议人就初步审定公告的商标提出异议,在我国商标授权确权程序下,异议人和被异议人之间的争议往往难以定分止争,当事人面对其所希望积累商誉的商标,往往进退两难。

一方面,司法审查程序当事人并非真正有争议的对抗双方。由于提起异议需要缴纳异议费用,与涉案商标无利害关系的社会公众往往没有动力提起异议,除恶意异议人外,只有在先权利人或利害关系人出于维护自身权益的需要才有动力启动异议程序。因而在异议案件中,无论以绝对理由还是相对理由,总是与商标注册申请人有利害关系或竞争关系的主体向知识产权行政部门提出异议。从程序上看,在商标异议阶段,是其他人对涉案商标的可注册性提出异议,知识产权行政部门扮演一个居中裁判的角色,对抗双方为申请人和被申请人,本质上更接近平等主体之间的民事争议。当事人提起行政诉讼的,依旧是当事人关心涉案商标能否产生商标权,并没有人将行政机关视为争议对象。② 然而,在 2019 年《商标法》规定下,一旦进入行政诉讼,知识产权行政部门的角色就发生了从裁判者到被告的戏剧性的转变,而知识产权行政部门与当事人之间并没有真正的利害冲突。至于异议阶段的获胜方,虽然《商标法(征求意见稿)》第 39 条第 3 款规定"人民法院应当通知对方当事人作为第三人参加诉讼",但《行政诉讼法》和《商标法(征求意见稿)》没有规定第三人参加诉讼的义务。实践中,第三人或者不参加诉讼,或者即便参加,也不积极参与诉讼活动,而是乐于藏身于知识产权行政部门之后,坐看"鹬蚌相争"。③

另一方面,商标授权确权行政诉讼判决类型有限,容易引发循环诉讼。我国行政诉讼的一审程序设置了维持、撤销或部分撤销、履行以及在"行政处罚显失公正"的情形下变更判决等判决形式,均以行政机关的具体行政行为为中

---

① 参见金武卫:《〈商标法〉第三次修改回顾与总结》,载《知识产权》2013 年第 10 期。
② 参见郑成思、黄晖:《中国改革开放以来的商标立法及四次修正(三)》,载《中华商标》2022 年第 11 期。
③ 参见王莲峰、胡丹阳:《商标异议制度改革研究——以〈商标法修订草案(征求意见稿)〉为视角》,载《河南财经政法大学学报》2023 年第 5 期。

心进行审查,忽略了当事人的诉讼请求。[①] 法院认定国务院知识产权行政部门的行政行为不合法时,只能撤销或部分撤销被诉行政行为,并责令其重新作出行政行为。商标确权案件中,真正存在争议的是具有平等关系的私主体,当国务院知识产权行政部门根据法院判决重新作出决定时,另一方也很可能并不满意,从而再次起诉,再次进入行政诉讼,导致"终审不终"、引发"循环诉讼"。[②] 此种状况不仅虚耗司法资源,而且严重损害了司法公信力,也不利于保护当事人的权益。[③]

(四)恶意商标异议现象突出

在商标注册审查中,恶意商标异议显然违反诚实信用原则。所谓恶意商标异议,是指自然人、法人或者其他组织滥用商标异议程序,通过提出商标异议而阻止竞争对手申请注册的商标核准注册。[④]《商标法(征求意见稿)》保留了2013年《商标法》区分异议理由和主体的制度安排,使恶意商标异议阻碍竞争的可能性依然存在,恶意异议人虽然与商标申请人没有利害关系,但可以以不予注册的绝对理由为依据,缴纳少量的异议费用,置初步审定公告的商标于被异议的境地,损害商标申请人的利益。[⑤]

最常见的恶意商标异议发生在"搭便车"的侵权人当中,他们利用商标异议程序延长商标申请人获得授权的期限,从而谋求不正当利益。常见的做法是在商标初审公告期内以任意理由提起异议,阻碍申请人获得授权,而在此期间持续使用与拟注册商标相同或近似的商标销售自己的商品或服务。[⑥] 由于此类异议人基本会要求3个月的补充证据期以拖延商标异议审查时间,则商标授权程序至少将经过23(5+3+12+3=23)个月,进而恶意异议人可以在此期间内使用涉案商标而不需要承担侵权责任。在另一种商标恶意异议中,恶意异议人将异议程序作为营利工具,其主要手段有两种:一种是通过提出异

---

① 参见徐晓建:《我国商标确权行政程序与司法程序之重构(上)》,载《中华商标》2005年第10期。
② 参见何渊、凌宗亮:《商标确权行政纠纷实质性解决的裁判路径》,载《知识产权法研究》2014年第1期。
③ 参见张玲玲:《专利商标确权司法程序中司法变更权的确立》,载《人民司法(应用)》2016年第28期。
④ 参见金多才:《试论我国商标异议制度的完善》,载《中州学刊》2007年第2期。
⑤ 参见王莲峰、胡丹阳:《商标异议制度改革研究——以〈商标法修订草案(征求意见稿)〉为视角》,载《河南财经政法大学学报》2023年第5期。
⑥ 参见张立新、王莲峰:《制度变迁视域下的商标异议程序及改革方向》,载《河南财经政法大学学报》2021年第5期。

议阻碍竞争对手获得商标授权,从而扰乱竞争对手的推广计划或发展布局,迫使竞争对手不得不长期使用一个长年处于效力待定状态的商标,或者退而求其次地高价购买他人已注册的商标。目前,知识产权行政部门受理的异议申请中存在大量异常申请,即部分异议人,特别是法人异议人,每年都会针对竞争对手的商标提出大量超出自身商标使用需求的异议申请。另一种是以提起商标异议的方式威胁急于取得商标授权的申请人,将商标异议作为与商标申请人谈判的筹码,以撤销异议为条件向申请人索要高额费用,而申请人为了尽快获得授权,不得不屈服于恶意的异议人。比如早年间被广泛报道的"农夫山泉"等商标的恶意异议案,该案异议人在提出商标异议后,以电话、信函等多种方式向商标申请人索要撤销异议的"补偿费",该案异议人甚至以此为业,从多家企业处获得过所谓"补偿"。①

二、商标异议制度功能和定位不明

商标注册审查中,授权确权程序繁杂冗长、审查效率低下以及恶意商标异议问题,究其原因,在于目前商标异议制度存在根本缺陷。此种缺陷表现在:实体上对异议制度功能定位错误,程序上未能实现程序正义。

(一)对异议制度功能认识错误

一般认为,异议制度的功能有三:一是自我监督功能,将异议制度视为行政机关内部纠错的程序,实现商标主管机关对商标实质审查的内部监督。② 二是社会监督功能,期望通过社会公众对商标注册审查结果的民主监督,实现商标注册审查的实质公平。三是权利救济功能,通过异议制度使在先权利人与利害关系人的权益免于初步审定公告的商标侵害。但是,这种多功能主义的异议制度价值观,实际造成了异议制度设计的"毫无原则性"。本书认为,异议制度的功能应以权利救济为主,其次为社会监督。

第一,自我监督功能不符合异议制度的逻辑。根据历年《商标法》的相关规定,异议程序的启动以行政相对人的申请为前提,商标主管机关不能主动启动异议程序。因此,自我监督功能在我国商标法语境下并不存在。这一点类

---

① 参见徐晓建:《建立赔偿责任机制 遏制恶意商标异议行为》,载《中国工商管理研究》2005年第2期。
② 参见杜颖、郭珺:《〈商标法〉修改的焦点问题:商标异议程序重构》,载《中国专利与商标》2019年第3期。

似于行政复议。我国行政法学界曾经对行政复议的功能存在争议,即行政复议究竟是发挥自我监督功能还是权利救济功能,抑或二者兼而有之。① 目前理论界通说认为,行政复议的核心功能在于通过行政纠纷的化解为当事人提供权利救济,监督与纠错功能只是制度运行的"副产品"。② 以自我监督功能调整行政复议制度实乃舍本逐末,因为行政系统的上下级关系决定了自我监督功能本身就存在,要行政相对人启动行政复议程序,应当以保护私人权益免受权力压制为目的进行制度设计,只不过行政相对人在权利得到救济的同时,必然促进了监督功能的发挥。③ 商标异议制度也是如此。该制度的设计初衷就是让行政机关以外的市场主体提出异议,将可能侵犯自身权益的商标通过异议程序不予注册,防患于未然,而与行政机关的自我监督并无多少关系。即使认为行政机关通过异议程序确实发挥了自我监督的作用,自我监督也不能作为独立的功能,只能附属于权利救济功能而存在。

第二,社会监督功能是异议制度的次要功能。我国《商标法》规定任何人可以以不予注册绝对理由提起异议,说明社会监督功能是异议制度的功能之一。但是,社会监督功能不能作为异议制度的主要功能。理由在于,商标异议事务的专业性与异议人承担异议费用的高成本,决定了社会公众少有关注商标初步审定公告进而提出异议,异议人一般是在先权利人、利害关系人和恶意异议人。④ 故商标权"关乎"社会公众的利益,并不代表社会公众"关心"商标注册审查。

第三,权利救济功能是异议制度的主要功能。实践中,与商标申请人毫无利害关系的社会公众的确可能出于社会监督的心态提起异议,但只可能占异议人的少数。绝大多数的商标异议人是商标申请人的在先权利人或者利害关系人,其目的主要在于防止涉案商标申请对自己产生不利益。换言之,绝大部分的商标异议,是出于私益而非公益的目的进行的民事争议。《商标法实施条例》第 27 条第 1 款规定"商标局应当将商标异议材料副本及时送交被异议人,

---

① 参见游伟:《行政复议的行政性研究》,载《行政法论丛》2017 年第 2 期。
② 参见杨海坤、章志远:《中国行政法基本理论研究》,北京大学出版社 2004 年版,第 503~505 页。
③ 参见刘莘:《行政复议的定位之争》,载《法学论坛》2011 年第 5 期。
④ 参见刘蕴、王华:《私权语境下的商标异议制度反思》,载《北京邮电大学学报(社会科学版)》2015 年第 4 期。

限其自收到商标异议材料副本之日起 30 日内答辩……"该规定使商标局带有"居中裁判"的色彩,异议人和被异议人扮演着民事诉讼中相互对抗的当事人角色,也可以印证异议制度的主要功能在于权利救济。

(二)异议程序设置有违正义

本次《商标法(征求意见稿)》存在异议程序依然繁杂冗长、对抗双方错误、行政判决种类有限导致循环诉讼等问题,其程序上的原因,在于相关规定违反了程序参与原则、程序对等原则、程序及时原则与程序终结原则。

第一,司法审查的行政诉讼属性违背程序参与原则。程序参与原则是程序正义理论的基础,保证各方当事人参与法律程序是实现程序正义的前提。"与程序的结果有利害关系或者可能因该结果而蒙受不利影响的人,都有权参加该程序并得到提出有利于自己的主张和证据以及反驳对方提出之主张和证据的机会"。[1] 程序参与原则的价值,一方面,如果各方都能提出证据、证明主张、陈述理由,裁判者认定的事实就更接近真相,法律也可以得到更正确的适用[2];另一方面,尽管一方总会对结果不满意,但只要各方实质性地参与到程序中来,他们就更可能接受并遵守该程序导致的结果。[3] 虽然在异议阶段,知识产权行政部门作为居中裁判的机构,保证了各方当事人充分参与程序,但一旦进入不予注册或无效程序后的司法审查程序,当事人就变成知识产权行政部门与对异议或无效结果不服的人,而对于异议阶段的另一方当事人,历年《商标法》与 2023 年《商标法(征求意见稿)》均剥夺其实质性参与程序的权利,此种"剥夺"披上了保证公正的司法审查的外衣,且此种"剥夺"甚至是被剥夺者乐于接受的。于是,实践中知识产权行政部门在行政诉讼中仅仅将审查阶段的证据提交给法院,第三人并无参与诉讼的动力,导致法院的事实认定和法律适用难以准确。而未参与程序的当事人如果对最终结果不满意,由于其未实质性参与到程序中来,可能难以接受裁判结果,进而引发新一轮的权利救济程序。

---

[1] [日]谷口安平:《程序的正义与诉讼》,王亚新、刘荣军译,中国政法大学出版社 1996 年版,第 6、12~14 页。

[2] See Robert S. Summers, *Evaluating and Improving Legal Process: A Plea for "Process Values"*, Cornell Law Review, 1974, 60(1): 25-26.

[3] See Michael Bayles, *Principles for Legal Procedure*, Law and Philosophy, 1986, 5(1): 33-57.

第二，取消不予注册复审违背程序对等原则。程序对等原则要求各方当事人在参与法律程序与影响程序结果方面，应当享有平等的机会、便利与手段。[①] 2019年《商标法》中，异议成立不予注册的，须经不予注册的复审，再进入诉讼程序；异议不成立准予注册的，异议人须先提出无效宣告，再进入诉讼程序。因此，无论异议是否成立，总体来看，都是行政二审与司法二审的模式。然而，《商标法（征求意见稿）》取消了不予注册的复审，使得在异议成立时，直接进入诉讼程序，是行政一审与司法二审模式；而异议不成立的，依然是行政二审与司法二审模式。易言之，《商标法（征求意见稿）》对程序的修改，造成了异议人与被异议人审级利益的差别，从而违反了程序对等原则。

第三，异议程序违背程序及时原则。程序及时原则要求法律程序的进行处于"过速与过缓之间的中间状态。"[②]过速的程序使参与者难以充分参与其中，裁判者也难以对事实问题和法律问题进行从容不迫的分析；过缓的程序则会延长案件的结案周期，推迟程序结果的产生，使当事人之间的纠纷不能定分止争，其利益和命运无休止地悬而未决，出现"迟来的正义为非正义"的情况。《商标法（征求意见稿）》对异议程序的规定，则既存在"过速"的缺陷，也具有"过缓"的不足。一方面，《商标法（征求意见稿）》将异议期限从3个月压缩为2个月，使在先权利人或者利害关系人难以及时提出异议，对于外国公司而言，要求其2个月内发现初步审定公告的商标侵犯其在先权益并提起异议，实在强人所难。另一方面，《商标法（征求意见稿）》虽然取消了异议成立后的不予注册的复审程序，但并未简化异议不成立时的流程，"异议—无效—诉讼"的模式依然烦琐，耗时较长，当事人为解决纠纷往往成本甚巨。

第四，异议程序违背程序终结原则。程序终结原则要求法律程序应当最终产生一项不可更改的裁判结果。表面上看，程序终结原则是对绝对公平的否定：法律程序一旦产生最终裁判结果便不能争议，即使产生不公正的情况也

[①] 参见陈瑞华：《程序正义理论》（第2版），商务印书馆2022年版，第192~196页。
[②] Michael Bayles, *Principles for Legal Procedure*, Law and Philosophy, 1986, 5(1): 33-57.

不能对其重启审查。① 尽管如此,程序终结原则仍然是一项必须遵守的原则,其价值在于避免法律程序的随意启动,防止已经稳定的法律状态突然崩塌,造成当事人业已形成的稳定生活的破坏。②《商标法(征求意见稿)》依然存在"终审不终"的循环诉讼问题,显然违背程序终结原则。而且,在商标的价值取决于消费者认知的情况下,循环诉讼既打断了商标所有人安稳的生产经营状态,也割裂了消费者业已形成的稳定的商标认知。在程序终结原则得不到落实的情况下,《商标法(征求意见稿)》对异议期限的压缩、对不予注册复审的取消等追求程序及时性的修改,都失去了实际意义。

三、商标使用义务规定缺乏体系化

《商标法(征求意见稿)》在第七章"商标的使用与管理"第59条规定了商标使用,将商标使用的方式扩张至服务场所、与服务有关的载体以及网络空间之中。③ 此种立法选择将商标使用条款置于《商标法》中后部,既未客观反映商标使用在整个商标法律制度中的作用和地位,也不能统领商标注册、许可、转让、保护等制度中的商标使用行为,亟待进一步完善。

如果说申请在先原则鼓励商标申请人先占先得,商标使用地位不明确则加剧了我国《商标法》上的"重注册轻使用"问题。一方面,许多商标注而不用,导致"商标垃圾"堆积,占用了大量的注册申请资源。另一方面,那些具有真实使用意图或者已经使用的商标在申请注册的漫漫长路上举步维艰。商标申请量和注册量的表面繁荣,也缘起于我国商标确权机制存在的问题。

为强化商标使用的地位,我国《商标法》历次修改均作出诸多努力。本次《商标法(征求意见稿)》也在加强商标使用义务方面迈出了重要的一步。例如,《商标法(征求意见稿)》第5条增加承诺使用的规定,第61条建立说明商标使用情况制度。不过,这些规定略显粗糙,如何完善商标使用义务有待进一步研究与细化。

---

① 参见陈瑞华:《程序正义理论》(第2版),商务印书馆2022年版,第192~196页。
② 参见陈瑞华:《程序正义理论》(第2版),商务印书馆2022年版,第192~196页。
③ 参见《商标法(征求意见稿)》第59条【商标使用】:"本法所称商标的使用,是指将商标用于商品、商品包装或者容器以及商品交易文书上,将商标用于服务场所或者与服务有关的载体上,或者将商标用于广告宣传、展览以及其他商业活动中,用于识别商品或者服务来源的行为。前款所列行为,包括通过互联网等信息网络实施的行为。"

四、恶意商标注册缺乏体系化规制

(一) 恶意商标注册及其危害

恶意注册,是指损害公共利益或他人合法利益的不当注册行为,包括非使用性目的的恶意注册、非正当性手段的恶意注册、违反合法性条款的恶意注册。[①] 2019年《商标法》第4条第1款新增"不以使用为目的的恶意商标注册申请,应当予以驳回"的规定,并将恶意注册纳入商标异议与无效宣告的事由。此次修改有效打击了"批量申请""资源圈占"等恶意注册行为,但由于该条款所载内涵、认定标准以及考量因素不明晰,实践中"蹭热点""搭便车"的恶意注册与恶意抢注行为仍时有发生。2019年以来,便有不少企业、自然人将奥运会的相关元素、吉祥物及运动健儿的姓名和绰号等进行商标注册申请。针对上述扰乱商标注册秩序的行为,国家知识产权局采取了严厉的打击措施。2021年,商标审查程序中累计打击恶意注册商标48.2万件。[②]

恶意商标注册危害明显,不仅会侵害他人在先合法权益,也会侵害社会公共利益,还将增加商标制度运行成本,降低商标制度运行的效率。

首先,恶意注册行为侵害他人在先合法权益。在先合法权益包括名称权、姓名权、肖像权等人格权;专利权、著作权、商标权等知识产权;未注册商标、知名商品特有名称、知名商品包装装潢、域名、字号等其他法律承认的利益。[③] 行为人以非正当手段恶意注册商标,将侵害他人在先合法权益,具有不正当性。

其次,恶意商标注册侵害了社会公共利益。一方面,恶意商标注册损害了广大消费者的信赖利益。虽然《商标法》的立法目的不在于保护消费者,但《商标法》从权利取得、权利维持到权利救济,方方面面离不开消费者对商标的认知与评价,说消费者在《商标法》上地位十分重要,是不容置疑的。因此,非正当性手段的恶意注册行为可能导致消费者对在先标识稳定认知的割裂与破坏,使消费者在商标与商品或服务之间发生混淆,损害了广大消费者基于在先商标的信赖利益。另一方面,恶意商标注册严重干扰了市场竞争秩序。根据在先注册原则,

---

① 参见吴汉东:《恶意商标注册的概念体系解读与规范适用分析》,载《现代法学》2023年第1期。
② 参见《国家知识产权局:2021年累计打击恶意注册商标48.2万件》,载国家知识产权局网,http://www.cnipa.gov.cn/art/2022/4/25/art_55_175296.html。
③ 参见宁立志、叶紫薇:《商标抢注研究》,人民出版社2022年版,第40页。

在先注册人有权制止善意后继人使用该商标的行为。但是恶意注册者可能不具有阻止在后使用人继续使用商标的正当性。商标恶意注册人在其他方面没有任何投入,也没有对注册商标进行实际使用,这就有可能导致后来者被在先注册商标挟持的情况。如果没有法律上的救济机制,这一现象将严重扰乱市场竞争秩序,并导致严重的不公平现象。与此同时,"商标囤积""注而不用"等恶意商标注册行为,还会侵占公共领域符号资源。

最后,恶意商标注册将增加制度成本、降低效率。恶意注册者通过转让注册商标可获得巨额暴利或者通过侵权诉讼索求巨额赔偿,这驱使着商标申请人向知识产权行政部门大量申请商标注册。中国注册商标申请量连续多年高速增长并保持世界第一,但商标注册审查工作却大量积压,在一定程度上也是利益驱使的恶意注册所带来的后果之一。恶意注册者利用商标法律制度中的漏洞,利用商标注册制度与权利救济机制的功利性来获取超额费用。这一行为破坏了良好的商标法律生态,损害了商标使用的根基。[1] 与此同时,大量没有使用目的者进行商标注册,严重威胁了在先使用人的投资安全。因为这些注册商标所有人都有可能在任何时候对在先使用(或后来注册)的商标提起侵权诉讼,而在先使用人本来是不必面临这种威胁的。在公众抢注的热潮中,那些有意使用商标的公司,为了避免将来受到威胁,或者没有商标可供使用,将会加大注册数量。商标囤积越多,威胁越大;更多的后来者因此也加入囤积的行列,于是形成恶性循环,即便是正常经营的企业也深陷其中而不能自拔。[2] 可以认为,恶意注册浪费了稀缺的商标审查和保护资源,增加了社会成本,也降低了商标注册审查效率。

(二)恶意商标注册现象成因分析

1.经济利益驱动

我国《商标法》奉行申请在先原则,其立法目的在于,鼓励市场主体尽快申请注册商标,以便在全国范围内获得注册商标专用权,从而安心经营,促进产业发展。[3] 可以认为,申请在先原则本质上是鼓励先占先得的。[4] 但是,恶意商

---

[1] 参见李晓秋:《论商标挟持行为的司法控制》,载《现代法学》2017年第4期。
[2] 参见崔国斌:《商标挟持与注册商标权的限制》,载《知识产权》2015年第4期。
[3] 参见曹世海:《商标权注册取得制度研究》,西南政法大学2016年博士学位论文,第121页。
[4] 参见李扬:《我国商标抢注法律界限之重新划定》,载《法商研究》2012年第3期。

标注册与恶意商标异议是违背这一原则的,前者挤占了公共符号资源、侵害了他人合法在先权益;后者将商标异议制度异化为不正当竞争工具,显然要对其进行否定性评价。

恶意商标注册与恶意商标异议的发生,源于经济利益驱动。恶意注册人可以通过恶意注册行为获得的利益包括:(1)抢注他人有一定市场声誉的商标,从而节约自己广告宣传、积累经营等提高商标声誉的成本。(2)通过恶意注册获得的权利"外衣"进行商标恶意诉讼,实施不正当竞争行为,"优衣库"商标侵权系列案件即例证。(3)抢注成功后高价兜售商标,典型案例如李某丰抢注"海棠湾"商标意图高价转卖获利。[1] 对于恶意异议人而言,其可获得的经济利益包括:(1)借助恶意异议,向注册商标申请人寻求补偿;(2)恶意商标异议以及相关的授权确权程序,延长竞争对手获得注册商标的时间,谋求竞争优势。可以认为,无论是恶意商标注册,还是恶意商标异议,其发生的源头都在于经济利益驱动。

行为人作为市场主体,必然在行动之前充分考量了成本与收益的关系。倘若违法成本太高而经济收益太低,行为人不会作出恶意注册、恶意异议等行为。然而,我国目前违法成本太低,而违法行为获得的实际收益或竞争优势又十分可观,造成了恶意注册、恶意异议等行为的泛滥。从经济成本来看,我国商标注册收费与异议费用均较为低廉。在商标注册收费方面,商标局2015年和2017年两次将受理商标注册费基础收费标准从800元降为600元,后又进一步下调到300元,受理转让注册商标费等也相应降低。[2] 降低商标注册费用虽有利于降低一般企业的经营成本,但也降低了违法成本。实践中,出现了一些商标投资人一次性注册成千上万的商标,圈占公共符号,损害他人在先权益的现象。在商标异议方面,恶意异议人承担的经济成本仅为500元申请费用,

---

[1] 参见最高人民法院行政裁定书,(2013)知行字第42号。
[2] 2015年10月9日,国家工商行政管理总局商标局根据国家发展改革委、财政部《关于降低住房转让手续费受理商标注册费等部分行政事业性收费标准的通知》(发改价格〔2015〕2136号)要求,发布《关于降低受理商标注册费的通知》,决定自2015年10月15日,将受理商标注册费基础收费标准从800元降为600元。2017年3月30日,国家工商行政管理总局商标局根据财政部、国家发展改革委《关于清理规范一批行政事业性收费有关政策的通知》(财税〔2017〕20号)文件要求,发布《关于调整商标注册收费标准的公告》,决定自2017年4月1日起,商标注册收费标准降低50%,受理商标注册费基础收费从原来的600元进一步下调到300元。

但导致善意的商标申请人在维权过程中付出高昂的经济成本和时间成本,甚至直接导致商标申请人丧失交易机会。随着商标便利化改革,优化注册程序,开放网上申请,行为人足不出户就可以在网络平台申请商标注册。而且随着知识产权行政部门进一步扩大网上商标公共服务范围,实现商标评审事项的"一网通办",提高网上商标公共服务的能力与便利性[①],行为人的违法成本将更加低廉。因此,如何在便民为民的同时克服恶意注册、恶意异议等问题,需要思考。本书认为,法律责任缺失导致恶意注册者违法成本过低,助长了商标恶意注册行为猖獗之势。[②] 明确恶意注册、恶意异议行为的法律责任,可以提高违法成本,从经济利益方面遏制违法行为发生。此外,如何制定合理的商标注册费用,也是需要商标管理机关进行研究的一个问题。

2. 法律责任缺失

2013年《商标法》针对注册取得制所导致的恶意注册问题作出了一些有针对性的规定,包括在先使用具有一定影响的商标所有人提起异议、无效宣告,以及在侵权判定中主张在先使用抗辩的制度,商标权人主张损害赔偿须提供3年内使用的证据、注册后连续3年不使用商标可被撤销等。针对这些违反诚实信用原则的违法行为规定相应的法律责任,可有效提高行为人的违法成本,防止行为人通过注册取得制不正当谋取私利。但是,商标注册审查中的法律责任并不完善,我国《商标法》中对恶意注册行为未规定相应的法律责任条款。

从行为成本与收益的角度分析,违法成本与违法收益的高低,影响着行为人的行为选择。对于某一项违法行为,如果缺少相应的法律责任,行为人将因违法成本较低而选择铤而走险。以最高人民法院第82号指导案例"歌力思"案为例[③],法院虽然判决原告属于恶意注册者,但只能驳回其诉讼请求,原权利人因诉讼产生的举证费、律师费以及因诉讼造成的商誉损失,恶意注册者并不赔偿。本书认为,商标恶意注册者损害被抢注人的合法权益,破坏了商标注册秩序和管理秩序,理应受到规制和惩处。在民事法律领域,明晰和施加法律责

[①] 参见《国家知识产权局2022年6月例行新闻发布会》,载国家知识产权局网2022年6月23日,https://www.cnipa.gov.cn/col/col2930/index.html。
[②] 参见王莲峰、康瑞:《法律责任视角下商标恶意抢注的司法规制》,载《中华商标》2018年第7期。
[③] 参见最高人民法院民事判决书,(2014)民提字第24号。

任是有效增加商标恶意注册违法成本的路径。①

本次《商标法(征求意见稿)》针对恶意抢注行为规定了法律责任。《商标法(征求意见稿)》第83条规定了恶意注册的民事赔偿与法律责任。实践中,一些恶意注册人获得注册商标专用权后,向原权利人提出商标侵权诉讼,或谋求补偿,或阻碍他人正常生产经营。针对此种恶意诉讼行为,《商标法(征求意见稿)》第84条新增恶意诉讼反赔制度。此外,《商标法(征求意见稿)》第45条、第46条还构建了商标移转制度。上述制度的构建,可以明确违法者的法律责任,提高违法成本,遏制恶意注册等行为的出现。但是,这些制度目前的相关规定还较为粗糙,如何完善细化这些制度,是我们应当考虑的议题。

五、商标注册审查制度的配套措施不足

商标注册审查中现有问题的规制,是一项系统工程,不仅需要立法规则的制定和完善,也需要管理机构建立相应的配套措施,双管齐下共同治理。针对商标注册审查中存在的问题,可以考虑建立以下配套措施。

第一,建立恶意注册嫌疑人名单数据库。目前申请注册商标的数量急剧增加,竞争日趋激烈,为遏制恶意注册行为呈现的高发态势,除了要从严从快审理大规模恶意注册商标案件,还将建立恶意注册嫌疑人名单数据库。② 建立恶意注册嫌疑人名单数据库,是法律运用互联网技术打击恶意注册行为的有效路径。鉴于此,商标管理机关十分有必要尽快构建此项制度,但商标恶意注册嫌疑人名单数据库或者相关配套制度的设立,还需要进行具体论证和考察。

第二,构建异议纠纷自我和解与冷静期制度。商标异议制度的主要功能在于权利救济。因此,当事人有权以谋求私利最大化的方式与对方达成和解、解决纠纷。③ 欧盟商标异议制度就十分尊重当事人意思自治,在异议处理流程中规定了冷静期与和解规则。冷静期是在正式进入异议审理程序之前,为异

---

① 参见王莲峰、康瑞:《法律责任视角下商标恶意抢注的司法规制》,载《中华商标》2018年第7期。
② 参见《商标局重拳出击遏制商标恶意注册,将建立恶意注册嫌疑人名单数据库》,载微信公众号"知识产权那点事"2017年9月6日,https://mp.weixin.qq.com/s/OngIYFdEm-HOfU5S2ZSGZQ。
③ 参见关永红、石宾:《论我国商标法中商标确权机制的合理重构》,载《宁夏大学学报(人文社会科学版)》2009年第2期。

议当事方进行协商是否继续提出异议所设置的间隔期。[①] 冷静期制度的意义在于:在中止异议程序的基础上,促进异议双方进行谈判,为异议纠纷的自行解决提供时机与空间。在充分尊重异议双方的意思自治之余,还可高效解决异议纠纷,节约行政资源与司法成本。[②] 鉴于德国正式确定冷静期制度的时间尚短,冷静期制度的优越性可以参考欧盟商标异议实践。[③]

第三,增加商标申请阶段的第三人陈述意见机制。根据我国《商标法》的规定,任何人可以以绝对理由提起商标异议,这就导致恶意异议依然存在空间。对此,可以考虑参照欧盟的有关规定,任何自然人、法人及社会组织都可以依据《商标法》第4条、第10条、第11条和第12条的规定向知识产权行政部门提出不予注册的书面意见。第三人陈述意见和任何人基于绝对理由提起商标异议有着本质区别:除程序设置不同外,第三人并不会作为程序启动的一方主体进行举证和对抗。是否采纳第三方意见以及申请方是否承担答辩义务的主动权仍归属于官方。第三人陈述意见不具备法定证据效力,仅作为非官方证据体现公众参与行政审查的原则。[④] 第三人书面意见可以弥补医药、半导体或计算机高尖端领域商标审查的盲区,使整个官方商标审查程序更加平稳地进行。同时,第三人陈述意见制度可以替代异议制度发挥公众监督功能,补充和完善商标审查依据,确保知识产权行政部门更加准确地作出是否予以注册的决定。[⑤]

第四,清理限制注册商标制度。为盘活有限的商标资源,可以考虑由国家知识产权行政部门牵头,建立商标档案网站或数据库,结合人工智能、大数据、云服务等新兴技术,即时更新商标状态,帮助国家知识产权行政部门清理"商

[①] 参见王莲峰、黄安妮:《论我国商标注册审查制度的优化——兼评〈商标法修订草案(征求意见稿)〉的相关规定》,载《知识产权》2023年第5期。
[②] 参见刘蕴、王华:《私权语境下的商标异议制度反思》,载《北京邮电大学学报(社会科学版)》2015年第4期。
[③] 欧盟知识产权局EUIPO有将近70%未决的商标异议纠纷在冷静期中得以自行和解。2016年欧盟的异议申请量为19,127件,异议裁定量为5004件,通过协商解决的异议案为14,123件,协商解决率为73.84%;2018的协商解决率为63.38%;2020年的协商解决率为66.16%。2021年,欧盟的异议申请量为20,130件,异议裁定量为6470件,协商解决率为67.86%。上述数据源于EUIPO, Annual Report (2017-2021), https://euipo.europa.eu/ohimportal/annual-report。
[④] 参见王莲峰、包雪颖:《欧盟和德国商标确权程序比较及对我国的借鉴》,载《电子知识产权》2021年第6期。
[⑤] 参见陈飞:《欧盟商标"第三方意见"程序》,载《中华商标》2014年第2期。

标垃圾"。同时,还可考虑通过知识产权行政部门以及知识产权服务主体搭建知识产权交易平台,将闲置商标转让或许可给真正有需求的市场主体。①

本 章 小 结

梳理我国商标注册审查制度的历史变迁,可以发现,我国在"提质"与"增效"两个方面逐步完善商标注册审查制度。在商标立法方面,商标注册审查制度初创时期表现为从自愿注册到强制注册,探索时期表现为自愿注册与商标异议制度的初步构建,发展时期表现为诚实信用原则的具体化与异议制度的完善。《商标法(征求意见稿)》则从以下6个方面进行修改:第一,进一步规制商标恶意注册申请。第二,强化注册商标的使用义务。第三,加强商标领域诚信建设。第四,完善商标授权确权程序和审查制度。第五,加强商标专用权保护。第六,提升驰名商标的保护水平。从《商标法》的历次修改可以梳理出我国商标注册审查制度的发展趋势:一是诚实信用原则越发具化,二是商标使用地位不断增强,三是商标异议制度兼顾公平与效率。

在商标注册审查审理制度方面,与2016年《商标审查及审理标准》相比,2021年《商标审查审理指南》不仅在形式上作出优化,而且在内容上作出完善,对各实体审查审理标准对应的法律条款进行了相应阐释,并嵌入指导案例,更好地说明了相关条款的适用。

在商标授权确权行政案件审理标准方面,《授权确权规定》以及2014年《审理指南》和2019年《审理指南》等规范性文件,为商标授权确权行政案件提供具体的审理标准,为疑难问题的解答与执法统一性问题提供了有益帮助。

可以认为,我国商标注册审查制度从立法、行政、司法三个方面均作出较为完备的规定,较好地平衡了商标注册审查制度中的公平价值与效率价值。但是,我国商标注册审查制度依然存在较多问题。第一,我国现行商标注册审查模式存在缺陷,表现为四个方面:(1)全面审查模式效率低下;(2)商标授权确权程序繁杂冗长;(3)我国商标授权确权程序未能定分止争;(4)恶意商标

---

① 参见王莲峰、沈一萍:《论清理闲置注册商标制度的构建》,载《知识产权》2019年第6期。

异议现象突出。第二,商标异议制度功能和定位不明,一方面对异议制度功能的认识存在误解,另一方面对异议程序的设置有违正义。第三,商标使用义务规定缺乏体系化。第四,由于经济利益的驱动与法律责任的缺失,我国商标恶意注册问题依然严峻,商标恶意注册缺乏体系化规制。规制商标恶意注册不仅应从法律责任的反向规制入手,还应以商标使用为内核进行正向规范的构建,二者齐头并进才能有效遏制商标恶意注册问题。第五,商标注册审查制度的配套措施不足。商标注册审查制度是一项系统工程,不仅需要立法规则的制定和完善,也需要管理机构建立相应的配套措施。为克服商标注册审查制度的弊病,本书第二章将从制度理论出发,探讨商标注册审查制度的理论构造与制度协调,以期为具体解决方案提供充分的理论基础。

第二章　商标注册审查制度的理论构造及制度协调

根据第一章的研究可知,目前我国的商标注册审查制度在许多环节都存在问题,为了从根本上进行商标注册审查制度的高效改革,我们必须首先解决商标注册审查所涉及的基本理论问题,由外到内、由面到点地探究商标注册审查制度与其他影响商标注册或确权的关联制度或关联程序之间的关系。因此,本章将分四节,以商标注册审查制度的理论构造为基础,从宏观、中观、微观三个层面分析不同模式组合与程序设置的底层逻辑,为商标注册审查制度改革和进一步优化提供思路。

第一节　商标注册审查制度的理论构造

商标注册审查制度,是整个商标注册制度系统的一部分、一个环节,是相对独立性与相互依存性的统一。其相对独立性,表现为商标注册审查有自己特定的制度任务和功能边界;其相互依存性,表现为商标注册审查需要与其他制度环节相互配合,共同完成商标注册系统整体更宏大的制度使命。前者立足于对商标注册审查制度内部的各种辩证关系的探讨;后者则立足于对该制度与构成其系统环境的其他制度相互间诸多辩证关系的探讨。作为一种制度系统,其良好的运行必然依赖于内部关系的相互和谐及其与外部关系的相互协调。内部和谐,其标准是内部制度诸要素之间实现功能耦合,各自发挥比较优势,在积极功能方面相互补充、相互肯定,在消极功能方面相互制约;外部协调,其标准是内外诸子系统相互肯定,同时相互制约。内外构成一个完整顺畅的制度结构。

对于作为内部诸辩证关系的相互和谐,本书在下文中将集中讨论以下问题:商标为什么要注册,商标权的法律属性是什么,商标注册审查的法律属性是什么,注册审查制度的价值目标如何平衡定位,等等。

一、商标权的来源:确权与授权

商标是市场上用来区分商品来源的符号。商标是市场发展到一定阶段的产物。对于特定商品而言,在市场尚未发育或者市场上不可能存在同类竞争对手的情况下,便没有标识商品来源的必要。只有在市场发育到一定水平,尤其是存在同类竞争者的前提下,区分商品来源才会因具有了商业利益而成为必要。商标只是区分商品来源的一种途径,其他如商号、品名、包装等也从不同角度发挥着此项功能。只是相比之下,商标比其他符号更简洁,更有利于识别和传播,在识别来源方面更具有优势,因此成为商品最主要的来源识别符号。

商标作为识别商品来源的符号,具备来源识别、品质保证和广告宣传等多项功能。[1] 这些功能的存在无疑将为商标拥有者带来巨大的商业利益,会诱发竞争者的假冒等行为,因此就有对商标进行产权保护的必要。权利界定的方式由权利界定的必要性及其界定成本所决定。与其他最终被产权化的事物一样,商标的产权化也是先由商标拥有者自我保护,通过不断提高商标的仿冒难度,不断积累商誉,增加商标的市场认知度和可识别性来维护商标利益。其后,随着保护需要的进一步加大,出现了相关行业工会、地方政府对商标的保护和对假冒行为的打击。[2]

但无论是商标拥有者的自我保护,还是行业工会或者地方政府的保护,都具有明显的不足,只适用于市场规模相对狭小的场景。一旦商品的生产流通在大规模跨地域、跨时间的范围内进行,这种通过私人或者地方政府对商标进行公示和保护的方式就显得力不从心。在此情况下,由国家通过统一的法律

---

[1] 参见刘春田主编:《知识产权法》,中国人民大学出版社2000年版,第232~234页;张玉敏主编:《知识产权法学》(第2版),法律出版社2011年版,第273页。
[2] 参见张玉敏:《商标注册与确权程序改革研究——追求效率与公平的统一》,知识产权出版社2016年版,第3页。

手段对商标进行注册就十分必要。

"注册制度在商标法中的作用可以概括为:确定权利归属,划定权利边界,公示权利变动,便利交易活动。"[1]因此有必要探讨商标注册的法律性质,因为不同的性质定位将决定商标注册的法律效力及效果。目前学界关于商标注册的性质主要有两种主张,即授权说和确权说。孔祥俊主张,商标注册属于行政授权行为:"按照我国商标法的规定,注册商标并不以实际使用为前提和基础,亦即不是对于已实际存在的商标权益的确认,因而核准注册商标不是一种行政确权行为,而属于授予或者创设注册商标专用权的行为,即使核准注册的商标是此前已经实际使用并具有一定影响的商标,也属于授权行为,即商标一旦注册,就在全国范围内享有注册商标专用权,而与原来的使用范围无关,亦即不是对业已实际存在的权利的反映性确认。"[2]并且,"对于那些未实际使用而打算注册后使用的商标,由于其此前并未实际具有商品来源的识别作用,当然不是确认实际存在的商标权。即使对于实际使用并具有一定影响力的商标,其核准注册也赋予其全国范围内的专用权和排他权,这种权利范围的扩张也是核准注册带来的。即使对于驰名商标的核准注册,也赋予其跨类保护的效力"[3]。余俊则认为,无论是注册取得制度还是使用取得制度,其商标注册行为都是一种权利确认而非授权,即商标权的权利取得基础是通过商标使用来建立商标与商品来源之间的联系,而不是行政机关通过商标注册程序来产生一种权利,商标注册程序仅仅是将已经属于权利人的商标权利在法律上作进一步的明确,即确认,行政机关的审查批准,其作用无非是使之公示于社会。[4]

授权说论者的论证根据主要在于:其一,商标注册制度所产生的权利范围和边界是明确的,而商标使用行为获得的权利范围和边界是不清晰的。通过商标注册,原来不清晰的权利边界成为清晰的,这就是一种行政授权。其二,基于商标使用行为取得权利的正当性仅在使用地域发挥作用,在非使用地域不具有任何优先性。因此,商标注册行为使商标在非使用地域获得优先性,这

---

[1] 张玉敏:《商标注册与确权程序改革研究——追求效率与公平的统一》,知识产权出版社2016年版,第59页。
[2] 孔祥俊:《商标与不正当竞争法——原理和判例》,法律出版社2009年版,第55页。
[3] 孔祥俊:《商标与不正当竞争法——原理和判例》,法律出版社2009年版,第316页。
[4] 参见余俊:《商标法律进化论》,华中科技大学出版社2011年版,第131页。

就说明注册行为是授权而非确权。① 其三,确权是对既存权利的确认,在我国,实际使用不是产生商标权的根据,未注册商标只能产生应受法律保护的利益,仅限于异议权、撤销权、先用权等救济性权利,而不是商标权。确权说不符合我国法律的规定。②

本书认为,授权说在法理逻辑上并不成立,在后续的制度设计方面也会有弊端。授权,顾名思义是在原先无权利的情况下授予权利,而确权则是在原先存在自然权利或者习惯权利的情况下,由法律对此自然权利或习惯权利予以确认。很显然,授权的逻辑是在法律"一般禁止"的前提下,给予某种"特别许可"。此种"一般禁止+特别许可"的模式,适用于从事某种行为需要特别技能或者特权的情形。前者比如行医执照、律师执照、驾驶执照等,由于从事此种行为关系到公共安全、公共秩序等公共利益,而且这种行为非经专业训练无法胜任,所以需要法律特别授权。后者如某些"专卖"行为,法律为了限制某些特殊商品的交易途径,设定一般人禁止从事该交易,只有符合条件的行为人才有交易资质。

但是商标权的获得显然不具备上述特征。即使在未注册条件下,法律也并不禁止任何商事主体使用法律允许的标志作为商标。易言之,未注册商标的使用是人们的自然权利,这种自然权利的行使不会给社会带来负面影响。因此,法律不会加以禁止。这就失去了"一般禁止"这一前提。注册并非一般禁止下的特别允许,而只是对自然权利的一种法律认可。商标注册,与其说是"一般禁止+特别允许",毋宁说是"一般允许+特别限制"。所谓"一般允许",即即使在商标注册之前,法律也并不对商标使用行为进行过多干预,而是允许使用人自主决定是否使用以及使用何种商标,注册行为除强化这种"一般允许"之外,还提供了一些限制性规定,比如禁用商标,或者商标显著性的要求,这就构成了"特别限制"。所以,授权说并不成立。

至于授权说所谓的在注册之前商标权利边界不清晰的问题,根本就是对"授权"的误解。权利是否清晰,不是决定是不是授权的理由。甚至可以

---

① 参见党晓林:《商标权注册取得制度研究》,中国政法大学2018年博士学位论文,第66页。
② 参见张玉敏:《商标注册与确权程序改革研究——追求效率与公平的统一》,知识产权出版社2016年版,第62页。

说,权利不清晰正是需要法律"确权"的理由。法律经过了"确权"才使不清晰的权利边界得以清晰,难道不正说明确权说更符合逻辑吗?也有观点可能会提出:商标在注册之前,在非使用区域没有优先性,而注册之后则获得了优先性,因此说明是注册使商标在非使用区域得到授权。此种论证实际上是回避了"授权"和"确权"的区别标准。商标在非使用区域没有优先性,不等于该商标在非使用区域被禁止使用,因而需要授权。未注册商标照样可以自由进入未使用区域,只不过该商标暂时未进入而已。换言之,注册行为只不过是提前确认了该商标在未使用区域的使用权。这无论如何也不是授权,而仍然是确权。还有观点认为:在我国,使用不是取得商标权的根据。但实际上,这并不是界定注册行为性质的标准。正因为"使用不是取得商标权的根据,使用只获得部分权利",所以才需要法律确权,使权利获得法律外壳,获得完整性,但这不等于说商标在注册之前被禁止使用。这才是区分"授权"与"确权"的关键。

本书认为,商标注册行为本质上是一种"确权"而非"授权"。这种定性,不仅影响我国商标取得模式中对待"使用要素"的态度,还将影响到后续的商标异议、商标无效等行为的性质和救济方式,即错误注册行为究竟应当属于民事救济还是行政救济的问题。

二、商标权的属性:私权与公权

关于商标权的法律属性究竟应当属于私权还是公权,这种提问方式并不科学。实际上,任何权利一经上升为法律权利,就意味着受到法律救济,私权也会带有公权的属性,况且,公共利益本身就是私人利益的加总。私权与公权是法律权利的一体两面属性。合理的提问方法应当是,私权与公权在一项法律权利中的比重如何以及结构如何。

有观点认为,作为私权的知识产权在知识经济时期正在发生私权公权化的转型。这就表明知识产权是兼具私权与公权双重属性的对立统一体。[①] 还有观点认为,在"公""私"两个观念的历史演进中,知识产权制度日益趋向于社会性、公法化,其公权属性日益凸显,国家或政府的公权力介入程度日

---

① 参见冯晓青、刘淑华:《试论知识产权的私权属性及其公权化趋向》,载《中国法学》2004年第1期。

益增强。①

商标基于其区分商品来源的功能，能够形成商誉积累，从而为商标权人带来巨大的财产利益。所以，商标权首先是一种财产权，属于典型的私权。但这种私权的实现离不开商标对于消费者的识别功能的实现，亦即离不开正当的市场秩序的建立和维护，因此商标权必然会成为国家规范市场秩序的基本政策工具，从而带有很强的国家干预色彩，亦即带有特定的公权属性，这是一个问题的两个方面。无论是 TRIPS 协定还是中外的商标立法，都将造成消费者"混淆"之虞作为侵犯商标权的认定标准。因此有学者提出，"商标法是以消费者而不是商标所有人为中心而展开的"，应将"维护消费者利益"作为《商标法》的第一立法宗旨。② 此种观点具有一定的合理之处：其一，消费者是识别商品来源的主体。从商标的核心功能看，商标发挥作用的前提是"经营者（商标权人）—商品＋商标—消费者"这一链条完整，其在市场上可能还同时存在另一条链条，即"竞争者—商品＋相同或近似商标—消费者"。两条链条的竞争与区分程度最终决定了商标功能的发挥效果，而竞争和区分程度的重要标准，就在于消费者的识别成本。其二，消费者是侵权判断的标准。商誉的积累也要依靠消费者的认知度和忠诚度，并非单纯依靠经营者单方努力即可决定，所以消费者的"混淆之虞"才能成为判断商标侵权与否的重要指标。其三，消费者是市场规范的出发点和立足点。整个商标法律体系，无论是注册审查，还是侵权识别，抑或公共监督，消费者的利益都是市场规范的出发点和归宿。从早期商标的质量保证功能到现代商标的来源区别功能都反映了市场规范的终极目标在于消费者保护。从公众对注册商标的绝对理由异议权利，也可看出商标立法的公共秩序价值考量。

三、商标注册审查的性质：私人审查与公共审查

关于行政机关对商标进行审查并核准注册行为的性质，学理上有行政许可说、行政确认说、备案说等不同观点。

---

① 参见李永明、吕益林：《论知识产权之公权性质——对"知识产权属于私权"的补充》，载《浙江大学学报（人文社会科学版）》2004 年第 4 期。
② 参见邓宏光：《商标法的理论基础——以商标显著性为中心》，法律出版社 2008 年版，第 324 页。

行政许可说认为商标注册是一种赋权的行政许可。但这种观点难以成立。行政许可的逻辑是"一般禁止+特别允许",即只有在对某种行为普遍性禁止的前提下,才有对符合条件的某类特定主体进行该种行为设立特别允许的必要。行政许可往往针对的是从事该种行为需要特别资质或者特别才能,如果没有该种特别资质或者特别才能而随意从事这种行为,将会对社会造成不利影响。典型的如行医资格、法律职业资格等,关涉社会公众重大利益,因此需要长期的专业训练方能胜任。商标注册则并无设定特别资质的必要。商标只是区分商品和服务来源的符号,这种符号的区分功能并不需要申请人拥有特殊才能。商标注册一般也不关涉社会公共重大利益,也不是为了提高注册人的资质门槛,而只是对该符号是否满足商标功能进行审查而已。所以,设置行政许可对于商标注册无意义,反而会无端增加商标注册的成本。

备案说则将商标注册审查视为一种程序性的权利登记。权利登记分为许可性登记和非许可性登记。许可性登记本质上属于行政许可的一种,其前提是存在事先的法律禁止,只有登记后才能从事某种行为。商标权很显然不属于此类登记,因为即使商标未经注册也不被法律所一般性地予以禁止,除非违反法律的强制性规定。商标注册也并不是非许可性登记。非许可性登记又分为事实行为和法律行为两类。前者如户籍登记、税务登记、暂住证登记等。登记的目的是给行政机关提供一种事实信息,行政机关可以对该信息的真伪进行事后核查,如发现虚假信息可以进行处罚,但该类登记主要是一种客观的信息记载,不涉及权利的产生、消灭等问题。无许可证登记作为一种法律行为,其目的在于确认当事人之间的权利与关系,包括机动车登记、收养登记、产权登记等。这类登记可以分为作为法律行为生效要件的登记与作为特殊效力(如对抗效力)构成要件的登记,前者如《民法典》第 209 条第 1 款关于不动产物权的设立、变更、转让和消灭的登记,后者如《民法典》第 706 条关于租赁合同的登记[①]。显然,商标注册并非商标权的生效要件,也不是其对抗要件。在注册之前,商标权人经过使用,本身即可获得一定范围内的商标权利。因此,

---

① 《民法典》第 209 条第 1 款规定:"不动产物权的设立、变更、转让和消灭,经依法登记,发生效力;未经登记,不发生效力,但是法律另有规定的除外。"《民法典》第 706 条规定:"当事人未依照法律、行政法规规定办理租赁合同登记备案手续的,不影响合同的效力。"

商标注册并非对商标的登记行为,其法律效果也与登记明显不同。

本书认为,商标注册审查行为的法律属性应当是一种行政确认,是在"一般允许"的前提下,对特别事项经审查予以"限制或者禁止",审查的目的是框定权利的正当性边界。这种审查当然主要是依赖于注册机关的行政职权,此即本书所谓的公共审查。而公共审查并不能穷尽审查所必需的信息,难免有错误或者遗漏,这时就需要私人提供信息予以补充,此即本书所谓的私人审查。商标注册和审查的前提是商标申请人自己已经设计甚至使用了某一特定的符号作为自己商业活动的标记,根据洛克关于"劳动创造权利"的逻辑,[①]申请人对这一标记上的利益之获得具有自然权利的性质。商标注册只是为了防止产生权利争议、保护交易安全而对这种自然权利加以法律上的确认,而不是法律将某种原本没有的利益特别授予了商标申请人。换言之,不是一种"从无到有"的单方面行政授权行为。

私人提供审查信息的途径一般有以下几种:

一是申请人的自我审查。申请人在申请商标注册时,为了避免申请被驳回,节约申请的成本,应当会提前进行必要的自我审查,即按照《商标法》的要求,排除掉不符合申请条件的商标。当然,恶意抢注的情况除外。

二是在先权利人、利害关系人提出异议。商标是区分商品来源的标志,会给商标权人带来巨大的经济利益,因此也会成为商业竞争者觊觎的对象。恶意抢注与商标囤积行为就是为了掠夺他人在先享有的商标利益。因此,商标的在先权利人为了防止自己的商标利益被别人掠夺,就必然有积极性去防止自己的商标被恶意抢注。在先权利人、利害关系人就成为给注册机关提供补充信息的重要来源。在先权利人、利害关系人的审查,可以通过对拟注册商标的异议、对已注册商标无效、撤销等进行。其优势在于审查的动力强劲,但其劣势则在于,必须时刻关注申请信息,其获取信息的成本相对较高。同时,由于事关其自身利益,因此夸大混淆可能性的情况也难免,这就容易造成过度的异议,甚至恶意的异议,也会给社会带来另一种形式的资源浪费。

三是社会公众提出异议。社会公众也有权就具体的商标申请提出异议。

---

① 参见[美]罗伯特·P. 莫杰思:《知识产权正当性解释》,金海军等译,商务印书馆2023年版,第90~91页。

社会公众的异议理由,在不少国家仅限于不予注册的绝对理由事项,也有国家对异议理由不作限制,即除了绝对理由事项之外,社会公众也可以以相对理由提出异议,如我国。社会公众异议的长处在于,由于公众范围广,从概率角度看,其获取信息的可能性较大,有利于补充审查机关以及在先权利人审查的不足。但是其弊端也很明显,即由于社会公众的利益弥散性,其与拟注册商标缺乏直接的利益关联,因此监督的动力不足,一般只能作为专门机关审查的补充,为专门机关提供公众意见。

公共审查的长处在于,审查是注册机关的职责所在,其有动力也有压力从事审查行为,相比社会公众这类利益的间接相关者,其审查动力和压力更充分。审查机关从事专职的审查工作,其业务能力也远比其他私人审查主体更充分。所以,公共审查是商标注册审查的主体。其审查的范围,不仅包括绝对理由事项,也包括相对理由事项。关于商标注册审查的模式,本书将在后文中详细讨论,此处不赘。

商标注册审查模式的选择,就是要在特定的国情条件约束之下,充分调动并合理利用上述各角色的比较优势,使整个审查的动力强劲、能力充分,同时成本最低,亦即使审查的净收益实现最大化。关于审查模式的具体选择逻辑,本书也将在后续章节中详细展开,此处不赘。

四、商标注册审查的价值定位:公平与效率

商标注册审查制度,与其他任何法律制度一样,其制度的合理性源自价值取向的合理性。"法律的效力乃是由法律的正当性所生成,反映全体社会成员对法律的自觉认同,而于法律存续期间以规范压力和规范动力形式积极地指向其规制对象人(自然人和法律拟制人)的作用力。"[1]"法律有效性的获得主要来源于正当性。"[2]制度的存在与变革都是为了实现社会利益的最大化,而社会利益最大化的两个维度就是公平与效率。

对公平(正义)标准作出杰出贡献的人是比利时的法哲学家查姆·佩雷尔

---

[1] 姚建宗:《法律效力论纲》,载《法商研究(中南政法学院学报)》1996年第4期。
[2] [法]让－马克·夸克:《合法性与政治》,佟心平、王远飞译,中央编译出版社2002年版,第29页。

曼(Chaim Perelman)。他将正义概念分为6种[①]:(1)同样对待每个人,无论他贫富、贵贱、长幼、贤愚、勤懒,无差别平等;(2)对每个人根据优点对待,即根据每个人先天或者后天的优于他人的东西分配利益,不要求绝对平等;(3)根据工作成果对待每个人,使其根据工作成果获得相应回报;(4)按需求对待每一个人,即按基本的生存需求来分配;(5)对每个人根据身份对待,即按照身份不同分配利益;(6)对每个人根据法定权利对待,即每个人在适用法律上一律平等。

上述利益分配逻辑在商标注册审查问题上也有所体现。

其一,在商标申请人的条件上,现代商标法已经实现了无差别对待,即无论自然人、法人、其他组织、外国人和外国企业,均有商标申请的资格,即使其并未从事生产经营。当然,对于外国人和外国企业,法律除平等原则之外尚需考虑对等原则。商标申请资格的无差别对待,是尊重商标权作为私权的性质,同时现代商事主体资格已经没有特别门槛,任何人均有机会从事营利性商品或服务交易的机会,商标申请资格的无差别分配有助于减少交易壁垒,扩大市场准入,促进交易效率。

其二,在申请过程上,按照申请在先和使用在先相结合的分配逻辑,这是按优点分配的体现。商标作为一种符号,在申请之前属于公共领域的资源,任何人都有机会获得。先申请或者先使用意味着对公共领域资源的"先占",而"先占"则体现了先占者的敏锐的商业嗅觉,因此也是一种优势。同时,为了实现"先占",先申请或者先使用人也进行了必要的资源投入,因此对特定商标符号从无商业价值的公共资源转换为有商业价值的私人资源作出了自己的贡献,这同时也符合按贡献分配的原则。

尤其是在先申请与先使用发生冲突的情况下,同一天申请的,优先公告先使用的商标,驳回其他人的申请。这本身也是尊重实质性的"先占"的体现。同时,即使是先申请商标获得注册,善意的先使用人仍可以在原范围内继续使用,这也体现了"按优点分配和按贡献分配相结合"的原则。

其三,在商标注册结果上,按贡献分配,即所申请的商标不得与他人的在先权利相冲突。如果某种符号经过他人的贡献投入,已经成为他人的在先权

[①] See Chaim Perelman, *The Idea of Justice and the Problem of Argument*, Routledge Kegan & Paul, 1963, p. 1-10.

利,那么按照贡献原则,该利益就应当归在先权利人享有。所以,商标的恶意抢注、囤积行为必然会被法律所禁止。

另外,商标的绝对禁止事项,本质上也是侵犯了"在先权利",只不过这种在先权利是属于国家或者民族,或者属于公共秩序本身。比如与我国或者外国的国家标志相同或近似、与政府间组织标志相同或近似,这属于侵犯了我国、外国、政府间组织的"在先权利";民族歧视则是对相关民族在先权利的侵犯;其他违反公序良俗的则是对在先公共秩序的侵犯。法律禁止此类商标注册的正当性,也在于此种注册违背了基本的正义分配原则,即按贡献分配原则。

在经济学意义上,效率就是当资源分配到一定程度时,不再能通过改变资源分配来改善至少一个人的状况,同时又不损及他人,此即所谓帕累托最优状态。反过来,如果通过改进资源配置,能使至少一个人的状态变得更好而其他人又没有变得更坏,则此种改进是有效率的,称为帕累托改进。[①] 最优的法律制度追求的正是资源配置能够达到帕累托最优状态。

要达到帕累托最优状态,其基本原则是充分发挥制度系统中利益相关各方的比较优势,使整个系统中各方的比较优势能够形成充分的优势互补,从而实现最大的社会合作剩余。在此基础上,利益相关各方按照公平的分配原则分取各自应得的收益,或者承担各自应尽的负担和风险。

具体到商标审查,其原理同样如此,即理想的商标注册审查制度应当追求发挥利益相关各方的比较优势,尽量降低注册申请和审查的相应成本,使审查结果的正确性最大化,同时使审查成本最小化。换言之,审查效率所追求的是,审查错误的损失与审查成本二者之和的最小化。

第二节 商标权取得模式与商标注册审查制度的协调

商标权取得制度是确认商标权因何产生的制度。"使用"和"注册"是两种直接的商标权取得方式,各个国家和地区的商标法都是围绕这两种方式设

[①] 参见冯玉军:《法经济学范式》,清华大学出版社2009年版,第218页。

计其商标权取得制度的。当然,不同的商标权取得模式本身并无优劣之分,都是各个国家和地区根据其商标保护需求、经济发展需要和现实实施环境进行选择的结果,在实践中也并非非此即彼的运行状态,不仅可能会出现一些融合式的新型取得模式,①也可能会通过法律的例外规定在一定程度上对使用要素和注册要素进行兼顾。在商标注册制度已经在世界各个国家和地区都普遍建立的情况下,商标权的取得制度是商标注册的门槛,直接关系到商标注册与审查的公平与效率。因此,对于使用取得和注册取得模式以及两者的交互影响必须进行全面而深入的分析。

一、商标权取得模式的目标是兼顾公平与效率

(一)使用取得模式的公平光环与效率阴影

在商标法出现之前,商标只能通过在市场上不断使用,不断向市场主体传递信号,使市场受众广泛了解商标与商品和服务提供者之间特定联系的方式来实现其功能,从而获得商标权益。早期的商标法很多是对商标使用者权益的一种法律认可。这就是使用取得模式。

洛克的财产权劳动学说可以作为商标权使用取得模式正当性的理论支持。"每人对他自己的人身享有一种所有权,除他以外任何人都没有这种权利。他的身体所从事的劳动和他的双手所进行的工作,我们可以说,是正当地属于他的。""劳动使它们同公共的东西有所区别,劳动在万物之母的自然所已完成的作业上面加上一些东西,这样它们就成为他的私有的权利了。"②根据财产权劳动学说,符号在被作为商标使用之前是没有价值的社会共有物(被人为设计出来的符号的版权价值除外),此一符号之所以成为商标权人的私人财产,是因为该商标是在使用过程中产生了标识作用。商标权保护的不单是符号,更重要的是符号经过劳动塑造后所传播的一种信念,而这种信念为符号及

---

① 例如,有学者将商标权的原始取得模式分为使用取得、注册取得和使用取得与注册取得并存的混合取得三种模式,参见刘春田主编:《知识产权法》(第5版),高等教育出版社2015年版,第263~265页;王莲峰:《商标法学》(第3版),北京大学出版社2019年版,第83~84页。又如,有学者将商标权取得模式分为单纯的使用取得模式、单纯的注册取得模式、使用与注册并行的取得模式、使用产生权益而注册产生商标权的模式和"使用+注册"产生商标权的模式等五种模式,参见叶霖:《我国商标注册制度完善研究》,中南财经政法大学2020年博士学位论文,第47~51页。

② [英]洛克:《政府论》(下篇),叶启芳、瞿菊农译,商务印书馆1964年版,第18页。

其表彰的商品创造了特有的附加值。① "商誉是通过劳动获得的,商标也因此有了自然法的支撑,此刻,商标仅仅成了收获利益的工具。"②因此,强调商标权获得应当具有使用要素是正当的,其符合人类基本的公平理念,还可以避免注册取得模式下容易出现的"恶意抢注""商标囤积"等商标投机现象。

但使用取得模式的弊端也很明显。择其要者有四:一是权利范围的不确定性,即商标权保护的地域范围和商品种类范围的不确定性。根据财产权劳动学说,商标权理论上只应及于商标使用所达到的范围,如果法律将该范围直接扩大到全国市场,本身就不符合劳动取得原则。商品种类亦是如此。商品种类的界限本就并非十分明确,更何况还有驰名商标跨类保护的问题,更显示出此种理论的不周延性。二是商标权利的不完整性。在使用取得模式下,商标权与使用相关联,由此将使商标的转让或使用许可受限,不利于商标权所包含财产利益的自由流转。普通法一直主张:先使用的结果才是唯一值得法律保护的对象。英国法院始终拒绝承认由商标使用而产生的权利是一项完整的财产权,它是一项与所有人的生产经营不可分割的权利,只有在所有人的经营活动存在时有效。③ 因此,由使用而产生的商标权不能单独转让给他人,转让须与营业同时进行,权利随所有人的营业结束而终止。三是权利证明的高成本性。特别是权利取得的时间,更是如此。商标使用人几乎不会保留原始证据以防止日后可能出现的权利争议。一旦争议发生,当事人就会为了辨明谁是最先使用者而投入大量的诉讼成本,或许即使在投入大量证明成本之后也仍然无法证明究竟谁才是最先使用者,无端造成诉讼资源的巨大浪费,反而会刺激后使用者对先使用商标的投机行为。四是权利冲突的高发性。基于以上的权利范围的不确定性、权利证明的高成本性和权利的不完整性,随之而来的就是权利冲突的发生频率非常高,无端增加了社会成本。权利范围的不确定性会造成同一地域相同或相似商标的大量共存,权利证明的高成本性会造成在先商标和在后商标的相互争夺,权利的不完整性也会造成市场交易的壁垒。所以,使用取得模式由于其效率的低下最终被注册取得模式所替代也是不可

---

① 参见李茂堂:《商标新论》,台北,元照出版有限公司2006年版,第10页。
② Edward S. Rogers, *Comments on the Modern Law of Unfair Trade*, ILL. L. Rev. 3, 1909, p. 555.
③ 参见王春燕:《商标保护法律框架的比较研究》,载《法商研究(中南政法学院学报)》2001年第4期。

避免的事情。

（二）注册取得模式的效率优势与公平隐患

注册取得模式之所以能取代使用取得模式而成为现代商标法律制度的主流，是因为其针对使用取得模式的弊端恰恰拥有明显的比较优势。其优势主要体现在效率方面，择其要者如下。

一是商标权在整个法域范围内有效。根据注册保护制度，商标一经有效注册，就在全国范围内获得法律的保护，无论该商标是否已经实际使用。这样就避免了使用取得模式下商标权范围的不确定性。商标权注册取得模式适应现代经济全球化的发展趋势，有利于企业商标权及早获得全国范围乃至国际保护。二是减少了商标权取得问题上的争议，节约证明成本和纠纷解决成本。在注册取得模式下，由商标主管机关审查并公布商标申请后，任何人都能从商标公告中知道该商标的权利归属，以此来避免使用与该商标相同或近似的商标，大幅节约了搜索成本和规避成本，减少了商标共存现象，更能发挥商标的区分商品来源功能。另外，注册商标的转让、使用许可或设定抵押权，亦须办理注册登记，提高了公示公信力，有利于相关交易方提前规避交易风险，节约社会交易成本。三是提高了商标权的稳定和范围确定性，维护交易安全。注册取得模式下，商标一经注册，其效力范围、所涉商品种类范围、使用时间范围等都十分明确，不会因新的所谓在先使用者出现而导致商标无效。商标使用人或者受让人可以放心进行投入，没有后顾之忧，有利于提升经济激励效果。四是注册取得模式也不存在需要将商标权和营业权一并转让的问题。由于使用已经不是商标权存在的必要条件，故商标权可以成为单独的转让客体，这样就大大减少了交易壁垒，提高了交易效率。

但注册取得模式也有明显的弊端，主要体现在以下几方面：一是注册取得模式下商标权的产生与使用无关，未使用的商标也可获得商标权，并阻止他人使用，这样就会诱发商标囤积和闲置，造成资源的浪费，同时也有违公平。二是不利于未注册商标的保护。注册取得模式下，为了鼓励注册、减少纠纷，采取的是"注册在先"原则，这样先使用但未注册的商标如果被他人抢注，就会变成"非法"使用，即使其前期进行了投入也会成为沉没成本。尤其是在难以证明先申请人"恶意申请"的情况下，就难以申请撤销先注册的商标。甚至在某些国家，除非在先使用的商标已经成为驰名商标，否则法律为了减少商标共存现象,甚至会禁止在先使用的商标继续使用,即使在原有范围内也不行。① 这就明显有违人们的公平感。三是诱发对其他人享有在先权利的具有商业价值的标识恶意抢注。比如对名人姓名的抢注,对他人享有版权的标识的抢注等。本来,发现某个符号或者标识的潜在商业价值,并且抢先对这种商业价值进行利用,是避免资源浪费的有效行为,但凡事不可过度。如果因为抢注而损害他人已经在先享有的权利,就会造成效率减损,也不符合公平正义。

所以,理性的制度设计,应当是实现公平与效率两种价值之和的最大化。或者换言之,使公平与效率两种价值损失之和实现最小化。这就有赖于商标权取得模式与商标注册审查模式的相互协调。

二、商标权取得模式的历史与现实

由于商标权的使用取得模式与注册取得模式在公平与效率方面分别存在各自的短板,所以为了实现公平与效率的最大化,各国根据自己的历史和现实需要,对两种模式取长补短,进行了不同程度的融合,采取了适合自己国情的商标权取得模式,这种融合在理论上分为了4种类型,或者说4种发展趋势。

（一）使用取得模式同时建立注册制度

采取使用取得模式的代表国家为美国,其在1946年颁布的《商标法》就采取全面的使用取得模式。但目前,美国《商标法》中也存在注册制度,注册商标人在一定程度上可以依据商标注册获得权利。②

现行美国《商标法》规定,申请人可以基于"已经使用"或"意图使用"两种情况申请注册联邦商标。③ 基于"意图使用"的申请不要求申请人在申请时就提交商标的使用证明,仅需要提交一份意图使用该商标的声明即可。当然,在此后的审查期间,申请人应当随时提交使用证据,以修改其注册申请,使之成为基于"已经使用"的商标的注册,或者在收到准许通知书之日起6个月内,向美国专利商标局提交宣誓声明和详细证明材料,证明相关商标已在商业活动

---

① 参见法国《知识产权法典》第712-1条、第713-5条。
② 参见党晓林:《商标权注册取得制度研究》,中国政法大学2018年博士学位论文,第52页。
③ 美国的商标注册分为主簿注册和辅簿注册两种形式,两者的区别主要在对商标显著性的要求以及保护范围上,申请注册的理由和程序也有所不同,只有经主簿注册获得的证书才可以作为推定商标所有权的初步证明,获得商标法的全面保护。如无特殊说明,本书所称的美国商标注册和所讨论的内容,均指在主簿上的注册。

中使用。① 于美国商标而言,注册行为具有加固商标的有效性的作用。美国《商标法》第 15 条规定了商标的不可争议性,如果一个商标已经注册超过 5 年,且一直在其注册所指定的商品或服务上持续使用,若该商标不存在可撤销的一些情形,也不存在侵犯他人在先权利的一些情形,则该商标就成为不可争议的,即便是描述性商标,也可以据此成为不可争议商标,商标所有人不需要提交使用证据来证明第二含义,法院就可以基于商标的不可争议性认为该商标具有显著性。同时,商标注册行为在商标通过使用所获得的权利范围的基础上还对商标权的权利范围有扩展作用。近言之,商标注册可以作为商标专用权的证据,或者证明商标有效性、商标权属及商标注册人所享有商标专用权的表面证据。②

美国《商标法》之所以在使用取得模式的基础上建立商标注册制度,承认商标注册行为的效力,主要是因为商标注册制度在世界范围内的流行趋势。在商标权的取得和保护上,美国加入的《巴黎条约》并未将"使用"作为注册的前提,为了避免"超国民待遇"情况的出现,美国只好全面承认商标权的注册取得。③ 尽管这种注册取得所获得的权利在美国的商标制度中是受到限制的。但是,随着商标注册制度和商标权注册取得模式在世界范围内的广泛建立,通过使用取得的商标权要想在更大的地域范围和效力范围获得保护,就必须尽快进行注册,单纯依靠商标使用行为已经很难取得具有足够排他效力的商标权。

(二)注册取得模式吸收使用取得模式要求

当前,采取商标权注册取得模式的国家和地区已经占据主流。但是,在采取注册取得模式的国家和地区,也日益明显地显现出吸收使用取得模式要求的趋势,即也会将商标使用行为作为注册审查的事项或者后续商标异议、侵权判断等程序的考虑因素。

日本是采取商标权注册取得模式的国家,根据日本《商标法》的规定,商标

---

① 参见美国《商标法》(2020 年修正)第 1051 条。
② 参见美国《商标法》(2020 年修正)第 33 条(a)款、第 7 条(b)款。
③ 参见邓宏光:《我们凭什么取得商标权——商标权取得模式的中间道路》,载《环球法律评论》2009 年第 5 期。

权经由注册产生。[①] 但与此同时,商标使用在日本也得到十足的重视。日本《商标法》第 3 条规定,在自己业务所属商品或者服务上使用的商标可以获得商标注册。据此,对于申请时尚未投入商业使用的商标,只有认定申请人有将来使用商标的计划,才予以批准注册。[②] 因此在商标审查阶段,审查员可以基于合理怀疑,要求商标注册申请人提供相关证据以证明真实使用商标的意图,例如准备使用的业务计划书等(针对每一商品或服务提出正在使用的书面证明,或者提出在申请之后的 3~4 年内准备使用该商标的业务规划的书面证明)。[③]

欧盟也是典型的奉行商标权注册取得模式的代表,但对于商标的真实使用,同样非常重视。欧盟要求商标真正使用的目的在于通过保护已经实际使用的商标,不保护无正当经济理由至今没有使用的商标,以降低商标冲突的可能。[④] 在商标注册后的撤销、无效以及民事侵权程序中,欧盟都规定了商标使用的相关制度,也在注册阶段中的异议程序中对商标使用进行了规定,即规定了真实使用抗辩规则。《欧盟 2017/1001 号商标条例》第 47 条规定,如果异议所根据的在先欧盟商标在欧盟商标申请公告日之前已经注册 5 年以上,那么商标申请人可以要求在先欧盟商标所有人提供证据,以证明在欧盟商标申请公告日之前 5 年内,在先的欧盟商标实际用于其注册和对其提出异议的商品或服务,或有正当理由不使用该商标。《欧盟商标授权条例》第 10 条则规定,欧盟知识产权局应当要求异议人在规定的期限内提供证据以证明商标已经真实使用,否则异议可能被驳回。

(三)并行模式下的注册取得制和使用取得制

商标权取得的并行模式以英国为代表。早在 1875 年,英国《商标法》就建立了注册保护制度。英国目前的《商标法》采取注册保护原则。该法第 2 条第 1 款规定,注册商标是依照本法注册的商标所获得的一种财产权,由注册商标所有人享有此项权利以及依照本法所规定的救济。但该法并未废除对假冒行

[①] 参见日本《商标法》(2021 年 5 月 21 日修正)第 18 条。
[②] 参见郑悦迪:《商标注册制度中的"使用意图"要求比较研究》,载《知识产权》2020 年第 4 期。
[③] 参见郑宁:《中日防止商标抢注法律制度的比较研究》,中国政法大学 2011 年硕士学位论文,第 11 页。
[④] 参见[荷兰]查尔斯·吉伦等编辑:《简明欧洲商标与外观设计法》,李琛等译,商务印书馆 2017 年版,第 163 页。

为的救济。该法第 2 条第 2 款随即规定:对于未注册商标的侵权行为,本条例并无规定,而本法不影响假冒之法律。也就是说,英国不仅对注册商标提供保护,未注册商标也可以通过假冒诉讼获得保护。

值得注意的是,假冒诉讼重在保护凝聚在商标之上的商誉,而非保护商标标识本身。据此,英国有学者认为,保护假冒诉讼的是"商标在厂商与消费者之间所维持的商誉,在名称中并不存在财产"。① "一个人不能将自己的商品伪装成他人的商品销售,此类行为或者产生上述效果的方式都应当被禁止。因此,经营者不能使用可能诱使购买者将其销售的商品误认为源自他人的任何名称、商标、字母或其他标志。"②原告要在假冒诉讼中获胜,通常需要证明以下五点:第一,错误的标示;第二,由商人在贸易中实施的行为;第三,行为对象是其商品或服务的潜在顾客或最终消费者;第四,被认为损害了另一商人的业务或者商誉(在合理的可预见结果的意义上);第五,对提起诉讼的商人之业务或者商誉造成了实际的或很可能发生的损害。③ 上述五因素经学者提炼,简化为三因素:其一,原告商品或服务享有声誉;其二,被告进行了错误的标示;其三,原告受到了损害或者存在损害之虞。④ 英国这种注册原则和使用原则并行的模式一直沿用至今,形成独特的双轨制模式。

(四)制定法中注册取得和使用取得混合模式

这种模式以德国为代表,还包括了丹麦、芬兰、瑞典等北欧国家。与英国不同,德国缺乏运用判例法保护商标的传统,其商标法律制度一开始就采用了注册取得模式。⑤ 20 世纪以后,德国学术界对商标权的保护对象以及商标权的本质问题进行了深入的思考。1929 年,马克斯普郎克研究所(Max Planck Institute)的创始主任尤金·乌尔默(Eugen Ulmer)指出,"在商标上的依赖于贸易价值的权利表现了保护的实际目标和保护的正当性。因此,依赖于注册的形式上的权利只是简单地具有培育实际商誉的附属功能。形式上的保护只被

---

① William Cornish & David Llewelyn,ibid. ,p. 593 - 594. "假冒诉讼保护的是存在于商誉之上,而非标志本身中的财产权。"John Drysdale & Michael Silverleaf,ibid. ,p. 2.
② Perry v. Turefitt,(1842) 6 Beav 66 at 73.
③ See Case Advocaat,[1979]AC 731 at 742.
④ See John Drysdale & Michael Silverleaf,ibid. ,p. 21 - 22.
⑤ 参见[日]纹谷畅男编:《商标法 50 讲》,魏启学译,法律出版社 1987 年版,第 109 页。

视为该过程提供帮助的第一步"。① 在司法实践中,法院也逐步认识到,即使商标未经注册,经过市场使用而产生的商誉,也可获得商标权。1934年,德国正式批准商标使用这一学说。商标使用取得要求使用必须使公众能够将该商标与使用者联系起来,而未经公众认可的使用并不足以产生实质上的商标权。② 经过修改后的德国现行《商标和其他标志保护法》第4条规定了3种方式均可产生商标权:注册、使用和驰名。③ 德国商标保护制度的特点是:既坚持注册原则,又融合了使用原则。德国之所以放弃简单注册原则,主要是因为未使用注册商标优先于已广泛使用的商标,违反了法律的一般原理。④ 德国的经验表明,任何制度忽视一种而偏向另一种取得商标权的方式,实际上都不能行之有效。于是,按照法律,我们现在有两种取得商标权的同等依据,这种制度得到有关利益各方的满意接受。⑤

由以上各国和地区商标权取得模式的类型可知,各国和地区都是立基于自己的历史和现实国情,根据历史已经形成的路径依赖,结合现实经济和社会发展的需要,针对自己国家和地区商标秩序所面临的实际问题,在公平与效率的两个维度上取长补短。当问题主要是效率缺失时,则侧重于加强商标的注册取得,以尽量实现商标权利的确定性、权利范围的统一性、授权的公示性、权利争议解决的低成本性。反之,当面临的问题主要是商标投机,即商标的恶意抢注、恶意囤积等现象时,则要在注册取得的同时,强化对使用和使用意图等要素的证明和落实,最大限度遏制商标投机行为。病因不同则治疗方法的重心有别,因此而形成的法律模式也就不同。

但不同模式共享相同的治理逻辑。这种逻辑要求制度设计时,注意根据解决问题的不同需要建立起针对问题制造者的比较优势,用制度的比较优势

---

① 王春燕:《商标保护法律框架的比较研究》,载《法商研究(中南政法学院学报)》2001年第4期。
② 参见[德]阿博莱特·克里格:《商标法律的理论和历史》,刘凤出译,载李继忠、董葆霖主编:《外国专家商标法律讲座》,工商出版社1991年版,第12页。
③ 参见德国《商标和其他标志保护法》第4条"商标保护产生于:1.一个标志在专利局设立的注册簿上作为商标注册;2.通过在商业过程中使用,一个标志在相关商业范围内获得作为商标的第二含义;或者3.具有《巴黎公约》第6条之2意义上的驰名商标的知名度"。同法第14条第1款规定,"根据第4条获得商标保护的所有权人应拥有商标专用权"。
④ 参见[德]阿博莱特·克里格:《商标法律的理论和历史》,刘凤出译,载李继忠、董葆霖主编:《外国专家商标法律讲座》,工商出版社1991年版,第17页。
⑤ 参见[德]阿博莱特·克里格:《商标法律的理论和历史》,刘凤出译,载李继忠、董葆霖主编:《外国专家商标法律讲座》,工商出版社1991年版,第15页。

遏制问题所带来的麻烦。注册取得模式针对的是权利不确定、权利范围不统一、权利公示高成本、纠纷解决高成本、权利转让高壁垒的问题，所以要建立的比较优势集中于权利登记的统一性、权利公示的便捷性和权威性。使用取得模式针对的主要是通过恶意抢注掠夺他人的商标利益、通过恶意囤积浪费商标资源等问题，所以要建立的比较优势是加重注册申请人对所申请商标的使用或使用意图的证明义务。总之，制度的比较优势要足以遏制麻烦制造者制造麻烦的能力，这才能实现制度公平与效率的最大化。

不同的商标权取得模式的发展趋势，还揭示了另一个规律，即两种模式之间何时是替代关系，何时是互补关系。历史发展的逻辑表明，当在同一维度上，一种模式相对另一种模式具有明显的比较优势时，前者就会替代后者。比如，基于在效率维度上的比较优势，注册取得模式替代了使用取得模式。当在不同维度上，两种模式相互具有比较优势时，就会形成互补关系。比如，虽然在效率维度上使用取得模式居于劣势，但在公平维度上，使用取得模式还有一定的比较优势，因此使用因素在一定范围内就会得以保留，从而形成两种模式相互融合的互补关系。总之，无论是替代关系还是互补关系，其共同的终极目的都是实现两种价值之和的最大化，或者两种价值损失之和的最小化。

商标权取得模式的不同，将直接影响到商标注册审查制度功能定位的侧重点，其逻辑同样服从于根据制度主体各自的比较优势进行合理分工，对麻烦制造者形成充分遏制，从而实现制度公平与效率的最大化。

三、商标注册审查中的使用义务风险分配

商标法律系统的核心功能在于商标权取得的正当性与取得效率两者之和的最大化。从终极意义上说，商标权的取得是为了使用，而且只有使用才是商标凝结商誉的根本原因，但是对使用的过度强调会降低取得效率。而在注册取得模式下，对取得效率的过度强调则会滋生商标囤积、恶意抢注、商标挟持等一系列投机行为，这就需要重新重视商标权取得中的"使用要素"。如此才能在商标申请环节就筑起第一道防线，避免将问题带入异议环节，而异议环节又力不从心。所以，问题的本质就变成了如何合理定位"使用要素"在商标权取得中的地位。

(一)将缺乏使用意图的恶意注册商标的行为列为禁止注册的绝对理由

为从源头上制止商标恶意注册行为,通过拒绝注册可以将此类不正当的商标申请行为扼杀在摇篮中,减少由此引发的无效宣告和诉讼,达到节约行政、司法资源以及保障法律稳定的目的。[①] 因此,有立法例会在明确"真实使用商标意图"规则的基础上,将恶意注册商标的行为列为禁止注册的绝对理由。

将恶意注册商标行为归入商标注册审查中拒绝注册的绝对理由,域外代表国家有德国、英国等,具体规定如下:德国《商标法》第8条第2款第10项规定恶意注册申请商标系驳回申请的绝对理由。英国《商标法》第3条"驳回注册的绝对理由"第6款规定,出于恶意或在某种程度上出于恶意提出申请的商标不得注册。

对上述规定进行分析不难发现,恶意申请者均以拒绝注册的绝对理由而非相对理由存在。因此,其对商标抢注进行规制并非表达了对在先商标人利益的保护,而是类似于商标显著性的要求,也即恶意注册的商标虽然符合其他法定形式要件,但是在实质上由于抢注行为的存在和主观恶意的产生,其提出该商标申请便已经不符合商标本质的要求,因而予以驳回,不得注册。将恶意注册商标行为作为拒绝注册的绝对理由也是一种立法共识或趋势,也即恶意注册因违反"真实使用商标意图"规则而不应被注册,而所谓"损害其他人的合法权利和利益"相比之下则处于第二位置。

(二)合理分配申请人对其"意图使用"和"实际使用"的证明责任

在注册审查的意义上,合理定位"使用要素"的地位,其本质是合理分配申请人对其"意图使用"和"实际使用"的证明责任,既不能让其承担过重的证明责任从而导致回到使用模式影响注册效率,又不能完全免除其证明责任,从而滋生弊端。有诸多论者在如何防止恶意注册问题上提出,要加大对恶意注册的惩罚力度。本书认为,加大惩罚力度固然是对的,但前提必须是能够确定恶意注册的成立,而这又依赖于对恶意注册的证明。从制度设计上看,证明的关键就在于处理好对"意图使用"和"实际使用"的"推定"与"证明"的关系。

1. "使用意图"的善意推定

其实,我国2019年《商标法》第4条的规定,也体现了"推定"和"证明"的

[①] See Ströbele in Ströbele/Hacker/Thiering, MarkenG § 8 Rn. 891.

分配原则。《商标法》首先善意推定申请人申请商标的目的,即推定为"在生产经营活动中对其商品或者服务的需要",很显然这是对申请者有"使用意图"的推定。这种推定免除了申请人在申请时提供证据证明自己使用意图的证明责任。事实上,由于绝大多数申请人在申请商标时的确出于正当的商业使用意图,这种推定方式节约了绝大多数申请人的证明成本,大幅提高了申请和审查效率。

2."不以使用为目的"的推定

对申请人具有使用意图的推定可以被相反的推定所推翻。问题在于,对于"不以使用为目的的恶意商标注册申请"[1],应该由审查者或者异议人提供反证加以证明呢,还是可以进行法律推定?如果可以进行法律推定,则可以大幅节约审查者和异议人的证明成本。

2019年《商标法》并未对此进行明确。但根据《商标审查审理指南》,显然知识产权行政部门采用了法律推定的方式,将"不以使用为目的的恶意商标注册申请"的典型形态进行了列举,明确了九项典型的表现形式。凡具有此九种表现形式之一的,就推定为缺少"使用意图"。但可惜的是《商标审查审理指南》并非法律,只是一个操作规程,在效力上缺少正当性和权威性。《商标法》今后修订时,应将《商标审查审理指南》规定的这几种情形吸收进正式的法律条文中。

3.对"缺少使用意图"的反证责任

如果知识产权行政部门依据《商标审查审理指南》规定的这九种典型表现形式,将申请人的申请推定为"缺少使用意图",则推翻此推定的证明责任就落到申请人肩上。申请人应提供相应的证据用以证明自己有"使用意图"。比如申请前的经营状况、意图使用的声明、商业规划书等。如果申请人不能提供此类反证来对法律规定的"缺少使用意图"之推定加以推翻,则其反证失败,其商标申请将被驳回。反之,如果申请人提供了可信的反证,足以推翻"缺少使用意图"的推定,则反证成功,申请人获得注册。

我国2019年《商标法》缺少要求申请人提供"意图使用"证据的规定。其可完善之处有三:一是应明确要求申请人提供"意图使用"证据的前提条件。

---

[1] 《商标法》第4条。

本书认为,鉴于《商标法》对申请人具有正当使用意图的善意推定,申请人只有在已经被知识产权行政部门或者异议人依法推定为"缺少使用意图"的前提下,其才应当承担提供反证的义务。这样可以保证只让极少数受到"恶意推定"的申请人承担证明责任,而不会给绝大多数申请人增加证明负担。二是应明确对"使用意图"证据要求的正面规定。美国《商标法》规定,基于使用意图的商标申请,在注册阶段仍须提交商标实际使用的陈述,若在规定期限内未提交的,其商标注册将被拒绝。提交陈述只是"意图使用"证据的一种类型。为了给申请人提供证明指南,还应列举意图使用的其他证据,比如申请商标与其现行营业的关联性、申请商标与其营业或者计划营业的规模匹配性等,目的是进一步证明其注册商标使用意图的可信性。三是应明确对"使用意图"证据要求的反面规定,即列举何种证据不足以反证其"使用意图"的成立。按理,有了正面规定就可以不用反面规定,因为不满足正面规定的,即可推定落入反面规定。但鉴于"使用意图"的主观性比较强,并且申请人完全可以提供庞大的商业计划书,以证明自己庞大的申请量的合理性。所以,仅仅依靠提供单一的证据来反证其具有使用意图,尚不足以推翻知识产权行政部门或者异议人依法作出的"不具有使用意图"的推定。反证应达到高度盖然性的程度才行。

第三节　商标注册审查模式与异议设置模式的组合与选择

设立商标审查制度的目的是保证商标注册的正确性,即保证商标注册的公平,同时也要兼顾商标注册的效率。换言之,商标审查制度需要在公平和效率之间寻找最大的交换比。商标审查制度的公平与效率,不但与作为审查前环节的商标取得模式密切相关,也与作为审查后环节的商标异议制度直接相关,可以说商标注册审查制度是一个相互衔接的全链条整体系统。只有整个系统的合理分工和整体优化,才能将制度的功能发挥到最佳状态。本节将研究商标审查模式与异议设置模式的配合及其条件。

一、全面审查模式与绝对理由审查模式的利弊分析

提高审查效率就意味着要尽量减少审查成本,需要将审查义务在审查机

关和社会公众以及在先权利人和利害关系人之间进行合理分工,分工的基本原则就是根据各自的审查能力和比较优势,将审查义务分配给最有能力和动力的一方。具体而言,商标审查有全面审查和绝对理由审查两种模式。前者即商标注册机关负责对阻却商标注册的绝对理由事项和相对理由事项进行全面审查;后者即商标注册机关只负责审查阻却商标申请的绝对理由事项,而将对相对理由事项的审查义务交给在先权利人和利害关系人。

(一)全面审查模式及其利弊

按照商标的功能要求,商标注册应当满足合法性、显著性、非功能性、在先性的要求。前三项注册条件即商标注册的绝对理由,第四项则为商标注册的相对理由。全面审查,即商标注册机关不仅审查合法性、显著性、非功能性,也需要审查申请商标与在先权利的冲突问题。

全面审查模式的优点是:第一,充分利用注册机关的审查能力优势,遏制商标的恶意抢注、恶意囤积等投机行为。与在先权利人相比,商标注册机关在信息获取、信息甄别、审查权限、决策效果等方面都具有天然的优势,因此在在先权利人尚未发现或者尚未采取行动时,注册机关就可以主动采取措施,驳回这类带有投机性质的不当申请,既维护了市场秩序,也维护了在先权利。第二,全面审查模式有利于减少商标共存现象。如果在先权利人由于自身能力所限,不能及时提出商标异议,注册机关再不依职权主动进行审查就予以核准注册,势必会导致商标共存现象的发生。虽然一定范围内的商标共存也许有其合理性,但一旦商标共存多到让消费者产生混淆的程度,则商标注册的功能就会丧失。所以,全面审查在减少商标共存方面的功能是值得肯定的。第三,减少权利冲突的商标纠纷。经过商标注册机关主动的权利冲突审查,势必会将大量与在先权利相冲突的商标申请拒之门外,这样就减少了在先权利人的维权负担,也就减少了相对理由异议的发生率,甚至也会减少商标无效申请、商标撤销申请等案件的发生频率。这对维护注册商标的稳定性有积极作用。

但全面审查模式的弊端也很明显:第一,注册机关未必是权利冲突的最佳裁判者。商标权的私权属性决定了对于商标权的维护责任本质上应当是商标权人自己的事情。市场经济默认意思自治原则,默认权利人自己才是自己利益的最佳判断者。如果在先权利人自己都怠于行使异议权利,说明权利人认为该项在先权利对自己的影响不大,无须就此浪费维权成本。而冲突商标申请人之所以申请该冲突商标,是因为其认可该商标价值。因此,在此意义上说明双方就该项商标申请存在"合作剩余"。应当尊重在先权利人的"放弃",同时应当肯定申请人的"申请",这样才有助于有商业价值的符号资源的充分利用。第二,全面审查无法避免"死亡商标"对在后申请的障碍。"死亡商标"是注册制度下越发突出的问题。尤其是在我国,随着商标申请量的剧增,而企业平均存活期的过短,大量注册商标随着企业的"死亡"实际上处于"死亡"状态。虽然在理论上可以用作商标的符号资源并无明显的上限,但现实中有正面异议的符号资源毕竟数量有限,"死亡商标"的存在将大大有碍符号资源的充分利用。而全面审查模式下,"死亡商标"对于在后申请的商标的阻碍作用非常明显。[①] 第三,全面审查也会降低商标审查的效率。商标注册机关主动依职权审查相对理由事项,虽然有能力上的比较优势,但是也必然会增加审查机关的负担。如前所述,在在先权利人自己都"放弃"的情况下,这种审查成本的耗费就是无谓损失。

(二) 绝对理由审查模式及其利弊

绝对理由审查模式的优点正是针对全面审查的弊端而发的。第一,绝对理由审查充分调动在先权利人的积极性,使在先权利人不能"躺在权利上睡觉"。如此则更符合市场经济条件下作为市场主体的自我发育、自我管理、自享权利、自担风险的基本逻辑。第二,提高了可以作为商标的符号资源的利用率。这包括允许共享商标的合理存在,还包括死亡商标不再作为在后申请的障碍。其理由已经如前所述,在此不赘。第三,提高商标审查效率。注册机关只负责审查绝对理由,自然可以节约大量的审查成本,也就提高了审查效率。

绝对理由审查模式的优点是有条件的,其并非放之四海而皆准,一旦失去条件就会变成弊端。第一,绝对理由审查模式对商标的恶意抢注、恶意囤积等投机行为遏制不力。虽然对于那些大规模恶意抢注、恶意囤积行为,法律可以直接将其纳入绝对理由事项,但如果注册机关放弃了对在先权利的审查,则恶意注册的成功率会显著增加,尤其是对那些暂时还不是驰名商标的在先权利,更容易成为恶意注册的对象。第二,商标共存现象增多,商标区分功能下降。很多时候,并非在先权利人怠于行使权利,而是囿于信息获取能力差,或者权

---

① 参见张玉敏:《商标注册与确权程序改革研究——追求效率与公平的统一》,知识产权出版社2016年版,第78页。

利意识薄弱、维权成本高,使在先权利人觉得维权得不偿失而放弃。虽然理论上可以说市场经济下,所有的市场主体都是理性人,应当遵循意思自治的原则,自我管理、自享利益、自担风险,但现实中,制度设计仍然要承认市场主体存在短期行为、有限理性等无效率现象。因此,不能将消除无效率现象的义务都推给市场主体。商标共存现象即其中之一。一定范围内的商标共存固然可以容忍,甚至是有效率的,但超出合理限度的商标共存必将扰乱市场秩序,无端增加消费者的搜索成本,这就变成无效率行为了。绝对理由审查显然无助于消除这种无效率。第三,增加了商标权纠纷和解决成本。由于无法在审查环节过滤掉在先权利冲突,这些冲突势必走向下一个环节,即异议或者无效。绝对理由审查模式下,商标异议、无效案件必将大量增加,而这种权利救济的效率未见得比全面审查效率更高。

二、商标异议模式及其功能分析

由于商标审查机关和商标申请人、商标利益相关者之间存在天然的信息不对称,而消除这种不对称又需要支付不菲的成本,仅仅依赖商标审查机关在审查环节就对错误申请做到万无一失显然是不可能的,即使投入再多的审查注意力,也总难免有部分错误申请成为漏网之鱼。合理的制度设计会考虑多设几道防线对这些漏网之鱼进行进一步拦截。当然,每多设一道防线就必然会增加成本,显然会降低那些正常申请商标的注册效率,会有效率损失。因此,最优的防线设置规模应当在商标被错误注册所造成的边际损失与防线设置的边际成本两者相等的那一点上。

商标异议就是立法者为了补充商标审查为防止错误注册的不足而增设的一道防线。商标异议,根据我国《商标法》的规定,即自然人、法人或者其他组织在法定期限内对商标注册申请人经注册机关初步审定并刊登公告的商标提出不同意见,请求注册机关撤销对该商标的初步审定,由注册机关对该异议进行审查后依法作出准予注册或者不予注册的决定的制度。[①]

[①] 《商标法》第33条规定:"对初步审定公告的商标,自公告之日起三个月内,在先权利人、利害关系人认为违反本法第十三条第二款和第三款、第十五条、第十六条第一款、第三十条、第三十一条、第三十二条规定的,或者任何人认为违反本法第四条、第十条、第十一条、第十二条、第十九条第四款规定的,可以向商标局提出异议。公告期满无异议的,予以核准注册,发给商标注册证,并予公告。"

所谓错误,就是行为的结果偏离了行为的目的。信息不对称和信息成本的存在,使人类行为发生错误在所难免。人类理性的追求不是完全杜绝错误,而是在错误损失和减少错误的成本之间寻求最优均衡。减少错误的方式无非两种:一种是防错,即在行动之前预估行动与目标发生偏离的可能性,提前对偏离作出矫正;另一种是纠错,即在错误发生之后,设法弥补损失。毋庸讳言,防错和纠错都需要付出成本,理性人会选择此两种成本最小化的方式来减少错误。异议制度也同样如此。

(一)异议前置:商标异议的防错功能

异议前置,即在商标初步审查之后,如无法定不予注册的理由,商标审查机关即行初审公告,初审公告的商标可被提出商标异议。商标审查机关经过审查,认为异议成立的,对商标申请予以驳回;认为异议不成立的,对所申请商标予以注册。所谓的前置后置,主要是针对商标核准注册而言。异议在注册之前,即谓之前置,在注册之后即谓之后置。

事实上,不只商标注册存在异议环节,在其他许多制度中同样存在异议环节的设置。比如干部任前公示制度、公务员录用前公示制度、权利登记公示制度等。这些公示环节就是为了在决策之前,让利益相关者和社会公众提出异议,以保证最终的决策发生错误的概率最低。这些异议均采取了前置模式,其目的重在防错。

有学者在论及商标异议程序的功能时,指出其"至少承担了社会公众监督、权利救济和审查机关内部纠错三种功能"。[①] 所谓社会公众监督即任何人都可以就商标注册向异议审查部门提出异议;所谓权利救济即在先权利人和利害关系人针对相对理由提出异议;所谓审查机关内部纠错即商标主管机关对商标实质审查的一种内部监督。这种功能分类的方法,是就商标异议制度针对的对象而言的。如果从异议的设置方式上看,还可以分为异议前置模式和异议后置模式。前置模式侧重于防错,后置模式则侧重于纠错。无论防错还是纠错,都可能涉及监督或者救济的方式。所以,商标异议的功能分类方式并不矛盾,而是在不同分类标准下的相互补充。

---

① 郭珺:《我国商标异议程序完善研究》,中央财经大学 2021 年博士学位论文,第 22 页。

（二）异议后置：商标异议的纠错功能

异议后置，即在商标初步审查之后，如无法定不予注册的理由，商标审查机关即行核准注册。在异议期内，社会公众和在先权利人与利害关系人对已核准的商标可以提出异议。商标审查机关对异议进行审查，异议成立的，撤销商标注册；异议不成立的，即驳回异议。

如前所述，人类行为发生错误在所难免。理性的追求不是完全杜绝错误，而是在错误损失和减少错误的成本之间寻求最优均衡，即追求"错误损失 + 防错成本 + 纠错成本"三者之和的最小化。在预期错误损失既定的情况下，防错成本与纠错成本呈现此消彼长的替代关系。

如果说异议前置是侧重于防错，那么异议后置就是侧重于纠错。由于异议设置于商标已经注册之后，如果商标属于错误注册，则此时错误已经形成，所谓防错已经无从谈起，为了减少错误损失就只能是纠错，即通过撤销已经注册的商标来改正错误。异议前置与异议后置各有其利弊，而且异议模式与商标审查的模式应当相互匹配才能发挥最大的功能。

三、商标注册审查模式与异议模式的不同组合

商标异议的审查可以分为全面审查和绝对理由审查两种模式，商标异议设置又分为异议前置和异议后置两种模式，而审查与异议属于商标注册初审程序的相互衔接的两个环节。如此，则商标注册初审程序可形成四种不同的组合模式，即"全面审查 + 异议前置""绝对理由审查 + 异议前置""全面审查 + 异议后置""绝对理由审查 + 异议后置"，这四种模式各有利弊，分别适用于不同国情下的商标注册管理需要。

（一）"全面审查 + 异议前置"

"全面审查 + 异议前置"，即商标注册机关在初审时对不予注册的绝对理由事项和相对理由事项都进行主动审查，审查后如无驳回申请事项即予以初审公告，在法定异议期限内，法定异议权人可以提出异议。异议期满如无异议则商标予以核准注册。我国目前即采用此种模式。

"全面审查 + 异议前置"模式结合了两种模式在防错功能上的优点，对绝对理由事项和相对理由事项都分别进行了两次审查，有效地防止了错误注册、

恶意注册等行为发生,在核准注册之后也有利于保持商标权利的可靠性和稳定性,有利于市场秩序的稳定和消费者权益的保护。同时,全面审查将权利冲突的审查义务分配给注册机关,节约了在先权利人的审查成本,有利于对在先权利人的保护。

但"全面审查+异议前置"模式的缺点也很明显。该模式也承接了全面审查和异议前置两种模式的固有缺陷。首先,全面审查赋予注册机关过重的审查义务,同时还可能因"死亡商标"而有碍在后申请人对商标符号的有效利用。其次,全面审查与异议前置对不予注册的相同事由进行了两次连续的重复性审查,属于功能重复。最后,异议前置模式下,已经经过全面审查的商标申请被异议的概率已经大大降低,在此情况下仍然不得不再等待漫长的异议期,这对大多数商标申请而言,属于时间上的巨大浪费。[①]

(二)"绝对理由审查+异议前置"

"绝对理由审查+异议前置"模式,是指国家知识产权行政部门在初审阶段只审查不予注册的绝对理由,并对符合的商标申请进行初审公告。在法定期限内,异议人可以提出异议。欧盟与法国采用此种模式。根据《欧盟2007/1001号商标条例》规定,商标审查部门在初审中未发现商标存在不予注册的绝对理由的,应予初步审定公告;在法定异议期(3个月)内,在先商标权利人或者法定的原产地或地理标志权利人可以向异议部门提出异议,异议部门经审理,根据异议是否成立作出驳回注册申请或者驳回异议的裁定。[②]

"绝对理由审查+异议前置"模式,试图结合两个模式的长处,即在审查阶段注重发挥在先权利人的积极性,将相对理由事项交由在先权利人自己去审查,以此减轻注册机关的审查负担,提高了审查效率,同时防止死亡商标对在后注册申请的障碍。而异议前置又赋予在先权利人救济的机会,防止错误申请被核准注册,也有利于保证商标注册的稳定性。

"绝对理由审查+异议前置"模式的缺点也是该种审查模式和异议模式固有的缺点,即由于审查能力欠缺,商标共存现象会增加;同时,异议前置仍不可

[①] 如日本《商标法》之所以改为异议后置,就是因为经过初审的商标异议案件过少,仅2%左右;而异议成功率更低,不足初审案件的1%;在此情况下继续坚持让大多数未被异议的商标陪过异议期,就会增加商标申请人的负担。参见文学:《革命还是改良:商标法相对理由审查制度的改革》,载《中华商标》2008年第5期。

[②] 参见《欧盟2007/1001号商标条例》第44条、第46条、第47条。

避免存在无异议的商标在异议期的等待成本。

(三)"全面审查+异议后置"

"全面审查+异议后置"模式,即国家知识产权行政部门在初审时,全面审查商标不予注册的绝对理由事项和相对理由事项,如不存在有碍注册的事项即予核准注册。法定异议人可在注册公告后的法定期限内提出异议。日本目前采用此种模式。

"全面审查+异议后置"模式,主要是为了解决异议前置带来的注册效率低下的问题,在后置模式下,大多数无异议的商标不再需要空耗异议等待期。同时,由于采用全面审查模式,基本可以保证申请商标的质量,也有利于防止恶意抢注等现象发生。

但该模式带来的弊端也很明显,即后置模式下,已经核准注册的商标仍然面临被异议乃至被撤销的风险,对商标权的稳定性不利,也会增加商标使用许可、商标转让等商标交易行为的风险。

(四)"绝对理由审查+异议后置"

"绝对理由审查+异议后置"模式,即商标注册机关在初审时仅对不予注册的绝对理由事项进行审查,而将相对理由事项交给在先权利人。注册机关经初审未发现不予注册的绝对理由事项,即对申请商标予以核准公告。公告后,法定异议权人在法定期限内可以提出异议。德国是采用此种模式的典型国家。[1]

"绝对理由审查+异议后置"是四种模式中最注重注册效率的方案。该模式的优点十分突出,即将相对理由事项交给在先权利人,注册机关只专注于绝对理由事项,必然会大幅减轻注册机关的审查负担,同时调动在先权利人的积极性。而异议后置也无须申请人再等待漫长的异议期而空耗时间成本。但其缺点同样突出,即因为审查环节只审查绝对理由,如果在先权利人怠于审查相对理由,将导致大量商标共存现象。同时,在先权利人在商标已经被核准注册的情况下再行异议,不但效果不佳,而且也必将导致已经注册的商标权利状态的不稳定,同样会影响市场交易秩序。

---

[1] 参见杜颖、郭珥:《商标法修改的焦点问题:商标异议程序重构》,载《中国专利与商标》2019年第3期。

四、商标注册审查与异议组合模式的选择逻辑

从逻辑上看,审查模式与异议设置模式存在以上四种组合,但各国的商标注册制度也只能择其一而从之。这四种模式本身各具优劣,并无绝对的高下之分,关键取决于制度模式是否契合各自的国情,只有制度与国情相吻合的才是好制度。制度模式的选择逻辑取决于两个方面:一方面是所面临的重点问题;另一方面是解决问题的主要能力。

国家设立某项法律制度一定是为了解决某个具体问题,而几乎所有要解决的问题都会带有价值冲突,亦即我们在鼓励 A 价值的同时,可能同时带来 B 价值的损失;或者我们在抑制 A 损失的同时,可能需要付出 B 的成本。所谓"天下没有免费的午餐"即此意。这就需要我们对所保护的两种价值或者所抑制的两种损失进行权衡,尽量达到所保护的两种价值之和的最大化,或者两种损失之和的最小化。而这种权衡的根据就在于该两种价值或损失的相对重要性,亦即找到我们所面临的重点问题为何。

国家设立一项法律制度,不仅要衡量所要解决的重点问题为何,同时也要衡量解决问题的成本,以及由谁来承担这种成本。通常情况下,法律制度的成本承担者无非是国家和社会成员两个层面,好的制度设计应当将制度成本在国家和社会成员之间进行合理分担,以达到制度成本之和的最小化。这种成本分担的逻辑,要考虑国家和社会成员的负担能力,按照两者各自的比较优势进行分配,亦即看到解决问题的主要能力在哪一方。

具体到商标注册审查与异议模式的组合逻辑,各国就是按照上述两方面的逻辑来确定自己认为最合适的选择。一方面,"公平"与"效率"是商标注册审查制度的价值追求,或者说两大目标。不同国情之下,所面临的问题决定了各国对商标注册"公平"与"效率"的不同侧重。另一方面,实现商标注册的公平效率需要付出代价,这些代价包括制度的直接成本、机会成本、风险成本等,这些成本需要在国家和社会成员之间分担,即需要在国家、商标申请人、在先权利人之间进行分担。为简化分析,在审查和异议环节我们可以暂时忽略商标申请人负担的问题。这样,商标注册所面临的问题——尤其是商标权利冲突问题,以及解决的成本分担,可以建构为一个矩阵,分别对应一种审查与异议的组合模式。(见表 2-1)

表 2-1　审查与异议的四种组合模式

审查方式	异议方式	价值偏向	负担主体
全面审查	异议前置	侧重公平	国家负担为主
	异议后置	侧重效率	
绝对理由审查	异议前置	侧重公平	社会成员负担为主
	异议后置	侧重效率	

首先,"全面审查+异议前置"模式,我国商标注册审查制度一直采取此种模式。其原因应从上述两个方面去寻找。从面临的问题及其侧重性来看,我国传统上所面临的问题主要是商标注册的准确性问题,尤其在计划经济时代,对商标注册的需求本身就不强,对注册效率的需求就更谈不上了。商标,在计划经济时代甚至被视为一项"特许"。因此,对商标注册准确性的需求就成为问题的重心,制度设计也因此围绕防止商标注册错误展开,采用异议前置,甚至"异议前后双置"也就顺理成章。而从解决问题的能力负担来看,计划经济时代,国家无疑占据了绝大部分资源,社会力量包括在先权利人几乎没有得到发育,所以将绝对理由和相对理由事项的审查权和审查义务全部交给注册机关也就成为最佳的选择。

但在改革开放之后,随着市场经济的日益发展,商标越来越成为一种有巨大价值的存在,社会对商标注册的需求日渐高涨,我国已经连续多年成为世界商标申请第一大国。在此情况下,商标注册效率的要求就会形成制度改革的巨大压力,此时再坚持不计代价的防错就值得商榷了,异议前置带来的弊端就会超过其收益,从而引发异议后置模式的讨论。当然,随着商标价值的高涨,在我国还引发了"恶意抢注"和"恶意囤积"的高潮,这个是我国市场经济发展初期的特殊国情,也因此,坚持全面审查模式仍然有很大的合理性。关于我国商标注册审查的详细改革方案,还会在后续章节中详加论述,此处仅作简要阐述,意在说明审查与异议模式组合的选择逻辑。

其次,"绝对理由审查+异议前置"模式,欧盟和法国为此种模式的典型。从面临问题及其侧重性来看,作为市场经济发达的地区和国家,欧盟和法国并不像我国要面对"恶意抢注"和"恶意囤积"的浪潮,其社会诚信度相对较高,对不诚信行为的监控和惩罚力度较大。因此发生"恶意抢注"和"恶意囤积"

的频率较低,对这两种行为的威慑需求并不突出,也就不需要国家依职权来审查相对理由事项,采取绝对理由审查足以满足需求。另外,作为市场经济发达的国家和地区,欧盟区域国家的在先权利人权利意识和维权能力较强,相对理由审查的积极性和能力足以满足需要,也无须国家再予以"补贴"。这就是其采取绝对理由审查模式的原因。至于异议前置,应该是综合衡量前置与后置两种不同模式下的申请效率和成本后作出的综合考量。欧盟法国采用异议前置,应当与其相对稳定的商标申请量有关。相对于我国这样"井喷式"的商标申请量,每年欧盟国家的申请量保持稳定,与异议前置本身的好处相比较,其效率压力不大,所以保持异议前置尚属最优选择。

再次,"全面审查+异议后置"模式,以日本为其典型。其原因仍不外乎面临的问题侧重点和解决问题的能力分配。日本属市场经济发达国家,按道理应类似于欧盟或法国,国家依职权采用绝对理由审查,而将相对理由事项交给在先权利人。但一方面,中国、日本及韩国同属东亚文化圈,在历史文化传统上,国家与社会的关系中,国家相对更处于优位。在此文化圈中,"小政府、大社会"的概念并未发育起来,而国家作为社会资源的优位控制者和使用者的角色却根深蒂固。基于此种文化基因,对国家能力的信任和依赖要远胜于对市场主体自我发育、自我管理、自我责任。另一方面,事实上作为商标注册机关,其审查能力也超过在先权利人,审查成本也比在先权利人更低。所以其采用全面审查模式也就可以理解。虽然中国与日本、韩国所面临的问题仍有不同的侧重,但相同性仍大于差异性。所以,此种模式未来可以成为我国商标注册制度改革的重要参考。分析日本采用异议后置,则是考虑到注册效率的需要已经大于注册准确性的考量,尤其是在商标已经经过注册机关全面审查的前提下,其注册准确性已经有了相当的保证,此时,防错的压力已经不大,再采用异议前置模式的必要性已经很小了。而异议前置所带来的程序空转问题反而成为制度运行的障碍,因此,"全面审查+异议后置"就成为理想的选择。

最后,"绝对理由审查+异议后置"模式,以德国为代表。这种模式显然是四种模式中较为激进的一种。其不但将审查义务大量分配给在先权利人,而且出于效率考虑还将异议置于核准注册之后。采用这种模式的条件相对苛刻。一方面,市场经济要十分发达,市场主体的自我发育、自我管理、自我责任已经能够良好运转,因此诸如"恶意抢注""恶意囤积"等商标投机行为并不泛滥,依靠在先权利人的维权行为已经足以遏制此类行为。另一方面,恶意注册、错误注册的发生率已经足够小,不值得再利用异议前置专门进行防错,不值得再为小概率的错误让绝大多数商标申请再为此空耗异议期来进行等待。利用后置的异议程序已经足以保障少量的救济需要。[1] 这也许正是德国采用此种模式的考量。

相比之下,我国尚不具备采用此种激进模式的条件。一方面,我国的市场发育水平不高,商标投机行为猖獗,单靠市场还不能遏制此类行为的发生势头。因此,我国尚不具备采用绝对理由审查的条件。另一方面,即使是异议后置的改革方案,其考虑的重点也与德国有所区别。如果说德国采用异议后置是因为异议前置已经没有必要,那么我国采用异议后置似乎更主要是因为异议前置带来的弊端更多。所以,即使同样是异议后置,我国与德国所面临的问题仍然不同。

此外,在异议后置模式下,还有一个应当特别讨论的问题,即异议后置模式下异议制度与无效宣告制度的功能区分。

在异议后置的模式下,异议的功能侧重于纠错,这很容易与商标无效程序的功能发生重叠,因此在异议后置模式下,有学者提出将两者"合置",本质上即取消异议程序。[2] 这种取消异议的观点也反映在立法改革的实践中。例如日本,其作为异议后置模式的国家,也曾在2003年《专利法》废除专利异议制度后研究过取消商标异议制度的可能性,但未实际推行。

相关立法实践表明,即使在异议后置的模式之下,异议与无效仍然存在有价值的功能区分,因此有同时保留的必要性。择其要者有如下几点:第一,提起异议和无效的触发因素不同。即使在后置的情况下,异议人提出异议也是基于其主动发现了已注册的商标存在权利冲突导致的权利瑕疵,而无效则更多是在先权利人收到侵权诉讼或者侵权警告,为了行使在先权利抗辩而提起的,显然更加被动。这也说明,设置两道防线仍有必要性。第二,提起异议与

---

[1] 根据德国专利商标局2000年以来公布的数据,德国公告注册的商标被提起异议的比例平均为17%,异议成立率在12.06%上下浮动,最终因异议成立而导致撤销的商标占公告注册量的平均比例为1.66%。该数据统计源于德国专利商标局网站。

[2] 参见周俊强:《商标异议程序立法研究——兼论我国商标异议程序的改革》,载《知识产权》2010年第2期;孔祥俊:《我国现行商标法律制度若干问题的探讨》,载《知识产权》2010年第1期。

提起无效的救济成本不同。如果说提起异议和提起无效的触发因素不同,在某种程度上更强调了无效程序存在的价值,而并不能直接说明异议存在的价值,那么,异议即使在后置的情况下,其也有相对于无效程序的比较优势,即救济成本低廉。异议程序是商标注册机关内设的行政程序,而无效程序则不仅是注册机关的内设行政程序,还将连接法院的司法审查程序。一套完整的无效程序进行下来,其时间成本要远高于异议程序。[1] 如果取消了异议程序这一道过滤机制,将会有大量的案件直接进入无效程序,势必会造成法院的案件积压,进一步降低救济效率。

第四节 商标异议和无效与撤销及其后续程序的模式与设置

作为一项确权制度,商标注册审查制度公平与效率目标的实现不仅有赖于其与商标权取得模式的宏观协调以及审查模式与异议设置模式的中观配合,还需要得到异议制度、无效宣告制度、撤销制度等后续确权程序在微观层面的有力联动。而在异议制度、无效宣告制度和撤销制度内部,其各自也具有不同的程序搭配模式,因此也应进行衔接与设置上的考量。本节将聚焦各项制度内部的审查与后续流程,研究其可以选择的模式与设置的原理。

一、商标异议后续程序的基本模式与设置原理

商标审查模式有全面审查与绝对理由审查模式之分,商标异议也有前置和后置模式之别,因此会形成四种不同的组合模式。但无论异议是采取前置模式还是后置模式,异议人一旦提起异议,就一定会引发一系列后续的操作行为。按照我国 2019 年《商标法》的规定,在初审公告 3 个月内,任何人都可以以绝对理由为依据、在先权利人或者利害关系人可以以相对理由为依据提出异议,商标审查机构经审查认为异议不成立的,直接作出准予注册的决定;认为异议成立的,作出不予注册的决定。对于前者,异议人可以请求宣告该注册商标无效;对于后者,被异议人亦即商标申请人可以向商标评审机构申请不予

---

[1] 根据日本的统计数据,2009 年,异议案件的审理周期为 9 个月,而无效宣告的审理周期为 11.1 个月。参见日本特许厅产业结构理事会知识产权政策委员会商标制度小组第 23 次会议记录。

注册复审。而异议人请求宣告商标无效,评审结果也会有两种可能:宣告商标无效或驳回宣告请求。由此还会继续引发关于无效的诉讼争议。同样,被异议人的复审申请结果也会有两种可能:支持复审申请或驳回复审申请。同样也会继续引发诉讼。由此可见,商标异议的后续程序仍然十分繁杂,各国由此而形成不同的立法模式。

(一)商标异议后续程序的基本模式

世界各国和组织根据自己的实际情况,异议后续程序大致形成了4种模式:异议后直接诉讼、异议后无效/诉讼、异议后无效/复审和异议后复审。

1. 异议后直接诉讼模式。该模式是指异议人和商标申请人不服有权机关作出的商标异议决定的,可以直接诉讼到法院。目前采取此种模式的国家主要是法国、德国。

根据法国《知识产权法典》的规定,针对国家工业产权局所作的颁发、驳回或者维持工业产权证书时的决定提起的诉讼并非行政案件,而是普通司法案件。当事人是异议人或者商标申请人。国家工业产权局局长或者检察院可以参加诉讼,申请人和国家工业产权局局长都可以上诉。[1] 根据德国《商标和其他标识保护法》第66条的规定,针对商标处对商标异议作的决定不服的,可以向专利法院提起诉讼,诉讼应以异议程序中的对方当事人为被告。[2]

该模式的优点在于:其一,简化了诉讼前的行政复查程序,降低了救济成本。其二,在异议前置的模式下,异议后直接诉讼,由于商标异议救济程序未完成,商标注册结论不能生效,此时异议人更有动力就异议结论本身提起司法审查。反之,如果按照异议不成立则直接注册的模式,由于商标已经被注册,异议人不服异议裁决再提诉讼的积极性就很小了。其三,在异议后置的模式下,异议后直接进入无效诉讼,可以和异议程序实现更流畅的衔接,既节约了注册成本,又提高了异议争议的审理效率。该模式的弊端则在于:其一,法院的审理压力较大,可能造成案件积压、审判效率低下。其二,由第一点衍生出来的问题,异议审理程序过长,影响商标注册效率,同时会诱发商标的恶意异议。

---

[1] 参见陈锦川:《法国工业产权授权、无效的诉讼制度对我国的启示》,载《电子知识产权》2004年第9期。
[2] 参见文学:《德国商标异议制度》,载《中华商标》2006年第11期。

2. 异议后无效/诉讼模式。该模式是指异议人不服商标审查机关驳回异议的决定,则只能申请宣告商标无效;一旦商标审查机关裁定异议成立,商标申请人不服的,则应当直接诉讼。此种模式以日本为代表。

根据日本《商标法》第43条的规定,对维持商标注册不服的异议人,可以另行提起无效审判。但此处所谓审判,并非法院的司法审判,而是负责商标审查的特许厅的审判。对于因异议成立而撤销商标注册的决定,商标申请人则是向知识产权高等法院提起裁定撤销诉讼。[①]

这种模式的优点在于,异议人不服的,在诉讼之前可以有一个无效宣告程序,而不是直接进入诉讼。无效宣告程序相比诉讼的救济成本较低。但其弊端也显而易见,即容易造成无效行政程序与司法审查程序的功能重复,因而影响商标注册效率。另外,对于不服异议决定的异议人和申请人分别采用不同的救济途径,也没有很充足的区分理由,难谓公平。

3. 异议后无效/复审模式。该模式是指异议人不服驳回异议的裁决,只能宣告商标无效;商标申请人不服异议成立裁决的,则选择申请复审。我国目前的模式即如此。

异议后无效/复审模式的优点主要体现在:其一,该模式有利于提高商标注册效率,遏制恶意异议。经过裁决异议不成立的商标可以直接注册,无须等待异议救济的最终结论,有利于申请人及时获得商标注册,也就避免了恶意异议的"敲竹杠"行为。其二,无效/复审作为诉讼前的行政程序,能为后续的司法程序过滤掉一部分案件。对于这部分被过滤的案件而言,从概率上讲,行政程序要比诉讼程序更简便,成本更低,效率更高。该模式的弊端主要体现在:其一,程序复杂,成本较高。由于在司法诉讼之前还需要经过无效/复审这一行政程序,如果完整走完全部救济程序,则必然程序烦琐、成本较高。其二,由第一点衍生出来的问题是,异议程序可能被架空,当事人直接选择无效程序,导致异议期空转。无论是异议前置还是后置,都有可能出现这种情况。尤其是后置情况下,异议人跳过异议程序,直接选择无效诉讼的可能性较大。

4. 异议后复审模式。该模式是指对有权机关作出的异议决定不服,可以

[①] 参见[日]森智香子、[日]广濑文彦、[日]森康晃:《日本商标法实务》,北京林达刘知识产权代理事务所译,知识产权出版社2012年版,第73~76页。

向复审机关申请复审,对复审机关的复审决定再不服,可以诉讼。采取此种模式的主要是欧盟。

根据《欧盟2007/1001号商标条例》的规定,不服异议裁决的当事人,可以向欧盟知识产权局上诉委员会提起上诉,对该上诉委员会的上诉裁定不服的,可以起诉至法院,法院有权判决变更或撤销被诉裁决。不服普通法院判决的,还可以向欧洲法院提起上诉。[①]

该模式在诉讼之前设置了行政复审程序,好处是增加了一道纠错机制,不足之处就是增加了纠纷解决成本,程序功能上有重复。

(二) 商标异议后续程序的设置原理

要讨论异议后续程序的设置,首先应当厘清以下几个基本法律问题。

1. 如何界定商标异议行为的属性。商标的注册审查并不是一种"从无到有"的单方面行政授权行为,而是对申请人本已拥有的自然权利的确认,如果有申请人之外的人对该商标主张权利并提出异议,其利益冲突的双方应当主要是异议人与申请人,而不是异议人与注册审查机关。学理上通常认为,商标异议程序的功能包括3个方面:社会监督、权利救济和内部纠错。[②] 其中,商标主管机关的内部纠错功能一般需要通过其他两项功能得以实现,因此无法成为主导功能。社会监督功能则依赖社会公众来发挥。实践中,这种与申请商标没有直接利害关系的社会公众基于监督的目的提出异议的情况虽然有,但并没有也不可能成为异议的主流。绝大多数的商标异议还是在先权利人或利害关系人基于在先权利而对申请商标提出异议,异议的目的是防止因争议商标注册而对自己的在先权利造成不利影响,因此属于权利救济的功能。换言之,绝大部分的商标异议,是出于私益而非公益的目的进行的权利争议。这是由商标权的私权属性决定的。

2. 如何界定商标异议裁决行为的属性。异议的行为属性决定了异议裁决行为的属性。虽然有社会公众基于绝对理由而出于监督目的进行的商标异议,反映出异议行为一定的公益属性,但即使在这种情况之下,异议所针对的对象仍然是申请人拟申请注册的商标,而此拟注册的商标本质仍然是申请人

---

① 参见《欧盟2007/1001号商标条例》第66~68条、第72条。
② 参见郭珺:《我国商标异议程序完善研究》,中央财经大学2021年博士学位论文,第22页。

的私权。所以，虽然绝对理由异议是基于公益目的，但争议的对象仍然是私权，因此商标异议裁决仍然是围绕民事私权争议而进行的裁决。基于相对理由异议而产生的异议裁决，更是围绕商标权的民事私权利而展开的裁决行为。

对异议裁决行为的性质，可以从不同维度展开。

首先，应当看到，异议裁决模式既具有行政属性，又具有司法属性。异议裁决，本质上应当属于一种行政裁决。行政裁决具有以下特征：其一，裁决的对象是私法上的民事争议，而不是私人与行政机关的争议；其二，行政裁决是依申请的行为，而非依职权的主动行为；其三，行政裁决是行政机关或者其附设的机构行使国家权力的行为，而非民间的仲裁行为；其四，行政裁决是一种居中裁断行为，而非行政机关对相对人的命令行为。[1] 商标异议裁决与这些特征最为吻合。关于行政裁决的性质，学者们基于观察角度的不同和关注侧重点的差异而提出"民事行为说""司法行为说""准司法行为说"等不同学说。主张"民事行为说"的学者认为，行政裁决处理的是"民事争议"，行政机关本身并无处理民事争议的职责义务，行政机关处理民事争议的权限实质上来自民事争议当事人的"授权"，因此是一种民事行为而非行政行为。[2] 主张"司法行为说"的学者认为，行政裁决与司法的特征更为吻合，都是中立的第三方对当事人之间纠纷进行裁判，行政机关也处于中立地位，因此是司法行为。[3] 主张"准司法行为说"的学者认为，行政裁决具有司法属性，体现在行政机关在行政裁决中的中立性、其裁决对象的私法性质；从行政裁决产生的历史来看，其源于司法权的部分让渡；行政裁决的程序具体规则也对司法规则多有借鉴。但行政裁决仍由行政机关作出，所裁决的私法纠纷与该行政机关的具体职责密切相关；行政裁决结论最终仍要接受司法审查。因此行政裁决兼具司法性和行政性双重属性，将其定位为准司法行为更为精确。[4]

上述主张中，"民事行为说"显然不妥。其将行政裁决的权力来源视为民事当事人的授权显然也与事实不符。行政裁决并非民事或者商事仲裁，行政

---

[1] 参见王小红：《行政裁决制度研究》，知识产权出版社 2011 年版，第 35~36 页。
[2] 参见蔡守秋：《从我国环保部门处理环境民事纠纷的性质谈高效环境纠纷处理机制的建立》，载《政法论坛》2003 年第 5 期。
[3] 参见陈锦波：《我国行政裁决制度之批判——兼论以有权社会机构裁决替代行政裁决》，载《行政法学研究》2015 年第 6 期。
[4] 参见齐树洁、丁启明：《完善我国行政裁决制度的思考》，载《河南财经政法大学学报》2015 年第 6 期。

机关的裁决虽然也受当事人是否申请的制约,但其受理纠纷的权力源于法律的直接授权,且行政裁决仍然要受司法审查的约束,这与民事行为的性质也不符。"司法行为说"看到了行政裁决与司法的共同之处,即行政机关的居中裁判者地位、裁决结论的非行政命令性,但忽略了裁决机关与案件本身的职责相关性、裁决接受司法审查性等特点,所以该说也并不全面。唯有"准司法行为说"兼顾了行政裁决的司法属性与行政属性,全面准确地概括了行政裁决的特点,因此其对行政裁决的定性是妥当的。

本书认为,商标异议裁决的行政属性与司法属性均不可偏废。如果偏废其行政属性,只强调司法属性,将会增加裁决成本,降低裁决效率。详言之,如果异议人在提出异议之后,注册审查机关将该异议完全交给司法机关审理,注册审查机关等到法院作出裁决结论后再行定夺注册与否,亦即异议裁决完全采取司法模式,这种模式是否可行?从节约裁决成本的角度看,这种模式当然并非最优解。如果采用这种模式,会造成注册审查程序的中断。由于司法一般会采取二审甚至三审终审,注册程序长期中断,必然会严重损害注册效率。在这种模式下,审查机关的前期审查工作与法院的异议审理工作出现脱节,法院对审查机关前期的审查成果几乎无法借鉴,也造成了资源的浪费。所以,将异议作为一种民事纠纷完全交给法院审理的模式不符合"节约裁决成本"的要求,不是理想的选择,在制度实践中也没有国家采取此种模式。反过来,完全忽视异议裁决中的司法属性,将异议审查完全作为注册机关内部的一种决策程序,而将异议只作为发起审查的一个动因或者线索,将异议彻底沦为一种"公众意见",不赋予异议人与申请人程序参与权,不听取双方的辩论意见,不要求注册机关对异议进行回应,最后由注册机关径行作出是否注册的结论,这恐怕也不足以保证裁决的公正性,不是最优解。保证裁决公正性,除了保证裁决结论的实体正确性之外,也包括裁决程序的公正性。异议人与申请人的知情权、程序参与权、辩论权等程序性权利,除了是裁决结论实体正确性的保障之外,其自身的程序公正性价值也具有独立的意义,在说服双方接受裁决结论方面,其意义甚至完全不亚于实体结论的正确性。所以,异议裁决也不应当是一个纯行政的内部决策行为。

由异议裁决性质的双重属性所决定,异议裁决的审理模式也同时具有行政属性和司法属性。异议裁决审理的司法特点,主要表现为裁决审理的两造对抗性、审理者的居中裁判性、异议与抗辩的辩论性等特点。异议裁决审理并不一定要求满足"直接言辞"的司法原则,为了兼顾程序效率的目标,异议的书面审理方式也所在多有。但无论是书面审理还是"直接言辞"审理,两造之间的对抗性应当保证。两造的陈述申辩、举证质证、辩论等,应当向对方公开,以达到辩论的针对性和充分性。异议裁决审理毕竟是行政准司法程序,对效率的追求也是其目标之一,所以异议裁决可以采用简化模式,强调裁决机关的主导作用,强调裁决的效率。因此,书面审理也是常用的选项。另外,裁决结论需要接受司法审查也是其基本的要求,这一点下文将论及。

其次,应当看到,异议裁决结论也同时带有行政属性与司法属性,这表现为两个维度:一是行政性与司法性的统一;二是行政性与民事性的统一。

异议裁决结论的行政性表现为,该结论具有终局性的一面。根据异议设置的前置与后置的不同模式,异议裁决的结论可能有以下几种情况:(1)在异议前置模式下,异议人提出的异议被审查机关支持,则审查机关会作出驳回申请人商标申请的决定。该决定虽然允许申请人进行后续救济,但自决定作出之日已经生效。(2)在异议前置模式下,异议人提出的异议未获得支持,注册机关会作出准许商标注册的决定。异议人只能在后续程序中申请该注册商标无效,却不能阻挡商标注册,即商标注册决定本身已经生效。(3)在后置模式下,异议人提出的异议获得支持,注册机关会作出撤销商标注册的决定。申请人在后续程序中只能推翻该决定,在推翻之前却不能阻止该决定生效。(4)在后置模式下,异议人提出的异议未获得支持,注册机关会作出维持商标注册的决定。异议人在后续程序中只能继续寻求推翻维持注册的决定,在推翻之前却不能使维持决定不生效。这就是商标异议裁决结论终局性的一面。终局性是为了提高行政效率。

异议裁决结论的司法性表现为,异议结论作出之后,对该结论不服的一方仍然有权利继续寻求救济,该结论仍然需要经受司法审查的检验。上述四种情况中,任何一方不服,均可以向司法机关起诉寻求最终的救济,这体现了裁决结论具有非终局性的一面。

综上所述,一方面,商标异议裁决是行政裁决,由国家行政机关依职权作出,具有行政性毋庸置疑。另一方面,行政裁决处理的纠纷却是民事纠纷,其决定的内容是关于异议人与申请人两造之间的利益归属——此处重点讨论相对理由异议——主要属于私益问题,与公益关系不大,因此其裁决结论带有民事属性。另外,更重要的是,商标注册是确权行为,不是授权行为。确权行为的本质,是对既存权利归属的判定,而非行政主体为相对人创设新的权利,或者对相对人既存的权利和利益予以减损甚至剥夺——如行政处罚——所以,既然商标异议裁决也是对确权结果的争议和重新决定,那么其也不是授权行为或处罚行为。换言之,从本质上看,行政机关就不是利益的相对方,利益的相对方是民事争议的对方当事人,行政机关自然就不应作为行政诉讼的被告。

关于裁决后司法救济的行为属性,坚持行政诉讼的观点认为,无论是异议裁决后的直接诉讼,还是经过无效/复审后的诉讼,都应该是行政诉讼。理由如下:其一,异议裁决结论是一个行政结论,当事人是对该行政结论不服才提起诉讼的。所以,诉讼的对象是该行政结论,诉讼的目的是对该行政结论的正确与否进行司法审查,因此诉讼应当以裁决机关为被告,而不能以商标权益的争议对方为被告。其二,以裁决机关为被告可以督促裁决机关更好地进行裁决,起到司法监督的作用。如果将不服裁决结果作为民事争议进行诉讼,裁决机关就不会有积极性提高裁决质量,从而导致程序空置。坚持民事诉讼的观点则认为:其一,在对商标异议结论进行救济的诉讼中,当事人所争议的实质是民事权益,而不是商标裁决机关的裁定。其二,无论是商标争议裁决机关的异议裁决还是无效裁决,裁决机关均处于居中裁判的地位。其三,如果将商标争议裁决机关作为被告,裁决机关就会成为某一方当事人的利益同盟者或者代理人,造成角色错位,并对另一方当事人不公平。[①]

本书认为,两种观点各有其道理。关键是要判断异议裁决的行政属性更强,还是民事属性更强。如果异议裁决本身就是由注册机关作出,则异议裁决只是注册的一个环节,那么其行政属性更强,就应该视为一种行政决定行为,该行为就应当以行政机关作为被司法审查的对象。反过来,如果裁决机关与注册机关相互独立,裁决的司法属性更强,居中裁判色彩更浓,则该行为就不应当作为司法审查的对象,而应当将民事争议作为审查的对象,案件应作为民事诉讼处理。

---

① 参见张玉敏:《商标注册与确权程序改革研究——追求效率与公平的统一》,知识产权出版社2016年版,第120页。

二、商标无效宣告及后续程序的基本模式与设置原理

(一) 商标无效宣告及后续程序的基本模式

无效宣告可以分为商标审查机构依职权宣告无效和依申请宣告无效两种程序。前者即商标审查机构基于商标禁止注册的绝对理由主动宣告已经注册的商标无效,后者包括两种:一种是任何人基于商标禁止注册的绝对理由向评审机构提出无效宣告请求;另一种是在先权利人或者利害关系人基于商标禁止注册的相对理由向评审机构提出无效宣告请求。无效宣告及其后续的救济程序主要包括以下几种模式。

1. 无效宣告的法院诉讼模式

无效宣告的法院诉讼模式,是指仅能由法院判决注册商标无效的模式。2019 年修法前的法国即采用此种模式。法国将无效宣告视为当事人之间的民事诉讼,无效宣告既可以以本诉的方式提出,也可以作为反诉、抗辩的理由提出。法院经审理认为无效请求人的理由充分,可以宣告商标无效;认为请求不成立的则予驳回。[①] 该模式的好处是减少了无效的行政审查环节,节约成本。但其弊端显而易见。完全通过司法审查商标无效,其效率比商标无效的行政程序效率要低。毕竟并非所有无效宣告案件都会完整经历行政和司法的全部程序,有很大一部分无效宣告案件完全可以用行政程序就可以解决。因此,法国在 2019 年也对法律进行了修改,规定任何人都可以直接向法国国家工业产权局提起无效宣告程序。

2. 行政机关宣告无效模式

行政机关宣告无效模式,是指无效宣告权限为行政机关专属,当事人不能通过法院宣告无效。在该模式下,有的国家设置依职权宣告无效,如美国、韩国及我国;有的地区和国家则不设依职权宣告无效,如欧盟、日本。其中,我国的无效宣告程序设置最为复杂。我国依职权宣告无效由商标审查部门负责,而依申请宣告无效案件由商标评审部门负责。

3. 法院和行政机关分别承担模式

法院和行政机关分别承担模式,是指根据无效的事由不同,分别由行政机

---

① 参见陈锦川:《法国工业产权授权、无效的诉讼制度对我国的启示》,载《电子知识产权》2004 年第 9 期。

关和法院宣告商标无效,即当事人可以直接向法院申请宣告商标无效,法院可以径行裁决商标无效。此种模式以德国为典型。

(二) 商标无效宣告及后续程序的设置原理

要科学设置无效宣告及其后续程序,应当厘清该程序所涉及的一些法律行为的属性。

1. 依职权宣告无效的属性

商标主管机关依职权宣告已经注册的商标无效,是基于商标禁止注册的绝对理由,是对社会公共利益的维护,而不是出于对在先的私权利的维护。依职权宣告无效,行为利益的对立双方是商标主管机关和被宣告无效的商标权利人。这就决定了对于依职权宣告无效的司法救济行为的属性应该是行政诉讼,而不可能是民事诉讼。因为对于依职权宣告无效,很可能根本不存在申请人。即使存在提出无效请求的社会公众,其与被无效的商标权之间也不存在直接利害关系,不存在民事权益争议。所以,被宣告无效的商标权人如果不服依职权宣告无效,其针对的对象只能是商标主管机关,其诉讼只能是行政诉讼。

2. 依申请宣告无效的属性

依申请宣告无效是商标主管机关依申请根据不予注册的相对理由对涉案商标无效宣告。基于商标权本质上的私权属性,在先权利人基于相对理由的无效宣告实际上是其与被宣告方的私权争议,是一种民事争议。而商标评审机关对于该私权争议的裁决,应当是行政机关作为中立裁决者的裁决行为,裁决者本身并非该私权争议的当事方。所以,对于该裁决不服的司法救济,不应该是行政诉讼,而应该是民事诉讼。在此,行政裁决所面对的问题,与司法所面对的问题应该属于同一问题,两者的功能上具有同一性。

反过来,如果将无效宣告的行政裁决作为行政诉讼来进行救济,将不可避免地出现上述司法与行政的冲突。在行政诉讼中,法院无法直接变更行政行为,即使不同意行政裁决结果,也不得不将裁决权再次交给裁决机关,难免会形成程序倒流和纠纷解决的循环,因此是一种不经济的解决方案。

三、商标撤销及后续程序的基本模式与设置原理

如果说商标的无效宣告相当于将特定商标注册行为视为无效行政行为,

那么商标撤销就是因商标注册后发生的行为而导致注册商标失去了存在基础,成为一种可撤销的行政行为。商标撤销也是对商标注册审查制度的补充。如果说商标注册审查制度侧重于在商标注册之前对可能发生的错误的防范,商标撤销制度的功能则主要是在商标注册之后,对注册人不当使用该注册商标行为的一种防范和矫正,两种制度形成互补关系,目的仍然是保证注册商标作为商业符号资源的有效利用。

(一)商标撤销及其后续程序的基本模式

考诸世界各国,商标撤销程序设置有3种模式:司法撤销模式、行政撤销模式、法院和行政机关分别撤销模式。这3种模式各有利弊,关键在于能否适合各国国情。

1. 司法撤销模式

司法撤销模式,是指已注册商标的撤销只能由法院判决的方式予以撤销。2019年修法之前的法国是该模式的典型,2019年修法之后,法国将撤销程序改为行政模式。

2019年修法之前,法国的商标撤销由大审法院管辖,而且是民事诉讼方式。修法之后则改为任何人都可以直接向法国国家工业产权局提起撤销程序,这主要是为了为当事人提供更高效快捷的救济途径。

2. 行政撤销模式

行政撤销模式,是指撤销权专属于行政机关。该模式又分两类:一类是行政一审模式,即申请人向商标主管机关提出撤销申请,主管机关裁决后,不服裁决者向法院进行诉讼。该模式以美、日、韩为代表。另一类是行政二审模式,即申请人向商标主管机关提出撤销申请,主管机关裁决后,不服裁决者还有一次向行政主管机关提出上诉的机会,对该上诉裁定再不服的,可以向法院提起诉讼。我国目前采用行政二审模式,即申请人向商标注册部门提出撤销申请,由注册部门决定撤销与否;对于该决定当事人不服的,可以继续向知识产权行政部门提出对撤销的复审;对复审裁定再不服的,可以向北京知识产权法院提出行政诉讼。

3. 法院和行政机关分别撤销模式

法院和行政机关分别撤销模式,是指法院和行政机关均有权撤销商标注册,该模式以德国为典型。在德国,撤销程序可以由任何人向德国专利商标局和德国地方法院提起。如果一方当事人向德国专利与商标局请求撤销,法院则不再受理基于同一争议的撤销诉讼。同理,当事人已经向法院提起撤销诉讼,则其后就同一争议再向专利与商标局提起撤销程序将不被受理。[1]

(二)商标撤销及后续程序的设置原理

要科学设置商标撤销程序,同样应当厘清与撤销相关的法律范畴的基本属性。

1.商标撤销行为的性质

商标撤销事项主要有3类:第一类是商标注册人在使用过程中存在不当行为;第二类是注册商标成为核准使用商品的通用名称而丧失显著性;第三类即无正当理由连续3年不使用。[2] 对于前两类,系注册机关基于管理需要,为了维护公共利益而主动依职权采取的行为,其本质是依职权的行政行为。

有学者认为,撤销注册商标的法律后果在于使商标权人丧失权利,制裁属性明显,因而无论从法理还是现行法律而言,撤销行为均属于行政处罚的范畴。[3] 也有学者认为,行政机关对于注册商标的撤销,本质上是对注册商标丧失来源识别功能的一种确认,撤销商标是对商标权人丧失商标权的一种行政确认。[4]

本书认为,撤销注册商标虽然导致商标权人丧失了权利,是一种不利后果,但从商标权的来源看,商标权本来就是一种经行政确认而产生的权利,其权利并非源于法律的授权。所以,对其权利的撤销也并非一种"剥夺",而只是不予保护而已,并非额外给予其惩罚。如果说商标注册是一种积极确认,那么商标撤销无非是一种消极确认。所以将其视为行政确认可能更符合法律的本意。

对于"撤三"制度则有争议。一种观点认为,"撤三"主要是为了弥补注册制度的缺陷,维护公共利益;另一种观点则认为,"撤三"主要由商业竞争者提起,是关于私益的调整。[5]

---

[1] 参见德国《商标法》第53条。
[2] 参见2019年《商标法》第49条。
[3] 参见余喜生:《注册商标撤销制度的法律辨析》,载《中国工商管理研究》2012年第5期。
[4] See Danika Ellis, *Book Pirates Buy More Books, and Other Unintuitive Book Piracy Facts*, Bookriot (Jul. 26, 2021), https://bookriot.com/book-pirates/.
[5] 参见张鹏:《〈商标法〉第49条第2款"注册商标三年不使用撤销制度"评注》,载《知识产权》2019年第2期。

本书认为,就目前来看,实际发生的"撤三"都是由商业竞争者基于商标申请、商标权争议等提起的,本质上是一种私权利的争执。注册机关基于竞争者的"撤三"申请而进行的裁决,应当是一种行政裁决行为。这与在先权利人、利害关系人基于相对理由提出商标无效是一个道理。提出"撤三"申请的人,其实就是"利害关系人"。这种行为性质也将影响到其后的撤销诉讼的性质究竟是民事还是行政。

2. 商标撤销诉讼的性质

商标撤销诉讼的性质应当分为两类:一类是对于依职权撤销不服的诉讼。由于依职权撤销的行为性质属于行政确认,对该行为的司法审查就属于对行政确认的审查,其审查对象就是行政行为本身,亦即行政机关就是案件的当事人,其只能是行政诉讼。另一类是对依"撤三"申请提起的撤销裁决不服的诉讼。本书认为,"撤三"争议本身属于私权争议,行政机关的裁决也是对民事纠纷的裁决,所以对此裁决不服的诉讼应当属于民事诉讼。

综上所述,商标注册审查制度不只是单一的审查环节的问题,其实质上是一个系统工程。只有立足横向的全部关联要素和纵向的全部过程环节,找出各要素和环节应有的性质定位,通过分析各制度子系统的比较优势,合理配置制度的权利、权力和义务资源,形成制度功能上的优势互补,避免制度功能重复、程序倒流,才能使整个商标注册审查系统形成良性循环,达到功能产出的最优化。

本 章 小 结

商标注册审查制度涉及几项基本的理论问题。本书认为,商标注册行为在本质上应当是一种"确权"而非"授权"。商标权首先是一种私权,但这种私权的实现与维护带有特定的公权属性。商标注册审查行为是一种行政确认,是在"一般允许"的前提下,对特别事项经审查予以"限制或者禁止"。这种审查主要是依赖注册机关的行政职权,即属于公共审查,但也需要私人提供信息予以补充,即引入私人审查。理想的商标注册审查制度无疑要追求公平与效率的平衡。具体到制度设计上,应当从不同层面进行统筹和考量:宏观上,主要应实现商标注册审查制度与商标权取得模式的协调,兼顾商标权取得模式的效率与公平,同时解决商标"使用"义务的风险分配问题。中观上,主要应实现商标注册审查模式与异议设置模式的协调,不同的审查模式与异议设置模式组合各有利弊,必须结合一国所面临的重点问题和解决问题的主要能力进行选择。微观上,商标注册审查后的异议程序、无效宣告程序与撤销程序内部均有不同的程序模式和衔接选择,也会影响商标确权制度的公平与效率,亦应进行有效的协调与联动。

第三章　商标注册审查制度的主要模式及变革趋势分析

通过对商标注册审查制度主要模式的考察及代表国家和地区实际运行绩效的分析,探究世界范围内商标注册审查制度的变革趋势,借鉴吸收其中的优秀成果。

第一节　商标注册审查制度的主要模式及其典型代表

商标注册审查,是指在商标注册申请阶段,国务院知识产权行政部门对商标注册申请、商标异议等程序的审查与审理。根据审查范围的不同,学界将国际主流的审查方式分为全面审查和相对理由审查。商标注册机关的审查将对权利人的商标申请造成影响,因此多数国家设立了异议程序作为其中的救济方式之一。目前,国际范围内存在不同的异议制度,根据异议程序的启动时间是否在商标核准注册之后,学界将异议程序分为异议前置和异议后置。审查方式及异议程序设置的差异组成了不同的商标注册审查模式,学界将其分为如下四种:"全面审查+异议前置""绝对理由审查+异议前置""全面审查+异议后置""绝对理由审查+异议后置"。① 本节重点考察这四种模式和各自代表国家和地区的立法及实践。

一、"全面审查+异议前置"模式的典型代表

在商标注册取得制度下,商标权的授予伴随商标主管机关的介入。"全面审查+异议前置"的特点在于商标权的取得至少需要商标主管机关两次全面介入。一项商标的注册申请需要先历经商标主管机关的形式审查、实质审查,未被提出异议或通过异议程序审查的,方可获准其注册。在该模式下,商标主管机关应当审查商标注册申请是否落入不予注册绝对理由和相对理由的范围。当商标注册申请不存在上述不予注册的理由时,商标主管机关将对该商标申请进行公告。在公告期间,《商标法》规定的异议提出主体可以对该注册商标申请提起异议,商标主管机关将再次以绝对理由与相对理由作为依据进行审查。只有未被提起异议或异议不成立的商标申请最终可被核准注册。中国、新加坡及韩国为采纳"全面审查+异议前置"模式的典型国家,但各国的商标审查实践又不尽相同。值得一提的是,俄罗斯演化出了独具特色的商标注册审查制度,在采纳全面审查范围的同时,规定了与审查程序并行的"软"异议程序。

（一）中国的"全面审查+异议前置"

我国1949年以来始终实行商标注册取得制度。立法上,商标的注册取得模式历经了自愿注册到强制注册再回归到自愿注册的进程。1982年《商标法》明确规定商标专用权的取得以注册为前提,并遵循着"申请在先"与"使用在先"相结合的原则。

1982年以来,中国一直采用全面的商标审查模式,即审查机关依职权审查商标注册申请是否存在违反《商标法》所规定的禁止注册的绝对理由与相对理由。同时,为提高注册商标的稳定性,将异议程序置于商标授权之前。商标主管机关需先对申请文件的填写是否合规、委托关系是否符合规定、商标注册申

---

① 参见冯晓青、刘欢欢:《效率与公平视角下的商标注册制度研究——兼评我国商标法第四次修改》,载《知识产权》2019年第1期。

请主体是否适格、证明文件是否完备以及商标规费是否足额缴纳等内容进行审查。在通过上述形式审查之后，商标注册申请正式进入流程，由国务院知识产权行政部门开展实质审查，对于显著性、非功能性、禁用性以及公共利益的相关规定进行严格审查。

我国《商标法》规定的绝对理由包括《商标法》第4条规定的"不以使用为目的的恶意商标注册申请"、第10条规定的不得作为商标使用的标志、第11条规定的缺乏显著性不得作为商标注册的标志、第12条规定的具有功能性不得注册的三维标志、第19条第4款规定的商标代理机构不得申请注册其代理服务以外的商标以及第44条规定的以欺骗手段或者其他不正当手段取得商标注册的情形。就相对理由而言，则具体包括《商标法》第13条所保护的驰名商标、第15条所规制的特定关系人之间的抢注行为、第16条第1款所保护的地理标志、第30条所保护的在先注册商标或初步审定的商标、第32条所保护的他人在先权利和在先使用并具有一定影响的商标。在实质审查阶段，商标主管机关未发现上述驳回理由的，将依法对申请商标进行公告。在此公告期间，《商标法》第33条赋予所有人基于绝对理由、相关权利人基于相对理由提起异议的权利。初步审定公告期满，申请商标未被提起异议或异议未成立的，商标主管机关将最终核准其商标注册申请。（见图3-1）

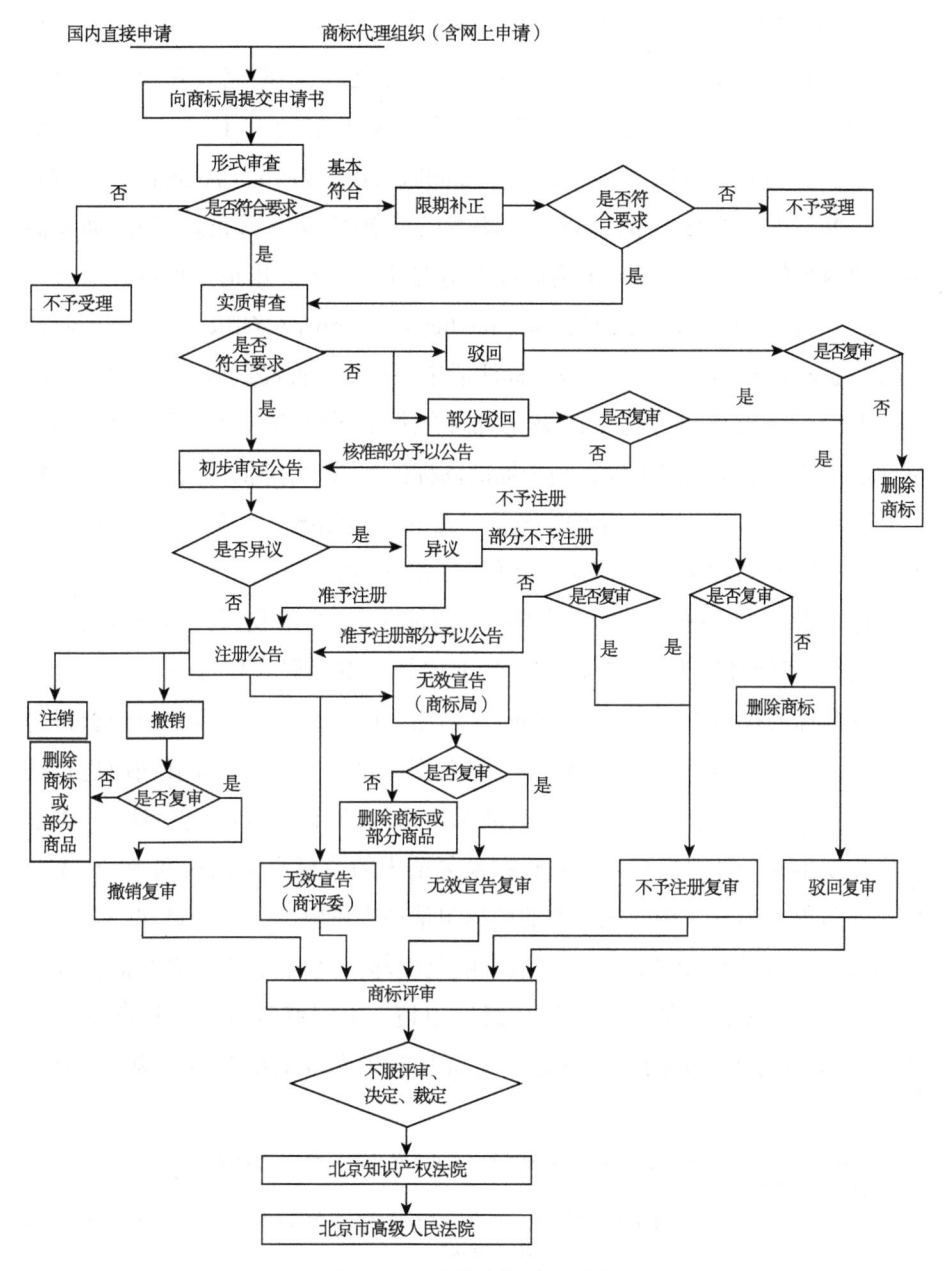

图 3-1　中国商标注册流程

资料来源：国家知识产权局：《商标注册流程简图》，载中国商标网，https://sbj.cnipa.gov.cn/sbj/sbsq/sqzn/201404/t20140430_583.html。

（二）新加坡的"全面审查+异议前置"

新加坡作为最早实施现代商标法制的国家之一,不断完善其知识产权立法,目前已形成较为详细且实用的商标法律文本。[①] 2022年1月12日,新加坡国会通过了《知识产权（修正）法案》[Intellectual Property（Amendment）Act 2022],修订内容涉及多部法律[②]。该法案已于2022年5月正式实施,涉及商标法的内容包括:其一,允许国内商标申请的部分注册。申请人可以针对多个商品或服务向新加坡知识产权局（Intellectual Property Office of Singapore,IPOS）提交商标注册申请。若该商标注册申请的部分商品或服务被提起异议,《知识产权（修正）法案》允许IPOS核准未被提起异议的部分商品或服务的商标注册申请。上述规定不仅有利于提高商标注册效率,降低申请人的时间、精力及经济成本,而且也是与IPOS国际申请的规则相统一。其二,进一步明确了"在先商标"的含义。《知识产权（修正）法案》将仍有资格恢复或续展的过期商标纳入"在先商标"范畴。对于国际商标而言,在未收到其不予续展的通知之前,该商标将仍为"在先商标"。[③] 上述修订将确保有权进行商标续展或恢复其商标的权利人,较在后商标而言,仍然可以继续享有其因注册而获得的权利。其三,缩短商标申请的恢复期。[④] 若商标权人未在商标续展期内进行续展,新加坡法上仍允许权利人恢复其商标申请。《知识产权（修正）法案》将上述恢复期由6个月缩短至2个月。在恢复期内的商标申请仍被列为"在先商标",并可能对第三人相同或近似的商标申请产生影响。上述修订在一定程度上提高了商标权人的注意义务,但其影响范围却不是很大,因为多数商标权人持续关注其商标权并能够及时提交续展申请。上述修订有利于提高程序效率,缩短第三方申请人的等待周期。[⑤]《知识产权（修正）法案》旨在构建有利于

---

① 参见陈宗波:《新加坡商标注册制度的最新发展及其对中国的启示》,载《广西师范大学学报（哲学社会科学版）》2009年第6期。
② 《知识产权（修正）法案》的内容涉及新加坡《2014年地理标志法》、新加坡《专利法》、新加坡《植物品种保护法》、新加坡《注册外观设计法》以及新加坡《商标法》。
③ 参见《知识产权（修正）法案》第41条。
④ 参见《知识产权（修正）法案》第51（b）条。
⑤ See Intellectual Property Office of Singapore, Second Reading Speech by Second Minister for Law, Mr. Edwin Tong, on the Intellectual Property（Amendment）Bill 2021, https://www.ipos.gov.sg/news/speeches/ViewDetails/second-reading-speech-by-second-minister-for-law-mr-edwin-tong-on-the-intellectual-property-（amendment）-bill-2021/.

商业运营的知识产权机制,并促进了知识产权法律条款的标准化,以提升效率。此外,对实体及程序法律条款进行修改以解决先前模棱两可的问题。[①]

新加坡不断致力知识产权规则及实践的优化。在商标注册审查程序中,新加坡形成了独具特色的审查审理模式。新加坡的异议程序与多数国家的诉讼程序相类似,尽管其程序设置较为复杂[②],但却有利于商标主管机关查明案件事实。新加坡作为商标注册取得制国家,申请新加坡的注册商标需由申请人向 IPOS 提交官方的申请表(TM4 申请表)。TM4 申请表中包含申请人的基本信息、所申请商标的描述、图示以及该申请商标将被应用于哪一类商品或服务。在缴纳相应规费后,IPOS 将对商标申请进行形式审查,确保申请符合所有手续后,该商标注册申请正式进入注册申请流程。IPOS 以本国《商标法》为依据对申请的商标的可注册性进行实质审查。在这一审查过程中,申请人至少要等待 4 个月才能获得商标审查机关的审查报告。若商标不予注册,审查报告将说明驳回申请的理由,申请人必须在 4 个月内作出答复;若核准商标注册,将申请的商标公布于《商标杂志》[③]上。若商标申请不存在任何形式或实质障碍且未被提出异议,其商标注册可在申请日起 12 个月左右完成。

新加坡《商标法》第 7 条规定的拒绝注册的绝对理由主要包括如下:其一,不具有显著性的、不符合本条第 3 项规定的非功能性的或对公众具有欺骗性[④]的;其二,新加坡成文法及其他法律法规明令禁止作为商标使用的;其三,恶意申请商标的;其四,商标与葡萄酒或烈酒地理标志相同或近似,且该商标指定使用的商品并非源自标志所标示的地区的;其五,与 TRIPS 协定或《巴黎公约》成员国的国徽、国旗、表示控制或保证的官方标志等相同或近似的;其六,未经授权,与政府间国际组织的徽章、旗帜、缩写和名称等相同或近似,使公众误认为商标与特定组织之间存在联系的。

新加坡《商标法》第 8 条规定的拒绝注册的相对理由主要包括如下:其一,在同一种或类似商品或服务上同他人在先商标相同或近似的;其二,与新加坡驰名商标相同或类似,使公众产生混淆、误认为与他人驰名商标存在特定联

---

① See STA Law Firm, *Recent Amendments to Singapore Trademark Rules*, Court Uncourt, Vol. 9, Issue 4 (2022), p.14.
② 参见陈飞:《新加坡商标异议程序》,载《中华商标》2011 年第 4 期。
③ See *Journal Search*, IPOS, https://digitalhub.ipos.gov.sg/FAMN/eservice/IP4SG/MN_JournalSearch.
④ 如商品或服务的性质、质量或地理来源等方面具有欺骗性的。

系,致使权利人的利益受到损害的;其三,损害他人在先使用的未注册商标或他人现有的在先权利[①]。值得注意的是,新加坡商标注册官在判断是否与在先商标相同或近似时不仅需要审查已注册的商标,同时还需考虑已公布但未注册的商标、被视为撤回但有资格继续申请的商标、已失效但有资格恢复或续展的注册商标、部分未续展的国际商标的情况。

另外,新加坡《商标法》第9条为诚实在先使用的商标提供了对抗第8条的依据。司法实践中,将该条款客观化为如下几个要件:其一,是否存在广泛使用;其二,使用时间是否早于或与构成注册障碍的商标同期;其三,是否会加剧混淆程度。经商标注册官审核认为符合第9条规定的,即便存在第8条规定的拒绝注册的相对理由,也可以允许该商标注册申请。

已被受理的商标注册申请若不存在上述规定的拒绝注册的理由,将予以公告,公告期为2个月,经申请可以延长至4个月。新加坡《商标法》第13条规定在商标异议期内,任何人都可以对已公布的商标提出异议。异议申请人需提交TM11申请表,明确陈述异议理由并完成缴费的,IPOS才能受理其异议申请。

被异议人自收到异议通知之日起2个月内,需针对异议申请人的指控作出答辩,逾期未答辩的,视为放弃注册申请。答辩期经申请可以延长一次,每次延长2个月。在答辩期内,被异议人需提交HC6答辩申请表,围绕异议理由的性质、范围及客观事实进行详细陈述,但可以不提交证据。自被异议人提交答辩之日起,异议程序自动中止,以鼓励异议双方通过调解化解争议。新加坡的异议调解期可以为30天、60天或90天,经申请可进一步延长。在注册官作出最终决定之前,异议双方可以在后续的异议进程中随时提出调解请求。若异议双方调解成功,达成的调解内容应书面通知注册官;若异议双方调解不成功,注册官将根据新加坡《商标条例》(Singapore Trademark Rules)第81A条组织一次案件管理会议(case management conference)。

在案件管理会议上,注册官、异议双方会对争议进行讨论,并再次探讨友好解决争议的可能性。若双方依然未能达成友好合意,注册官将根据案件的实际情况,是否涉外、是否存在未决谈判等因素明确证据提交的时限。双方在此期限内,以法定声明的形式提交证据。逾期未提交证据的,视为撤回其申

---

① 如受保护的版权或外观设计等。

请。证据提交完成之后,IPOS 将组织双方进行听证前审查,整理案件事实与证据,听取异议双方的意见,并最终确认是否存在友好解决争议的可能性。若异议双方不请求举行听证会,注册官将根据所提交的书面意见及证据作出最终裁定;若异议双方请求举行听证会,有意出席听证会的任意一方需向 IPOS 提交 HC1 申请表并支付相应费用。① 异议听证会由 IPOS 组织举行,异议双方应在举行听证会前 1 个月提交书面陈述、授权文件等材料并完成双方书面材料的交换。听证员将考虑双方的口头陈述及答辩意见作出异议裁定。当事人对异议裁定不服的,可向新加坡高等法院提出上诉。新加坡的异议程序保障异议当事人的知情权及答辩权。为充分平衡双方权利,新加坡的异议程序存在多份文件和大量证据的提交、多次会议的举行,但这也导致其异议程序复杂、异议进程冗长、收费高昂。(见图 3-2)

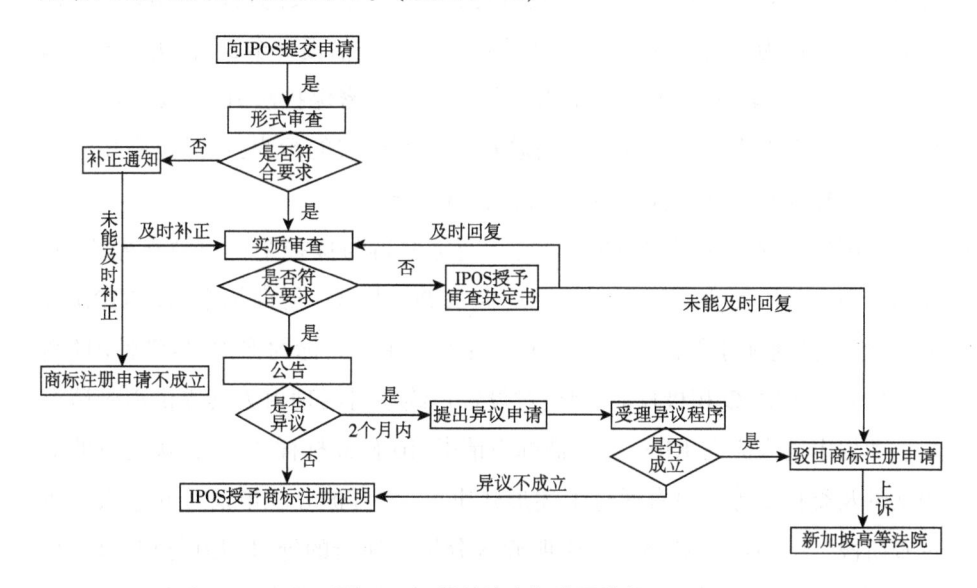

图 3-2 新加坡商标注册流程

资料来源:Intellectual Property Office of Singapore, *How to Register*, A Singapore Government Agency Website(Jun. 24, 2024), https://www.ipos.gov.sg/about-ip/trade-marks/how-to-register。

---

① 新加坡知识产权局规定有意出席听证会的任意一方应根据异议的商标类型缴纳费用,第一类费用为 1000 新加坡元,后续分类费用为 800 新加坡元。*Opposing a Trade Mark Application Filed in Singapore*, A Singapore Government Agency Website (Jan. 30, 2024), https://www.ipos.gov.sg/about-ip/trade-marks/managing-trade-marks/resolve-disputes/opposing-a-trade-mark-application-filed-in-singapore#:~:text=Within%202%20months%20after%20the,x%20number%20of%20opposed%20classes。

(三) 韩国的"全面审查+异议前置"

韩国知识产权局(특허청,Korean Intellectual Property Office,KIPO)已连续多年在全球商标申请活动量中入围前十商标主管局。关于韩国商标法的规定,最早可以追溯至1908年,随后于1949年11月28日颁布正式的韩国《商标法》。韩国近年来持续推进商标法体系改革,致力于优化商标授权确权效率并强化权利人的保护。自2016年以来,韩国每年以修正案的形式对商标法进行至少1次的修改。最新一次第20697号商标法修正案于2024年12月27日通过,于2025年1月21日正式公布,并自2025年7月22日起生效。此次公布的商标法修正案紧密围绕上述改革方向,具体包含以下调整:其一,商标异议期由2个月缩短至30日。此次修正案通过缩短异议期以达到显著提升注册时效,保障商标注册申请人及时取得商标权。其二,升级惩罚性赔偿力度。针对故意侵权行为,将侵权赔偿上限由实际损失的3倍提升至5倍,实现与韩国《专利法》及韩国《关于防止不正当竞争和商业秘密保护法》的衔接。此次上调惩罚性赔偿上限的措施旨在遏制恶意侵犯商标权的行为,通过提高违法成本进一步加强对商标侵权行为的救济与法律威慑。

韩国作为商标注册取得制国家,其商标取得与保护坚持申请在先原则。任何意图在韩国使用商标的主体都应向KIPO提出注册商标申请。KIPO核准注册后,其商标才受韩国法律保护。对于未注册商标的保护,尽管韩国《商标法》未赋予KIPO积极权能,但通过设置拒绝注册的理由为其提供消极请求权。商标申请人应向KIPO提交商标申请书、10份商标样本、取得优先权的证明文件及委托书等。只有通过上述形式审查,才可被分配申请号并进入实质审查阶段。韩国《商标法》上并未明确区分拒绝注册的绝对理由与相对理由,仅在第33条规定商标注册条件、第34条规定不能获得商标注册的事项。审查员依据第33条及第34条的规定进行实质审查,商标申请若存在如下事项,不得注册:其一,商标不具有显著性、非功能性、不能够发挥商品来源作用;其二,含有韩国国旗、国徽或《巴黎公约》成员国名称、缩写、徽章、旗帜等代表国家权威与尊严的标志;其三,含有从事非营利性工作或公共服务的社会团体、事业单位、公益法人的知名商标;其四,含有政府间国际组织的名称、缩写、徽章、旗帜或政府间国际会议的牌匾、奖牌、包装;其五,含有他人在先注册的地理标志或葡萄酒、烈酒产地地理标志及品种名称;其六,未经授权,含有知名人士的姓名、名称、肖像、签名等代表他人身份、彰显个人人格特征的重要标志;其七,在相同或类似商品或服务之上使用相同或近似的在先注册商标、使用消费者广泛认知的表示他人商品来源的商标;其八,出于不正当目的,使用国内或国外消费者认可的表示特定商品的商标、表示特定产品的地理标志,试图获取不正当利益或者损害标志权利人的利益;其九,与双边或多边自由贸易协定缔约方国家的在先注册地理标志相同或近似;其十,存在特定关系的商标抢注行为。[1] 商标申请人不存在上述事项的,KIPO 将对其商标申请予以公告,公告期为 30 日。[2] 在公告期间,若无人提出异议或者异议不成立,该商标申请便可获准注册并颁发注册证。

任何认为自己可能因商标注册而受到不利影响的主体都有权在商标异议期内提出异议。异议申请人需向 KIPO 局长提交异议申请,其中应明确申请人及其代理人的基本信息,明确异议对象,陈述异议理由并附上相关证据。逾期未提交相关文件的,视为撤回异议。值得注意的是,KIPO 允许异议申请人在异议期满后 30 日内对其异议申请作出更正。正式受理异议申请后,KIPO 局长将指定 3 名审查员组成合议庭,并指定其中一员担任审查长。审查长将异议申请副本送达商标申请人,并允许其在指定期限内作出答复。[3]

从审查合议庭的职责范围来看,韩国异议程序的进程主要是由审查人员主导的。除了异议申请所列理由,审查合议庭还可以依职权审查该公告商标是否存在其他不予注册的理由。若异议申请中存在多项异议理由,审查合议庭可依职权对上述异议的审查进行合并或分离。在多项异议理由的申请中,其中一项异议理由成立的,可依职权终结审查,无须再对其他理由逐一进行审查。[4](见图 3-3)

---

[1] 参见韩国《商标法》(2025 年 1 月 21 日修正,2025 年 7 月 22 日施行)第 33 条、第 34 条。
[2] 参见韩国《商标法》(2025 年 1 月 21 日修正,2025 年 7 月 22 日施行)第 60 条第 1 款。
[3] 参见韩国《商标法》(2025 年 1 月 21 日修正,2025 年 7 月 22 日施行)第 66 条。
[4] 参见韩国《商标法》(2025 年 1 月 21 日修正,2025 年 7 月 22 日施行)第 65 条。

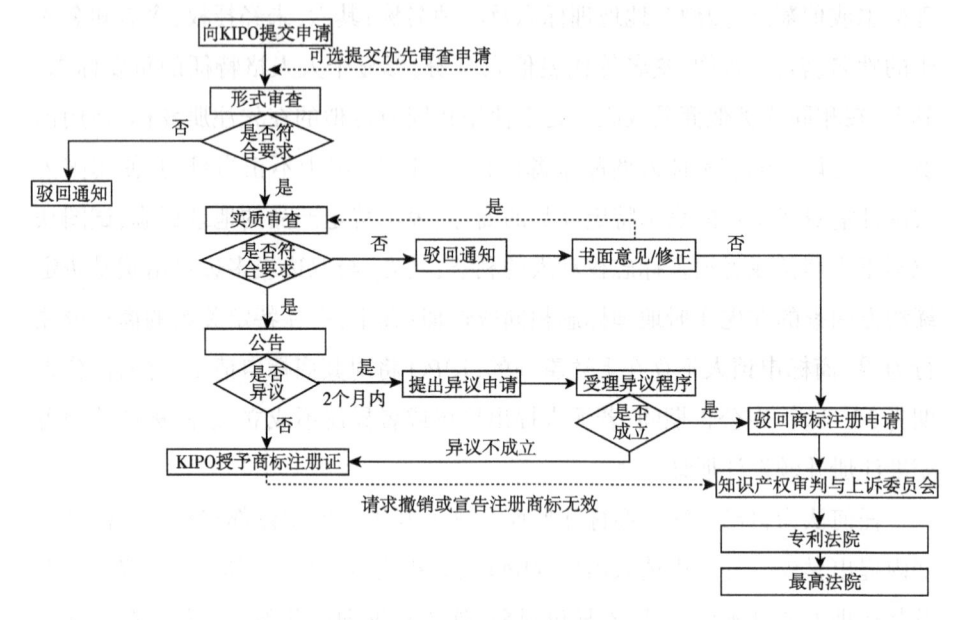

图 3-3　韩国商标注册流程

资料来源：Korean Intellectual Property office, Trademarks, A Korea Government Agency Website (April 30, 2025), https://www.kipo.go.kr/en/HtmlApp?c=30103&catmenu=eko4_02_01。

（四）俄罗斯的"全面理由+异议前置"

俄罗斯已连续多年在全球商标申请活动量中入围全球前十。俄罗斯商标申请量呈现持续增长趋势，这得益于其对注册商标管理与保护的重视。俄罗斯立足于本国国情，吸纳与借鉴其他知识产权强国的有益经验，逐步完善其商标法律文本，并致力构建完备的商标法律规范体系。俄罗斯最早的商标立法可追溯于1992年颁布的《商品商标、服务商标和商品原产地名称法》，经过多次修改，最终于2002年12月生效。此次立法对商标、驰名商标、集体商标、服务标记与商品原产地名称进行了规定，并明确了对知识产权标识的管理与监督。2006年12月，俄罗斯将知识产权的相关规定纳入俄罗斯《民法典》知识产权部分。2008年1月1日生效以来，俄罗斯《民法典》知识产权部分已历经10次修改，最新一次修订于2022年。尽管俄罗斯的法律环境不尽如人意，但历经多次修改，俄罗斯商标法可以被誉为是大陆法系国家中最完善的商标国内立法之一。[①]

[①] 参见马伟阳：《俄罗斯商标法评析——兼析〈中国商标法〉的修改》，载《中华商标》2010年第8期。

俄罗斯是严格的商标注册取得制国家,在先申请商标注册的主体率先获得商标权。目前,俄罗斯《民法典》尚不承认商标的在先使用权,使用未注册商标并不产生任何权利。根据俄罗斯《民法典》第1491条规定,商标权自获得注册之日起产生,注册商标保护期限为10年。

作为俄罗斯的商标主管机关,俄罗斯联邦知识产权局(Федеральная служба по интеллектуальной собственности,英文简称ROSPATENT)负责对商标注册申请进行审查。俄罗斯立法上并未明确区分绝对与相对注册理由,仅仅是在其《民法典》第1483条规定了拒绝注册的理由。若商标注册申请不符合任何一项拒绝注册理由,表明该申请符合俄罗斯法上的可注册性要求,该商标申请可予以核准注册;若商标注册申请不符合可注册性要求,商标主管机关将拒绝其注册。审查员在发出拒绝注册的正式通知时,会对审查结果进行说明。商标申请人可在正式通知发出之日起6个月内提交反驳意见。当申请的商标被认为缺乏显著性时,商标申请人可以提交该商标经其使用已获得显著性,并提交确认该商标在商标申请之日起已在俄罗斯广泛和长期使用的相关证明以试图克服该项注册障碍。

俄罗斯《民法典》第1483条规定的拒绝注册理由如下:其一,缺乏显著性的或仅有商品通用名称或仅描述商品质量、性质、产地等特征的标识组成;其二,与俄罗斯国徽、国旗或其他国家的标识等代表国家权威的标识相同;其三,与国际组织或政府间组织的全称、简称、旗帜或其他标识相同;其四,与官方表示控制、保障的印章、标志、装饰等标识相同;其五,含有容易使消费者对产品或产品来源产生误导的标志;其六,含有与公共利益、人性或道德原则相冲突的标志;其七,与俄罗斯和世界文化遗产的官方名称和形象以及代表其所蕴含的文化价值的形象相同或近似,容易导致混淆的;其八,含有或与俄罗斯加入的国际条约规定保护的葡萄酒或烈酒产地名称相同。

总结各国商标法关于拒绝注册的法定理由,主要可以归纳为两类:一类是拒绝注册的绝对理由,其中主要解决的是商标的基本资格及与公共利益的冲突问题。另一类是拒绝注册的相对理由,主要解决的是与他人在先权利相冲突的私益问题。① 尽管俄罗斯立法上并未明确区分拒绝注册的绝对与相对理由,但通过分析拒绝注册理由所针对的对象,可以总结出俄罗斯立法上规定的拒绝注册的相对理由如下:其一,在类似商品上与他人在先商标、正在申请且未被撤回或驳回的商标相同或近似;其二,在类似商品上与俄罗斯认可的驰名商标相同或近似;其三,与俄罗斯保护的地理标志或原产地名称相同或近似;其四,在类似商品上与他人在先商号、在先注册的企业名称相同或近似;其五,未经著作权人同意,与俄罗斯已知的科学、文学或艺术作品名称,作品的人物、片段或经典语句相同;其六,未经同意,与俄罗斯已知人士的姓名、笔名或衍生出的名称、肖像及摹本相同;其七,在同类商品上,与在先工业品外观设计、检验合格的标志相同或近似。ROSPATENT 在审查商标注册的相对理由时,会在一定程度上考虑在先商标申请人的意见。当商标申请被审查员认定与在先注册商标相同或近似时,商标申请人可以提交在先权利人同意其注册申请的同意书,以此达到消除注册障碍的目的。但是,审查员有一定程度上的自由裁量权。即便该商标申请获得了所有在先权利人的同意,若审查员认为申请的商标与其他在先注册商标之间存在混淆的风险,且近似程度较高,审查员仍不会核准该商标注册申请。

ROSPATENT 会在 1 个月内受理商标申请人的注册申请。一旦受理,ROSPATENT 会对商标申请信息进行首次公告。任何主体均有权对公告的商标进行熟悉,若认为公告的商标存在俄罗斯《民法典》所规定的不予注册的绝对理由或与其在先权利产生冲突,均可以向 ROSPATENT 提交书面异议意见。商标审查员会参考收到的书面文件作出最终裁决。有俄罗斯学者将上述程序称为"软"异议程序。②

俄罗斯的"软"异议程序存在如下特点:其一,异议程序期间与商标审查期间并行,这对于保障异议渠道通畅与缩短商标注册审查周期具有积极意义。

---

① 参见曹世海:《商标权注册取得制度研究》,西南政法大学 2016 年博士学位论文,第 101 页。
② See Rada D. Lavrinovich, *Critical Analysis of Article 1493 of the Civil Code of the Russian Federation "The Right to Familiarize with Documents of the Application for a Trademark"*, Independent Patent Agency, p.123.

其二,异议期间由商标主管机关决定。提交异议申请文件及证据的最终期限由商标主管机关决定。若有正当理由需要延长异议申请期限,应与商标主管机关进行协商,但最长不得晚于首次确定期间之日起3个月。其三,书面异议意见对商标注册结果产生"软"影响。第三方书面异议意见的提交对商标主管机关的审查起到辅助作用,并不必然导致商标注册申请的失败。法律也不要求商标主管机关必须对第三方主体的书面意见进行答复或裁决。但若有书面异议意见,商标主管机关仍需将意见送达商标申请人。商标主管机关会综合参考所有因素最终决定是否核准商标注册申请。(见图3-4)

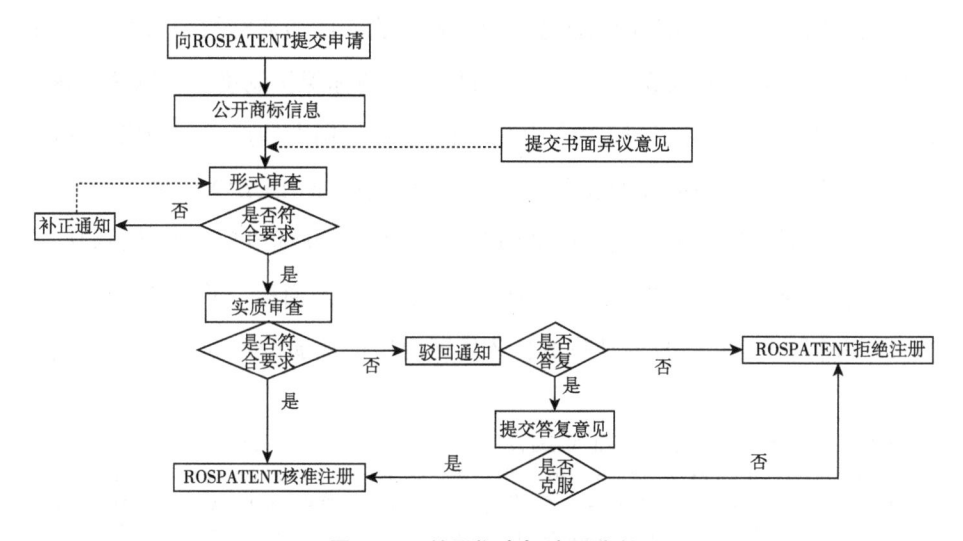

图3-4 俄罗斯商标注册流程

二、"绝对理由审查+异议前置"模式的典型代表

"绝对理由审查+异议前置"模式的特点在于商标主管机关的审查范围更小。在商标注册申请阶段,一项商标申请通过商标主管机关的绝对注册理由审查便可依法进入公告程序。在公告期间,法律规定的主体可以以法定事由作为依据提起异议。若未有主体提起异议或异议未成立,公告的商标注册申请将获准注册。在该模式下,商标主管机关不会主动审查商标注册申请是否与第三方主体的在先权利或权益产生冲突,仅依职权审查商标申请是否符合

商标的构成要件、是否与本国法律规定相符、是否存在违反公共利益的情形等。欧盟以及大部分欧盟国家、英国为传统的"绝对理由审查+异议前置"模式地区或者国家。

(一)欧盟的"绝对理由审查+异议前置"

欧盟以其双重商标体系而闻名。一方面,依托一系列商标条例,欧盟在整个欧盟区域范围内建立了欧盟商标制度。[1] 商标条例所规定的内容将直接适用于所有欧盟成员国。另一方面,欧盟又通过发布一系列商标指令协调各成员国国内商标制度,使各国商标制度趋于统一。[2] 商标指令的内容是需要欧盟各成员国进一步转化为国内法才会具备约束力。欧盟商标指令与商标条例共同形成了欧盟层面及成员国层面并行保护的商标保护制度。在欧盟境内,商标申请人既可以选择向EUIPO提交注册,也可以向欧盟成员国国家层面的知识产权局提交各国商标的注册申请。商标申请人向EUIPO申请注册成功后,该欧盟商标可在27个欧盟成员国获得保护。对商标申请人而言,这比向各个欧盟国家单独申请商标注册更具有性价比。欧盟商标与欧盟各成员国国内商标并行,欧盟商标的注册并不会替代国内层面注册的商标或对其产生任

---

[1] 1993年,《欧共体40/94号商标条例》正式通过,其全称为《1993年12月20日理事会关于共同体商标的第40/94号条例》[Council Regulation (EC) No. 40/94 of 20 December 1993 on the Community Trade Mark],已于2009年4月12日失效。《欧共体40/94号商标条例》的内容随后被2009年颁布的《欧盟207/2009号商标条例》所吸收。《欧盟207/2009号商标条例》的全称为《2009年2月26日理事会关于共同体商标的第207/2009号条例》[Council Regulation (EC) No. 207/2009 of 26 February 2009 on the Community Trade Mark],已于2017年9月30日失效。2017年6月16日颁布的《欧盟2017/1001号商标条例》对《欧盟207/2009号商标条例》进行了实质性修订,其全称为《2017年6月14日欧洲议会和欧盟理事会关于欧盟商标的第2017/1001号条例》[Regulation (EU) 2017/1001 of the European Parliament and of the Council of 14 June 2017 on the European Union Trade Mark],是目前欧盟现行有效的商标条例。

[2] 1988年12月21日颁布了《协调成员国商标立法1988年12月21日欧洲共同体理事会第89/104/EEC号指令》(First Council Directive 89/104/EEC of 21 December 1988 to Approximate the Laws of the Member States Relating to Trade Marks),已于2008年11月27日失效,其内容被2008年10月22日颁布的《欧共体议会和理事会颁布第2008/95/EC号指令》所吸收。该指令的全称为《2008年10月22日欧洲议会和欧洲理事会旨在使各成员国的商标法趋于一致的第2008/95/EC号指令》(Directive 2008/95/EC of the European Parliament and of the Council of 22 October 2008 to Approximate the Laws of the Member States Relating to Trade Marks),已于2019年1月14日失效。2015年12月23日颁布的《欧盟2015/2436号商标指令》对2008年颁布的指令进行了多处修订,其全称为《2015年12月16日欧洲议会和理事会统一成员国关于商标的法律第2015/2436号指令》[Directive (EU) 2015/2436 of the European Parliament and of the Council of 16 December 2015 to Approximate the Laws of the Member States Relating to Trade Marks],是目前欧盟现行有效的商标指令。

何影响。

根据现行有效的《欧盟2017/1001号商标条例》第5条、第6条规定,欧盟商标只能通过注册取得,包括依据公法设置的管理机构在内的任何自然人或法人都可以成为商标所有人。上述主体不能通过长期使用取得欧盟商标权。欧盟商标申请人仅需在EUIPO官网上填写并提交需要注册的商标的基本信息[1],选定需要注册的商品或服务范围并缴纳规费即可完成商标注册申请。[2]通过形式审查后,EUIPO正式受理商标申请,该申请将正式进入实质审查阶段。

在实质审查阶段,欧盟商标审查员仅依职权审查商标是否存在如下拒绝注册的绝对理由:其一,不符合《欧盟2017/1001号商标条例》第4条关于商标的构成要素的规定;其二,缺乏显著特征的、仅表示商品或服务某种固有属性的、已成为习惯用语的标识;其三,仅由自身性质、必需的技术效果、实质性价值等具有功能性的形状组成;其四,违反公序良俗或容易使公众对商品或者服务的性质、质量或者产地等产生误认的;其五,未经官方机构授权,含有涉及特定公共利益的徽章、徽记或者纹章图案的;其六,未获得主管机关授权,依《巴黎公约》第6条之3将被予以驳回或宣告无效的;其七,欧盟法规或加入的国际条约所保护的葡萄酒传统术语、传统特产名称;其八,欧盟法规、加入的国际条约、各成员国法律所保护的原产地名称、地理标志和植物品种名称。[3] 值得注意的是,即便拒绝注册的绝对理由仅在部分欧盟地区成立,但含有该项拒绝注册的绝对理由的注册商标申请仍不会被核准注册。从某种层面而言,欧盟商标的绝对理由审查比任何一个欧盟国家都更为严苛。

尽管EUIPO仅依职权审查拒绝注册的绝对理由,但根据欧盟商标申请

---

[1] 欧盟商标申请无须提交正式的商标申请表,仅需在欧盟官网内填写需要申请的商标的样式或图示、指定用于哪些类别或服务并根据提示缴纳费用即可完成注册。

[2] *EU Trademark Application*, EUIPO, https://eutm.euipo.europa.eu/eutm-easy-filing/592d1945-4048-4d58-b009-848fe2fcfc1d.

[3] 参见《欧盟2017/1001号商标条例》第7条规定。

人的请求,EUIPO 将会对商标申请提供一份查询报告。其中检索的范围包括在先欧盟商标、各成员国在先注册的商标。EUIPO 所提供的查询报告对商标申请人是不具有约束力的,其作用仅在于为商标申请人提供相关的商标注册信息,避免商标申请人因与在先商标相同或近似而在后续程序中注册失败。[①] 当查询报告中出现与商标申请相同或相似的在先欧盟商标或国内商标,商标申请人可以选择撤回其商标注册申请或继续申请。若商标申请人选择继续申请,且其所申请的商标不存在拒绝注册的绝对理由的,该商标即通过实质审查,EUIPO 会将该申请商标公告于官网[②]上。同时,EUIPO 会将申请商标及其公告的信息通知查询报告中引证的在先欧盟商标注册人或申请人。[③]

任何认为公告商标损害其在先权益的相关权利人或利害关系人都可向 EUIPO 提交异议申请[④],异议期为 3 个月。相关权利人或利害关系人可以基于如下相对理由提起异议:其一,申请注册的商标与在先商标相同且商品或服务相同;[⑤]其二,申请注册的商标与在先商标近似且申请注册在相同或类似的商品或服务上,可能使公众产生混淆或误认两者之间存在特定联系;其三,在欧盟区域具有一定影响力的未注册商标或其他在商业活动中使用的标志;其四,使用欧盟或欧盟成员国境内享有声誉的商标或其使用会对该商标的声誉或显著性造成损害的;其五,未经商标权人同意,商标权人的代理人或代表人以自己的名义申请该商标的;其六,欧盟或欧盟成员国相关法律法规规定保护的原产地名称或地理标志。异议申请需在 3 个月异议期内以书面形式提出,明确指出具体的异议理由,完成初步的举证责任并缴纳异议费用。EUIPO 受理后,

---

① 商标查询通知制度的目的只是在将商标公告前给予商标申请人撤回欧盟商标申请的机会。See *Guidelines for Examination European Union Intellectual Property Office*(*EUIPO*),*final version* 1.0,Section B 2.1 – 2.2,2 Jan. 2020,p. 162.
② See *Bulletins Download*,EUIPO,https://euipo.europa.eu/eSearch/#advanced/bulletins.
③ 参见《欧盟 2017/1001 号商标条例》第 43 条第 6 款、第 7 款。
④ See *EU Intellectual Property Office Objection Form*,EUIPO,https://euipo.europa.eu/efiling/#/interpartes/form.
⑤ 在先商标在欧盟范围内不仅是指欧盟商标,还包括在欧盟成员国国家层面注册的国内商标、欧盟或欧盟成员国加入的国际协议框架下所注册的商标,以及在申请注册欧盟商标之日或者在提出欧盟商标注册申请的优先权之日,已在其他欧盟成员国驰名的商标。

认为异议成立的,不予核准注册商标申请;认为异议不成立的,对异议申请予以驳回。对异议决定不服的,可以在异议决定到达之日2个月内上诉至上诉委员会,并在4个月内完成上诉理由及证据的提交。对上诉委员会的决定不服的,可以起诉至欧盟普通法院。(见图3-5)

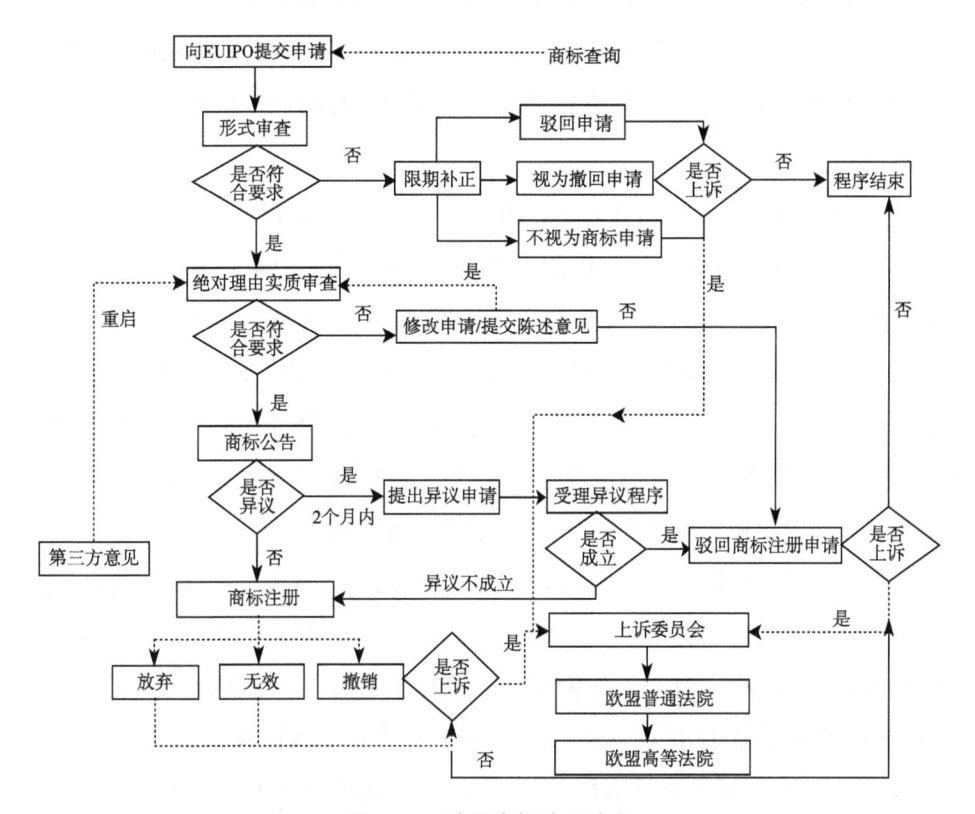

图3-5 欧盟商标注册流程

(二)英国的"绝对理由审查+异议前置"

作为典型的商标取得混合制国家,英国既可以通过使用取得商标,也可以通过注册取得商标。试图通过注册手段获得商标的,行为人应先向英国知识产权局(UKIPO)提交商标注册申请,并由UKIPO进行初步审查。UKIPO审查商标注册申请时仅依职权审查商标申请是否存在以下拒绝商标注册的绝对理由:其一,是否符合商标的构成要素、是否具备显著性、是否符合非功能性;其二,是否违反公共政策或公认的道德原则、是否为恶意申请;

其三，所使用的标识是否容易使公众对产品的性质、质量或产地等特点产生误认；其四，所使用的标识是否为英国相关法律法规所禁止；其五，是否含有英国国内法或其加入的国际条约规定保护的原产地名称、地理标志、葡萄酒传统术语、传统特产名称、植物品种名称；①其六，是否由代表皇家形象或皇家成员身份、英格兰、威尔士、苏格兰、北爱尔兰或马恩岛旗帜、公约成员国国徽、部分国际组织徽章、奥林匹克标志等受特别保护的标识组成或含有这些标识。②

《欧共体40/94号商标条例》于1993年12月由欧洲理事会通过。从那时起，向欧洲商标局递交的商标申请，只要符合《欧共体40/94号商标条例》第7条所述的绝对拒绝理由，即可获准注册。商标申请人基于时间和金钱成本的考虑，更倾向于向EUIPO提交商标申请。为克服欧盟商标制度改革给英国带来的负面影响，平衡商标申请获得注册的难易程度，英国于2007年发布了《商标（相对理由审查）命令》[The Trade Marks (Relative Grounds) Order 2007]，取消了注册阶段相对理由的审查，并新增查询通知制度。

尽管取消了对拒绝注册的相对理由的主动审查，但英国商标审查官仍会对商标注册簿进行系统性检索。商标审查官会将与申请存在冲突的在先商标的检索结果发送给申请人。通常情况下，商标申请人可以选择继续申请、限定其商标注册申请范围、撤回其商标注册申请、征求在先商标权人同意其注册申请或向UKIPO举证冲突并不存在。商标申请人选择继续申请注册商标的，商标审查官会将通知发送给与申请商标存在潜在冲突的所有在先商标注册人。商标申请人应在规定的2个月内作出答复，逾期未答复的，UKIPO将对该商标申请进行公告，公告期为2个月。公告期满，若无异议或异议不成立，商标申请人将获得商标授权并发布注册公告。在公告期间，任何认为商标申请存在违反商标法关于绝对理由规定的主体均可以提起异议，相关权利人或利害关

---

① 参见英国《商标法》第3条。该1994年英国《商标法》在原法条的基础上经历过4次修订。最新修订版本：*Trade Marks Act* 1994, Legislation. Gov. UK, https://www.legislation.gov.uk/ukpga/1994/26/section/3/2021-11-26。

② 参见英国《商标法》第4条。

系人亦可以基于相对理由启动异议程序。

异议申请人可在规定期限内向 UKIPO 提交异议通知(也称 TM7 申请表)以启动异议程序。申请表上应明确列出异议双方的信息以及申请异议的根据。UKIPO 受理异议申请后,被异议人需在 2 个月内进行答辩或申请异议冷静期。异议冷静期是指异议启动之后,为了促进异议双方自行解决纠纷,依申请或依职权地中止异议程序的期限。英国的异议冷静期的启动需得到异议双方的一致同意。冷静期申请一旦通过,异议双方将获得 7 个月的谈判时间。在此期间,任何一方均可以选择单方结束冷静期,也可以一致申请延长至多 9 个月的冷静期。异议冷静期结束后,被异议人需针对异议人所提出的内容进行答辩。其中,被异议人可以以在先商标连续多年未使用作为答辩理由,但应当同时提供充分的证据证明。根据案件实际情况,UKIPO 将决定是否给予异议人时间进行证据补充。若需要异议人补充证据,异议人应当在规定的 2 个月期限内完成。被异议人需在 2 个月内针对新提交的证据提交答辩意见。UKIPO 收到被异议人的答辩意见,会赋予异议人 1 个月期限决定是否提交新证据。若异议人决定提交新证据,需在 1 个月内完成;若异议人未提交新证据,UKIPO 将宣告举证环节终结。举证环节结束后,异议双方可在 14 天内决定是否提起听证申请。若双方均未申请听证程序,UKIPO 限定异议双方在 28 天内提交相关法律意见。在举行听证会或提交法律意见后的 2~3 个月内,UKIPO 会根据所提交的书面意见及证据作出最终决定。若异议不成立,则商标申请可以获准注册;若异议成立(或部分成立),则商标申请不予注册(或部分不予注册)。对决定不服的,双方可以在决定到达后 30 天内向指定法院提出上诉。(见图 3-6)

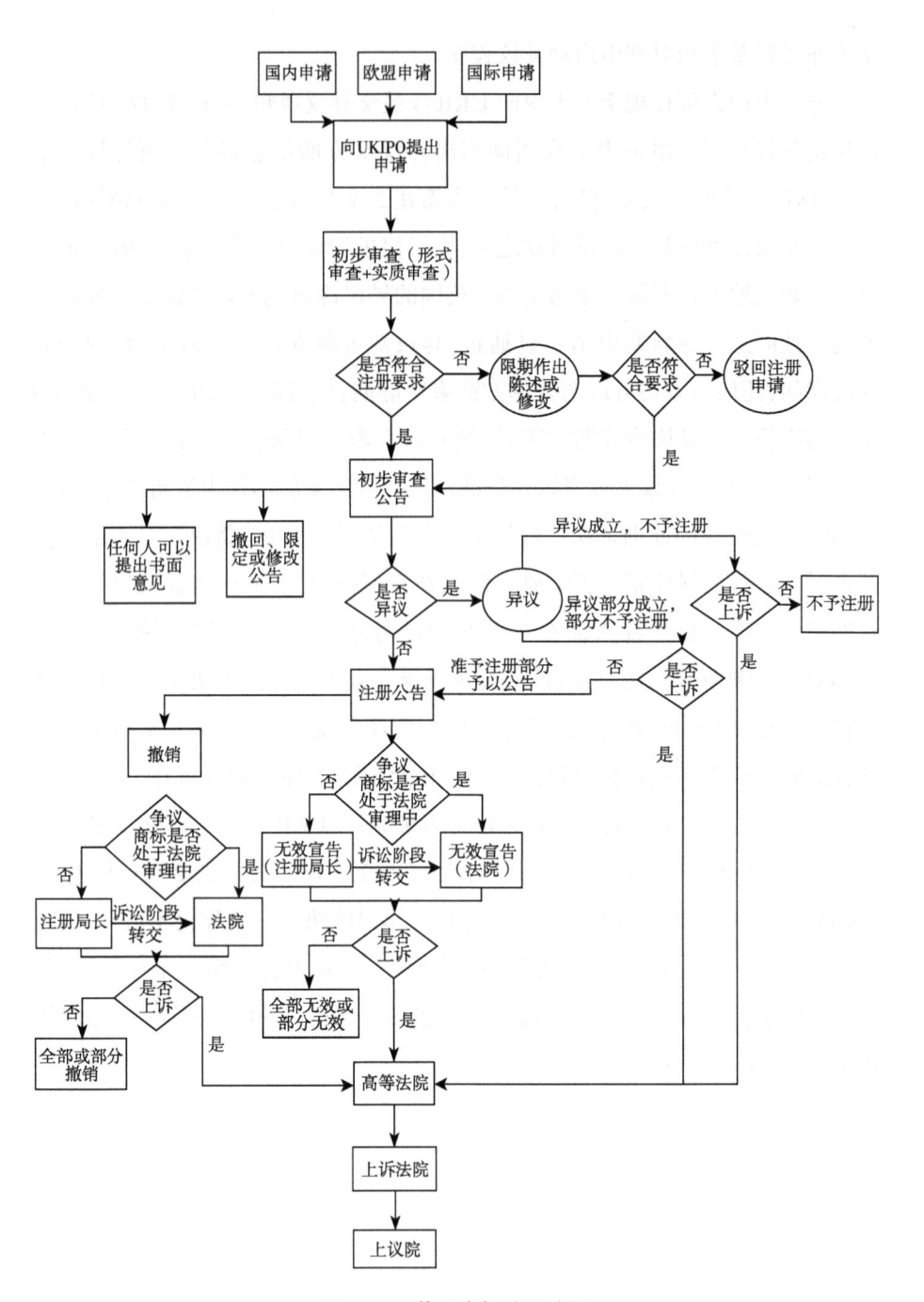

图 3-6　英国商标注册流程

(三)法国的"绝对理由审查+异议前置"

法国作为最早实现法制现代化的国家之一,在知识产权领域的立法对世界各国具有引领作用。[①] 不仅著有世界上第一部注册商标法,[②]更是突破知识产权法立法体例而率先制定出世界上第一部《知识产权法典》。[③] 此后,该法典历经多次修改,并于 2019 年完成最新一次修改。为推动经济增长,法国于 2019 年 5 月颁布了《企业发展与转型法》(PACTE 法案)。该法案中,进一步对《欧盟 2015/2436 号商标指令》进行了转化,以响应欧盟《商标一揽子改革计划》。[④] PACTE 法案对法国《知识产权法典》第七编内容进行了修订,不仅涉及法国商标注册的实质要件,更对多项程序性规定进行了调整。目前,相关规定已全面生效。法国立法上明确规定商标权仅可以由注册产生,行为人不能通过使用获得商标权。[⑤] 经商标主管机关核准注册的商标,其商标注册的生效可追溯至申请之日起 10 年,并可以依法申请续展。行为人需向法国国家工业产权局(INPI)提交商标注册申请,并提供其身份证明文件、申请费的支付证明、商标的表示、商标所指向的商品或服务及分类的声明。[⑥] INPI 将对上述材料进行形式审查并判断是否受理。商标注册申请受理后,将进入实质审查阶段。法国法上仅规定 INPI 依职权审查商标注册申请是否违反如下绝对理由:其一,申请商标不符合法国《知识产权法典》第 L.711-1 条所规定的构成要件。其二,申请商标缺乏显著性特征。如申请的商标完全由商业活动中用于指定产品或服务特征的元素或标识组成,由商业管理中常见的元素或标识组成等。其三,未经商标主管机关授权,根据《巴黎公约》第 6 条之 3 被排除注册的商标[⑦]。其四,申请商标违反公共秩序或法律的禁止性规定。其五,申请注册的商标可能会使公众对其产品或服务的性质,质量或来源地产生混淆误认的。

---

① 参见金多才:《中法意注册商标无效制度比较研究》,载《中原工学院学报》2015 年第 2 期。
② 参见曹世海:《商标权注册取得制度研究》,西南政法大学 2016 年博士学位论文,第 22 页。
③ 参见夏建国:《论法国知识产权法典的立法特色及借鉴》,载《河北法学》2002 年第 6 期。
④ 参见《企业发展与转型法案》第 201 条,*LOI n° 2019 - 486 du 22 mai 2019 relative à la croissance et la transformation des entreprises*,Legifrance,https://www.legifrance.gouv.fr/loda/id/JORFTEXT000038496102。
⑤ 值得注意的是,根据《巴黎公约》第 6 条之 2 的规定,驰名商标即便未经注册也可以受到法律保护。在存在混淆可能性的前提下,驰名商标权人有权禁止他人在其商标所针对的相同或类似商品或服务上使用相同或近似的标志。
⑥ 参见法国《知识产权法典》第 R.712-3 条(2022 年 6 月 30 日修正)。
⑦ 根据《巴黎公约》第 6 条之 3 的规定,保护该公约缔约国的国徽、国旗和其他国家徽记、缔约国用以表明监督和保证的官方符号和检验印章,防止其未经授权作为商标注册和使用。

其六,申请的商标含有法律及国际协议规定保护的植物品种名称、原产地名称、地理标志、葡萄酒传统名称及种类名称以及传统特色产品名称。其七,申请人恶意注册的。经INPI审查,商标注册申请不存在法律明确规定拒绝注册的绝对理由的,将对商标注册申请进行公告,公告期为2个月。一般情况下,从INPI受理到进行公告的期限不超过6周。[1] 若商标注册申请未通过实质审查,INPI会将审查结果及理由通知申请人,并赋予商标申请人答辩机会;逾期未答辩的,视为放弃申请。[2]

在公告期内,法国《知识产权法典》第L.712-4-1条规定的主体可以向INPI局长提起异议申请,包括:其一,在先注册商标的所有权人及该专有权的受益人;其二,享有声誉的在先商标权人;其三,商业名称、品牌或域名所有人;其四,名称所有人或代表公司名称的法人实体;其五,在先注册的地理标志权利人;其六,任何受公法管辖的法人实体,地方当局或公共城市间合作机构的名称、形象或声誉所有者;其七,未经授权以其代理人或代表名义注册的商标所有者。同一在先权利人可以基于一项或多项在先权利提起异议。经审理及调查,INPI局长将对异议作出裁决。INPI局长未依据国务委员会法令所规定的期限作出裁决的,则异议将视为被驳回。若裁决异议成立,INPI局长将依据法国《知识产权法典》第L.712-7条规定驳回注册申请;若裁决异议不成立,则将核准该商标注册申请,并进行公告。[3] 法国的商标注册规定及效力及于瓜德罗普岛、马提尼克岛、留尼汪岛和法属圭亚那、瓦利斯群岛和富图纳群岛、法属南极领地、圣皮埃尔岛和密克隆岛、马约特岛以及新喀里多尼亚及其属地。

当事人不服的,可以向上诉法院寻求司法救济。目前,法国存在10个上诉法院,但若商标申请人为外籍人员,其只能向巴黎上诉法院请求INPI重新审理。[4]（见图3-7）

---

[1] 参见法国《知识产权法典》第R.712-8条(2022年6月30日修正)。
[2] 参见法国《知识产权法典》第R.712-11条(2022年6月30日修正)。
[3] 参见法国《知识产权法典》第R.712-23条(2022年6月30日修正)。
[4] 根据法国《司法组织法典》第D.311-8条以及法国《司法组织法典》附表16的规定,法国《知识产权法典》第R.411-19条所指定的上诉法院包括艾克斯上诉法院、波尔多上诉法院、科尔马上诉法院、杜埃上诉法院、法兰西堡上诉法院、里昂上诉法院、南锡上诉法院、巴黎上诉法院、雷恩上诉法院及凡尔赛上诉法院。

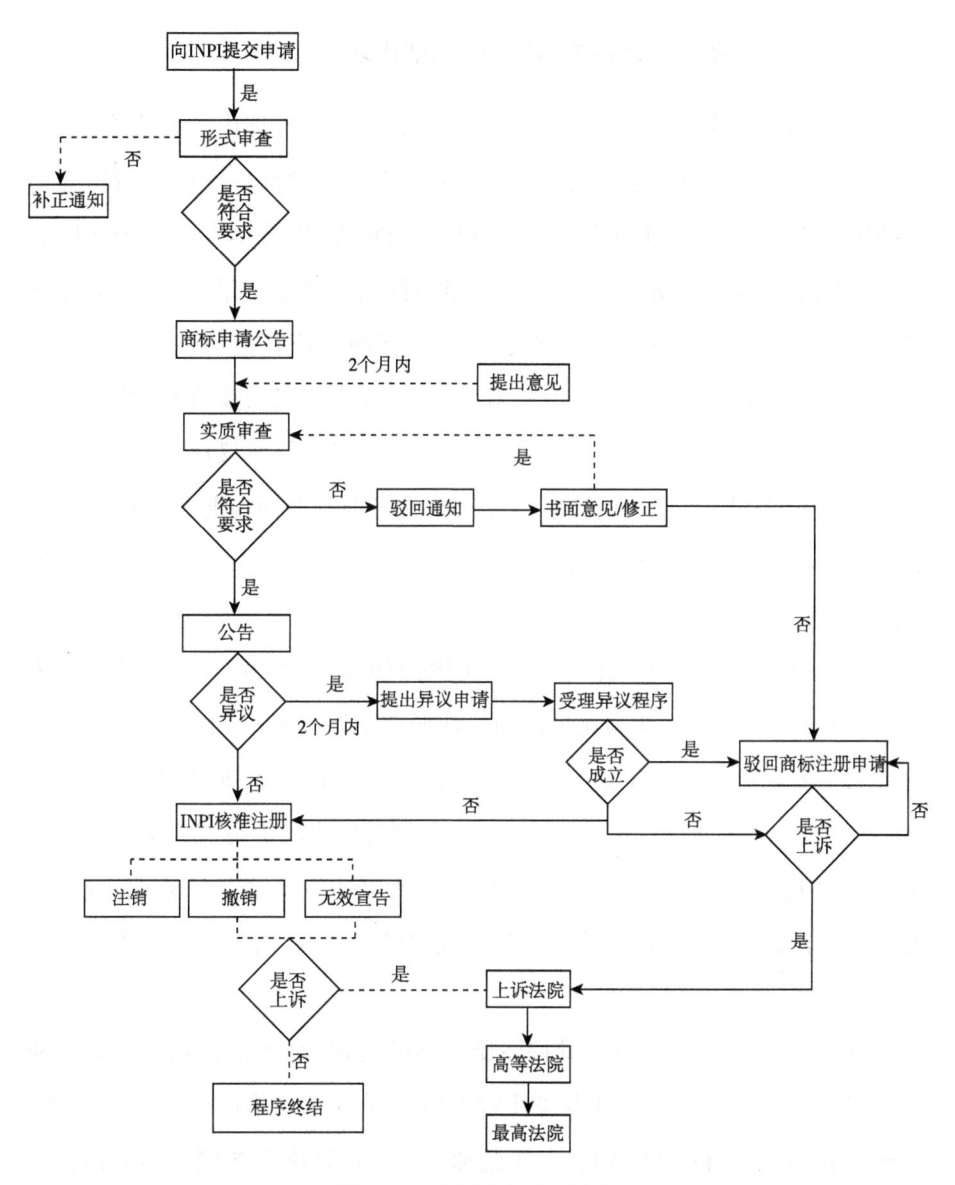

图 3-7　法国商标注册流程

三、"全面审查+异议后置"模式的典型代表

"全面审查+异议后置"模式的特点在于保留相对理由的审查之虞,将异议程序置于商标获准注册之后。在该模式下。一项商标注册申请尽管仍需经历形式审查、绝对理由审查以及相对理由审查,但若不存在拒绝注册的理由,商标便可获准注册。至于公众及相关权利人的救济渠道,可以通过异议程序、请求宣告无效程序或侵权诉讼予以保障。若有任何主体基于绝对理由或相关权利人基于相对理由提出异议,商标主管机关受理后,将依法对异议的内容及商标是否不应当予以注册进行审查。若异议成立,已注册商标将予以撤回;若异议不成立,商标主管机关将维持商标注册并驳回异议申请。日本改采"全面审查+异议后置"模式多年,已有着相当丰富的实践经验值得研究。

日本1884年颁布第一部工业产权法律《商标条例》以来,便已明确规定采取商标注册取得制度。作为典型的商标注册取得制国家,日本于《商标法》第18条第1款规定商标权自设立登记时生效。对于商标的注册申请,日本遵循"在先申请"与"一商标一申请"原则。日本的商标注册申请需交至日本特许厅,并由其进行审查。日本商标审查需历经形式审查与实质审查两个阶段。若注册申请提交的申请材料符合商标法规定的形式要件,特许厅受理其注册申请。

为保障商标注册的质量、维持注册商标的稳定性、维护在先权利人的利益,避免消费者利益受损,日本实质审查阶段采取了严格的全面审查模式。根据日本《商标法》第15条规定,拒绝商标注册申请决定的理由如下:其一,商标无法起到识别来源作用的。如仅由商品或服务的通用名称、惯常使用的标记组成的商标或仅由产品或服务的产地、品质等固有属性组成的商标。其二,申请商标与日本国旗、菊花徽记或他国国旗等代表国家权威的标识相同或近似的。其三,商标相同或近似于联合国或其他国际组织的缩写或商标的。其四,与表示武装袭击状态的特殊标记、红十字等法律规定保护的特

殊商标相同或近似。其五,商标有损公序良俗或容易引起公众对商品或服务质量的误解。其六,与官方机构基于特定目的所使用的标志相同或近似的。其中不得注册的标志包括日本政府或国外举办的展览所使用的标志、奖项,与日本政府或世界贸易组织、《巴黎公约》、商标法条约等成员国表示控制或保证的官方标志相同或近似的商标,与官方机构、不以营利为目的的公益协会或企业的驰名商标相同或近似的标志,仅由政令规定体现商品、商品包装或服务的特征组成的标志等。其七,申请商标与其他在先权利存在冲突的。在先权利包括在先注册的品种名称,指定或国际协定规定保护的葡萄酒或蒸馏酒原产地标志,肖像权、姓名权等彰显他人个人身份的权利,在先注册的商标、在先注册的防御性商标等。其八,出于不正当目的,申请商标与国内外消费者广泛知晓的商标相同或近似的,可能产生混淆。其九,撤销商标注册的判决生效之日起的5年内,在相同或类似商品或服务上,申请注册的商标与依据《商标法》第51条规定的被撤销的商标相同或近似的。[①]

经过实质审查,若存在上述不予注册理由,特许厅将驳回注册并说明理由。此时申请人可针对驳回理由,提交书面意见或修订内容;对于符合《商标法》的规定的,应核准其注册,并公布于《商标公报》上。在商标登载公报发行之日起2个月以内,任何人可以依据《商标法》第43条之2所规定的理由向特许厅长官提出异议。若异议成立,异议审查庭将作出撤销决定;若异议不成立,将作出维持该商标注册的决定。(见图3-8)

---

① 参见日本《商标法》第15条。

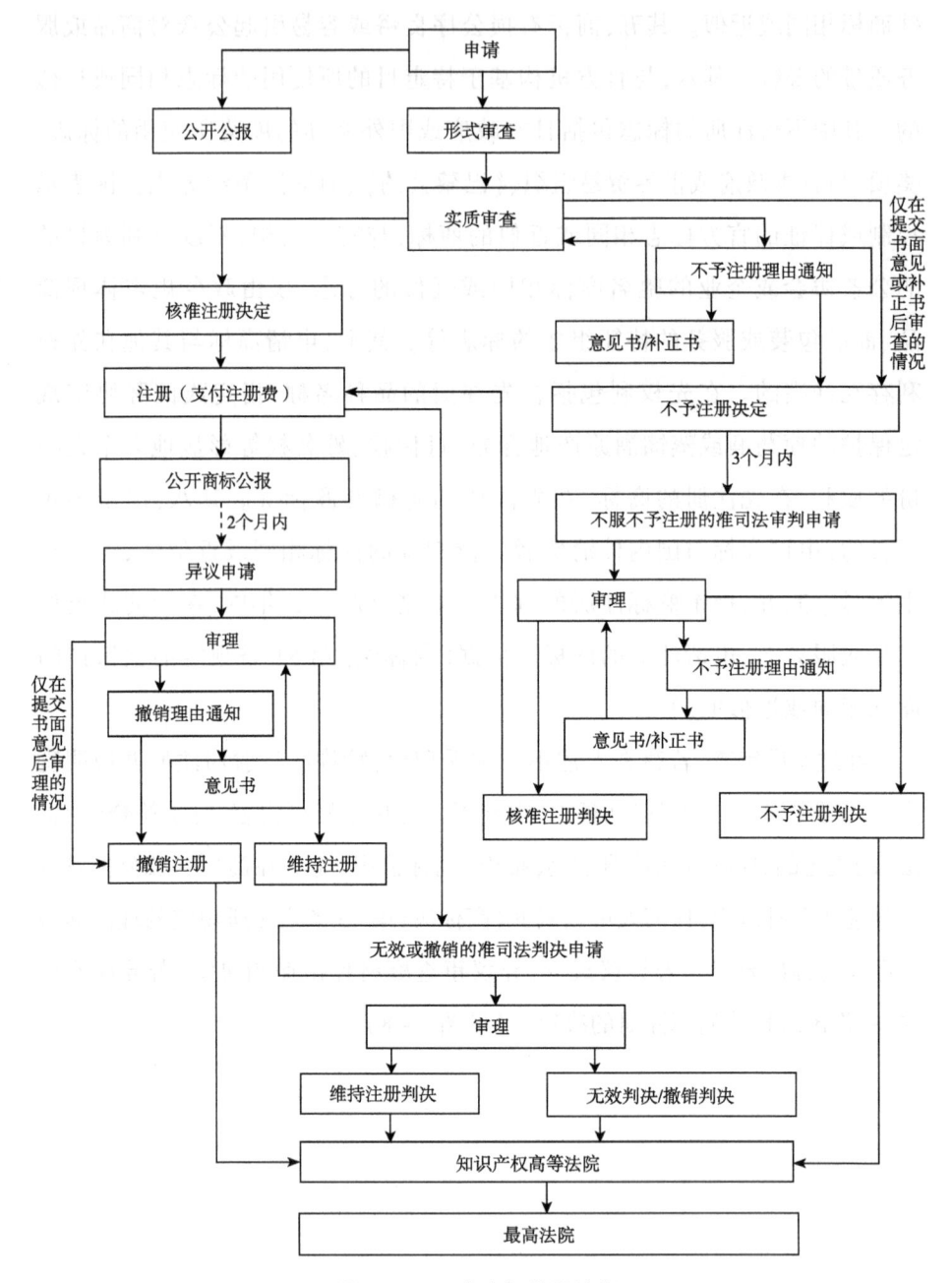

图 3-8　日本商标注册流程

资料来源：特许厅：『特許行政年次報告書2024年版』，第140页。

四、"绝对理由审查+异议后置"模式的典型代表

"绝对理由审查+异议后置"模式的特点在于实质审查阶段并不要求审查拒绝注册的相对理由,且通过实质审查之后商标注册申请便可直接核准注册,最大限度上缩短了商标注册周期。在该模式下,商标注册申请人提交其商标注册申请后,虽然须历经形式审查及实质审查,但商标主管机关在实质审查阶段仅依职权审查该商标申请是否存在拒绝注册的绝对理由。若申请的商标符合法律规定的可注册性要求,商标主管机关将核准其注册。法律规定的主体基于法定事由可以对已注册的商标提起异议。若异议成立,商标主管机关将撤销其商标;若异议不成立,商标主管机关将维持注册并驳回异议申请。截至 2023 年,德国已改采"绝对理由审查+异议后置"模式近 30 年,且该模式在德国商标实践中运行良好。通过分析德国商标注册审查模式的具体规则,得以进一步探究"绝对理由审查+异议后置"模式是如何与德国商标实践相适应的。

德国为商标取得混合制国家,商标权可以通过使用、注册或驰名取得。若试图通过注册取得商标权,行为人需向德国专利商标局(DPMA)提交商标注册申请。DPMA 将对商标申请进行审查。只有通过商标审查的,该商标申请方可被核准。德国商标审查可分为形式审查及实质审查两个阶段。形式审查包括对申请主体适格、商标规费的缴纳、申请商标再现及相关材料是否符合规定等形式要件进行审查,重点关注申请材料的程序合法性、有效性及完整性。形式审查通过,申请商标将进入实质审查阶段。

DPMA 在商标注册实质审查程序中仅对可能涉及公共利益的如下理由依职权审查:其一,申请商标是否符合商标的构成要素,申请商标满足商标法所规定的可作为商标受保护的类型。[①] 其二,申请商标是否缺乏显著性。对于缺乏区别力的商标,或仅能标识种类、性质、数量等产品或服务固有要素的,或由日常用语及商业惯例组成的标识,因不具有显著性而不予注册。其三,申请商

---

① 参见德国《商标和其他标识保护法》(2021 年修正)第 3 条。

标是否具有违法性。申请商标含有由法律规定出于公共利益明确禁止其使用的标志,或包含国徽、国旗等体现国家尊严的标志或包含政府间国际组织的徽章、旗帜等象征或足以关联到国际组织的标志。其四,申请商标是否损害公共利益。申请商标包含官方检测标志、证明商标、原产地名称、地理标志、葡萄酒传统名称、传统特产标识、在先注册的种类名称,出于对公共利益的保护而不予注册。另外,对于违反公序良俗、恶意申请或恶意欺骗公众的商标申请,同样不予注册。① 其五,申请商标与在先注册的驰名商标相冲突的,且该驰名商标为 DPMA 所知悉,使用于相同或类似商品或服务,可能使公众产生关联或混淆的,驳回注册申请。②

若申请商标不存在上述拒绝注册的法定理由,DPMA 将核准其注册并公告于商标公报③上。自注册公告之日起 3 个月内,相关权利人或利害关系人可以基于如下理由提起异议:其一,公告商标在相同商品或服务上与他人已提出申请、已注册的商标或通过使用已取得一定认可度的未注册商标相同;其二,在类似商品上与他人已提出申请或已注册的商标近似,使公众产生混淆或认为两者之间存在特定联系的;其三,与德国驰名商标相同或近似的;其四,未经同意,商标所有人的代理人或代表人抢注其商标的;其五,商标的注册损害了他人的在先商业名称、商号或作品名称。若异议成立,则注销注册,被异议人不服的,可以向法院提起同意注册之诉;若异议不成立,则驳回异议,异议人不服的,可以向 DPMA 提起抗议(Erinnerung,类似国内的行政复审)或向联邦专利法院提起抗告(Beschwerde,利益相关人提起上诉的方式)。(见图 3-9)

---

① 参见德国《商标和其他标识保护法》(2021 年修正)第 8 条。
② 参见德国《商标和其他标识保护法》(2021 年修正)第 10 条。
③ See *Markenblatt*, Deutsches Patent-und Markenamt, https://register. dpma. de/DPMAregister/blattdownload/marken.

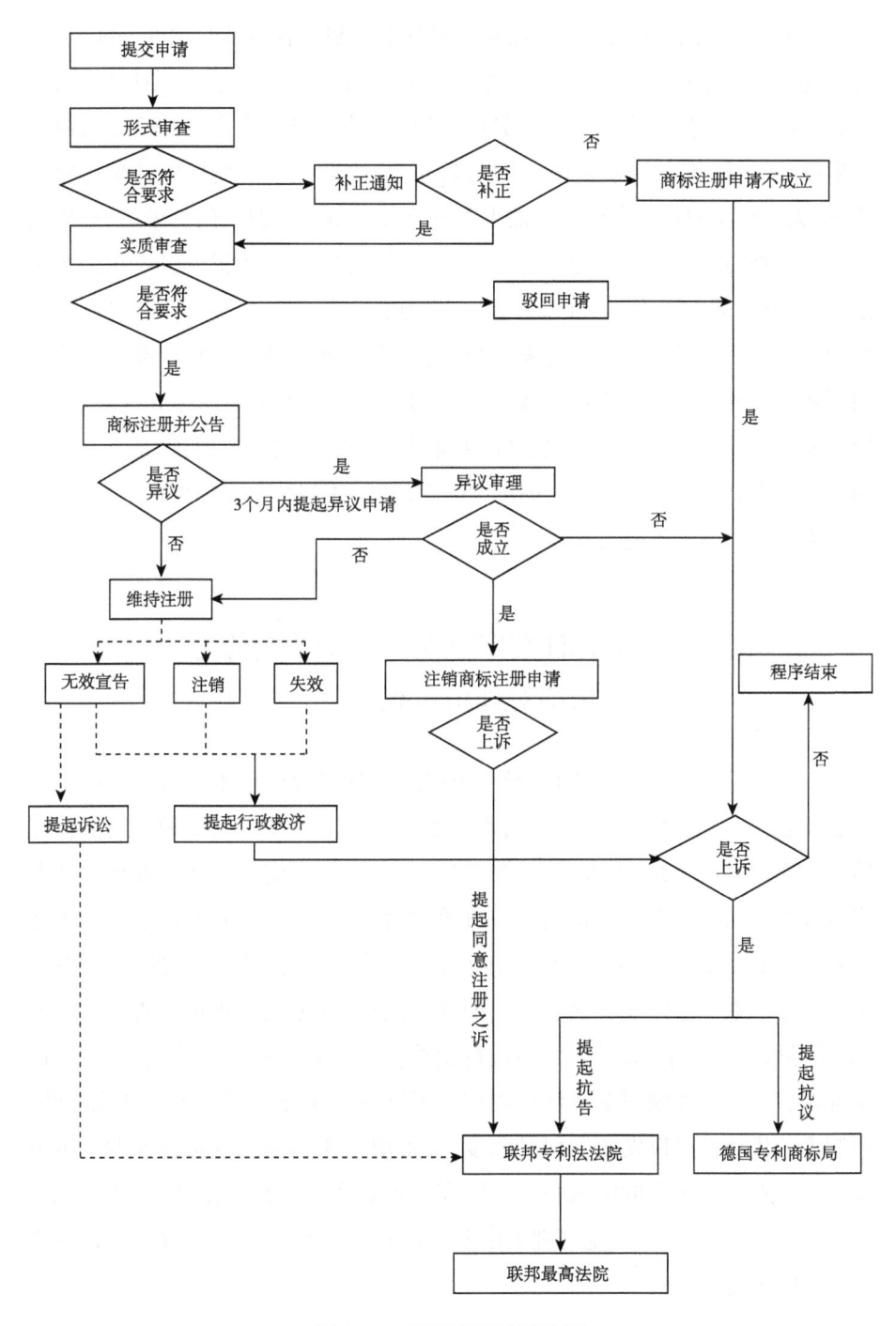

第三章 商标注册审查制度的主要模式及变革趋势分析 / 121

图 3-9 德国商标注册流程

综上所述，不同模式的商标注册确权及审查制度各有其合理性和缺点，探讨何者更优时需要结合商标的具体实践情况。在商标申请量稳定且审查资源充足的情况下，采取"全面审查+异议前置"模式能最大限度上保障注册商标的质量，减少权利冲突的发生。然而，近年来，多数国家的商标申请量逐年上涨，形成了日益增长的商标审查需求同不充分的审查资源之间的矛盾，导致商标注册审查周期的延长。为了解决上述矛盾，各国和地区积极引入相关改革措施如"绝对理由审查"、"异议后置"与其他配套措施。当整体社会对商标的保护意识更高、法律环境更好，采取"绝对理由审查"，将涉及私权部分的维护归还相关权利人无疑是更加高效且经济的。当一个国家的商标异议申请量、异议成立率较低时，采取"异议后置"对审限压力较大的国家而言，是一个较优的选择。究竟何种模式可以发挥更大的优越性，还需结合商标保护环境、权利人的维权意识等因素进行考量。

第二节　商标注册审查制度的变革趋势之一：改采绝对理由审查

由本书第二章可知，商标注册审查模式及异议程序的不同设置反映了商标注册程序对"公平"与"效率"的不同侧重。本书所涉及的四种不同商标注册审查模式实质上是"公平"与"效率"博弈的产物。商标注册审查程序涉及审查和异议两个方面，从追求效率价值角度考量，商标注册审查制度的合理变革路径无非如下两种：其一，从审查方面着手，通过缩小审查范围提升效率。这是欧盟多数国家以及英国所采取的变革路径，即采绝对理由审查模式。其二，从异议方面入手，对异议程序进行变革。这是日本所采取的改革途径，即采异议后置模式以缩短商标注册周期。不同的变革路径具有不同的优越性，但制度的优越性可以发挥到何种程度，关键取决于各国的国情及实践。本节将对采绝对理由审查的国家和地区的商标审查实践进行考察，结合各国和地区的法律环境，总结同为绝对理由审查实践的细微差异，探究其制度得以发挥优越性的关键。

一、改采绝对理由审查国家和地区的商标注册审查制度改革实践

(一)欧盟的商标注册审查制度及运行实践

1.欧盟商标注册审查制度的运行实践

EUIPO作为世界五大知识产权局之一,每年承载着大量来自欧洲乃至世界的商标申请。1998年以来,欧盟的商标申请虽然有些波动,但多年来呈持续上升趋势。1998年,欧盟的商标申请量为31,692件。到2018年,欧盟的商标申请量已翻两番多。如图3-10所示,1998年至2022年的商标申请量分别在2000年、2007年及2021年出现了三次高峰。2008年受国际金融危机影响,商标申请数量有所下降。受英国"脱欧"影响,近几年又出现了一次小高峰。2020年及2021年的商标申请量分别为177,273件及198,038件。2022年较前两年的商标申请量有较大幅度减少,为174,174件。

欧盟的商标注册量与商标申请量的增长趋势大体相同。欧盟商标的注册审查程序中的未决商标注册申请,导致商标注册量与商标申请量的变化趋势存在出入,甚至存在一定的滞后性。如图3-10所示,2007年之后,商标申请量有一定的回落,但商标注册量仍持续上升至2010年。在此期间,2009年与2010年的商标注册量分别为89,980件及100,939件,甚至超过了同年的商标申请量。

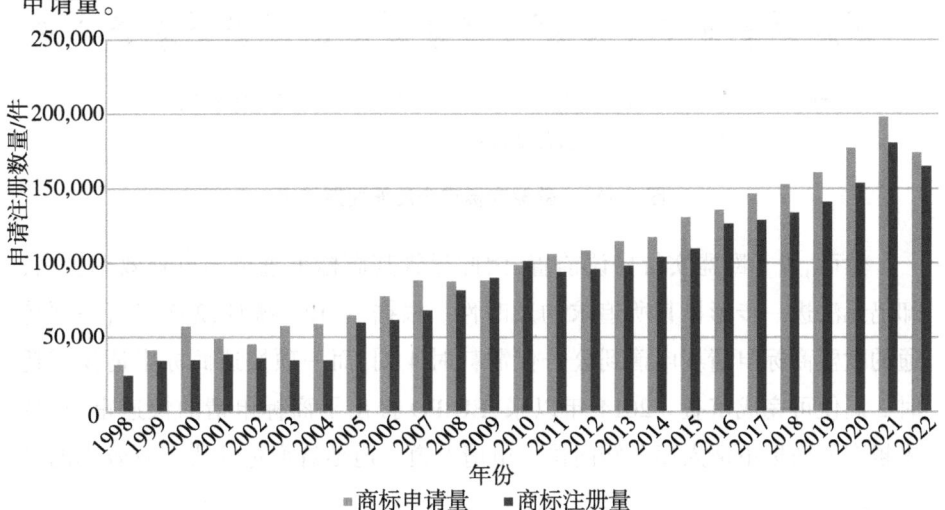

图3-10 欧盟商标申请注册情况

EUIPO 或作为其前身的欧盟内部市场协调局（OHIM），重点关注商标审查及注册工作的质量（quality）、及时性（timeliness）、一致性（consistency）及可预测性（predictability）。[①] 为保证商标审查及注册工作的及时性，欧盟商标主管机关不断推动商标审查效率的提升。其中包括引入电子申请并借鉴电子数据库，商标查询工作的开展由依职权改为依申请，并构建快速审查渠道。上述措施极大地提升了欧盟商标主管机关的审查及注册效率。如图 3－11 所示，2000 年至 2021 年的欧盟普通商标审查注册周期整体呈下降趋势。2014 年，欧盟商标的普通商标审查注册周期由 2000 年的 72.4 周缩短至 19.4 周。尽管 2015 年之后存在一定的波动，但已基本维持在 19 周。

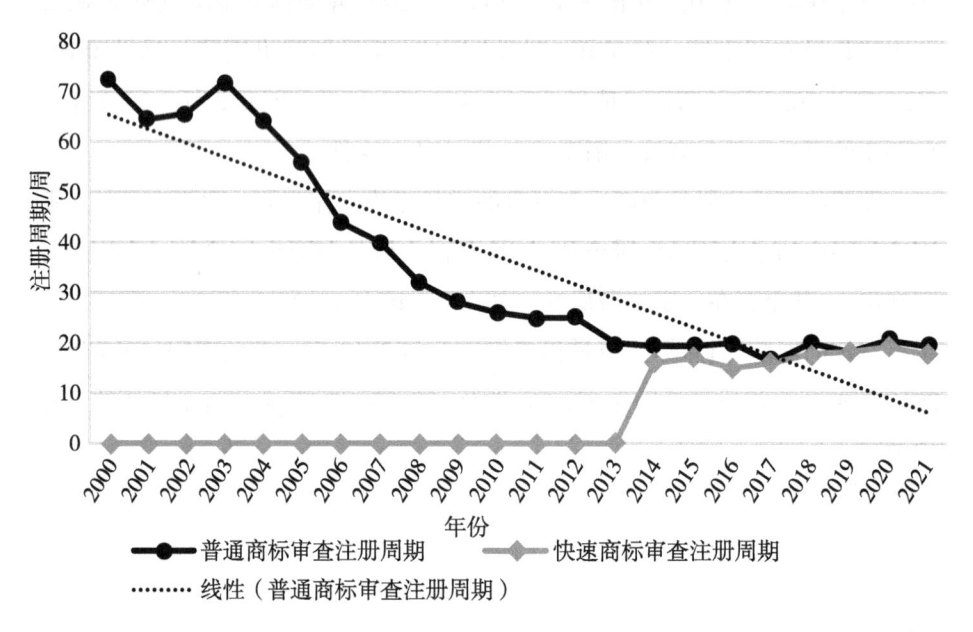

图 3－11　欧盟商标审查注册周期情况

然而，由于欧盟实行异议前置，因此尽管其商标审查员的审查效率极高，却仍无法进一步彰显其所追求的及时性。根据 EUIPO 统计，2021 年，一项普通的欧盟商标申请从申请到公告仅需耗时 4 周，而一项快速商标申请仅需耗时 2 周便可完成审查。2014 年以来，EUIPO 推出了商标申请的快速审查，越来越多的商标申请人逐渐转向快速申请渠道。但随着商标注册审查效率的提

---

① See EUIPO, *Annual Report 2016*, p.57.

升,在审查周期方面,普通商标审查与快速商标审查渠道已相差不大。但是,由于欧盟实行异议前置,尽管快速审查渠道的审查仅需耗时2周,但快速审查渠道仍需17.8周才能注册成功。

2. 设立第三方意见制度以畅通公众监督渠道

商标不予注册的绝对理由涉及公共利益,因而确保审查的准确性至关重要。EUIPO在商标审查阶段引入了公众监督,使公众参与商标审查,有利于实现效率与公平的统一。根据《欧盟2017/1001号商标条例》第45条规定,任何自然人、法人以及其他团体或组织认为商标申请依本条例第5条和第7条不应予以注册的,均可向商标局提出意见。上述主体需以书面的形式提出意见,并在意见中明确申请的商标、违反的理由以及依据。值得注意的是,适格的第三方意见提出主体必须与所涉及的商标申请案件无关,其不得为行政或诉讼程序的一方当事人。

第三方意见制度的初衷是使公众介入商标审查,以避免"漏查"发生。根据《欧盟207/2009号商标条例》的规定,第三方主体可以在商标进行初步公告之后提出意见。一般而言,商标审查工作止于异议程序。为有效发挥第三方意见制度的公众监督功能,EUIPO尽可能地规定了更长的可提出意见期限。2017年颁布的商标条例明确第三方意见应在异议期限届满前提交至EUIPO[1]。若商标申请已被提起异议,第三方意见最晚可于对异议作出最终决定之前提交。受理意见后,EUIPO会对该意见进行实质性审查,并通知商标申请人。经审查,EUIPO认为第三方意见会对商标申请构成实质性影响的,应给予商标申请人答辩的机会。若不构成实质性影响,商标申请人可以自由选择是否答辩。[2] 至于提交意见的第三方主体,其并不直接参与EUIPO的任一程序,也不会成为答辩或异议程序的当事方。对提出意见的主体,EUIPO并不具有答复义务,也无须通知案件的后续进程。第三方意见的提交并不会直接导致商标申请被驳回,也不会影响商标主管机关于商标核准前依职权重新进行审查的权利。

欧盟商标条例所规定的第三方意见制度,使社会公众充当商标审查的"守门员",达到了增加审查员数量的实质效果,以此提升商标审查的准确性。提出意见的依据仅限于不予注册的绝对理由,不仅是因为绝对理由更容易判断,

---

[1] 《欧盟2017/1001号商标条例》第45条第2款。
[2] 参见陈飞:《欧盟商标"第三方意见"程序》,载《中华商标》2014年第2期。

还是因为绝对理由涉及的公共利益关乎所有人的利益,因此制度设计具有其合理性,真正实现了效率与公平相兼顾。

3. 设有检索报告制度以保障私权利益

在绝对理由审查模式下,欧盟商标申请人并不能从欧盟商标局的审查中知悉其获准注册的商标是否会与其他在先权利相冲突,这使欧盟商标申请人可能陷入侵权风险中。根据《欧盟2017/1001号商标条例》第43条的规定,在提交欧盟商标申请之际,行为人可以向欧盟商标局请求进行商标检索。该制度的目的在于通过为商标申请人提供信息,赋予商标申请人撤回其申请的机会[①],以确保其申请不会侵害其他在先权利人的权利,保障了商标申请人及在先权利人的私权利益。

在规定期限内缴纳检索费后,欧盟商标局会对商标申请是否存在《欧盟2017/1001号商标条例》第8条所规定的冲突事由进行检索,并形成检索报告交给欧盟商标申请人。值得注意的是,欧盟商标申请人不仅可以请求欧盟商标局进行商标检索,还可以委托欧盟商标局向各成员国中央工业产权局请求商标查询。若商标检索结果显示存在相冲突的在先权利,且申请人仍坚持其商标申请进程,待该商标申请公告后,欧盟商标局有义务通知检索报告中引证的在先权利人关于商标申请的事实,除非在先权利人明确请求不接受通知。尽管检索制度涉及对相对理由的审查,但仍与商标主管机关依职权进行相对理由审查存在根本上的差异。在商标检索制度中,检索结果并不会对商标申请进程造成妨碍,也不会使 EUIPO 具备拒绝注册的正当性。2015年修法大幅提高了商标检索制度的合理性。在《欧盟2015/2424号商标条例》[②]生效之前,欧盟商标局需依职权对欧盟商标申请进行商标检索。商标检索需审查商标申请是否存在拒绝注册的相对理由,这会耗费大量审查

[①] See *Guidelines for Examination European Union Intellectual Property Office* (*EUIPO*), *final version* 1.0, Section B 2.1 – 2.2, 2 Jan. 2020, p.162.

[②] 其全称是《2015年12月16日欧洲议会与欧盟理事会关于修订共同体商标的理事会第207/2009号条例和实施关于共同体商标的理事会第40/94号条例的委员会第2868/95号条例并废除〈关于向内部市场协调局缴纳费用的委员会第2869/95号条例的第2015/2424号条例〉》[Regulation (EU) 2015/2424 of the European Parliament and of the Council of 16 December 2015 Amending Council Regulation (EC) No. 207/2009 on the Community Trade Mark and Commission Regulation (EC) No. 2868/95 Implementing Council Regulation (EC) No. 40/94 on the Community Trade Mark, and Repealing Commission Regulation (EC) No. 2869/95 on the Fees Payable to the Office for Harmonization in the Internal Market],已于2017年9月30日失效,检索报告制度的规定已被《欧盟2017/1001号商标条例》所吸收。

资源,无益于效率的提高。且因其检索结果不对商标申请人产生拘束力,也不体现对公平的追求。

4. 引入冷静期制度以提升纠纷解决效率

欧盟将启动异议程序的主体范围限定在相关权利人或利害关系人之间。欧盟将其异议程序定位为注册前的纠纷解决程序。为了提升异议程序的纠纷解决效率,优化商标审查、审理资源配置,欧盟于异议程序中引入了冷静期制度。收到相关权利人或利害关系人提交的异议申请,EUIPO 需先对申请进行形式审查,通过之后方可受理。EUIPO 会将异议受理通知、异议申请及相关支撑材料送达异议双方以确定最终的异议期限。自异议受理通知之日起,异议程序主动进入为期 2 个月的异议冷静期。在 2 个月期限到期之前,依双方当事人之请求,冷静期最长可延长至 24 个月。[①] 异议冷静期期间,若双方形成合意并撤回异议申请,EUIPO 可退还一部分异议费用;若冷静期结束后双方依然未形成友好合意,则异议程序将进入对抗的环节。[②]

在对抗环节中,欧盟尽可能促成异议双方的对抗,以厘清案件事实。异议申请人需在异议冷静期结束之日起 2 个月内提交额外的事实、证据或相关书面意见,并且需要提供证据证明在异议中援引的所有在先商标或在先权利的存在、有效性和保护范围。若异议申请人未能证明至少存在一项在先权利,其异议申请将因毫无根据而被驳回。EUIPO 同样赋予商标申请人 2 个月的答辩期。在此答辩期内,异议申请人可以根据真实使用抗辩规则要求商标异议人提供其在先商标 5 年内连续使用的证据。EUIPO 会将商标申请人的答辩意见送达异议申请人,并决定是否需要商标申请人再次提交意见。若商标申请人进行答辩,商标申请人仍需在 2 个月内提交意见,EUIPO 将再次送达意见的内容,并赋予商标申请人 2 个月的答辩期。第二轮答辩结束后,EUIPO 将根据已掌握的事实及证据对异议作出最终裁决。

为了充分调动争议双方当事人的积极性,欧盟不仅在异议程序中规定了冷静期,而且在商标撤销、无效及上诉程序中均存在类似的程序中止规定。另外,为推动纠纷自我和解的效率,EUIPO 还为争议双方提供调解场所及相关服

[①] 参见《欧盟 2018/625 号商标授权条例》第 6 条。
[②] 参见《欧盟 2018/625 号商标授权条例》第 7 条。

务。根据《欧盟2017/1001号商标条例》第170条规定,为友好解决争议,任何自然人或法人均可在自愿的基础上使用调解中心的服务。欧盟法上的上述规定使纠纷双方可以对案件的争议形成更清晰的认识,促使双方尽可能达成一致,推动纠纷高效解决。

5. 欧盟商标授权确权程序衔接尽显效率

通过对欧盟现行有效的商标条例、商标授权条例的分析,可以发现欧盟的异议与撤销、无效程序各自发挥着不同的作用,并在程序衔接的细节中体现了对效率的追求。

其一,以更小的受理范围确保异议程序高效实现防错功能。与大部分国家或地区相比,欧盟所规定的异议程序受理范围更窄。欧盟将涉及在先权利的事项一分为二。欧盟仅允许权利范围明确的在先注册商标权人、地理标志权人等在先权利人启动异议程序。欧盟采异议程序前置,注册商标需要经异议程序审查之后方可核准注册。从效率角度考虑,商标注册周期理应尽可能短,因此欧盟通过限定异议程序的范围,将异议程序的对象限定在事实较为简单、更易判断的注册商标纠纷上。对于姓名权、肖像权、著作权或其他工业产权等在先权利的救济,因其涉及的事实更为模糊,判断更为复杂,因此欧盟规定在先权利人只能在商标确认注册之后,向商标局请求宣告该商标无效,或是在侵权诉讼中向法院提起反诉。

其二,行政与诉讼程序得以有效衔接。欧盟的宣告撤销与无效程序主要发挥事后纠错功能。在先权利人启动撤销或无效程序之前,因存在事实上的商标冲突,商标侵权和损害难以避免。在这种情况下,部分商标权人或在先权利人考虑通过诉讼程序寻求救济。《欧盟2017/1001号商标条例》第128条明确涉诉的当事人可以向法院提起宣告注册商标无效或撤销的反诉。欧盟允许在先权利人以提起反诉的方式寻求救济,而未将无效或撤销程序的启动限定仅由行政机关管辖,避免因程序性事由而中断案件审理。这使商标纠纷一旦受理,便可处于持续审理的状态,有利于纠纷的高效解决。此外,通过反诉的形式主张救济也可大幅提升诉讼程序的审理效率。由于涉及的权利冲突及纠纷是基于相同的事实,且诉讼请求之间存在因果关系,因此通常情况下上述的反诉将与本诉合并审理。这不仅优化了审理资源,也保障了商标纠纷及时解决。具体而言,提起撤销或无效的反诉需符合欧盟法上关于启动撤销或无效程序的理由。

其三,程序衔接避免重复审理。《欧盟2017/1001号商标条例》明确规定,经欧盟商标局作出最终裁决的撤销或无效案件,相同当事人以同一事实及理由再次向欧盟商标法院提起反诉的,欧盟商标法院应驳回其反诉请求。上述规定实质上是在行政与诉讼程序之间适用"一事不再理"原则,避免审查及审理资源的浪费。为了确保重复审查不发生,当涉及注册商标无效与撤销案件的受理与审查时,《欧盟2017/1001号商标条例》规定欧盟商标法院与欧盟商标局之间负有查询、通知与送达义务。欧盟商标法院受理撤销或无效反诉请求之前,需先通知商标局以避免案件重复审理。当欧盟商标法院对撤销或无效反诉作出最终判决时,欧盟商标法院应及时将判决副本送达欧盟商标局。值得一提的是,在请求反诉的程序中,若商标权人尚未成为当事人,欧盟商标法院应及时通知商标权人并根据法律规定将权利人加入诉讼当事人行列。

欧盟的商标授权确权程序之间不仅分工明确,法律也规定了清晰的衔接流程。在程序的运行过程中,欧盟的制度设计从体系化的角度考虑了异议、撤销与无效程序之间的功能,开辟反诉程序作为寻求救济的路径之一,并在行政与诉讼程序的衔接中避免重复审理。欧盟的上述规定不仅使事后纠错程序更为合理,也使商标纠纷解决效率得到提高。

6. 法律保护交易相对方以推动商标使用

欧盟涉及商标授权确权的法律规定尽显对交易相对方的保护。从法律层面赋予交易相对方更为全面的保护,有助于形成稳定的交易模式,推动商标移转及许可等商标使用交易秩序的构建。《欧盟2017/1001号商标条例》鼓励注册商标作为交易的标的,并在制度各方面体现了对交易相对人的保护,具体可以表现为以下几个方面:其一,欧盟赋予其商标权"类物权"效力。上述商标条例明确规定其商标可以作为担保或物权的标的。[1] 其二,《欧盟2017/1001号商标条例》充分保障交易相对方的知情权。在欧盟商标实践中,法律赋予商标权人放弃其注册商标的权利。欧盟商标权人可以以书面形式向EUIPO声明放弃其注册商标。然而,若一项注册商标权存在其他权利人或利害关系人,上

---

[1] 参见《欧盟2017/1001号商标条例》第22条。

述主体的知情权需要充分保障。基于此,《欧盟 2017/1001 号商标条例》规定,若商标由多个权利人共同所有,放弃程序需提交其他权利人均同意的证明文件。若注册商标已许可他人使用,欧盟商标所有人需证明其已使许可人知悉其放弃意图。对于商标的转让、担保、许可等商标使用行为,欧盟法律均要求进行登记并予以公告。对于交易相对方而言,交易的标的是否存在瑕疵、历经何种变动等信息均可以从登记簿中获取,极大地保障了其知情权。其三,强调对恶意注册的规制以稳定商标市场秩序。在欧盟无效宣告程序中,"申请人在其商标申请时具有恶意注册行为",单独构成一项请求宣告无效的理由,[①]且对于恶意注册提起无效的权利不适用失效规则。[②] 基于上述规定,足以见得欧盟的商标实践对恶意注册的规制极为重视。

(二)英国的商标注册审查制度及运行实践

曾经作为欧盟的一部分,英国的商标注册审查制度与欧盟高度一致,均采取"绝对理由审查+异议前置"模式。如本书第三章第一节所述,欧盟出台商标指令与商标条例以促进欧盟与各成员国国内法的协调性。在"脱欧"之前,英国需将欧盟出台的商标指令转化为国内法,而欧盟现行有效的商标条例平行适用于各成员国。英国"脱欧"之后,尚未对其商标法的具体规则进行大范围修订,因此大体沿用的依旧是受欧盟影响较深的商标注册审查制度。

1. 英国商标注册审查制度的运行实践

如图 3-12 所示,2010 年至 2021 年,英国的商标申请量逐年递增,且增长速度较为稳定,整体呈现指数式增长。2010 年,英国的商标申请量为 36,151 件,2015 年的商标申请量为 58,627 件,到 2020 年商标申请量已高达 137,035 件,是 2010 年的 3.79 倍。如图 3-12 所示,2021 年为趋势线的高点,其商标申请量为 196,639 件,较 2020 年涨幅高达 43.50%。[③] 2022 年的商标申请量为 158,821 件,同比减少 19.23%。2010 年至 2021 年,商标注册量持续增长,且增长趋势与商标申请量基本一致。2010 年的商标注册量为 33,034 件,2019

---

① 参见《欧盟 2017/1001 号商标条例》第 59 条第 1 款。
② 参见《欧盟 2017/1001 号商标条例》第 61 条第 2 款。
③ See *Facts and Figures: Patents, Trade Marks, Designs and Hearings*, UKIPO (2021), https://www.gov.uk/government/statistics/facts-and-figures-patents-trade-marks-designs-and-hearings-2021/facts-and-figures-patents-trade-marks-designs-and-hearings-2021.

年的商标注册量为 95,117 件,而 2020 年的商标注册量为 96,204 件,仅同比增长 1.14%,增长速度大幅降低。2022 年的商标注册量为 163,104 件,同比减少 3.48%,并高于同年的商标申请量。

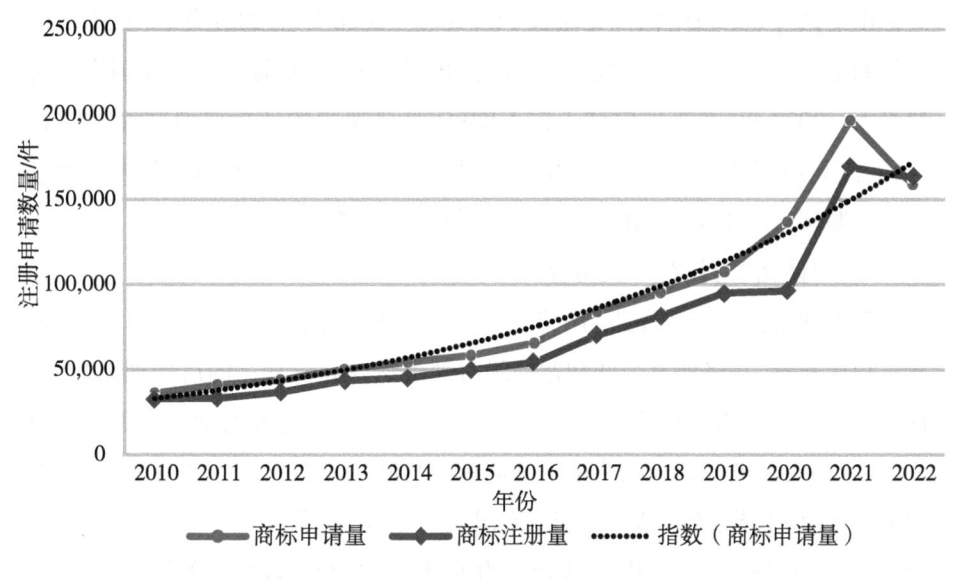

图 3-12 英国商标注册申请情况

UKIPO 将上述趋势变化归因于如下三个因素:其一,UKIPO 收到大量来自中国的商标申请。UKIPO 的商标申请量由国内申请与国际申请组成。2015 年,来自中国的商标申请量共计 1173 件[1],占据当年商标申请量的 2%,到 2019 年,来自中国的商标申请量为 15,182 件,已占当年商标申请量的 14.12%,在非英国申请人行列位居第一。[2] 其二,疫情封锁后又解封的市场影响。2020 年 3 月,英国因疫情首次进行封锁。在此期间,商标申请量呈现一定的增长。大量市场经营中的主体开展多元化经营以应对新冠疫情带来的经营困境。但与此同时,商标申请的注册审查因疫情原因有所阻滞。其三,英国"脱欧"导致大量在先注册的欧盟商标不再受英国保护。2019 年,英国正式退

---

[1] See *Facts and Figures: Patent, Trade Mark, Design and Hearing Administrative Data 2014 and 2015 Calendar Years*, UKIPO(2015), https://www.gov.uk/government/statistics/facts-and-figures-patent-trade-mark-design-and-hearing-data-2015.

[2] See *Facts and Figures: Patent, Trade Mark, Design and Hearing Data*, UKIPO(2019), https://www.gov.uk/government/statistics/facts-and-figures-patent-trade-mark-design-and-hearing-data-2019.

出欧盟后,先前注册的欧盟商标将于 2021 年 12 月 31 日起不受英国保护。为应对上述变化,来自欧盟的商标申请人需积极向 UKIPO 提出独立的商标申请,方可在英国境内获得保护。2021 年,非英国申请人向 UKIPO 直接递交的商标申请共计 80,805 件,同比增长 142.10%。2020 年至 2021 年,非英国申请人行列中,意大利、德国、葡萄牙、西班牙、波兰、芬兰和奥地利等欧盟国家的增幅最大。2022 年,非英国申请人向 UKIPO 直接递交的商标申请共计 44,142 件,同比下降 34%。2020 年至 2022 年,商标申请量的较大波动可归因于大量来自欧盟国家的申请人积极应对英国"脱欧"的影响。[①]

2. 集"防错"与纠纷解决功能的异议程序

英国的商标异议程序集"防错"与纠纷解决功能于一身。一方面,英国采异议程序前置,并将涉及公共利益的绝对理由纳入异议程序的启动理由之一。任何人认为申请的商标已不具有显著性因而应供所有商业活动主体免费使用的,或者相关在先权利人认为申请的商标将与其在先权利产生冲突的,都得以向 UKIPO 提起异议申请。此外,英国法上还规定了第三方意见制度。当 UKIPO 公布了商标注册申请,任何人均可以在商标核准注册前的任何时间,向商标注册官提交书面意见。[②] 该书面意见的内容是说明已公布的商标注册申请为何不应予以注册。收到第三方意见后,商标注册官应将此意见及相关文件的副本送达商标申请人。[③] 英国的异议程序设置在最大限度上减少了商标审查机关的疏漏,维护了社会公共利益。

另一方面,英国的异议程序流程充分体现了对纠纷解决的关注。其一,在异议程序启动前,强调异议申请人与商标申请人先行取得联系以化解纠纷。[④] 若在先权利人在未先联系商标申请人的情况下提出异议,而商标申请人未进行答辩便直接撤回申请,则该异议申请人既不能获得任何补偿性费用,也无法

[①] See *Facts and Figures: Patents, Trade Marks, Designs and Hearings*, UKIPO (2022), https://www.gov.uk/government/statistics/facts-and-figures-patents-trade-marks-designs-and-hearings–2022/facts-and-figures-patents-trade-marks-designs-and-hearings–2022#Overview.

[②] See Trade Mark Rules 38(3).

[③] 参见英国《商标规则》(2008 年版)第 22 条。

[④] See *Objecting to Other Peoples Trade Marks and the Legal Costs*, UKIPO, https://www.gov.uk/guidance/objecting-to-other-peoples-trade-marks-and-the-legal-costs.

请求退回异议费用。① 其二,在异议程序中促成双方意见的交换与协商。异议申请受理后,商标审查官依职权将 TM7 申请表及相关材料的副本送达商标申请人。② 商标申请人收到上述材料后需在规定期限内提交 TM8(notice of defence and counterstatement)文件进行答辩。③ 一般情况下答辩期为两个月,自通知之日④起计算。为促成双方纠纷的解决,经异议双方同意并申请启动冷静期的⑤,上述答辩期限可予以延长。在冷静期阶段,异议双方将初步获得 9 个月的期间进行谈判,经双方共同申请可以延期一次,最长为 18 个月。若异议双方在冷静期内未达成合意,任意一方有权请求结束冷静期,并恢复到异议程序的商标申请人答辩阶段。⑥ 其三,在双方首次交换意见后,对涉及在先注册商标的权利纠纷进行预判,以促进异议双方在实质审理前化解纠纷。基于英国《商标法》第 5 条第 1 款或第 2 款的规定提起异议的,商标审查官依职权根据异议双方所提交的异议申请及答辩意见初步指出涉案商标申请是否应当予以核准注册,并将其意见通知异议双方。值得注意的是,对于预判的结果商标审查官无须给出具体理由,而异议双方也不得根据意见的结果进行上诉。若商标审查官认为商标申请应当予以核准注册,而异议申请人坚持继续审理,该异议申请人需在预判通知之日⑦起 1 个月内向 UKIPO 提交 TM53(notice of intention to proceed)的文件。逾期未提交的,视为撤回其异议申请。若商标审查官认为商标申请不应当予以核准注册,而商标申请人仍坚持其商标申请,该商标申请人同样需在预判通知之日起 1 个月内向 UKIPO 提交 TM53 的文件。逾期未提交的,视为撤回其商标注册申请。

在异议程序进程中,UKIPO 积极促进当事人在异议实质审理前化解纠纷。UKIPO 的上述规则不仅有利于提高纠纷的解决效率,也在一定程度上优化了

---

① 引入案例申请前存在一定的义务。
② See Trade Mark Rules 17(8).
③ See Trade Mark Rules 18.
④ 根据 Trade Mark Rules Article 17(8)的规定,通知之日是指商标审查官向申请人发出 TM7 申请表的日期。
⑤ 在商标申请人提交 TM8 文件之前,异议程序的任何一方当事人均有权向 UKIPO 提交 TM9C 申请表(request for a cooling off period),以请求启动冷静期。经商标主管机关审理,并由异议双方一致同意的,异议审理进入冷静期阶段。See Trade Mark Rule 18 (4).
⑥ 当任意一方认为谈判破裂,可以随时终止冷静期。商标申请人通过提交 TM8 申请表示其意欲终止冷静期,而异议申请人则需提交 TM9T 申请表,请求终止冷静期。冷静期终止后,商标申请人仍有 1 个月时间提交答辩意见。
⑦ 预判通知之日是指商标注册官向异议双方通知其预判意见之日。

审查资源。如表3-1所示,2004年,UKIPO需要审理的异议案件共计2929件。截至2004年年底,未决异议案件共计897件,因此实际处理了2032件异议请求。在所处理的异议案件中,最终撤回申请的案件共计703件,占处理案件的34.60%。随着化解纠纷规则的优化,通过协商达成合意的比例正逐步提升。2015年,UKIPO需要审理的异议案件共计3568件。截至2015年年底,未决异议案件共计1599件,因此实际处理了1969件异议请求。在所处理的异议案件中,最终撤回申请的案件共计1687件,占处理案件的85.68%。根据表3-1中的数据,可以计算出2016年实际处理的案件共计2306件,最终撤回申请的案件占比为74.28%。尽管有所波动,但2012年至2020年,平均有75%的异议案件得以在实质审理之前化解。在一定程度上减少了异议双方以及商标主管机关的纠纷解决成本。

表3-1 英国商标异议审理情况

单位:件

年份	异议未决量	异议申请量	异议申请撤回	注册申请撤回	异议裁决量不成立/成立
2003	2138	853	162	541	86/74
2004	2128	801	226	477	79/69
2005	897	890	483	336	40/51
2006	877	907	404	207	47/41
2007	1085	1031	469	181	52/64
2008	1350	2998	903	682	52/53
2009	2658	1578	937	825	82/90
2010	2302	1538	898	860	57/87
2011	1938	1512	750	696	78/99
2012	1602	1511	410	620	74/101
2013	1951	1775	513	580	87/282
2014	2052	2070	449	878	95/175
2015	1255	2313	708	979	100/182
2016	1599	2459	750	963	98/150
2017	1752	3207	785	1175	107/165[1]
2018	2226	3850	1010	1570	174/248
2019	2651	4117	1183	1530	171/248

[1]2017年起,异议成立率包含部分成立。

3. 英国商标异议程序区分普通与快速审查渠道

在商标公告期内,任何人可以基于绝对理由,或相关在先权利人可以基于相对理由向 UKIPO 提起异议。为满足不同主体的需求,UKIPO 在普通异议审查的基础上构建了快速异议审查渠道。一般情况下,异议程序的审查、审理需耗时 12~15 个月,而通过快速审查渠道审理的案件,平均审查、审理周期为 3 个月。快速异议审查为相关在先权利人提供了一种审查周期更短、审查流程更为简洁的方式来保护其在先权利。

构建异议程序的快速审查渠道更是对商标真实使用行为的一种鼓励。申请异议程序的快速审查需以提供在先商标的使用证明为前提。若异议申请人无法或不愿意提交商标使用证明,其只能申请普通的异议审查。对于普通异议审查渠道而言,是否提交商标的使用证明,以商标申请人的申请为准。

除了需具备商标使用证明,异议程序的快速审查渠道还严格限定了可适用范围。其一,提起异议所依据的理由应限定于英国《商标法》第 5 条第 1 款或第 5 条第 2 款。根据该规定,异议程序的快速审查渠道仅受理与在先注册商标相关的权利冲突。[1] 若权利冲突涉及驰名商标、未注册商标、地理标志、产地名称、著作权或其他工业产权以及代理人抢注商标,只能启动普通异议审查。其二,提起异议所依据的在先商标不得超过 3 个,且上述商标均在英国或欧盟领域内注册或受保护。英国允许同一在先权利人基于其多项在先权利提交一份异议申请,若异议申请超过 3 项在先权利,则应通过普通异议程序维权。其三,异议申请人认为该案件可以不进行口头听证或无须进一步提交证据。该要件要求快速审查渠道审理的案件应当事实较为清楚且法律关系较为明确。然而,这并不意味着快速审查程序中一定不能召开听证程序。在特殊情况下,经任意一方当事人申请,且异议听证官认为确有必要的,可以允许召开听证会。

4. 形成特殊的程序费用分担机制

为推动知识产权案件的高效管理,英国设置了特殊的程序费用分担机制。

---

[1] 根据英国《商标法》第 5 条第 1 款的规定,申请的商标不得在同一种商品或服务上使用与他人相同的在先注册商标。根据英国《商标法》第 5 条第 2 款的规定,申请的商标不得在类似的商品或服务上使用与他人相同的在先注册商标或在相同或类似的商品或服务上使用近似的商标,使公众产生混淆或误认为与在先商标存在关联关系。

在英国商标纠纷解决程序中,原则上,胜诉方可以请求败诉方承担其所支付的费用。但实践中,审理人员会根据双方当事人履行义务的情况确定贡献,并依据贡献确定败诉方应当承担的金额。UKIPO 将长期以来形成的审裁惯例固定下来,并于 2000 年颁布了《审裁实践通告》(Tribunal Practice Notice)。根据《审裁实践通告》的指引,在确认败诉方应当承担的金额时,审理人员应将如下事由作为主要的考量对象:第一,当事人在纠纷解决程序中提交的意见及答辩质量;第二,提交的证据是否充分、是否进行了有效的质证;第三,是否出席听证会、听证会时长以及参会表现;第四,胜诉一方所支付的其他费用,如官费及证人出席的差旅费等。针对上述事项,《审裁实践通告》仅确立了一个赔偿标准,至于需要败诉方支付的具体金额则由审理人员自由裁量。① 2000 年以来,《审裁实践通告》的赔偿标准已历经多次修改,最新一次修改于 2023 年并已生效。根据 2023 年的《审裁实践通告》,为纠纷解决程序准备申请或答辩意见,胜诉方可以获得的赔偿为 250~750 英镑,意见的相关性及复杂程度越高,可获得的赔偿越多;准备证据并进行反驳的赔偿标准为 600~2600 英镑;在纠纷解决程序中出席听证会至多可获得 3900 英镑,即便不存在口头听证,准备答辩材料也可根据材料的内容获得 350~650 英镑的赔偿。② 在 REVOLUTION 异议纠纷中,审理人员认定异议成立,并裁定异议人最终可以获得 1750 英镑的赔偿金额。③

尽管 UKIPO 颁布了《审裁实践通告》,但在费用分担方面,英国商标实践仍为审理人员留有较大的裁量空间。当事人的不合理行为、胜诉方无委托以及当事人未进行抗辩的行为均可能导致赔偿金额偏离标准。一方面,在商标纠纷解决程序中,若存在如下不合理行为,败诉一方可能承担远高于《审裁实践通告》所规定的赔偿标准:第一,一方当事人因疏忽而请求对其提交的意见进行修改,该修改将致使另一方当事人修改其意见或提交更多证据。第二,故

---

① See Tribunal Practice Notice (TPN 5/2000), Hearings before The Registrar of Trademarks under Rule 54 of the Trademark Rules 2000, https://webarchive.nationalarchives.gov.uk/ukgwa/20140714074835/http://www.ipo.gov.uk/pro-types/pro-tm/t-law/t-tpn/t-tpn-2000/t-tpn-52000.htm.
② See Tribunal Practice Notice (TPN 1/2023), Costs in Proceedings before the Comptroller, UKIPO, https://www.gov.uk/government/publications/tribunal-practice-notice-tpn-12023-costs-in-proceedings-before-the-comptroller/tribunal-practice-notice-tpn-12023-costs-in-proceedings-before-the-comptroller#annex-a.
③ 在 REVOLUTION 异议纠纷中,审理人员根据《审裁实践通告》的赔偿标准,裁定商标申请人应支付异议人 1750 英镑。赔偿事项包含异议申请及意见的提交、证据的提供、出席听证会以及官费,费用分别为 250 英镑、550 英镑、850 英镑及 100 英镑。参见 O119723 异议案。

意拖延案件的进程。第三,违反规定的程序性规则。如一方当事人持续不向另一方抄送其所提交的意见及证据副本。第四,不合理地增加另一方当事人的负担。第五,败诉方在举行听证会之前,不合理地拒绝了协商的机会或其他替代性争议解决方案。另一方面,在商标纠纷解决程序中,若存在如下事由,胜诉一方可能获得远低于《审裁实践通告》所规定的赔偿标准:第一,胜诉一方未委托专业人士应对纠纷,将以19英镑每小时的标准进行赔偿。程序费用分担机制的正当性在于补偿胜诉方的损失。若胜诉一方未委托专业人士应对商标纠纷解决程序,则其需要支付的程序费用远低于《审裁实践通告》规定的标准。若以原来的标准进行赔偿,将导致胜诉一方当事人获利,这有悖于补偿原则。目前,若胜诉一方未委托专业人士,在诉讼结束时,审理人员将会要求其列出应对程序所耗费的小时数。审理人员会判断胜诉一方所列的小时数是否合理并作出最终裁决。第二,程序一方当事人无正当理由未进行答辩或抗辩,且未事先通知。第三,双方当事人在异议纠纷程序中贡献相当且不存在绝对胜诉方。在EONX异议案件中,审理人员最终裁定异议仅部分成立。对于该异议程序费用的承担,审理人员认为异议双方均获得了一定程度的胜利,因此程序费用由各方自行承担,各方无须再进行赔偿。[①]

程序费用分担机制以及《审裁实践通告》形成的赔偿标准不仅对案件审理人员具有指导作用,也为案件当事方的行为提供指引。程序费用分担机制促进争议的当事方遵守规定的程序,不仅提高了商标主管机关的管理效率,也有利于提高争议纠纷解决效率。一方面,以程序费用的归属激励争议当事方积极参与纠纷解决程序,使异议当事方提交高质量的意见及证据,推动案件纠纷尽早解决。此外,程序费用分担机制还有利于提高争议当事方的协商意愿。另一方面,败诉方承担赔偿费用促使争议当事方积极履行法律规定的义务,避免触发不合理行为的罚则。程序费用分担及相应罚则提高了异议或无效等纠纷解决程序的门槛,在一定程度上有利于避免恶意行为的发生。

(三)法国的商标注册审查制度及运行实践

1.法国商标注册审查制度的运行实践

2016~2022年,法国的商标申请数量虽然有一定程度的波动,但整体呈上

[①] 参见O115523异议案。

升趋势。(见图3-13)2016年,法国的商标申请量为88,565件,2018年为95,419件,2020年为106,155件,2021年的商标申请量达到峰值,商标申请量高达113,070件。尽管2022年的商标申请量有所回落,但整体仍呈现平稳的上升趋势。

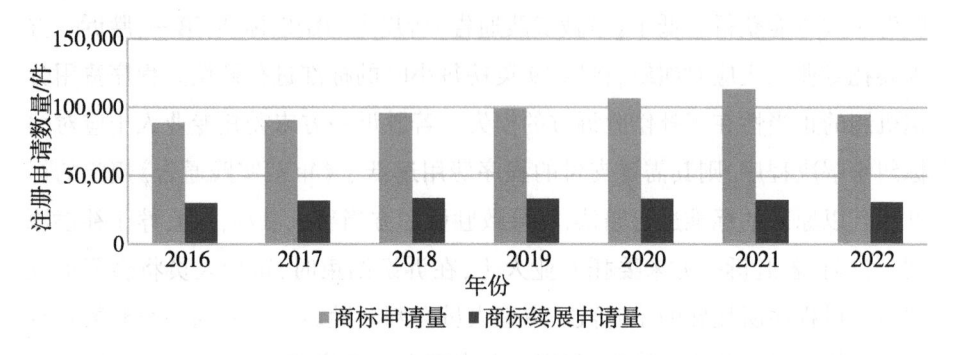

图3-13 法国商标注册申请情况

2022年,法国的商标异议申请量为4929件,仅占当年商标申请量的5.21%。2021年的商标异议申请量为5666件,占当年商标申请量的5.01%。与此同时,2022年的商标撤销与无效申请量为441件,2021年为465件。上述数据表明,法国采取的绝对理由审查模式并未引起异议申请量的急剧上涨,也未造成大量的商标撤销与无效案件。这在一定程度上可以表明"绝对理由审查+异议前置"模式在法国整体运行良好,既未对商标注册质量产生负面影响,又能缩短商标审查周期。

2. PACTE法案对商标注册审查制度的影响

PACTE法案的部分内容是由《欧盟2015/2436号商标指令》转化而来,不仅涉及法国商标注册的实质要件,更对商标注册审查程序、异议程序及宣告无效程序规则进行了优化。其一,修改了商标注册的要件,为非传统商标的保护提供可能。新法施行后,申请注册的商标不再要求可以以图形形式表示,而是采纳了是否可以准确、清楚地在商标注册簿中显示作为商标注册的要件之一,[①]使声音、动画及多媒体等非传统商标的注册成为可能。法国上述修订是借鉴了《欧盟

[①] 参见《法国2019-1169号条例》第3条,*Ordonnance n°2019-1169 du 13 novembre 2019 relative aux marques de produits ou de services*, Legifrance, https://www.legifrance.gouv.fr/jorf/article_jo/JORFARTI000039373310。

2015/2436 号商标指令》第 3 条的规定,将商标注册要件中的图形表示予以删除,进一步在商标的保护客体层面形成与欧盟区域内的协调。

其二,新增了商标不予注册的绝对与相对理由。针对不予注册的绝对理由,一方面,PACTE 法案将《欧盟 2015/2424 号商标条例》关于原产地名称、地理标志、葡萄酒传统名称及种类名称、传统特色产品名称以及植物品种名称的保护进行转化。另一方面,在绝对理由中补充了对"缺乏显著性"及"恶意注册"的规制。新修订的第 L.711-2 条明确将"缺乏显著性"单独列为不予注册的绝对理由之一,填补了法律漏洞。① 在 PACTE 法案施行之前,第 L.711-2 条对该要件的表述采取了列举式立法,若申请商标不违反关于通用名称、描述性词汇、非功能性等规定,便不认定其缺乏显著性。② 此外,第 L.711-2 条第 11 款将商标的恶意申请纳入不予注册的绝对理由,但立法上尚未对"恶意"标准进行明确。针对不予注册的相对理由,PACTE 法案不仅将域名及公共实体名称纳入保护范围,还对代理人抢注商标的行为进行了规制。③

其三,优化了商标异议程序规则。一方面,PACTE 法案对商标异议程序的启动主体进行扩张,赋予域名、公司名称、商号及公共实体名称、形象或声誉所有人提起异议程序的权利。④ 在异议程序变革之前,法国法上仅允许在先注册商标权人、在先驰名商标权人以及上述商标的独占许可权利人提起异议。⑤ 上述变革使异议程序的私权救济功能得到更好地发挥,但是即便是新法也并未完全覆盖第 L.711-3 条规定保护的在先权利。这意味着著作权人、域名、企业名称等在先权利只能通过无效或诉讼程序寻求救济。另一方面,新的异议程序允许同一个在先权利人基于多个在先权利提起异议。⑥ 在新异议程序施行之前,基于多项在先权利而提起异议,即便均归属于同一在先权利人,也必须分别提交异议申请。PACTE 法案使一项异议申请援引多项在先权利成

---

① 参见法国《知识产权法典》第 L.711-2 条(2022 年 6 月 30 日修正)。
② 参见法国《知识产权法典》第 L.711-2 条(2014 年版),*Code de la propriété intellectuelle*, Legifrance, https://www.legifrance.gouv.fr/codes/id/LEGIARTI000028748210/2014-03-19/。
③ 参见法国《知识产权法典》第 L.711-3 条(2022 年 6 月 30 日修正)。
④ 参见《法国 2019-1169 号条例》第 4 条, *Ordonnance n° 2019-1169 du 13 novembre 2019 relative aux marques de produits ou de services*, Legifrance, https://www.legifrance.gouv.fr/loda/article_lc/LEGIARTI000039373719。
⑤ 参见法国《知识产权法典》第 L.712-4 条(2014 年版)。
⑥ 参见法国《知识产权法典》第 L.712-4-1 条(2022 年 6 月 30 日修正)。

为可能,推动异议审查效率的提升,一定程度上节省了审查资源。新的异议程序适用于 2019 年 12 月 11 日之前提交的法国商标申请,于 2020 年 1 月 3 日之前公布于 BOPI 的商标申请以及于 2020 年 12 月 11 日公布于《世界知识产权组织公报》的法国国际商标申请。

其四,赋予 INPI 审理无效案件的权力,为在先权利人开辟了提起无效的行政程序路径。[1] 1992 年出台的法国《知识产权法典》规定了宣告商标无效的诉讼程序。根据第 L.14-3 条规定,若注册商标符合第 L.711-1 条、第 L.711-2 条、第 L.711-3 条所规定的不予注册的绝对理由,检察院可以依职权向法院提起诉讼。若与第 L.711-4 条规定的在先权利相冲突,在先权利人可以向法院提起诉讼。[2] 自 2020 年 4 月起,请求宣告注册商标无效或撤销不再限定于法院。任何自然人、法人可基于不予注册的绝对理由向 INPI 提起商标无效申请;存在先商标权、域名权及地理标志权等权利冲突时,相关权利人可基于不予注册的相对理由提出无效申请。同时,法院仍然保留对于宣告商标无效的管辖权。上述修订使相关权利人可以以更为简单、快捷且成本更低的方式维权。值得注意的是,若注册商标与著作权、外观设计或姓名权、肖像权等人格权相冲突,上述在先权利人仍然只能向法院寻求救济。[3] 允许行为人向国家知识产权局提起无效程序,于涉及绝对理由的公共利益而言,无疑是一种更有效率的纠错路径;于涉及在先权利的私益而言,是以立法的形式又确定了一条在先权利人保护途径。此外,基于效率考量,与异议程序规则相同,同一个在先权利人可以在一项宣告注册商标的申请中援引多项在先权利。[4]

其五,调整了商标注册及相应程序的收费标准。在 PACTE 法案施行之前,向 INPI 提交商标注册申请的基本收费为 210 欧元。该商标注册费用至多可指定 3 类商品或服务,超出的部分需额外收费。商标续展的基本申请费为 250 欧元,同样至多涵盖 3 类商品或服务。对于申请人而言,申请注册的商标指定于 1 类或 3 类商品或服务所支付的基本申请费用是一致的。因此,即使并非商业活动所需,商标申请人也更倾向于提出指定于 2 类或 3 类商品或服

---

[1] 参见法国《知识产权法典》第 L.714-3 条(2022 年 6 月 30 日修正)。
[2] 参见法国《知识产权法典》第 L.714-3 条(2014 年版)。
[3] 参见法国《知识产权法典》第 L.716-2 条(2022 年 6 月 30 日修正)。
[4] 参见法国《知识产权法典》第 L.716-2-1 条(2022 年 6 月 30 日修正)。

务的商标注册申请。这不仅使许多注册商标涵盖了许多不必要的商品或服务类别，也使法国的商标注册审查机关超负荷运转。自2019年12月11日起，法国的商标注册申请基本官费为190欧元，商标续展申请基本官费为290欧元，上述收费仅包含1类商品或服务。商标申请人需要申请或续展第二类商品或服务的，每增加一类需额外支付40欧元。这对于需要提交3类商品或服务的申请人而言，新的商标注册申请费用上涨大约30%，商标续展申请费上涨50%。法国上调商标注册申请费用，打破了"一收费，多类别"，形成了与欧盟实践相一致的收费模式。法国试图通过新的收费模式引导行为人仅在需要的商品或服务类别中提交申请。此外，尽管法国的异议申请费用依旧保持在400欧元，但由于允许一项异议申请援引多个在先权利，因此新法规定，每增加一项在先权利，异议申请人需额外支付150欧元。对于需要援引多项在先权利的异议申请人而言，上述规定使其可以由多个独立的异议申请向一个异议申请转变，这极大地降低了异议申请费用。

3. 法国异议程序的调查阶段重视双方对抗

法国的异议程序可以分为申请与受理阶段、调查阶段以及裁决阶段。[①] 为厘清案件事实，法国商标异议的审理十分重视异议双方的对抗。根据第R.712-16条的规定，INPI审理异议案件应遵循对抗原则。其一，INPI不能援引未经异议双方辩论的解释或文件等作为裁决的依据。[②] 为实现异议双方的对抗，任意一方向INPI提交的意见或文件均将会以电子形式[③]及时通知另一方。其二，允许异议双方在异议调查阶段进行三轮意见交换。如图3-14所示，受理异议后，INPI将异议申请文件及相关证据副本送达商标申请人。商标申请人需在1个月内提交答辩意见。该答辩意见作为商标申请人的第一轮意见交换可以对异议是否应当受理、对照异议申请的内容质疑或要求异议申请人提供使用证明。值得注意的是，法国对于请求提供使用证明的规定较为严格，不仅限定于商标申请人的第一轮答辩意见，更需要其明确且清晰地表达。

[①] See *Directives relatives à la procédure d'opposition d'une marque-Janvier* 2023, INPI (Jan, 2023), https://www.inpi.fr/sites/default/files/Directives%20Opposition%20marques%20VF.pdf.

[②] 参见法国《知识产权法典》第R.712-16条（2022年6月30日修正）。

[③] 根据《关于商标注册异议程序的第2019-158号法令》(Décision n° 2019-158 du 11 décembre 2019 du directeur général de l'INPI)第1条规定，异议的提出以及异议双方意见的交流，均在INPI网站上以电子形式进行。

收到商标申请人的第一轮答辩意见后，INPI 会将意见送达异议申请人。异议申请人同样需在 1 个月期限内根据答辩意见作出进一步的补充说明或提供所需的证明材料。尽管 1 个月答辩期限不可延长，但经异议双方共同申请，异议的调查可以中止以寻求形成合意的可能。异议阶段中止调查的这一期间在欧洲法上被称为异议冷静期。INPI 收到异议申请人的答辩意见会再次送达商标申请人并赋予其 1 个月的答辩期限。当商标申请人的答辩意见送达异议申请人后，意味着第二轮意见交换的结束。若异议申请人决定答辩，仍需在 1 个月期限内提交，这也是异议申请人在调查阶段的最后一次意见表达。INPI 再次将此意见送达商标申请人，并将最后一个答辩期保留给商标申请人。其三，赋予异议双方申请口头答辩的权利。在第一轮书面意见交换的基础上，异议双方可以在其后续答辩意见中向 INPI 请求进行口头答辩。[1] 第一轮意见交换之后，不仅可以排除事实上不存在冲突的异议案件如在先商标权并未真实使用，也可以排除经协商而形成合意的异议冲突。在完成异议双方第一次对抗的基础上进行口头答辩及审理，有利于 INPI 厘清案件焦点，提高异议听证或口头审理效率。INPI 可根据案件走向依职权要求异议任意一方进行口头答辩。[2] 值得一提的是，对抗性原则及形成的意见交换流程同样适用于无效程序的审理。[3]

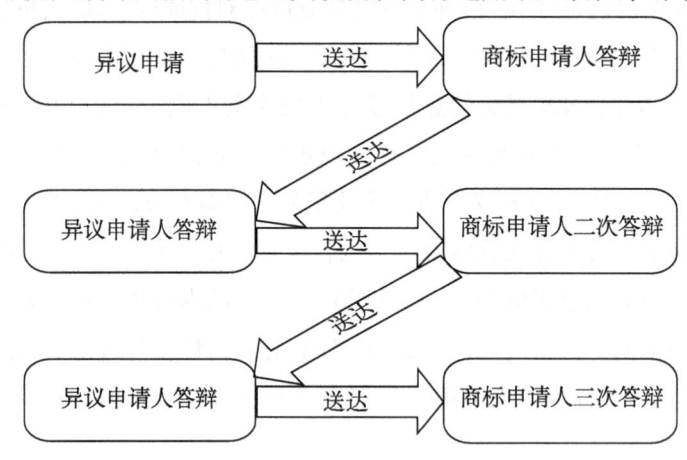

图 3-14 法国异议调查阶段的意见交换流程

---

[1] 参见法国《知识产权法典》第 R.712-16-1 条(2022 年 6 月 30 日修正)。
[2] 参见《关于商标注册异议程序的第 2019-158 号法令》第 6 条。
[3] 参见法国《知识产权法典》第 R.716-3 条(2022 年 6 月 30 日修正)。

4. 明确程序费用由败诉方承担

正如诉讼费用是对司法资源的再次调节[1]，商标授权确权程序的负担亦可以成为调节商标主管机关审查资源的工具。目前，不少国家如法国、美国、英国均已建立了程序费用由败诉方承担机制。在民事纠纷解决程序中，依法确立了补偿受害方损失原则。费用由败诉方承担便是这一原则的进一步延伸。[2] 法国以立法的形式明确程序费用由败诉方承担。根据第 L.716-1-1 条的规定，胜诉方可以向 INPI 请求其程序费用由败诉方承担。若 INPI 收到该项请求，INPI 局长应在规定的范围内向败诉方收取胜诉方应承担的全部或部分费用。[3] 上述规则一定程度上使程序费用分担成为一项兼具激励与威慑作用的工具。[4] 一方面，费用由败诉方承担是以经济威慑引导当事人作出符合其预期的程序选择。当事人可以通过对案件事实及证据进行评估，预测可能承担的风险、收益及成本。由于纠纷解决程序中的败诉方将需要承担更多的成本，所以赢面较小的一方更愿意推动或达成和解[5]，这也在最大限度上推动了 INPI 的审查、审理资源的再配置。另一方面，费用由败诉方承担有利于避免恶意行为人滥用其救济权利。异议、无效等纠纷解决程序的本质是为在先权利人提供救济。对于错误启动程序的当事人，若不存在相应的不利后果，在一定程度上将鼓励公众滥用权利。[6]

5. 异议阶段的强制核准注册制度

法国作为时尚之都，对于商标及品牌的保护极为重视。对于商标权人而言，商标受到保护的范围越广对其品牌的经营越有利。为了可以更好地保护本国企业的商标，拓展品牌的国际影响力，法国规定了特殊的强制核准注册制度。根据第 L.712-8 条的规定，在被提起异议的情况下，若商标申请人证明商标注册对于在域外保护其商标至关重要，可以要求注册其商标。若最终认

---

[1] 参见王福华：《民诉法修改背景下的诉讼费用改革》，载《法学评论》2022 年第 2 期。
[2] See James Maxeiner, *Cost and Fee Allocation in Civil Procedure*, 58 Am. J. Comp. L. 195 (2010), p.215.
[3] 参见法国《知识产权法典》第 L.716-1-1 条（2022 年 6 月 30 日修正）。
[4] 参见王福华：《民诉法修改背景下的诉讼费用改革》，载《法学评论》2022 年第 2 期。
[5] 参见王福华：《民诉法修改背景下的诉讼费用改革》，载《法学评论》2022 年第 2 期。
[6] 参见刘竹义、张祖义：《应构建民事诉讼律师费败诉方负担制度》，载《西部学刊》2023 年第 21 期；王福华：《民诉法修改背景下的诉讼费用改革》，载《法学评论》2022 年第 2 期。

定异议成立,则上述注册商标将基于案件事实被全部或部分撤销。[1] 该规则的法律效果是赋予商标权人更早取得申请商标国际注册的资格。通过马德里体系申请商标的国际注册是一条较为经济、便捷且快速的商标域外保护路径。除此之外,该制度还有利于打击恶意异议行为。异议前置意味着商标的注册需要以异议审理结果作为基础,而异议程序的审理往往需要耗费较长时间。对于急需获得国际保护的商标权人而言,待异议审理结束方可核准注册会拖延其申请国际注册的步伐。基于时间考量,试图进行海外市场布局的商标申请人将尽可能避免异议的发生,这使恶意异议行为人获得了更大的谈判空间。考虑到商标申请人的现实需求,法国强制核准注册制度避免了商标申请人落入被动地位,在一定程度上减少了恶意异议行为的发生。当然,若该注册商标确实损害他人在先权利,该商标注册将会被撤销,且申请人将承担该商标被撤销后所造成的不利后果。

6.增加了规制商标恶意注册的规则

法国越来越重视对恶意申请及注册的规制,不仅在异议、无效程序中规定了真实使用抗辩制度、商标强制移转制度等,在最新一次修法中也新增了多条涉及恶意申请及注册的条款。其一,将商标的恶意申请纳入不予注册的绝对理由。这意味着相关权利人可以以"恶意申请"启动异议或无效程序。其二,对真实使用证据进行更为严格的审查。在异议或无效程序中援引已经注册满5年的在先商标,存在争议的商标申请人或权利人有权要求对方提交真实使用的证据,这将作为其答辩的一部分。[2] 在2019年修法之前,上述真实使用抗辩制度便已存在。新法施行后,INPI不仅需要审查在先权利人是否真实使用过商标,还需审查商标的使用情况是否及于其所援引的所有商品或服务类别。

在新法规制恶意申请条款出现之前,法国《知识产权法典》已采取了多元的路径保护相关权利人。一方面,设置了商标强制移转制度。注册于《巴黎公约》任一缔约国的商标,未经授权,被第三人以商标权人的代理人或代表人的名义在法国注册的,商标权人可以要求将该被抢注的法国商标转让于他。[3] 然

---

[1] 参见法国《知识产权法典》第L.712-8条(2022年6月30日修正)。
[2] 参见法国《知识产权法典》第L.712-5-1条(2022年6月30日修正)。
[3] 参见法国《知识产权法典》第L.712-6-1条(2022年6月30日修正)。

而，上述商标强制移转制度只适用于注册不满5年的商标。自注册申请公告之日起满5年的，除非权利人可以证明代理人或代表人具有恶意，否则将失去上述商标转让请求权。上述规定源于《巴黎公约》第6条之7的规定，并由《巴黎公约》成员国根据实际情况决定是否将其转化为国内法。强制移转制度有利于遏制商标恶意注册行为，在维护在先权利人合法权益的同时，推动了商标制度公信力的提高。[①] 另一方面，法国法上明确取消了恶意注册商标成为不可争议商标[②]的资格。当在先权利受到侵害时，法国法上明确规定了在先权利人可以通过异议、无效等行政程序或诉讼寻求救济。若商标注册申请是在欺骗、违反法律或合同义务的情况下提出的，对商标享有权利的主体可以向法院主张追还所有权；[③]经代理人或代表人抢注的商标，商标权人可以提起异议或请求该商标强制移转；[④]商标注册与驰名商标、他人在先权利产生冲突的，相关权利人有权提起无效宣告程序或诉讼。[⑤] 然而，为平衡权利人保护与已注册商标所形成的秩序，[⑥]立法上为上述权利人行使权利设定了5年时限。只有当商标恶意申请或注册，方可以打破上述请求权的5年限制。法国法上从请求权的限制入手，明确规定了通过恶意行为获取商标产生的不利后果。

二、改采绝对理由审查模式对我国商标注册审查制度改革的启发

（一）改采绝对理由审查应持审慎态度

改采绝对理由审查，不对商标注册申请是否与他人在先权利相冲突进行审查，虽然可以在一定程度上缩短商标注册审查周期，但仍需保持审慎态度。一方面，改采绝对理由审查的效率提升作用有限。如图3－11所示，EUIPO致力提升商标注册审查效率并缩短商标实质审查与商标注册周期。在EUIPO的不懈努力下，欧盟商标普通注册审查与快速审查之间的审查周期已相差不大。尽管商标注册审查效率有显著提升，但由于欧盟仍实行异议前置，商标注

[①] 参见彭学龙、刘泳：《恶意注册商标强制移转制度研究——评〈商标法修订草案（征求意见稿）〉相关条款》，载《知识产权》2023年第9期。
[②] 参见朱冬：《不可争议商标中在先权利的保护及限制》，载《知识产权》2017年第8期。
[③] 参见法国《知识产权法典》第L.712-6条（2022年6月30日修正）。
[④] 参见法国《知识产权法典》第L.712-6-1条（2022年6月30日修正）。
[⑤] 参见法国《知识产权法典》第L.716-2-7条、第L.716-2-8条（2022年6月30日修正）。
[⑥] 参见孔祥俊：《商标与不正当竞争法——原理和案例》，法律出版社2009年版，第162页。

册周期已多年维持在20周左右。随着商标注册申请量上升,该商标注册周期有较大可能性变长。欧盟商标注册周期停滞不前的数据表明采绝对理由审查在效率提升方面有其局限性,在异议前置的情况下也已无压缩空间。另一方面,改采绝对理由审查的变革路径并不必然适合所有国家。此种模式对司法实践环境具有较高要求。在上述绝对理由审查国家和地区的实践中,各知识产权局负有提升公民知识产权意识与素养的任务。在欧盟知识产权年报上,可以窥探到欧盟在提升公民知识产权意识上的努力。其中包括,为青少年开设知识产权课程、在著名社交平台上进行宣传、定期进行问卷调查等。

目前,我国商标注册申请量已多年稳居全球第一,其数量之庞大,是其他国家无法比拟的。2022年,中国的商标申请量为751.6万件[1],是欧盟商标申请量的43倍多,英国商标申请量的47倍多。[2] 庞大的商标申请体量,若贸然放弃相对理由审查,恐为恶意申请人所利用,并在一定程度上激励商标恶意注册行为。此外,我国知识产权领域起步较晚,虽然知识产权数量急剧上升,但也引发了知识产权法律和权利的异化[3],这表明我国社会整体尊重和保护知识产权的意识仍有进一步提高的空间。基于我国的商标实践环境,贸然取消相对理由审查可能引发不少问题。即使借鉴并引入了欧盟、英国及法国保障在先权利人知情权及规制恶意注册等相关制度,由于我国的商标注册申请体量庞大,上述制度的实施对我国知识产权局及审查人员而言也将是一个巨大的挑战。绝对理由审查虽然可以缩短商标审查周期,但对于知识产权法律环境不成熟的国家而言,需要付出的实际成本远远大于其收益。脱离商标实践需求,贸然采取绝对理由审查的变革路径,不一定可以实现变革目的。

(二)采取多元的在先权利保障路径

仅依职权审查事关公共利益的绝对理由,而将涉及在先权利冲突的相对理由交由在先权利人进行维权,并不表示商标主管机关放任存在冲突的商标的注册。在欧盟、英国及法国的实践中,尽管商标主管机关不以依职权审查的

---

[1] 参见国家知识产权局:《国家知识产权局2022年度报告》,载国家知识产权局网2022年6月5日,https://www.cnipa.gov.cn/module/download/down.jsp?i_ID=185538&colID=3249。
[2] 2022年,我国商标申请量为751.6万件,欧盟的商标申请量为174,174件,英国的商标申请量为158,821件。
[3] See Kung-Chung Liu, Uday S. Racherla, *Innovation, Economic Development, and Intellectual Property in India and China*, Springer Open 2019, p.4.

形式实现其商标注册质量保障义务,但通过其他途径尽可能地避免冲突商标的注册。其一,建设并完善商标查询平台,使商标权人可以在商标查询环节避免商标权利冲突。EUIPO 的 TMview 图像检索工具,2021 年已收录超过 1 亿个商标,其中包括 3200 万个中国商标,是世界上最大的在线商标数据库。该数据库中记载了有关商标、设计和分类的相关信息,不仅为商标申请人提供商标查询渠道,也提升了商标审查人员的审查效率。[1] 其二,以法律的形式规定了商标主管机关应负有通知义务。以欧盟商标实践为例,欧盟法上并不鼓励可能存在冲突的商标进行注册。以商标查询报告为基础,申请的商标若与他人在先权利产生冲突,需要提交继续申请注册商标的申请表。欧盟法上明确要求商标申请人作出继续申请的意思表示,不仅是通过法律规定及流程表明其并不鼓励可能存在冲突的商标继续申请注册,而且是以文书的形式固定了商标申请人此时的主观状态。当在先权利人寻求救济时,作出明确继续申请意思表示的商标申请人,便负有证明其申请时不存在过错或主观状态为善意的责任。坚持继续提交商标注册申请的,欧盟商标主管机关负有通知相关在先权利人商标注册申请的事实。商标主管机关的通知义务确保了在先权利人可以及时知悉可能存在的权利冲突,使相关在先权利人可以通过行政或诉讼程序进行救济。其三,在法律体系中形成了多个规制恶意申请及注册行为的制度。一方面,欧盟、英国及法国立法上均规定了真实使用抗辩制度。随着恶意注册行为屡禁不止,对于真实使用证据的审查也趋于严格。如本书前文所述,法国最新一次修法便提高了真实使用审查的标准,要求真实使用证明及于异议或无效程序所援引的所有商品或服务类别。另一方面,恶意注册行为人的使用利益不受保护。欧盟、英国及法国均规定了 5 年请求权失效规则。尽管上述规则要件严苛,既考虑在先权利人的主观状态,又需符合法律规定的不予注册理由,但满足条件的注册商标便成了不可争议商标。然而,各国法上均规定若争议的商标为恶意注册的,便不适用请求权失效规则。因此,恶意申请或注册的商标,即使进行了真实使用,也无法成为不可争议商标。此外,法国法上还规定了强制移转制度。法律赋予商标直接转让的权利,为在先权利人维权提供便利。对于商标注册审查实践而言,无论是否采取绝对理由审查变

---

[1] See EUIPO, *Consolidated Annual Activity Report* 2021, p. 12.

革,都应当在商标法律体系中为在先权利人创设多元的救济途径,避免注册的商标与其他在先权利相冲突,保障商标注册质量。

(三) 以程序规则促进权利冲突的有效解决

欧盟、英国及法国商标注册审查制度得以良好运转的核心是纠纷得以有效解决。采取绝对理由审查模式的地区或国家,在众多核准注册的商标中,必然存在与其他在先权利具有潜在冲突的商标。为保障商标注册质量,维护商标制度的公信力,立法与实践需为商标纠纷的有效解决提供指引。商标注册审查制度中,商标异议程序、商标无效程序均为解决权利冲突的有效路径。欧盟、英国及法国立法上为异议、无效程序的启动及审理设置了特殊的规则。其一,解决商标注册与其他在先权利之间的冲突的关键在于如何使在先权利人知悉。如前文所述,法律赋予了商标主管机关通知相关权利人的义务。促使当事人知悉可能存在权利冲突的事实是启动纠纷解决程序的第一步。尽管在先权利人可以通过无效、侵权诉讼程序维护自己的权利,但若能尽早发现存在权利冲突的事实并及时采取措施,不仅可以减少双方所付出的沉没成本,也可以避免审查资源的浪费。其二,促进当事人之间形成有效对抗。在欧盟商标一体化进程的影响下,欧盟、英国及法国的商标纠纷解决程序大体相同。以法国商标实践为例,法国法上规定未经辩论的意见或证据不得作为审理机关裁决的依据。[①] 在异议或无效等纠纷解决程序的审理中,赋予当事方至多三次进行意见及证据交换的机会,同时赋予当事方举行口头听证的权利。在争议纠纷解决案件中加强当事方的对抗,不仅保障了程序公正,而且有利于案件事实的查明,实现形式与实质正义。其三,为争议解决留有协商空间。欧盟商标实践设有冷静期制度,并影响了欧盟各成员国。英国及法国均允许异议或无效程序当事人为进一步协商而提出中止案件的审理。异议或无效案件审理的实质是权利的冲突,若当事人可以通过协商消除"冲突",这不仅加速了纠纷的解决,还因案件未经实质审理而节省了审查、审理资源。其四,以程序费用分担规则引导当事人积极履行义务。法国及英国均规定了由败诉方承担程序费用。尽管英国及法国的费用分担规则不尽相同,但上述规则均可引导当事人配合审查机关的要求,积极提出有助于查明案件事实的意见及证据。以费用

---

① 参见法国《知识产权法典》第 R.712-16 条(2022 年 6 月 30 日修正)。

分担作为罚则或奖励,不仅可以提高当事人参与纠纷解决程序的积极性,也有利于商标主管机关提高案件的管理效率。

第三节 商标注册审查制度的变革趋势之二:转向异议后置

通过上述分析,可以看到,异议后置国家主要包括日本和德国,本节主要分析异议后置国家商标审查制度及其运行实践。尽管日本和德国均实现了异议"前置"向"后置"的转变,但不同的法律环境使异议后置实践存在差异。为此,本节将围绕二者的商标审查制度运行情况,总结不同的异议程序审理模式,分析不同法律环境下异议程序的定位,并研究在不同的法律环境下异议程序如何与商标注册审查制度中的其他程序进行衔接,总结其制度中的可取之处,为改革和完善我国商标审查制度提出建议。

一、转向异议后置国家和地区的商标注册审查制度改革实践

(一)日本的商标注册审查制度及运行实践

1921年,日本效仿主要的工业化国家,于授权前引入异议程序,以保障注册商标权利的稳定性。随着日本第三产业的飞速发展,产品生命周期的缩短,日本要求更加高效的商标注册程序。[1] 全面审查制与异议前置程序使得日本的平均商标审查周期长于当时的其他工业化国家,但异议程序发挥的作用极为有限。据统计,1992年至1994年,日本的商标异议成立率不到1%。[2] 为进一步缩短商标注册周期,建立与经济发展相适应的商标注册程序,推动本地品牌走出国门,日本于1996年对《商标法》进行了较大的修订。其一,改将异议程序置于商标核准注册之后。其二,扩展商标保护类型,提供了对于三维商标的注册和保护。其三,新增驰名商标的侵权行为,规定申请人不得以恶意或者欺骗的方式抢注他人的驰名商标。日本此次的商标审查制度改革,依然保留全面的

---

[1] 参见日本特许厅:『工業所有権法(産業財産権法)逐条解説』,2020年21版,第1664页,https://www.jpo.go.jp/system/laws/rule/kaisetu/kogyoshoyu/document/chikujokaisetsu21/all.pdf。

[2] See *Japanese Opposition System*, WIPO, https://www.wipo.int/export/sites/www/sct/en/comments/pdf/sct17/jp_2.pdf.

商标审查范围,为商标注册审查制度改革的"改良派"代表。① 此次修法,奠定了日本的商标审查制度,日本《商标法》随后的多次修订都以此为蓝本。

1. 以审查机关为中心的异议审理模式

日本未对异议的启动主体进行限制。任何人都可以自商标公告之日起 2 个月内,以如下事项作为依据向特许厅长官提出异议。其一,商标注册不符合商标构成要件;其二,商标注册违反日本《商标法》第 4 条第 1 款所规定的绝对理由及相对理由;其三,注册的商标为仅由文字组成且缺乏显著性的区域性集体商标;其四,商标注册与日本《商标法》第 8 条的在先申请规定相违背;其五,未满 5 年,原商标权人在相同或类似的商品或服务上注册与其因恶意使用②而遭撤销的注册商标相同或近似的商标;③其六,商标注册违反《巴黎公约》;其七,商标注册申请与日本《商标法》第 5 条第 5 项所规定的形式要件不相符。与多数国家不同,日本的异议程序不仅审查注册商标是否违反法律规定的实质性事项,还审查非传统的商标注册申请是否符合日本《商标法》所规定的形式规范。根据日本《商标法》第 5 条第 5 项的规定,申请立体商标、颜色商标、声音商标等非传统商标的注册或申请经济产业省令指定的商标的注册,需根据该规定在商标注册申请书中注明情况。若商标注册申请符合上述情况,但未能依照规定注明或注明不当,即便最终被核准注册,该注册商标也可能面临被异议的风险。日本《商标法》将申请非传统商标的形式规范纳入异议审查范围,是为了避免注册商标权利范围无法特定。

商标异议申请人根据规定提交相关书面文件后,经受理,日本特许厅审判部将负责对异议案件进行审理。日本形成的是由特许厅审判部主导的职权主义异议审理模式,④异议的进程主要由日本特许厅厅长指派的审判官主导,具体表现如下:其一,日本原则上采用书面审理的方式,⑤但特许厅审判部认为确有必要的或异议任意一方请求口头听证的,审判部可以组织听证进行审理。其二,组成合议庭进行审理。在异议后置改革之前,异议的审理主要由 1 名审查员进

---

① 参见文学:《革命还是改良:商标法相对理由审查制度的改革》,载《中华商标》2008 年第 5 期。
② 此处的恶意使用是指商标权人故意在相同或类似商品或服务上使用与他人注册商标相同或近似的商标,引起混淆或导致他人对商品质量或服务品质产生误认的。
③ 参见日本《商标法》第 51 条。
④ 参见汪泽、徐琳:《商标异议制度比较研究》,载《中华商标》2011 年第 2 期。
⑤ 参见日本《商标法》第 43 条之 6。

行。异议后置改革之后,异议的审理需由3~5名审查员组成的合议庭进行。[①]其三,在异议的审理过程中,异议方与被异议方"两造"并未形成对抗关系。若审判官认为异议理由不成立,可直接决定维持注册而无须被异议方进行答辩。只有认为异议成立的,才须向被异议方发起通知,允许被异议方在限定期限内向审判部提交陈述意见。即便存在异议"两造"的意见交换,双方的书面意见也应提交至审判官处。在此过程中,异议双方仅根据特许厅审判部的指示提交材料,异议"两造"并未形成真正意义上的交锋,也未能有机会进行协商。其四,审判官对异议的审查理由并不仅限于当事人之请求范围。特许厅审判部可以突破当事人的请求内容,依职权审理注册商标是否存在其他不得注册的理由。但值得注意的是,尽管审判部可以扩张至其他的请求理由,但审理的对象应仅限于异议方提起申请的商品或服务类别。[②]

特许厅审判部将根据综合情况最终做出维持或撤销的裁决。决定应以书面的形式做出,其中包含注册商标及异议参与人的基本信息、日期、结论及理由等,并送达异议双方及异议程序的其他参与人。[③] 异议成立的,注册商标权人可以自决定送达之日起3个月内提起上诉;而对特许厅审判部做出的维持商标注册的决定,异议申请人不能提出不服申请。

2.逐步构建功能分明的商标争议解决渠道

日本采取的是全面审查和异议后置相结合的商标注册审查模式。在此模式下,后置的异议程序与无效宣告程序便存在功能重叠的可能性。异议程序改革之初,不乏主张回归异议前置程序意见的,也有意见认为应跟随日本专利法的步伐直接取消异议程序。经日本特许厅及相关部门的研究,考虑到后置的商标异议程序在争议解决方面的效率较高,且实践中异议程序的功能及适用群体与无效程序存在一定程度上的区分,因此日本最终决定对该程序予以保留。[④]

纵观异议程序的历史沿革,日本致力于将后置的异议程序与无效宣告程序进行功能上的区分。日本异议程序以第三人的申请作为契机,赋予行政机

---

① See *Japanese Opposition System*, WIPO, https://www.wipo.int/export/sites/www/sct/en/comments/pdf/sct17/jp_2.pdf.
② 参见日本《商标法》第43条之9。
③ 参见日本《商标法》第43条之13。
④ 参见日本特许厅:《产业构造审议会知的财产政策部会商标制度小委员会第23回》,会议附件,第4~12页,https://www.jpo.go.jp/resources/shingikai/sangyo-kouzou/shousai/shohyo_shoi/index.html。

关机会再次检视其处分决定的合法性,以达到修正瑕疵的目的。[①] 而日本的无效宣告程序通常是利害关系人在侵权诉讼过程中的一种防御手段,该程序更关注商标权人之间纠纷的解决。[②] 保留异议后置与无效宣告程序,为权利人的维权提供了两条行之有效的救济路径。在实践中,对同一个注册商标同时提起异议与无效宣告程序的比例较低,[③] 这表明异议后置程序与无效宣告程序并存并未造成大量重复审查的情况。因多种救济途径的存在,在先权利人可以根据自身的实际情况选择最优的争议解决路径。

日本的商标异议后置与无效宣告程序在解决争议纠纷上各自发挥着重要作用。从表3-2中可以看出,在异议后置程序改革之后,异议的申请数量与无效宣告程序的申请数量并未产生太大的波动。1994年,日本的商标异议申请量为1813件,无效宣告申请量为185件。1998年,异议程序改革导致异议申请量与无效宣告申请量有所增长,分别为2499件及317件。到2000年,日本的商标异议申请量虽然有所减少,但异议成立率显著提高,从1998年的4.4%升至18.9%。异议后置程序改革后,异议成立率整体呈上升趋势。在一定程度上是因为后置的异议程序使恶意行为人利用异议程序的动机大大减少。异议程序可以真正为有需要的权利人提供救济渠道。上述数据显示,后置的异议程序并未导致无效宣告程序被架空,两种程序各司其职。

表3-2 日本商标注册审查运行数据

年份	商标申请量/件	公告数量/件	商标注册量/件	异议申请量/件	异议成立量/件	异议成立率/%	无效宣告申请量/件	无效成立量/件
1994	172,859	104,000	147,191	1813	—	—	185	64
1995	179,689	138,000	144,911	—	—	—	161	70
1996	188,160	150,000	178,251	—	—	—	181	77
1997	133,116	11,490[1]	253,272	719	0[2]	—	210	185
1998	112,469	178,202	132,066	2499	110	4.4	317	136

---

① 参见日本特许厅:『審判便覧』第66-00章,第19版,第1页,https://www.jpo.go.jp/system/trial_appeal/document/sinpan-binran/66-00.pdf。
② 参见日本特许厅:《产业构造审议会知的财产政策部会商标制度小委员会第23回》,会议附件,第28页,https://www.jpo.go.jp/resources/shingikai/sangyo-kouzou/shousai/shohyo_shoi/index.html。
③ 2019年,日本特许厅审判部对282件商标异议案件裁定维持其注册,而其中仅有11件请求无效宣告案件是由先前的异议申请人所提起的。

续表

年份	商标申请量/件	公告数量/件	商标注册量/件	异议申请量/件	异议成立量/件	异议成立率/%	无效宣告申请量/件	无效成立量/件
1999	121,861	168,767	123,656	1722	314	18.2	388	94
2000	145,668	122,681	94,493	1350	255	18.9	307	100
2001	123,755	142,380	93,548	994	167	16.8	205	175
2002	117,406	105,114	100,918	921	97	10.5	214	175
2003	123,325	138,717	108,568	860	95	11.0	215	114
2004	128,843	126,284	95,886	795	104	13.0	191	154
2005	135,776	122,858	94,439	676	172	25.4	170	54
2006	135,777	139,443	103,435	677	160	23.6	183	78
2007	143,221	123,943	96,531	615	118	19.1	195	84
2008	119,185	138,451	100,243	520	72	13.8	142	71
2009	110,841	128,605	108,717	496	113	22.8	144	83
2010	113,519	123,655	97,780	440	73	16.6	118	36
2011	108,060	101,115	89,279	484	66	13.6	113	38
2012	119,010	117,135	96,359	394	63	16.0	117	44
2013	117,675	121,254	103,399	460	42	9.1	96	37
2014	124,442	122,048	99,896	391	69	19.1	115	38
2015	147,283	111,831	98,085	449	54	12.0	102	37
2016	161,859	131,624	105,207	449	76	16.9	92	43
2017	190,939	126,407	111,180	426	49	11.5	92	29
2018	184,483	137,463	116,547	417	35	8.4	98	26
2019	190,773	134,834	109,859	384	47	13.0	88	41
2020	181,072	172,931	135,313	360	46	12.8	87	39
2021	184,631	213,224	174,098	487	22	4.5	93	27
2022	170,275	208,740	183,804	565	37	6.5	96	28

[1] 1997年4月转向授权后异议制度,已审查申请的公告被废除。因此,此处仅涵盖了1月至3月的数据。

[2] 日本专利和实用新型的授权后异议制度于1996年1月开始施行,商标的授权后异议制度于1997年4月开始实施。由于公告和提起异议需要一定的时间,直到引入异议后置当年年底才开始全面提起异议,而且直到第二年才真正开始对所提起的异议进行审查与审判。

3. 逐步缩短商标注册周期

日本的异议后置程序改革取得了良好的效果。改采异议后置程序之后，日本商标申请人无须等待2个月注册公告期满便可获得商标权，商标注册从申请到初审通知的时间（first action pendency，以下简称FA期间）以及商标注册从申请到核准注册通知到达的时间（total pendency，以下简称TP期间）大大缩短。如图3-15所示，异议后置程序改革后，平均FA期间及TP期间呈下降趋势。2003年的FA期间由1997年的21个月缩短至7个月，TP期间更是从29个月缩短至12个月。2015年，商标注册从申请到初审通知的平均周期已缩短至4.3个月，而最终商标注册从申请到核准注册通知到达的平均周期已缩短至5.8个月。

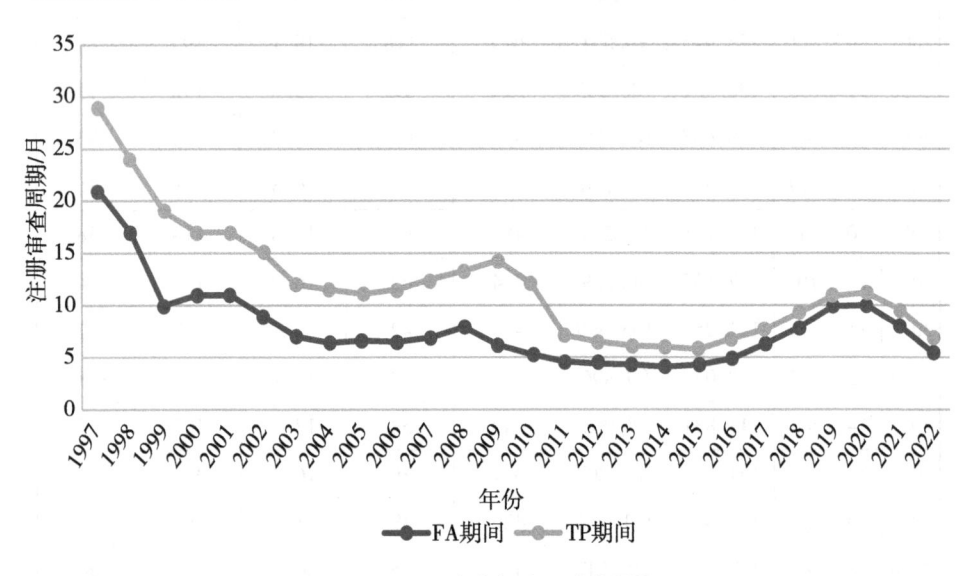

图3-15 日本商标注册审查周期

尽管异议后置为日本商标注册审查周期的缩短争取了时间，但随着商标申请量的上涨，商标审查难度的提升，实行全面审查所带来的效率问题逐渐显现。由表3-2可知，2017年的商标申请量为190,939件，较2015年增长了26.64%。2020年的商标申请量为181,072件，较2015年增长了22.94%。自2015年以来，随着商标申请量的上升，平均FA期间及TP期间受到影响，2020年的FA期间由2015年的4.3个月逐步延长至10个月，TP期间也由5.8个月延长至11.2个月。

为解决上述问题,日本特许厅寻求应对措施如下:其一,增加商标审查官员的数量。表3-3数据显示,在2020年之前,日本特许厅商标审查人员的平均数量约为144人。与2019年相比,日本2020年及2021年的商标审查人员数量分别增长了15%及20%。2022年,日本的商标审查人员数量已达到175人。其二,对严格符合要件且描述与审查指南所收录的规范项完全一致的传统商标申请提供快速审查。申请人严格依据规范进行商标注册申请的,可从源头减轻审查员的工作负担。截至2022年3月,通过快速审查的商标注册申请,从申请到初审通知的平均周期由9个月缩短至6个月。其三,商标注册申请具备规定的商标使用情况的可以申请加速审查,具体将在下文进行阐述。日本特许厅采取上述措施成效显著,较2020年,2021年及2022年的审查周期有所缩短,2021年的FA期间缩短至8个月,而2022年进一步降至5.4个月。

表3-3 日本特许厅历年商标审查人员数量 单位:人

项目	1997年	1999年	2001年	2003年	2005年	2007年	2009年	2011年	2013年	2015年	2017年	2019年	2020年	2021年	2022年
人数	134	140	146	148	148	149	150	148	146	138	136	140	161	168	175

4.追求效率与公平的统一

后置的异议程序确实有效缩减了商标注册审查周期,提高了商标注册审查效率。但未经异议程序便核准商标注册可能引发公平问题。一方面,核准注册的商标可能造成在先权利人的损害;另一方面,已投入实际使用的注册商标,在异议期内被撤销可能会造成交易相对方的损害。为保障公平,减少上述问题发生的可能性,日本在其商标注册审查制度中为保护在先权利人和交易相对人设置了特殊的规则。①

其一,在商标核准注册之前为公众提供表达意见的渠道。当商标注册申请尚在日本特许厅的管辖之中时,若商标申请存在不得注册理由,则任何人均有权以规定的形式规范向特许厅指出不得注册的信息。其二,在异议程序中设置"预告登记"制度。异议申请人提交异议申请后,商标主管机关不仅需将

---

① 参见日本《商标法施行规则》第19条。

异议通知送达异议双方,还需在商标注册登记簿上披露该注册商标正处于被异议状态,以提示交易相对人。但值得注意的是,日本异议程序的"预告登记"制度并非民法意义上的预告登记,而仅仅是异议状态的一种公示。其三,商标法上限制异议申请人的部分处分权利。当商标审查人员拟作出撤销决定,并将注册商标的撤销通知及理由送达异议双方时,[1]异议申请人将不得再撤回其异议申请。[2] 尽管商标主管机关是依申请进行审查,但当发现注册商标确有瑕疵时,由于异议程序的主要功能是修正瑕疵,商标主管机关是否继续审理或对注册商标进行撤销便不再以异议申请人的意志为转移。在此情况下,商标主管机关的首要任务便是进行纠错。此外,若允许异议申请人随时撤回申请,那么当商标主管机关做出不利于商标权人的初步决定时,异议申请人便可以撤回申请作为谈判筹码向商标权人获取高额利润,此时不仅使行政机关沦为投机的工具,也为恶意异议的滋生提供条件。其四,对于恶意注册并使用的商标,赋予任何主体启动撤销的权利。根据日本《商标法》的有关规定,故意使用与他人注册商标相同或近似的商标在相同或类似商品上,造成消费者对商品的质量产生误解或造成混淆的,任何主体均可以向特许厅请求撤销该商标的注册。对于恶意行为的规制,撤销权的覆盖范围是比较广泛的。从法条来看,立法者对恶意使用行为做了充分解释并将相关解释化作法律条文。恶意行为人的使用不仅包括自己使用,还包括基于不正当目的的转让行为。撤销权是保护在先权利的一把利刃,但该项权利将在商标注册之日起 5 年后失效。

5.凸显商标使用在加速审查中的作用

2017 年 2 月 6 日,日本修订了《商标加速审查和上诉加速审查指南》,开辟了加速审查渠道。对符合条件的商标申请,权利人依法申请加速审查的,日本特许厅可以受理。2020 年,通过加速审查的商标注册申请,商标注册从申请到初审通知的平均周期缩短至 1.9 个月。对"驳回决定"提起的上诉,符合条件的也可以申请加速审查,上诉审查周期平均缩短至 2.5 个月。[3]

---

[1] 参见日本《商标法》第 43 条之 12。
[2] 参见日本《商标法》第 43 条之 11。
[3] See Japan Patent Office, *Outline of Accelerated Examinations and Accelerated Appeal Examinations for Trademarks*(2020),https://www.jpo.go.jp/e/system/trademark/shinsa/outline_accelerated_trademark.html.

在日本,所申请的商标为传统商标,[1]且非国际商标申请,符合下列3种情形之一的,有资格申请加速审查。第一,申请商标已经在所申请的所有指定商品或服务中实际使用。若有任何商品或服务未使用所申请的商标,则申请人必须在提交加速审查之前将该类商品和/或服务从其申请中删除。第二,在所申请的所有指定商品或服务中,申请商标至少有一个正在使用或已处于准备使用阶段,且严格依照《类似商品·服务审查基准》《商标法实施细则》《商品·服务国际分类表(尼斯分类)》中的分类及规范进行商标申请。这就要求商标申请的描述必须与审查指南中收录的规范项完全一致,若商品或服务与所列文件存在细微差别,商标注册申请将不适用加速审查。第三,在所申请的所有指定商品或服务中,申请商标至少有一个正在使用或已处于准备使用阶段,且存在如下急需获取商标权的理由:(1)第三方未经许可在同类商品或服务上使用或准备使用与商标申请人相同或近似的商标;(2)第三方请求获取相关许可权;(3)申请人收到来自第三方关于使用已申请商标的警告;(4)申请人已向日本特许厅以外的知识产权局或政府组织提交了商标注册申请;(5)申请人所提交的商标已基于《商标国际注册马德里协定》获得国际注册商标。加速审查在满足申请人尽快获得商标注册需求的同时,通过推动申请人严格依据规范的商品或服务内容进行商标注册申请,实现分流审查,达到提高商标审查效率的目的。

6. 异议程序与无效程序的衔接

日本的无效宣告程序作为在先权利人的一种救济渠道,主要功能是定分止争。日本立法上将无效宣告程序的启动主体限制在利害关系方,而不是将该项权利赋予任何人,可以表明这一点。从启动理由来看,尽管无效宣告程序与异议程序的启动理由存在重合,但可以请求宣告无效的理由更多。除了涉及商标的构成要件、绝对理由及相对理由、条约、非传统商标注册申请的形式要件等与异议理由相同的部分,无效宣告程序还额外规定了如下启动理由:其一,商标注册是对非承继该商标注册申请所生权利人的商标注册申请作出的;[2]其二,

---

[1] 为确保商标审查质量,动态商标、颜色商标、声音商标以及位置商标等非传统商标,或代表店铺、办公室和设施外观或内部的商标,或需要"商标详细说明"的商标,不适用任何加速渠道。

[2] 参见中国人民大学知识产权教学与研究中心、中国人民大学知识产权学院:《十二国商标法》,清华大学出版社2013年版,第260页。

外籍的商标权人因不符合法律规定或违反条约,不能再享有商标权的;[①]其三,注册商标在商标注册后存在损害本国或他国国家权威,违反公序良俗或与政府间国际组织的标志相同或近似等情况的;其四,区域集体商标经商标注册后,因商标所有人的身份变动如不再属于合伙企业等类别,或该商标不再具有识别来源功能的。[②] 利害关系方认为注册商标存在上述理由的,可以向日本特许厅请求宣告注册商标无效。

(二)德国商标审查制度的运行实践及特色

自20世纪以来,德国一直致力于向欧洲商标体系一体化进程迈进。德国于1994年修订《商标和其他标识保护法》,将欧盟《协调成员国商标立法一号指令》(89/104/CEE,以下简称《商标立法指令》)[③]中的部分内容进行了转化,欧洲商标法首次实现统一。其中,扩展了保护客体,在保护注册商标的同时对商业名称、产地来源标志等其他标志进行了规定。2009年,《简化和现代化专利法案》的出台,给商标异议程序带来了影响。

自2009年10月1日起,基于在先使用的商标也可以作为适格主体启动异议程序。为满足《欧盟2015/2436号商标指令》进一步推进欧盟一体化进程的需求,德国通过《商标法现代化法》,对《商标和其他标识保护法》进行了修订,形式上,该法相当于我国语境下比较重大的一次修正案。此次修订分别于2019年1月14日及2020年5月1日正式生效。此次修法涉及绝对注册理由(absolute Schutzhindernisse,学界亦有译为绝对保护障碍)的新增、可注册商标种类的扩展、证明商标的引进;由失效和无效程序取代"删除程序"的概念,新增失效与无效理由,并对失效和无效宣告程序的运行进行了详细规定;对异议程序进行一系列修改,如允许一异议多标志,扩展了异议程序的主体,引入异议冷静期,调整异议费用等内容。修改后的德国商标法独具特色,内容上更加充实,授权程序上更加高效。

1. 德国商标注册审查制度的运行实践

自1994年以来,德国确立了"绝对审查+异议后置"的商标注册审查模

[①] 依日本《商标法》第77条第3款准用的日本《专利法》第25条的规定。
[②] 参见日本《商标法》第46条第1款第7项。
[③] First Council Directive 89/104/EEC of 21 December 1988 to Approximate the Laws of the Member States Relating to Trade Marks.

式。自此，德国的商标注册申请人无须等待3个月异议期满便可获得注册。异议后置程序改革后，德国的商标注册申请量大幅上涨，最终的注册量也整体呈上升趋势。1993年的商标注册申请量为38,206件，1995年的商标注册申请量为48,250件，增长了26.29%。2000年，德国的商标注册量为60,767件，商标注册申请量为86,983件，是1993年商标注册申请量的2.28倍。2000年以后，尽管德国的商标注册申请量存在波动，但整体呈上升趋势。2016年、2018年及2020年的商标注册申请量分别为69,391件、70,542件以及84,623件。（见图3-16）

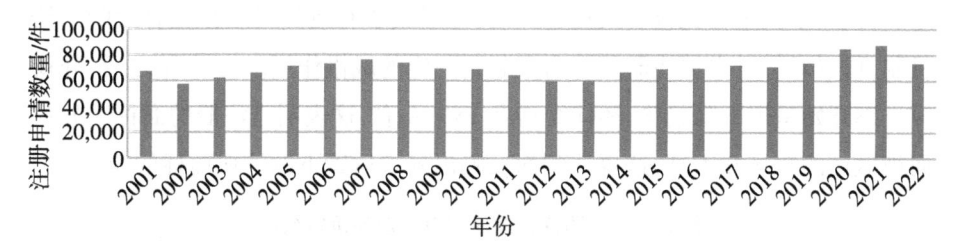

图3-16　德国商标注册申请情况

异议后置程序改革为商标注册申请的增长带来红利，与此同时，从表3-4的异议申请量及异议成立率进行观察，后置的异议程序并没有引发商标注册质量不稳定问题。尽管改革后3年，异议申请量出现激增，但随后逐渐稳定并开始呈现下降趋势。在表3-4中，1995年的异议申请量为6654件，1996年的异议申请量为10,214件，1997年的异议申请量为20,204件，而到2002年，异议申请量已下降至9538件。自2014年起，德国商标案件异议提起率已降至10%以下，2014年的异议提起率为8.82%，2016年的异议提起率为9.18%，2018年的异议提起率为8.31%。随着德国《商标法现代化法》的生效，自2019年1月起，异议申请不再局限于单一的在先权利。2019年的异议提起率为6.23%，但根据修法之前的计算模式，异议提起率应为9.44%。[①] 异议提起率的稳步下降，表明在异议后置模式下的注册商标并未导致大规模的在先权利

---

① 在德国《商标法现代化法》生效以前，在先权利人若认为注册商标与其多项在先权利产生冲突，则需要基于多项在先权利分别提交异议申请。德国《商标法现代化法》生效以后，同一个在先权利人可基于多项申请提交一份异议申请，因此异议申请量骤减。为了准确反映异议提起率的变化，2019年以后，异议提起率的计算依据应为申请异议件数，而不是异议申请量。

冲突发生。

通过分析表3-4中关于异议申请及异议最终成立的数据,可以发现德国异议后置实践在一定程度上推动了商标审查效率。在异议后置程序刚完成改革的前几年,异议提起率维持在较高水平。1995年的异议提起率为30.34%,1996年的异议提起率为32.27%,1997年的异议提起率已升至40.42%。此后,异议提起率逐步稳定并呈现下降趋势。与此同时,异议成立率呈现出先上升后下降的趋势。1998年的异议成立率仅为5.67%,1999年为9.17%,然而到了2002年便已提高至15.19%。上述数据的变化表明,异议后置程序改革之后,鼓励了大量在先权利人提起异议,并形成了有效纠错。存在有效的纠错机制,可以对恶意申请注册的行为人起到一定的威慑作用。2003年之后,异议成立率开始呈现下降趋势,整体维持在15%左右,这表明已注册的商标因异议而被撤销的数量并不高,这也从侧面反映出异议后置下的注册商标的质量。

表3-4 德国商标注册审查制度的运行情况

年份	商标申请量/件	公告注册量/件	异议申请量/件	异议提起率/%	异议成立量/件	异议成立率/%
2022	73,309	53,621	2981/4952	5.56/9.24	530	17.78
2021	87,649	68,609	3565/5697	5.20/8.30	428	12.01
2020	84,623	60,436	3063/4816	5.07/7.97	521	17.01
2019	73,627	55,030	3428/5194	6.23/9.44	438	12.78
2018	70,542	50,588	4204	8.31	445	10.59
2017	72,047	50,953	4263	8.37	616	14.45
2016	69,391	52,199	4793	9.18	445	9.28
2015	68,975	46,531	4068	8.74	395	9.71
2014	66,612	47,993	4233	8.82	516	12.19
2013	60,176	43,514	4652	10.69	526	11.31
2012	59,857	46,100	4779	10.37	698	14.61
2011	64,047	51,339	5694	11.09	633	11.12
2010	69,149	49,771	5638	11.33	803	14.24
2009	69,300	49,844	5557	11.15	902	16.23
2008	73,642	50,284	6955	13.83	999	14.36

续表

年份	商标申请量/件	公告注册量/件	异议申请量/件	异议提起率/%	异议成立量/件	异议成立率/%
2007	76,302	54,567	7483	13.71	907	12.12
2006	72,772	51,368	6214	12.10	880	14.16
2005	71,047	50,823	6774	13.33	1228	18.13
2004	65,918	48,401	7301	15.08	1712	23.45
2003	62,041	51,295	7365	14.36	1931	26.22
2002	57,416	51,730	9538	18.44	1449	15.19
2001	67,361	59,274	11,416	19.26	1042	9.13
2000	86,983	60,727	13,081	21.54	1148	8.78
1999	76,434	53,587	13,588	25.36	1246	9.17
1998	68,610	49,961	13,783	27.59	782	5.67
1997	56,992	49,989	20,204	40.42		
1996	51,671	31,652	10,214	32.27		
1995	48,250	21,934	6654	30.34		

注：异议提起率=(异议申请量÷公告注册量)×100%。自2019年1月14日起，德国知识产权局允许同一权利人，基于多项在先权利，提交一份异议申请。因此，为了与此前的数据保持一致，2019年之后应以异议标志数量(异议申请量右侧数据)作为计算提起率的依据。

2. 以权利人为中心的异议审查程序

德国严格限制了异议程序的启动主体。德国仅规定相关权利人或利害关系人可以基于相对理由而提起异议。有权作为异议程序的提出主体的主要有在先注册商标申请人及权利人、在先未注册商标权利人、在德国范围内享有声誉的驰名商标权利人、在先产地名称权利人、在先地理标志权利人以及在先商业名称权利人。从德国限定异议程序的提出主体及异议理由来看，德国法上更关注商标异议程序的权利救济功能。

上述在先权利人认为已注册的商标与其在先权利产生冲突，将在异议程序中请求删除已注册商标。在先权利人对注册商标权人提起异议的行为，是两个平等主体之间的纠纷解决行为，本质上是一种私权救济。从私权救济的角度出发，德国形成了以权利人为中心的异议审查模式，具体表现如下：其一，设置异议冷静期。德国异议程序为异议双方留足空间，鼓励异议双方自行解决纠纷。在异议冷静期内,异议双方均可根据个人意志处分其权利、限缩商标申请的范围等。其二,在商标审查过程中提高异议主体的参与程度。德国商标异议审查程序主要是由异议双方推动的。异议申请受理之后,是否进入异议冷静期需由异议双方共同决定。异议冷静期的延长或终结也充分尊重当事人双方的意思,其中一方不同意程序便无法继续开展。其三,异议双方形成实质上的对抗。在异议程序的审查过程中,异议双方有机会就争议的焦点进行意见的交换、质证及答辩。其四,允许"一异议多标志",推动异议申请的便利化。商标异议申请不再局限于单一的在先权利,只要为同一个在先权利人,德国商标法的最新修订便允许异议人根据多项在先权利提起一件异议申请。在异议审理期间,德国充分保障异议主体的自主性,并通过制度设计提高异议双方纠纷解决的能动性,为双方权利救济提供便利,不仅有利于商标主管机关了解案情,对案件的查明及审理效率的提高同样具有积极意义。

3. 立法中明确了自行化解纠纷的异议冷静期制度

所谓冷静期是指德国专利商标局在受理异议申请后,在正式进入异议审理程序之前,为异议当事方进行协商是否继续提出异议所设置的间隔期。冷静期制度的意义在于:在中止异议程序的基础上,促进异议双方进行谈判,为异议纠纷的自行解决提供时机与空间;充分尊重异议双方的意思自治之余,还可高效解决异议纠纷,节约行政资源与司法成本。[1] 鉴于德国正式确定冷静期制度的时间尚短,冷静期制度的优越性可以参考欧盟商标异议实践。[2]

根据 2019 年德国《商标法现代化法》,德国在商标立法中明确了异议冷静期制度,将《欧盟 2015/2436 号商标指令》[3]中关于冷静期的相关规定转化为德国国内法,为德国商标异议实践中已经存在的"自我纠纷解决机制"提供更高

---

[1] 参见刘蕴、王华:《私权语境下的商标异议制度反思》,载《北京邮电大学学报(社会科学版)》2015 年第 4 期。

[2] EUIPO 有将近 70% 未决的商标异议纠纷在冷静期中得以自行和解。2016 年欧盟的异议申请量为 19,127 件,异议裁定量为 5004 件,通过协商解决的异议案为 14,123 件,协商解决率为 73.84%;2018 的协商解决率为 63.38%;2020 年的协商解决率为 66.16%。2021 年,欧盟的异议申请量为 20,130 件,异议裁定量为 6470 件,协商解决率为 67.86%。上述数据源于 Annual Report(2017 - 2021),EUIPO(2021),https://euipo.europa.eu/ohimportal/annual-report。

[3] Article 43 of the Directive (EU) 2015/2436 of the European Parliament and of the Council of 16 December 2015 to Approximate the Laws of the Member States Relating to Trade Marks.

位阶的法律依据。① 此次修法规定在提出异议申请后,经双方共同申请,德国专利商标局将提供为期2个月的冷静期,由双方友好协商以解决争端。经异议人与被异议人双方申请,该期间可以延长。异议冷静期为双方提供了一个谈判和化解矛盾的机会。

尽管异议冷静期源于欧盟,但在实践中,德国逐渐发展出独具特色的异议冷静期制度。相较于欧盟,德国的异议冷静期实践有如下不同。其一,冷静期的启动方式不同。德国的冷静期是经异议人与被异议人双方向德国专利商标局共同申请获得,而欧盟则是在收到异议通知后,自动获得为期2个月的冷静期。其二,冷静期的启动时间不同。德国的冷静期可以在程序的每个阶段启动,而欧盟实践只能在异议程序开始时启动。其三,达成和解后的效果不同。在欧盟实践中,在冷静期内,双方达成协议后可以撤回异议。若达成异议的条件是撤回商标申请或进一步限制一方在制定商品或服务上注册或使用商标,那么 EUIPO 应向异议申请人退还异议费。但德国没有退还异议费的规定。

4. 形成功能清晰的多渠道救济路径

综观德国的商标注册审查制度,可以发现德国通过规则的设置以达到区分程序功能的目的(见图3-17)。其一,开辟公众监督渠道,实现对公共利益的保护。关于商标注册前的审查,仅依职权审查绝对注册理由,而不审查申请注册的商标是否与他人在先权利相冲突,这表明审查程序关注的是对公共利益的保护。德国在商标核准注册之前广开言路,为公众监督提供陈述意见的渠道,目的是避免错误注册。在商标核准注册之前,任何自然人或法人以及代表制造商、供应商、贸易商或消费者的团体均可以向德国专利商标局提交书面意见,说明该商标不应当被核准注册的理由。② 上述书面意见仅具有参考意义,商标主管机关无须答复,具体的决定仍然由审查员根据申请商标的综合情况进行判断。其二,完善异议程序,实现对在先权利的保护。德国将异议程序的启动理由限定在相对保护障碍,异议程序的主要功能是在商标核准注

---

① 在修法之前,异议主体可以依据德国《专利商标局条例》第18条第2款、第3款的规定获得事实上的自我和解纠纷解决机制。第18条第2款规定,如果有充分的理由,可以准许延长德国专利商标局确定或应要求授予的期限;第18条第3款规定,只有在证明有合法利益的情况下,才会允许进一步延长期限。在涉及多方当事人的程序中,其他当事人的同意也应当具有可信性。

② 参见德国《商标和其他标识保护法》(2021年修正)第37条第6款。

册的短时间内,为在先权利人提供及时的救济。其三,形成独具特色的无效宣告程序。德国通过设定权利失效规则,限制无效宣告程序的启动主体,以达到兼顾在先权利人与商标权人的利益的目的,从规则层面保障公平的实现。

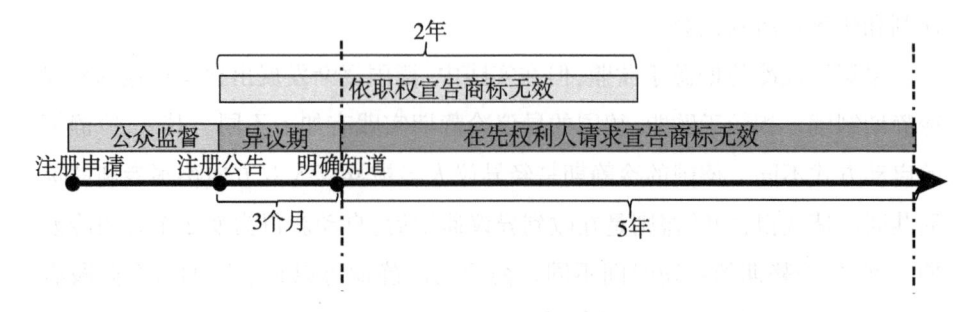

图 3-17 德国商标注册确权程序的衔接

德国的商标无效程序可以基于绝对保护障碍及相对保护障碍启动。任何人认为注册商标违反商标的绝对保护障碍的,均有权向德国专利商标局提起无效宣告请求。由于绝对保护障碍关系到公共利益的保护,因此专利商标局自查发现注册商标存在绝对保护障碍的,也可依职权启动无效宣告程序。若无效宣告成立,则注册商标将依法被删除,其效力也自该商标被宣告无效时起视为不存在。[1] 从商标实际使用的角度出发,注册商标即便存在瑕疵但经过长期使用已经与商标所有人所提供的商品或服务形成稳定的联系,若长期的商标使用所形成的联系贸然被切断,对商标权人及公众而言,都会产生极大的沉没成本。为了维护注册商标的稳定性,基于绝对保护障碍而启动无效宣告程序存在一定期限的限制。其一,需要绝对保护障碍存在。在做出无效宣告决定时,只有绝对保护障碍仍然存在的,审理机关才能宣告该注册商标无效并删除。其二,以注册商标缺乏显著性作为启动理由的,无效宣告请求权存在期限限制。任何主体认为商标的注册违反德国《商标和其他标识保护法》第 8 条第 2 款第 1~3 项[2]规定的,需在商标注册之日起 10 年内提起无效宣告申请,否则

---

[1] 参见德国《商标和其他标识保护法》(2021 年修正)第 52 条。
[2] 德国《商标和其他标识保护法》(2021 年修正)第 8 条第 2 款第 1 项至第 3 项规定,缺乏显著特征的,仅在交易过程中能用来表示商品的种类、性质、数量、使用目的、价值、产地来源、生产商品或提供服务时间及其他特点所组成的标志或标记的,以及仅在日常用语或良好而又持久的商业惯例中已成为标示商品或服务的通用标志或标识组成的,不得注册。

将无法根据无效宣告程序删除商标的注册。① 其三，为依职权启动无效宣告程序设置 2 年期限。德国专利商标局有权主动启动无效宣告程序的期限为 2 年，自商标注册之日起算。在德国，注册、使用均可以产生商标权。这就要求德国不仅保护因注册而产生的权利，同时需保护依使用而产生的商标权。商标与商品或服务因长时间使用而形成稳定且密切联系的，即便注册存在瑕疵，当不存在特定的损害方时，此时注册商标的使用利益更值得被保护。另外，两年期间的经过也从侧面反映注册商标并未对公共利益造成实质损害。

德国的无效宣告程序还可以基于相对保护障碍启动。若注册商标与他人在先权利产生冲突或对他人的在先权利造成侵害，德国《商标和其他标识保护法》第 51 条规定的在先权利人有权向专利商标局或法院请求宣告该注册商标无效。具有无效宣告请求权的特定在先权利人包括：注册商标的在先申请人或权利人，通过使用而获得在先商标权和在先商业标志权的人，德国范围内的驰名商标的权利人、著作权人、地理标志权人、植物新品种名称权利人、姓名权人、肖像权人或其他工业产权人。然而，上述在先权利人的无效宣告请求权需要满足如下条件才能被支持：其一，权利的行使期限存在边界。若在先商标权利人连续 5 年容忍在后商标在其注册的商品或服务上使用，除非在后商标存在恶意注册的情节，否则在先权利人宣告在后商标为无效的请求将不能获得支持。其二，在先权利人的主观状态应为善意。对于在先权利人行使期限的计算，应当以在先权利人明确知道为准，不存在推定的情况。只有在先权利人明确知道存在与其在先权利相冲突的商标的，在先权利人才能根据法律主张行使无效宣告请求权，也只有在此时才能开始 5 年期间的起算。其三，不存在同意注册的意思表示。一般情况下，若存在证据证明在先权利人对于商标的在后注册表示同意，则在先权利人请求宣告在后商标无效将不能被支持。这项要件实际上是对上述两点的延伸。同意注册的表示表明在先权利人在主张行使无效宣告请求权时不可能为善意，应根据表示的时间推算无效宣告请求权是否已经失效。2019 年《商标法现代化法》的生效，为在先权利人无效宣告请求权的行使增添了途径。自此，无效宣告请求权的行使申请不再限制于向联邦专利法院提交，在先权利人还可以选择向德国专利商标局提交。为了进一步提高确权效率，避免重复审

---

① 参见德国《商标和其他标识保护法》（2021 年修正）第 50 条。

查,德国明确无效宣告请求权的行使需要遵循一事不再理原则。

德国的异议与无效宣告程序各自发挥着不同的功能。德国的异议程序侧重于私权救济,而无效宣告程序侧重于保障公平。就启动主体及理由而言,异议程序的启动主体范围比无效宣告程序要小,异议程序的启动理由集中于涉及私权利的相对保护障碍。就救济渠道而言,异议程序是行政机关负责审理的,而无效宣告程序既可以选择由行政机关审理也可以选择由法院进行。因此,德国后置的异议程序与无效宣告程序发挥着不同的作用,均有存在的必要。

5. 德国商标注册审查阶段的使用要求

根据德国最新的《商标和其他标识保护法》的规定,在异议程序中,商标注册人可以对在先权利人提出商标使用抗辩来对抗异议请求。德国商标法给权利人设定了强制使用制度,权利人必须在商标注册后5年内对注册商标进行商标性使用,否则任何人都可以提起请求或者诉讼。[①] 在异议程序之下,商标注册人可以要求在先权利人提供在异议请求日之前的5年内真实使用在先商标的证明,如果在先权利人无法提供上述证明,那么在先权利人的异议请求将会被驳回。[②] 为了对使用义务进行进一步的细化,德国立法不要求在先权利人始终承担异议请求日之前连续5年使用商标的义务;如果在先权利人的强制使用的截止日在异议商标的申请日或优先权日之前,那么在先权利人就需要提供在异议商标申请日或优先权日之前5年的使用证据,或者是在没有使用的情况下提供存在障碍的证据;如果截止日在申请日或者优先权日之后,在先权利人就无须负担已经投入使用的举证责任。[③]

二、转向异议后置对我国商标注册审查制度改革的启发

德国和日本商标审查制度的变迁,均实现了从异议前置向后置的转变,并相应地调整了商标审查的范围。在商标审查模式的选择上,日本更倾向于对公共利益的保护,采用全面审查模式,并视异议程序为商标注册审查阶段社会

---

① 参见张露:《我国商标异议制度完善研究》,华东政法大学2022年硕士学位论文,第42页。
② See *Amendments to Opposition Proceedings: What has Changed since 14 January 2019*, German Patent and Trade Make Office (Jan. 14, 2019), https://www.dpma.de/english/trade_marks/trade_mark_protection/mamog/opposition_proceedings/index.html.
③ 参见孙靖洲:《〈德国商标法〉的最新修订及其对我国的启示》,载《知识产权》2019年第6期。

监督的窗口；而德国更倾向于商标注册效率的提升，采取部分审查模式。通过分析转向异议后置国家和地区的实践，可从中总结出可供我国商标注册审查制度改革借鉴的做法。

（一）转向异议后置模式可兼顾审查质量与效率

1. 转向异议后置以缩短商标注册审查周期

商标注册申请的审查及核准是一系列涉及行政机关的授权确权行为。在涉及行政机关的法律行为中，允许公众和权利人根据实际需求提出不同的意见，有助于及时纠正商标审查工作中的错误注册，维护商标注册的权威性。作为在先权利人的救济途径之一，异议程序在保障权利人合法权益，监督并纠正行政机关的授权行为方面具有重要的意义。值得注意的是，异议程序的作用并不会因前置或后置便产生不同的影响。

在数字化时代下，各国及地区的商标注册审查制度均致力于不断提升审查效率，并进一步缩短商标注册的审查周期。从异议后置国家和地区的实践中可以发现异议程序后置极大地缩短了商标注册的平均审查周期。在商标注册申请量持续增长的背景下，2022年，日本商标注册从申请到核准注册通知到达的时间由1997年的29个月缩短至6~9个月。随着商标注册与保护意识的提高，各国及地区商标注册申请量大幅上涨，这使各国及地区商标审查机关面临巨大的审限压力。较异议前置国家及地区而言，实行异议后置，可为商标审查机关争取一段异议期的时间。这不仅可以减小商标审查人员的审限压力，充足的审查时间更有利于确保商标的审查质量。

法律的确定性及滞后性会滋生市场行为人的投机行为，这在商标法上也不例外。目前，我国现行法律尚无法杜绝恶意行为人利用商标授权确权制度获取不正当利益。在商标异议程序中，也出现了异议程序的异化。恶意异议行为人以异议程序为工具阻止商标申请人的合法注册行为，以此获取不正当利益。[1] 恶意异议人的滥用行为同时是对商标主管机关审查资源的浪费，并挤占了正当在先权利人及时获得救济的空间。实行异议后置，在一定程度上可减少恶意异议的行为发生。将异议程序置于商标注册之后，因恶意异议人无法通过该程序影响申请人获得商标授权的进程，从而减少了恶意异议行为的投机空间和机会。异议程序后置，可以纠正异议程序的异化，使异议程序回归

---

[1] 参见张冬梅：《商标恶意异议的规制》，载《中华商标》2012年第10期。

到保障和救济在先权利的本质;可以减少审查资源的浪费,有助于进一步提升审查效率。

从目前的司法环境来看,结合我国商标注册审查制度的变迁,采全面审查在保障公平方面具有其正当性。这意味着商标主管机关需要依职权审查商标的绝对理由与相对理由,这势必会耗费更多审查时间。在采全面审查模式的前提下,如何进一步缩短商标注册审查周期,实现商标注册审查效率最大化,是当前的改革重点。2021年,我国的平均商标审查周期已压缩至4个月,而大规模的商标申请量依然逐年大幅上涨,现行商标审查期限已无压缩空间。若改采后置的异议程序,这至少为商标审查机关争取了3个月可以压缩的空间时段。相较于现行审查注册制度,后置的异议程序使商标申请人无须再等公告期满便可取得商标权。对绝大多数的商标申请人而言,这意味着可以更快地将商标投入使用,也可以更快获取申请国际注册商标的资格,符合商标品牌战略需求。①

2. 引入公众监督以提升商标审查效率

随着科技日新月异,商标注册审查工作正在逐步引入电子化。目前,商标注册申请的电子化进程已经比较完善,电子申请也逐渐成为主流。商标注册审查工作虽然已经逐步电子化,但最终的判定仍离不开审查人员的主观判断。商标注册的审查需要逐一核对是否存在任一法律所规定的拒绝注册的理由。这就存在较为容易被具体化的理由,如是否涉及国家、政府间国际组织的标志等;也存在难以划定具体标准的理由,如是否与公序良俗产生冲突、是否为恶意注册行为等。当商标注册审查的准确性需要依赖审查人员的主观判断时,就可能存在准确性与效率问题。目前,德国及日本的商标注册审查制度均鼓励公众监督,为公众发表意见提供渠道,不仅有利于发现审查盲点,还有利于进一步提高审查效率。

总结德国及日本的商标注册审查实践,可以发现德国及日本在立法中均为第三人提供了畅通的公众监督渠道。若商标注册申请违反绝对保护障碍,德国允许任何人在商标注册申请之后,商标核准注册之前,向德国专利商标局

---

① 2017年以来,我国正逐步推进商标品牌战略的实施,引导企业在实施"走出去"战略中"商标先行",鼓励企业进行国际注册。

提交书面意见。日本同样规定,若商标申请存在不得注册理由,则任何人均有权以规定的形式规范向日本特许厅指出不得注册的信息。商标注册的申请、审查、核准一般都是由商标主管机关负责的,具体负责的审查人员在此过程中需要考虑的情况较多,可能存在审查错误或遗漏的情况。注册申请核准通过意味着一项商标权的产生,由此产生的效力是商标权人可以在一定范围内自己使用商标并阻止他人使用。商标权具有对世性,一旦确立,所发挥的权能较强,因此通过制度保障审查结果的准确性具有至关重要的意义。而商标审查人员代表的是商标主管机关,商标主管机关作为行政机关行使权力的合法性与合理性受到公众监督是具有正当性的。

完善的商标注册审查制度应当是以更小的运行成本实现私权与公平的保障。于保障准确性而言,引入社会公众参与审查相当于在商标注册审查过程中引入了大量审查人员,这些"公众审查员"的书面意见一定程度上可以推动审查效率和准确率的提升,确保审查人员更加准确地作出是否予以注册的决定。于在先权利人而言,书面意见的陈述是更为简单、成本更低的维权选择。基于此,在转向后置的异议程序的前提下,我国应构建以书面陈述意见为核心的公众监督制度,并允许任何主体,在商标注册申请核准之前,以书面的形式对商标是否违反拒绝注册理由发表意见。

(二)转向异议后置应保留全面审查

1. 保留"全面审查"以兼顾公平

综观转向异议后置国家的商标实践,在商标注册审查阶段,影响商标注册审查改革效能的不仅是异议程序应当如何设置,还必须考虑审查制度是否与异议程序相契合。日本在转向后置的异议程序之后,采"全面审查"的商标注册审查模式;德国在转向后置的异议程序之后,采"绝对理由"的商标注册审查模式。结合本书第三章第二节的内容,采"全面审查+异议后置"模式可以更好地推进效率与公平的统一。一方面,"全面审查"模式对法律环境及公民法治素养的要求更低,在相同条件下,更容易维持并推进商标注册质量的提升。"全面审查"模式较宽的审查范围需要商标主管机关更多地介入。商标主管机关发挥着监督和管理的作用,最大程度上保障依注册取得的商标权的质量。在"全面审查"模式下,不仅对商标申请人的要求降低了,在先权利人的注意义务也大大降低。对于商标申请人而言,只要确定商标符合商标的构成要件便可提交申请,而无须知悉商标是否与第三方的在先权利产生冲突。对于在先权利人而言,商标主管机关依职权审查并阻止了与在先权利人在先权利存在冲突的绝大多数商标注册申请,使在先权利人无须实时关注是否存在与之权利相冲突的在后商标申请。另一方面,采"全面审查"模式更符合日益复杂的商标实践需求。随着商标构成要素的多样化,商标可注册资源的减少,判断商标申请是否与他人在先权利存在冲突更需要具备专业的眼光。当商标审查工作分散于社会主体,尤其是由个人来确定一个注册商标的申请与其他在先权益有无冲突时,不仅可能导致在先权利人的维权成本上涨,引发大量的异议、无效与诉讼程序,还可能导致消费者识别成本的提高。商标注册审查制度的改革应充分考虑新的制度与商标实践及司法环境的衔接。若贸然地引入与本国国情不相适应的制度,不仅可能进一步降低商标注册审查效率,更有甚者,会引起商标注册体系的崩溃。

中国的商标注册申请量长期稳居世界第一。2022年,中国的商标注册申请量为751.6万件,日本为17.02万件,德国为7.7万件。中国的商标注册申请量远超其他国家意味着我国存在庞大的商标申请与权利主体。若我国的商标注册审查制度改采后置的异议程序,基于中国目前庞大的商标申请量及商标实践,唯有保留"全面审查"才能使后置的异议程序发挥最大效能。一方面,商标注册审查变革需要考虑可行性及运行成本。任何人均有可能成为商标申请或权利主体。由于上述主体并未接受过专业训练,因此上述主体的商标识别和维权能力参差不齐。在短时间内提高上述主体的商标识别和维权能力相当于一项全面提高法治素养的重大工程,而我国的商标实践及法律环境目前可能尚不足以支撑"绝对理由＋异议后置"改革。相较而言,"全面审查＋异议后置"模式仅对特定的群体——商标审查人员,提出更高的要求。对商标审查人员进行集中培训,以此来提高商标审查人员识别和审查能力,不仅更具有可行性,且综合运行成本更低。作为传统的"全面审查"制国家,我国的商标主管机关已形成较为成熟的商标审查标准,商标审查结果具有较高的可预测性及准确性。因此,目前,中国已具备实施"全面审查＋异议后置"变革的条件。另一方面,商标注册审查变革需要考虑可能引发的不利后果。转向后置的异议程序之后,若对庞大的商标注册申请量不存在有效的审查,不仅更容易滋生恶意注册,还会使异议、无效程序及诉讼远超变革之前的案件数量,使行政机关及法院不堪重负。

2. 保留全面审查以维持商标的稳定性

德国《商标和其他标识保护法》第 51 条第 2 款为申请宣告无效的 5 年期间起算点设置了不同于我国《商标法》的规则。根据我国《商标法》第 45 条第 1 款的规定，在先权利人或者利害关系人可以自商标注册之日起 5 年内申请无效宣告。而德国《商标和其他标识保护法》第 51 条第 2 款则将期间起算点设置为在先权利人对争议商标之使用知情之日，且根据相关判例，此处的知情仅限于明知，应知或因疏忽而不知是不够的。[1] 唯一的例外是在先权利人恶意地对在后权利人对争议注册商标显而易见的使用选择视而不见，视同明知。[2] 此外，德国法上要求 5 年申请宣告无效期间内，在先权利人应对在后商标之使用保持容忍。此处容忍的条件是在先权利人不仅对侵权行为在客观上至少是放任或不作为的，还必须以清楚认识到自己是权利人为前提。[3] 该条件进一步强调了在先权利人明知的内容：不仅要求在先权利人对商标存在之事实是明知的，而且明知自己作为权利人存在被侵权的事实。

虽然申请宣告无效的 5 年期间在中德两国均为固定期间，但在起算点上德国法更为灵活。保持容忍这一条件意味着在先权利人非经公权力机关的权利主张便能够通过延迟期间之起算点获得延长固定期间的效果。而我国的 5 年固定期间因起算点也是固定的，不可能通过某种私力救济实现期间的延长。延长固定期间当然不是目的，但固定期间何时起算却是特定体系条件下实现规范目的的必要条件。

除了考虑法律的安定性，[4]德国法如此设计也出于体系上的必需。德国《商标和其他标识保护法》在商标注册审核中仅针对绝对保护障碍加以审查，假使德国法采用与我国法相同的申请宣告无效期间起算点，就意味着在先权利人负有一项无比沉重的义务以保护其商标权利，即在先权利人应当定期乃至时刻关注商标审定公告，否则将丧失申请宣告相关争议商标无效之权利。

我们并不能因为特定规则在特定体系条件下的作用就断言何者更优，更

---

[1] Vgl. Ingerl/Rohnke/Nordemann, Markengesetz, 4. Aufl., 2023, Rn. 10.
[2] Vgl. BGH GRUR 2016, 705.
[3] Vgl. Ingerl/Rohnke/Nordemann, Markengesetz, 4. Aufl., 2023, Rn. 11.
[4] Vgl. Ingerl/Rohnke/Nordemann, Markengesetz, 4. Aufl., 2023, Rn. 10.

重要的是背后的体系原因以及该原因给我们的提示。从价值评价角度来看，申请宣告无效的5年期间的存在，一定程度上已经表明了对在后商标实际使用所产生的价值的肯定，但是德国法进一步通过明知、容忍两个条件，强调了在后商标经使用产生的价值只有在具备合法性的前提下才真正能够被法律保护。这一做法在德国法体系下缓解了争议"两造"各自的举证困难并且在商标使用方面也有促进意义。一方面，在宣告无效的诉讼或行政裁决中，在后权利人想要证明在先权利人在某个特定时点已经明知侵权事实是十分困难的，这使得在先权利人不必时时刻刻提防潜在的被侵权危险；另一方面，德国判例又给出了例外条件，即在先权利人恶意无视侵权事实视同明知，该条件更具客观性，相对更容易证明，以此肯定并保护了在后权利人经使用对商标价值增益的利益以及时效利益。同时，该例外规则无疑促进了正直的在后权利人充分使用自身商标，也变相降低了在先权利人的维权成本。从法技术角度来看，中德两国法律的差异有其各自体系上的原因，如若修订其中一部分，必须全盘检视新规则是否会带来外在体系瑕疵。例如，如若商标注册审查从全面审查修改为仅对绝对无效理由审查，则必须同步修订申请宣告无效期间起算点等具有体系关联的一系列规则。①

上述起算点之区别带来的最直接也是最浅显的提示是：依照目前我国商标法之体系，若希望商标审查改革能够维持我国商标法整体的稳定性，则尚应在商标注册审查中维持全面审查制度。在全面审查制度下，商标审查机关承担排除可能的权利冲突的义务，事前的预防和救济机制关乎注册商标的稳定性和在先权利人利益。

---

① 与申请宣告无效期间联系最为紧密的是诉讼时效的规则。商标权的防御性请求权（停止侵害，排除妨害，消除危险）是否受诉讼时效的限制看似没有争议，根据《民法典》第196条第1项的规定，防御性请求权不适用诉讼时效，但是，如若考虑到《商标法》第45条第1款（申请宣告无效期间），前述结论可能并不妥当。假使经善意申请但存在对在先商标侵权事实的在后商标经过此5年期间，那么该在后商标将无法基于异议或无效程序被撤销，但此时在先商标权人的防御性请求权仍可获得法院支持，法院将陷入两难。并且不难预见，此种情形还潜藏着一种极大的危险，即法院很有可能为了能够做出判决而选择在个案事实评价上做出不同于普遍标准的判断，这将不可避免地造成商标审定标准的扭曲。《商标法》第45条第1款实际上起到了类似于取得时效规则的作用，这在相当程度上已经脱离了我国民法的典型讨论语境，在存在类似于取得时效规则的情况下断然拒绝诉讼时效的适用是不合理的。进一步来说，若将全面审查改为仅针对绝对理由审查，前述矛盾将会更加显著。为了避免体系瑕疵的产生乃至扩大，相应设计诉讼时效的特殊规则或者设计关于商标并存的新规则将是非常重要的课题。

(三)明确程序功能以优化程序间的衔接

每项程序的设置均背负着历史使命,或是发挥着一定的功能,或是期望程序的运行达到一定的目的。商标注册审查制度采取的是"全面审查"还是"绝对理由审查",异议程序与无效宣告程序的运行规则均与各自功能定位息息相关。总结德国和日本的商标注册审查实践,可以发现两国虽同采异议后置但程序内部、程序之间存在不同的运行规则。德国的商标注册审查制度对公共利益与私权的保护存在明确的界限。对于可能造成公共利益的损害的,从立法上赋予了商标主管机关权能,如将驰名商标纳入绝对保护障碍之一,允许德国专利商标局依职权启动无效宣告程序等,以切实保障公共利益。对于涉及私权利的部分,德国充分尊重私权,在立法上尽可能地避免行政机关的主动介入,并保障私权救济渠道畅通。德国虽然不审查相对保护障碍,但从异议程序的启动主体及理由可以发现该制度是为私权救济而设置的。在德国无效宣告程序中,尽管基于相对保护障碍而提起无效宣告程序需要受5年期限限制,但该期限的起算点却要求申请人具备"明确知道"的主观要件,且不存在推定的空间。对于申请人"明确知道"的时间点是很难进行举证的,因此在司法实践中如此规定更有利于对在先权利人的保护。反观日本的商标注册审查制度,日本更关注社会公共利益。日本在商标注册审查中采取全面审查模式,而日本异议程序的定位是纠正行政机关的瑕疵,因此日本形成了以商标主管机关为主导的程序运行模式。在异议程序与无效宣告程序的设置上,因没有在启动主体及理由中进行区分,故异议与无效宣告程序各自发挥的功能并不清晰。尽管实质上并未造成异议与无效宣告程序功能的错乱,但程序功能上存在实质性重叠。

目前,我国的各项改革正致力于优化商标注册审查制度。我国在规则与程序的设置上应吸取德国及日本的改革经验,明确区分异议与无效宣告程序的功能。我国现行的商标注册审查制度更侧重于保护公共利益与实现公平。在该理念的引领下,我国的商标主管机关的审查任务较重,异议程序的运行也更多由行政机关推进和主导。在商标申请量不大的情况下,由商标主管机关主导程序运行,有利于保障商标注册质量及稳定性。但当商标申请量非常庞大时,上述定位将对商标注册审查效率造成负面影响。另外,由于无效宣告程序的救济渠道只能是提起行政诉讼,在一定程度上反映出我国的无效宣告程序实际上仍然是针对行政机关的纠错程序。在现行程序定位下，后置的异议程序与无效宣告程序将会存在功能上的重叠。

为避免程序功能的重叠，可参考德国的异议实践，将异议程序定位为主要的权利救济渠道。从商标权的财产权属性出发，在进行制度的设计时应充分尊重私权属性，并在制度中优先保障在先权利得到有效保护。其一，限缩异议启动主体及理由。将异议程序的启动主体限缩在在先权利人的范围内，而异议理由应是基于拒绝注册的相对理由。其二，异议的审理理念应由商标主管机关"主导"到异议双方"能动"。当在先权利人通过异议程序寻求救济时，异议规则应推动异议双方积极参与举证及答辩环节。其三，增设异议纠纷的自我和解机制，赋予异议主体更多的谈判空间。作为商标注册大国，我国的异议申请量是德国的50倍、日本的361倍。我国在异议程序的设置上更迫切需要寻求一项足以高效解决异议纠纷的机制。吸纳德国异议冷静期经验，在异议程序中引入自我和解机制，充分发挥异议主体的主观能动性，不仅有利于推动行政资源的合理配置，也充分尊重了商标权的私权属性。在异议纠纷自我和解期间，异议双方可以通过让渡部分权益，如限缩商标指定申请的商品或服务范围，撤回异议或商标申请，支付对价等以达到解决异议纠纷的目的。异议双方协商达成和解有利于提高异议纠纷解决效率，缓解缩小审查范围可能带来的案件增量。长期以来，我国在"以和为贵"的传统思想引导下，在民事、行政纠纷中已形成较为成熟的和解制度，引入异议的自我和解机制的可行性也比较大。而无效宣告程序的功能应当兼顾瑕疵修正与权利救济。对于涉及公共利益的部分，立法上应赋予商标主管机关主动启动权力；对于涉及私权利益的部分，立法上应赋予私权主体更大的选择权和处分权，在权利救济的选择上不局限于行政救济，而是可以直接向法院提起无效宣告之诉。在无效宣告程序的审理中，对于私权纠纷也应允许在先权利人与商标权人以协议的形式解决。

(四)在商标注册审查制度中引入使用要件

"商标的生命在于使用"，商标只有在使用过程中才能体现其价值。一方面，可将使用标准纳入商标注册审查当中，如日本实质上为实际使用的商标提供更加快捷的审查路径，在商标授权阶段倡导商标使用的理念和规则，可以从正向鼓励商标的实际使用。2022年，国家知识产权局发布《商标注册申请快速审查办法(试行)》(以下简称《商标审查办法》),对部分涉及维护国家与社会公共利益的商标申请①提供快速审查渠道。《商标审查办法》的出台,使在商标注册审查过程中提供快速审查渠道具备较大的可行性。符合快速审查条件的商标申请,将在获准快速审查之日起20个工作日内完成审查。《商标审查办法》所提供的快速审查是对少量涉及公共利益的商标申请进行分流。然而,大量不涉及国家与社会公共利益的商标申请才是庞大商标申请量的主要部分,我国更迫切需要对此类商标申请进行分流。由于我国的商标注册申请体量庞大,因此商标注册审查制度的进一步优化方向应以商标实际使用情况作为依据,划定出不同的标准,进行快速审查实践,探索构建不同速率的快速审查渠道。

另一方面,可将商标使用作为行使抗辩权及寻求救济的要件之一。德国明确规定了"商标未使用抗辩",将商标的实际使用作为对抗程序中的抗辩理由之一。我国可以吸纳德国的规定,将实际使用作为商标权人面临异议时的抗辩理由之一。若在先权利人未能实际使用其商标,该在先权利人便需要承担由此带来的不利后果,即异议被驳回的风险。此外,还可以明确将商标的实际使用作为提起异议、无效等救济程序的要件之一。在先权利人在提交异议、无效申请时,商标主管机关应要求在先权利人提交证明其在先权利已实际使用的证据,否则将不予受理在先权利人申请。将实际使用作为提起异议、无效程序的要件具有一定正当性。提起异议本质上是行使权利救济的手段。长期以来,若商标未能实际使用,该商标便不存在与之相联系的商品或服务。这表明,长期未实际使用的商标并不会与在后注册的商标产生冲突,因此,依据一项未实际使用的商标提起异议程序是不具有正当性的。

作为传统的注册取得制国家,我国长期以来忽略了商标使用在商标权取得中的重要性,②从而导致商标抢注与囤积盛行。大规模的恶意商标注册申

---

① 《商标审查办法》第2条规定:有下列情形之一的商标注册申请,可以请求快速审查:(1)涉及国家或省级重大工程、重大项目、重大科技基础设施、重大赛事、重大展会等名称,且商标保护具有紧迫性的;(2)在特别重大自然灾害、特别重大事故灾难、特别重大公共卫生事件、特别重大社会安全事件等突发公共事件期间,与应对该突发公共事件直接相关的;(3)为服务经济社会高质量发展,推动知识产权强国建设纲要实施确有必要的;(4)其他对维护国家利益、社会公共利益或者重大区域发展战略具有重大现实意义的。

② 参见冯晓青、刘欢欢:《效率与公平视角下的商标注册制度研究——兼评我国商标法第四次修改》,载《知识产权》2019年第1期。

请,增加了商标注册机关的审查压力。尽管我国在第4次《商标法》修改后,新增了"不以使用为目的的恶意商标注册申请,应当予以驳回"的规定,并将该规定作为拒绝商标注册的绝对理由之一,但引入恶意注册申请的概念未杜绝恶意注册行为。对于解决恶意注册问题,除了通过法条进行规制,还可以通过正向激励减少恶意注册行为的发生。恶意注册的反面便是善意使用,将使用标准纳入商标注册审查当中,将实际使用作为对抗程序的抗辩理由及启动要件之一,鼓励商标申请人进行使用,对防止恶意注册具有积极意义。

本章小结

国际主流的4种商标注册审查模式为"全面审查+异议前置""绝对理由审查+异议前置""全面审查+异议后置""绝对理由审查+异议后置"。通过比较法分析,可以发现即便采同一种商标注册审查模式,各国的商标审查实践仍因法律环境的不同而各具特色。随着商标注册意识的普及,商标注册申请量急速攀升,各国的商标注册审查制度面临巨大挑战。为应对上述挑战,国际上形成了两种不同的变革趋势。一是以欧盟、英国及法国为典型代表,从商标审查模式着手,采绝对理由审查;二是以日本及德国为典型代表,从异议程序的设置入手,改采异议程序后置。两种不同的变革路径各具优越性,因此,对于两种变革路径何者更优的判断,不应当仅仅考虑制度本身,还需结合国情及实践需求进行考察。

通过对欧盟、英国及法国的商标注册审查实践及运行情况的分析发现,改采绝对理由审查模式的变革思路对法律环境及社会的知识产权意识及素养有较高的要求,因此对其引入应持审慎态度。对于商标注册审查实践而言,无论是否采取绝对理由审查变革,都应当在商标法律体系中为在先权利人创设多元的救济途径,避免注册的商标与其他在先权利相冲突,保障商标注册质量,以程序规则促进权利冲突的有效解决。

通过比对日本和德国的异议后置改革实践,可以发现商标异议后置制度的优越性。异议程序后置可以为商标注册审查周期的压缩提供空间,同时保障商标注册质量。本书认为,"全面审查+异议后置"模式的变革门槛更低,更容易实现兼顾审查质量与效率，因此，保留"全面审查"与目前的中国国情相符。然而，引入转向后置的异议程序还需在商标注册审查制度中引入公众监督，明确区分不同救济程序的功能并从程序设置层面正向鼓励商标的实际使用，以兼顾公平。商标注册审查制度的变革不可能是一蹴而就的，需要不断结合实践进行调试，在程序的运行过程中不断优化各项资源配置，以平衡各方利益。

第四章 我国商标注册审查制度的改革方案

我国商标注册审查制度在实践中显现的种种问题已经充分说明：商标注册审查制度的改革势在必行。制度的改革不仅需要关注国际社会的变革潮流与趋势，还需要结合自身的现实国情与实施条件。与此同时，制度的改革还是一个系统工程，既需要明确改革的重点与核心，又需要顾及前后关联环节的同步与协调。本章将在明确总结我国商标注册审查制度改革所面临的现实国情的基础上，明确改革的目标，选择适合我国国情的改革方案并进行总体设计。

第一节 我国商标注册审查制度改革的国情与目标

不同的商标注册审查制度实际并无利弊之分，但在实施和运行过程中，却有适合与否之别。只有适合一个国家或地区基本国情，契合该国家或地区改革目标的商标注册审查制度，才是最优的制度。因此，在选择我国的商标注册审查制度的改革方案之前，也应当先分析我国改革所面临的现实国情与实际目标。

一、我国商标注册审查制度改革面临的特殊国情

我国商标制度运行所扎根的土壤，以及商标注册审查制度改革所面临的环境，可能是最为特殊的。本书认为，相较于其他国家和地区的商标注册审查制度改革，我国起码面临以下两个方面特殊情况。

(一) 市场化的迅速发展与市场信用的发育迟缓

事实上，无论是商标的使用需求还是商标的基本功能，均发轫于商品市场

的形成。因此,市场化与商标注册之间存在直接的、密不可分的关系,两者相互影响,共同塑造着商标制度的发展格局。一方面,市场化推动了商标的注册需求,激烈的竞争也推动了商标的创新。在市场化的迅速发展过程中,企业会逐渐在市场竞争中追求差异化和独特性,而具有独特标识的商标可以帮助企业在竞争激烈的市场中脱颖而出,提高产品或服务的辨识度。因此,市场化的趋势激发了企业对商标注册的需求,以保护企业品牌资产,确保在市场中占据有利位置。与此同时,随着市场竞争的激烈程度增加,企业为了在市场中立足,就需要不断创新。商标作为企业形象的一部分,也需要不断创新以适应市场需求。因此,市场化的压力促使企业更加注重商标设计和保护,从而推动了商标注册的申请数量的增加。另一方面,商标注册增加了市场的透明度,也规范了市场竞争。商标注册为消费者提供了关于产品或服务来源的明确信息。在市场化的环境下,消费者更加注重品牌和产品的信誉,而注册商标是企业对其产品质量和服务的一种承诺。因此,商标注册的增加有助于提高市场透明度,促使消费者更加信任并购买注册商标的产品或服务。而为了获得商标注册,企业必须确保其商标与现有注册商标有明显的差异,避免侵犯他人权益。这种规范作用有助于防止不正当竞争行为,维护市场公平竞争的环境。

可以说,市场化与商标注册制度之间是一种相互促进的关系。市场化推动了商标注册的需求,而商标注册制度的健全又有助于规范市场竞争,为市场提供更多信息,促进创新和保护知识产权。这种相互关系有助于构建良好的市场环境,使商标在市场中发挥更为重要的作用。然而,对我国而言,市场信用的建设并没有跟上市场化的迅速发展,信用市场发育迟缓的问题在经济转型和市场化进程中逐步显现,由此也催生了一些意料之外的不正当竞争行为或者说非诚实信用的市场现象。这不仅影响了商业环境的良好运作,而且也对商标制度的运作产生了深远的影响。市场信用的发育迟缓在商标注册领域主要表现为恶意注册。由于市场化进程迅速,一些企业或个体投机性地利用市场和法律的漏洞,采取不正当手段进行恶意注册。比如抢注他人已经使用的未注册商标,挟持公共知识产权或者故意模仿其他成功品牌的商标。这些行为的目的或是牟取高价转让费用,或是妨碍竞争对手的正常经营,或是滥用商标权以达到谋取不正当经济利益的目的。

我国市场信用发育迟缓的原因主要有三点。一是法律法规的不健全。我国在市场经济体制建设中的法律法规相对滞后,特别是在商标领域的立法和实施方面,存在漏洞和空白。这使恶意商标注册者难以受到有效制约。二是监管机制的不健全。商标注册机关在面对大量商标注册申请时,难以有效监测和识别恶意注册行为,缺乏足够的监管手段和资源,导致一些不法分子能够逃避监管。三是行业自律机制的缺乏。在一些行业中,缺乏良好的行业自律机制,导致企业在商标注册方面存在恶性竞争和使用不正当手段。企业之间的恶性竞争可能引发商标恶意注册现象,而缺乏自律机制使这种现象更为突出。未能跟上市场化迅速发展的市场信用问题以及由此产生的恶意注册,首先,直接损害了企业的合法权益,尤其是企业在品牌建设和市场推广方面的利益。企业的创新动力和投资热情可能受到打击,影响市场竞争的公平性和健康发展。其次,还降低了市场的透明度。混乱的商标注册使消费者难以准确判断产品或服务的真实品牌背景,加大了购物者的信息不对称程度,降低了市场的效率。最后,我国商标恶意注册泛滥的问题还在一定程度上影响了我国的国际形象。

由此,对于我国的商标注册审查制度改革而言,如何在迅速发展的市场化和发育迟缓的市场信用之间取得平衡并重点规制恶意注册行为,将是制度改革的特殊命题。

(二)行政机关主导的审查优势与资源配置不当

相较于其他实施商标注册审查制度改革的国家和地区,我国还有一个特殊的国情就是,我国商标注册审查制度的建立和运行,长期以来都具有浓厚的行政管理色彩,或者说,商标注册审查机关在对商标的审查、异议等各流程和后续的管理中都承担主导角色。我国的商标注册审查由国务院知识产权行政部门统一负责,形成了一套专门的行政审查体系。同时,知识产权行政部门的这种审查具有权威性和强制性,对商标注册的批准和否决具有法律效力。这使知识产权行政部门的意见在商标权益确认中具有重大的决策作用。此外,知识产权行政部门在商标审查中不仅是决策者,还充当了行政指导者的角色,商标局可以通过发文、解释法规等方式,对商标审查的一些具体事项进行解释和规范,对行政实践产生重要影响。

本书认为,我国商标注册机关在商标注册审查中的这种主导性地位实际上利弊兼具,应当客观看待。一是行政机关主导商标注册审查工作更有利于为商标注册工作提供法治保障,并保证商标注册审查体系的权威性、统一性与公正性。行政机关在商标注册审查中主导,可以使商标审查工作严格遵循明确的法规和法律程序,更好地确保商标审查工作在法治框架内进行,为商标权的确认和纠纷的解决提供法治保障。同时,行政机关负责下的全面审查模式有助于形成统一的商标审查标准,尽可能地减少审查结果上的差异,提高商标制度的公信力。行政机关作为中立的第三方,还有助于确保商标审查的公正和公平。而商标审查员经过专业培训,能够相对客观地判断商标的注册条件,避免当事人偏见对审查结果的影响。

二是行政机关主导商标注册审查工作在专业性和效率提升方面具有显著优势。商标的注册审查实际上是专业性很强的工作,审查员通常需要接受系统的、长期的专业培训,具备商标法律和知识产权方面的专业知识方可从事。这无疑有助于确保审查过程中对商标法规的准确理解和正确应用,提高审查的专业水平。不仅如此,行政机关还能集中大量资源,提高审查效率。这有助于更迅速地处理商标注册申请,为企业提供更快速的商标注册服务,促进市场竞争。实际上,在我国海量的商标注册申请背景下,正是因为行政机关在不予注册绝对理由和相对理由审查中的全面主导才能够解决商标申请案的积压,实现商标注册周期的不断压缩。

三是行政机关主导商标注册审查工作还有利于实现注册商标的标准化管理,引领市场的有序竞争。行政机关可以通过建立标准化的审查流程和管理机制,提高审查的标准化程度。这有助于减少主观因素的介入,增加审查的规范性,确保商标审查的质量和稳定性。而这种审查保障还能进一步起到激励企业遵循市场规则,提高商标的质量和知名度的作用。

然而,商标权毕竟是私权,商标的注册、权利冲突的解决,在绝大多数情况下仍然属于当事人意思自治的范畴。过强的政府干预逐渐显示出弊端,我国行政机关主导商标注册审查的效率优势在当前也遭遇了进一步提高的瓶颈,而这种行政管理造成的种种弊端也需要我们客观认识和加以解决。首先,是资源浪费问题。由于商标审查工作量大,行政机关需要投入大量人力、物力和财力。过于烦琐的审查流程和大量的复审工作可能导致资源浪费,行政机关在商标注册审查工作中占据主导,无疑会因为烦琐的审查流程、复杂的组织结构、大规模的人员调配等问题而产生资源上的极大消耗,而这些资源本可以用于更加紧迫和有价值的领域,例如深化商标制度改革或提升审查效率。长此以往,行政资源浪费的问题就可能逐步显现。对于当事人来说,这也无疑提高了商标注册的成本。其次,是信息不对称问题。行政机关主导商标注册审查固然有专业性上的优势,但也会存在信息获取上的不足,审查员在决策时可能无法获取足够的市场信息,导致审查结果不够准确,企业和商标持有人难以对审查结果进行有效的沟通和解释。同时,行政机关的决策通常受限于法规和政策,相对缺乏对市场的敏感性。在商标注册中,尤其是在新兴行业和技术创新领域,行政机关可能无法及时调整审查标准以适应市场的变化,导致商标审查的不足和滞后。最后,是私权实现问题。行政机关主导商标注册审查工作最受质疑的一点就是是否尊重了商标权私权属性和当事人的意思自治。比如,在某些相对理由冲突时,并不是所有在先权利人都会反对在后商标的注册,出于对商标实际使用情况和成本方面的考量,在先商标权人完全有可能不提出异议,此时,行政机关代替当事人和市场,单方面否决此类商标的注册,是否有必要性? 这是很多理论界和实务界人士不赞成全面审查模式的原因。

综上所述,市场化的迅速发展与市场信用的发育迟缓和行政机关主导的审查优势与资源配置不当构成了我国商标注册审查制度改革的特殊背景或者说特殊国情。如何通过总结其他国家和地区改革经验,处理好这两个方面问题,可能是我国改革要克服的主要困难。

二、我国商标注册审查制度改革的目标:提质增效

目标是行动的指引。对于我国亟须进行的商标注册审查制度改革而言,必须明确改革的目标,继而围绕改革目标,分析不同改革方案的利弊,从中选取适合我国法律基础和社会环境的最优方案。

我国是世界上商标注册申请量最大的国家,曾一度形成商标注册申请案积压的问题。时至今日,我国仍然面临海量的商标申请。如何确保完成商标注册审查工作一直是我国知识产权行政部门所面临的难题,并未因商标审查积压问题的解决而消失。

2013 年修正的《商标法》对商标审查工作的时限明确作出了规定:商标局初步审查时限为 9 个月,公告异议期为 3 个月,对异议申请调查核实作出决定的时限为 12 个月(有特殊情况需要延长的,经国务院工商行政管理部门批准,可以延长6个月);此外,对商标无效宣告、撤销的审查时限也作了相应规定。[①]我国知识产权行政部门从体制机制入手,采取多项措施以提升工作效能。一是按照《商标法》的要求,编写了商标审查工作流程,明确了各环节审查时限;二是制定了商标局实施审查辅助人员绩效激励机制方案,加强对商标审查辅助人员的培训,并对审查辅助人员合理管理,以此激励审查辅助人员的工作积极性;三是调配人员坚持合理性原则,合理划分审查力量,以集中力量缓解商标审查压力。

2014年,为进一步提高商标审查质效,国家工商总局出台《关于完善商标审查机制、提高审查工作效率的意见》,吹响了商标审查体制机制改革的号角。[②] 2016年,国家工商总局印发了《关于大力推进商标注册便利化改革的意见》,其中明确要求加强对商标的审查,提高审查效率。2017年,国家工商总局发布《关于深化商标注册便利化改革切实提高商标注册效率的意见》,明确指出要"促进商标审查质量和效率全面提升,有效应对商标注册申请量高速增长的态势,进一步缩短商标审查业务周期"[③]。与此同时,规定在商标检索盲期、受理通知书发放、电子发文等方面采取措施以"优化审查流程,提高审查效率"。

2018年,国家工商总局制定的《商标注册便利化改革三年攻坚计划(2018—2020年)》将"提高审查效率,缩短审查周期"作为第一项"重点任务",明确要求缩短商标审查业务各环节的办理时间,在2018年年底之前,将商标注册审查的时间周期由8个月减至6个月,到2020年,将包括国际注册审查在内的商标注册申请审查时间缩短至不超过4个月。[④]

2020年,国家知识产权局印发的《关于深化知识产权领域"放管服"改革营造良好营商环境的实施意见》将"提升知识产权审查效率"作为知识产权领域改革的一项内容。[⑤]该意见还提出,要按照国务院提出的目标,用3年时间,

---

[①] 参见《商标法》(2013年修正)第28条、第33条、第34条、第35条等。
[②] 参见王晶:《首创试点引领示范——走进广州商标审查协作中心》,载《中华商标》2019年第2期。
[③] 原国家工商行政管理总局《关于深化商标注册便利化改革切实提高商标注册效率的意见》(工商标字〔2017〕213号)。
[④] 参见《商标注册便利化改革三年攻坚计划(2018—2020年)》。
[⑤] 参见《关于深化知识产权领域"放管服"改革营造良好营商环境的实施意见》。

将商标注册平均审批时间压缩到 4 个月以内,继续压缩审查的时间周期。①

2021 年,《关于深化知识产权领域"放管服"改革优化创新环境和营商环境的通知》再次发布。相较于 2020 年度的实施意见,该通知将"持续压缩商标、专利审查周期"提升到了首要位置,提出要积极调配审查资源,加强审查能力建设。

同年,中共中央、国务院印发了《知识产权强国建设纲要(2021—2035 年)》,将"实施一流专利商标审查机构建设工程……提高审查质量和效率"提升到国家战略的高度上来。②

2022 年,国家知识产权局为了落实知识产权领域"放管服"改革措施,完善商标审查制度,更好满足市场主体差异化需求,服务经济社会高质量发展,颁布了《商标审查办法》,以求进一步提高我国商标注册的整体效率。

综上可见,提高商标注册审查制度的运行效率一直都是我国商标领域法律制度构建、商标品牌战略实施乃至国家知识产权强国建设的重要目标之一。但是,我国商标注册审查工作仍然存在质量问题。一方面,随着海量注册商标的积累,"死亡商标"已经成为许多在后申请的障碍,也浪费了宝贵的商标资源,引发了许多市场主体的不满。另一方面,商标的恶意申请和注而不用的注册证书囤积行为不仅给我国知识产权行政部门带来繁重的审查压力,也导致我国注册商标整体质量的下降。此外,海量商标申请下的审查质量也值得关注。长期以来,我国商标审查员始终处于超负荷工作状态,在 2013 年,人均月审查量就已经超过 450 件,相当于美国、日本等发达国家的 3 倍。③ 如何在提高商标审查效率的同时兼顾商标审查工作的质量和注册商标的质量,成为我国商标注册审查制度运行过程中另一个值得关注的问题。

2019 年,受困于日益泛滥的恶意申请和注册证书囤积等行为,《商标法》新增了第 4 条第 1 款"不以使用为目的的恶意商标注册申请,应当予以驳回"的规定。④ 同年,国家市场监督管理总局颁布的《规范商标申请注册行为若干

---

① 参见《关于深化知识产权领域"放管服"改革营造良好营商环境的实施意见》。
② 参见《知识产权强国建设纲要(2021—2035 年)》。
③ 参见中华人民共和国国家工商行政管理总局商标局、商标评审委员会编著《中国商标战略年度发展报告(2013)》,中国工商出版社 2014 年版,第 8 页。
④ 参见《商标法》第 4 条第 1 款。

规定》也强调申请注册商标要遵循诚实信用原则。①

2021年，国家知识产权局关于印发《推动知识产权高质量发展年度工作指引（2021）》，提出我国的知识产权工作要坚持高质量发展主题，大力提升知识产权创造质量，同时制定了"推动知识产权高质量发展任务清单"，强调要持续提升知识产权审查质量和效率。同年，国家知识产权局《关于深化知识产权领域"放管服"改革 优化创新环境和营商环境的通知》首先强调"持续压缩商标、专利审查周期"，其次强调要"切实提高商标、专利申请质量"②。也是在这一年，在《知识产权强国建设纲要（2021—2035年）》中，中共中央、国务院将对知识产权质量的强调摆到了效率之前，将"改革驱动，质量引领"作为知识产权强国建设的一项工作原则。随后，国务院印发《"十四五"国家知识产权保护和运用规划》，指出："我国正处于实现中华民族伟大复兴的关键时期，经济已由高速增长阶段转向高质量发展阶段"，知识产权的保护和运用要"坚持质量优先。坚持高质量发展方向不动摇，加快推动知识产权工作由追求数量向提高质量转变，促进知识产权高质量创造、高效益运用、高标准保护、高水平服务，更好服务现代化经济体系建设。"③

2022年，国家知识产权局发布《关于持续严厉打击商标恶意注册行为的通知》，表示："风清气正的商标注册管理秩序是推动知识产权事业高质量发展、营造良好创新环境和营商环境的重要基础。"④为了"加速推进我国由知识产权大国向知识产权强国转变"，各地知识产权局和商标局要"以'零容忍'的态度持续严厉打击商标恶意注册行为"。

2023年，国家知识产权局出台《系统治理商标恶意注册促进高质量发展工作方案（2023—2025年）》，希望"到2025年，商标恶意注册行为治理取得实质性进展"⑤。该方案同时提及，"审查审理提质增效"是增强商标恶意注册行为治理能力的重要内容。

综上所述，商标注册审查的质量与效率是我国商标实务工作和国家知识

---

① 参见《规范商标申请注册行为若干规定》第3条。
② 国家知识产权局《关于深化知识产权领域"放管服"改革 优化创新环境和营商环境的通知》。
③ 《"十四五"国家知识产权保护和运用规划》。
④ 国家知识产权局《关于持续严厉打击商标恶意注册行为的通知》。
⑤ 《系统治理商标恶意注册促进高质量发展工作方案（2023—2025年）》。

产权建设工作的一体两面,不可偏废。2022年,国家知识产权局商标局局长崔守东在总结"十三五"时期商标工作的实践与成效时围绕"全面提升审查能力""持续提升审查效率""稳步提升审查质量"总结了商标局"以审查提质增效为目标"的效能型机关建设情况。同时,崔守东明确指出,"十四五"时期,我国要继续深化商标改革,不断提升工作效能。换言之,"提质增效"就是我国商标注册审查制度改革最为重要的目标。

所谓质量,首先指知识产权行政部门审查工作的质量,如进一步延伸,应指注册商标的质量,即通过我国的商标注册审查制度获准注册的商标应当具有较高质量。因为这反映了注册审查工作的成果。本书认为,此种质量不仅意味着通过审查被确定注册的商标符合显著性、非功能性、合法性和在先性的要求,还意味着该商标不属于恶意抢注、牟利性囤积等恶意注册,更意味着该商标在实际使用、商誉积累、品牌打造、后续流转等方面能够体现出商标这种无形资产的价值,最终起到促进市场良性竞争,推动我国知识产权向纵深发展的良好作用。

所谓效率,在狭义上指知识产权行政部门审查工作的效率,在广义上,应指商标注册的整体效率,即我国的商标注册审查制度在处理商标注册申请方面具有较高效率。简言之,这意味着要通过对商标注册审查制度的良好设计,在单位时间内,以最少的时间成本、人员成本和金钱成本处理完毕最多的商标注册申请。商标注册审查制度是我国商标法律制度的基础和主体,包含规范商标申请行为的商标权取得制度、行政机关对拟注册商标进行审查的审查制度,以及各方主体对拟/已注册商标进行异议和审查的异议制度。因此,我国商标注册审查制度提质增效改革的实施至少也应落实到对上述3项制度的改革或优化中来。商标权取得制度是商标注册的门槛,以商标权利取得基础划分,主要分为使用取得和注册取得两种模式。对商标权取得条件的要求决定了商标注册的门槛的高低,实际上也直接影响了注册商标的质量。通常来说,以"使用"作为商标权取得条件的使用取得模式更具有正当性,也更加符合商标保护的本质;[1]但是,出于效率的考量,注册取得模式更能契合现代经济社会

---

[1] 参见李明德:《〈郑成思教授逝世三周年纪念文集〉序言》,载中国法学网,http://iolaw.cssn.cn/zxzp/201005/t20100517_4606365.shtml。

的要求,已经成为被各个国家和地区广泛采取的商标权取得模式,我国也不例外。完全采取使用取得模式,完全没有建立商标注册制度或者完全不顾及注册商标效力的国家几乎已经没有了。

审查制度是商标申请注册最主要的关口,按照知识产权行政部门的审查内容划分,可以分为绝对理由审查和全面审查两种模式。较之绝对理由审查模式,全面审查模式意味着知识产权行政部门会对拟注册商标质量的把握更加广泛和深入,但自然会损失部分效率。如何平衡审查制度中的质量和效率,不仅考验审查制度本身的标准制定和流程设计,还考验审查制度与其他制度的配合与衔接。

异议制度是商标注册的防线,按照异议制度所处的流程位置划分,可以分为异议前置和异议后置两种模式。异议制度是商标注册审查中较为灵活的一环,可以根据审查制度对商标注册质量和效率的把控程度进行调整。当前方的审查制度对商标注册的质量要求较为严格时,异议制度的设计就可以更加简洁,以提高制度整体的效率;当前方的审查制度不对商标注册的质量做过高要求时,异议制度就要承担起更重的防线作用,甚至代替审查制度承担部分实质审查任务。

本书通过研究认为,综观各主要国家和地区的商标注册审查制度改革情况,对审查制度或异议制度进行变革是比较常见的改革方案,也积累了比较丰富的改革范本与经验。一般来说,知识产权行政部门对不予注册绝对理由进行主动审查的方式宜与异议前置模式相搭配,而对不予注册相对理由也进行主动审查的全面审查模式宜与异议后置模式相搭配。[①] 因此,对于我国商标注册审查制度的提质增效改革而言,也有两个可以选择的方案,下文将分别进行介绍。

第二节　我国商标注册审查制度的改革选择:转向异议后置

事实上,无论是采用绝对理由审查的改革方案还是转向异议后置的改革

[①] 参见周俊强:《商标异议程序立法研究——兼论我国商标异议程序的改革》,载《知识产权》2010年第2期。

方案,本身都有两面性,并无优劣之分。但是,具体到方案的选择,却有是否适合一个国家或地区的现实国情的区别。因此,我国的商标注册审查制度改革能否真正实现提质增效,还应结合我国的实际情况进行分析。

一、方案比较:异议后置改革的成本与优势

(一)两种改革方案的成本与优势比较

制度改革的成本直接取决于改革的内容,即改革的力度是大还是小。改革的力度越大,对现有制度的影响和改造就越大,所耗费的人力、物力、时间等各项成本自然就越大;反之,则会越小。与此同时,制度改革的成本间接受到现有社会基础的影响,社会基础决定了改革的进行能否顺畅。适应现有政治、经济、文化、心理等条件的改革自然能够更加顺利地实施和推行;反之,则会为改革带来额外的障碍和适应成本。对于我国的商标注册审查制度改革而言,选择异议后置的改革方案应当较采取绝对理由审查的改革方案更具比较优势。

绝对理由审查的改革方案要求在商标注册审查环节减少知识产权行政部门实质审查的内容,实际是对审查制度,这一商标注册最主要的关口所承担的任务作出实质性的调整,这对于整个商标注册审查制度来说将是革命性的。在商标权取得关口放宽的情况下,为了保证商标注册的正确性,商标权取得制度这一门槛和商标异议制度这一防线就要承担更大的责任和使命。

对于商标权取得制度来说,必须要大力强调"使用"要素在商标权取得和商标注册过程中的作用,只有这样才能实质性地提高商标权取得的门槛,防止恶意抢注等各类恶意注册行为。恶意抢注、不以使用为目的的注册证书囤积等各类商标恶意注册行为长期以来都困扰着我国商标注册与保护工作,也是我国当前较为迫切需要解决的问题。在这一背景下,提高"使用"要素在商标权取得中的权重,甚至将"使用"作为商标注册的条件之一,是理论界长期的呼吁,[①]也是我国《商标法》修改过程中探索的改革方向。[②] 因此,无论是否采用

[①] 参见邓宏光:《我们凭什么取得商标权——商标权取得模式的中间道路》,载《环球法律评论》2009 年第 5 期;彭学龙:《寻求注册与使用在商标确权中的合理平衡》,载《法学研究》2010 年第 3 期;黄汇:《注册取得商标权制度的观念重塑与制度再造》,载《法商研究》2015 年第 4 期等。

[②] 我国 2023 年 1 月发布的《商标法(征求意见稿)》第 5 条规定,申请注册商标须以"使用或者承诺使用"为要件;第 61 条规定,商标注册人应当自商标核准注册之日起每满 5 年之后的 12 个月内,向国务院知识产权行政部门说明该商标在核定商品上的使用情况或者不使用的正当理由。

绝对理由审查,提高商标权取得的门槛对于遏制恶意注册都具有积极意义。但不可否认的是,采用绝对理由审查会给人一种知识产权行政部门放松审查标准的错觉,这会给恶意的商标申请人一种心理暗示,并促使其更容易采取行动。① 换言之,在现阶段,采用绝对理由审查虽不必然影响我国的商标权取得制度的优化,但仍然不是明智之举。

对于异议制度来说,在取消国务院知识产权行政部门对相对理由的审查职务之后,在先权利人等主体在异议制度中将实质性地承担起对相对理由的审查任务,以防止相同或近似的商标或者侵犯在先权利的商标得以注册。也就是说,对于在先权利人等主体而言,采用绝对理由审查会增加行为成本。为保护自己的在先权益,在先权利人必须持续关注商标局核准商标的公告,确认有无对自身权益的损害,如有损害须自己提出主张,否则错过一定期限,就将面临法律不再保护自身权益的风险。我国是长期采取全面审查模式的国家,从审查商标冲突的能力来看,相较于注册商标所有人、在先权利人等主体,商标局作为专业机构,拥有最全面、最权威、最及时的信息,且已积累了30余年的审查经验,对于商标冲突判断的准确性是最高的,判断成本是最低的。同时,商标局作为全国统一的商标审查机构,对商标冲突的判断具有规模效应,可以进一步降低判断成本。换言之,对我国而言,社会成员对自身私权自主保护的社会成本会远远超出商标局全面审查的成本。②

因此,在这个意义上,采取绝对理由审查模式看似减轻了知识产权行政部门的审查压力,节约了行政资源,但实际上却变相提高了商标审查的成本,使我国长期以来建立的全面审查模式优势消失殆尽。与实行绝对理由的改革方案需要触及商标注册审查的实质性任务分配不同,保留全面审查但改采异议后置的改革方案更多的是对我国现行商标注册审查制度的程序性改良,可以在不改变全面审查模式,即不明显降低商标审查质量的情况下,仅仅通过调整异议程序设置直接缩短商标注册审查时长,提高商标注册效率。两相对比,异议后置的改革方案无疑力度较缓,成本较低。

绝对理由审查的改革方案和异议后置的改革方案纵然各有优势,但也需

---

① 参见郭珺:《我国商标异议程序完善研究》,中央财经大学2021年博士学位论文,第79页。
② 参见李雷、梁平:《论我国商标授权确权程序的优化》,载《知识产权》2017年第7期。

要结合一个国家或地区的社会基础进行选择才能发挥各自积极作用并减少改革阻力。绝对理由审查的改革方案意味着在对商标不予注册绝对理由和相对理由的审查方面分别由知识产权行政部门和在先权利人进行一次审查，在审查范围与次数上是最为精简的，但是对实施环境的要求也是最高的。无论是自始采取绝对理由审查模式的国家，如法国、德国、意大利，还是后期取消相对理由审查，改采绝对理由审查模式的国家或地区，如欧盟、英国、加拿大，显著的共同点都在于具备自发的、诚信的良好营商环境。以德国为例，德国《民法典》是第一部正式提出"诚实信用"概念的立法。[1] 严格的社会监督管理、完备的法律体系、系统有效的诚信教育和以和为贵的宗教思想不仅共同托举了德国的诚信社会建设，还牢固树立了德国公平竞争的市场理念，创造了良好的营商环境。[2]

(二) 我国选择异议后置改革方案的内因

具体到我国，从计划经济转向市场经济之后，经过40余年的发展，我国经济已经从高速增长向高质量发展转变，经营环境得到极大的改善。然而，受到前期体制改革、经济转型、法治建设等诸多因素的惯力影响，我国的营商环境仍然存在待为完善的情况。反映在商标领域，则表现为日益增强的品牌意识和持续泛滥的恶意注册这一对矛盾。一方面，根据世界银行发布的《2020年全球营商环境报告》，在190个经济体中，中国2019年度全球营商便利度排名第31位，较此前的年度均有大幅跃升。[3] 我国部分大企业已经意识到，世界经济已经从产品竞争、技术竞争发展到品牌竞争，各行业中的领头企业已经十分注重品牌的创立与维护，积极打造自身独立品牌，注册和维护各类商标。另一方面，中小微企业仍然是我国市场主体中最为庞大和活跃的部分，由于诚信意识的普遍缺乏，它们仍然容易受利益驱动而采取不正当竞争手段，通过商标抢注、"傍名牌"、"搭便车"甚至仿冒、假冒等方式谋取不当利益，破坏市场秩序。打击商标领域的恶意抢注、注册证书囤积等恶意注册行为在近年来一直是国

---

[1] 参见王斐民：《民法、商法、经济法视野中的诚实信用原则》，载《首都师范大学学报（社会科学版）》2010年第4期。
[2] 参见赵荣、赵静：《德国社会诚信体系构建的宏观要素分析》，载《德国研究》2017年第1期。
[3] 参见世界银行《2020年全球营商环境报告》。2021年9月16日，世界银行集团发表声明，决定停发《全球营商环境报告》。

家知识产权行政部门的工作要点,①商标领域与他人在先权利的抢注所产生的司法纠纷数量也最多。②

综上所述,取消知识产权行政部门对相对理由的主动审查确实有利于提高商标审查和注册的速度,也符合私法自治的理念,但会降低注册商标的质量。③ 较之西方国家规范的市场运作、牢固的诚实信用理念、顺畅的公平竞争机制和完善的侵权惩罚机制,我国的品牌建设确实起步较晚,发展时间较短,市场环境、市场氛围、市场经济发展程度、公平竞争机制和法律规范体系都还有很大的进步空间。在此情况下,取消相对理由审查,采取绝对理由审查模式,更有可能诱发恶意注册,造成市场的混乱,并不适合我国的社会土壤。

与此同时,我们应该注意到,我国《商标法》所具有的行政管理色彩虽然饱受诟病和质疑,但在客观上也加快了我国商标注册和保护制度的建立与推广。现阶段,我国的中小企业等社会组织的成熟度仍较低,行政机关仍需在商标领域继续发挥引导作用,帮助我国的商标立法逐步实现从公法向私法的过渡。因此,以比较激进的方式去除我国商标法律制度的行政色彩或者放弃知识产权行政部门对商标注册审查工作的主导是不可取的。而在坚持全面审查模式的情况下,由于知识产权行政部门会基于"职权审查主义审慎审查",将异议程序设置在注册之前,很小部分的异议将会使大部分商标获得注册的周期绝对地延长,甚至会使试图利用异议程序来进行不法竞争者有机可乘,④所以更有理由进行异议后置改革。换言之,相较于绝对理由审查的改革方案,异议后置的改革方案更加顺应我国当前的市场环境和法律基础,改革的阻力无疑更低,实施起来会更加顺畅。

除了改革内容和社会基础方面的考虑,从预期效果来看,异议后置的改革方案也会较绝对理由审查改革更加符合我国商标注册审查制度的改革目标。实际上,无论是取消审查阶段的相对理由审查内容,还是将异议程序转移到商标核准注册之后,都能起到提高商标注册效率的作用。前者是通过减少实质

---

① 参见国家知识产权局 2019 年至 2023 年历年工作要点。
② 参见张鹏:《规制商标恶意抢注规范的体系化解读》,载《知识产权》2018 年第 7 期。
③ 参见李雷、梁平:《论我国商标授权确权程序的优化》,载《知识产权》2017 年第 7 期。
④ 参见周俊强:《商标异议程序立法研究——兼论我国商标异议程序的改革》,载《知识产权》2010 年第 2 期。

审查的内容提高效率,后者则是通过改变程序安排提高效率。采用绝对理由审查,其根本优势在于可以更好地贯彻商标权的私权理念,在更长的时间维度和更广的地域范围上实现商标注册与保护制度的协调。从商标法律制度的未来发展方向来看,实行相对理由审查无疑会成为一种趋势乃至必然。因此,也有学者将"绝对理由审查+异议前置"视为我国商标异议程序设置的远期理想模式。[1] 但是,我国商标注册审查制度改革的目标是实现当前商标注册审查工作的提质增效,而非商标注册与保护制度的长远协调。自2018年以来,我国注册商标的实质抽检合格率均维持在95%以上,[2]而平均异议提起率不足2%,这在说明我国商标异议制度功能发挥不足的同时反映了我国知识产权行政部门的全面审查在确保审查质量方面取得了良好效果。鉴于此,保留全面审查,但改采异议后置模式,可以在保障商标审查质量的同时,大幅度提高商标注册效率,最大限度地契合我国当前商标注册审查制度改革的目标——提质增效。

事实上,异议后置改革方案的实质是优先授予商标申请人商标专用权,首先假定商标合法性,并让商标申请人开始使用,发挥商标的效能,而将并不能确定是否发生而且事实证明发生概率极低的权利冲突或纠纷暂时搁置,实现商标效能发挥和商标纠纷解决的两不误。[3] 此种制度设计只要适用于合适的土壤,不仅可以实现商标申请人和在先权利人之间的利益平衡,还可以直接缩短商标注册周期,提高商标注册审查制度的运行效率。

二、现实需求:异议后置模式改革的必要性

之所以选择异议后置的改革方案,不仅是因为该方案在改革内容、社会基础和预期效果等各方面较之取消相对理由的改革方案更具比较优势,还因为我国商标注册审查制度的运行状况也显现出对异议后置改革的迫切需求。

(一)巨量商标申请对审查质效的要求

我国巨大的商标申请量和日益重视的商标质量要求商标法通过对商标注

---

[1] 参见郭珺:《我国商标异议程序完善研究》,中央财经大学2021年博士学位论文,第74页。
[2] 参见历年国家知识产权局年报。
[3] 参见李思佳:《中国商标审查程序存在的问题及对策》,载《河北学刊》2012年第4期。

册审查制度进行改革以持续提高商标注册效率。自1982年《商标法》实施后，流程基本完整并具有市场经济特色的商标注册制度在我国逐步确立，商标申请量也逐年递增。2000年我国加入世界贸易组织后，国内商标申请量大幅度增长，这对我国知识产权行政部门的审查工作提出了极高的要求。然而，商标注册管理部门的审查效率显然不能满足各市场主体短期内获得商标授权的迫切需求。自2000年起，我国商标申请量超过审查量，开始形成商标审查积压的问题，到2007年年底，商标审查周期已超过3年。① 解决商标审查积压长期以来都是知识产权行政部门的主要工作任务之一。② 直至2010年，我国才彻底解决了商标审查积压的问题。但是，解决了商标审查的积压问题，或者说达到了商标注册申请收案与结案的平衡，仍不能满足当前阶段我国商标注册工作的需求。

一方面，我国商标注册申请量近年来的增速虽有所放缓，但基数仍然巨大。2014年突破200万件，2016年突破300万件，2017年突破500万件，2018年突破700万件，2020年突破900万件。从世界范围来看，我国商标注册申请量已经连续20年排名世界第一，且常年以10倍以上的体量领先排名第二的美国。面对如此巨量的商标注册申请，我们时刻不能放缓对商标审查效率的要求。因此，在解决了商标审查的积压问题之后，国家工商总局《关于深化商标注册便利化改革切实提高商标注册效率的意见》仍然得以出台，"优化审查流程，提高审查效率"仍然是重要目标。③ 可以认为，提高商标注册效率始终是商标注册审查的首要目标和任务。此后，国家知识产权局为了营造良好营商环境而推行的知识产权领域"放管服"改革也要求"提升知识产权审查效率"，并且再次强调了"在商标注册平均审查周期实现压缩至4个月以内的基础上，持续压减周期"的任务。④《知识产权强国建设纲要（2021—2035年）》和《"十四五"国家知识产权保护和运用规划》也都在展望我国知识产权未来发展的同时提及提高商标注册审查效率的问题。实务部门、行政机关和党中央发布的上述文件都表明，持续压缩商标注册周期，提高商标注册效率在当前阶段仍然

---

① 参见国家工商行政管理总局编著：《商标注册与管理》，中国工商出版社2012年版，第318页。
② 参见吕册：《商标局：三年清理全部积压商标》，载《中华商标》2008年第3期。
③ 参见国家工商总局《关于深化商标注册便利化改革切实提高商标注册效率的意见》。
④ 参见国家知识产权局《关于深化知识产权领域"放管服"改革营造良好营商环境的实施意见》。

是我国商标注册审查工作的主要任务之一。

另一方面,我国经济已经发生从高速增长到高质量发展的转型,在知识产权方面推进高质量发展也成为我国知识产权强国建设和"十四五"期间知识产权工作规划的基本要义。当前,我国的商标注册审查工作已经将对"质量"的要求摆到了与对"效率"的要求同等重要,甚至更为突出的地位,明确提出了"提质增效"的商标审查工作目标。此时,同步提高商标注册效率也是保障商标注册质量的必然要求。在商标审查工作中,如果一味要求提升审查质量,那么审查人员就必须在商标的实质审查中投入更多的时间和精力,以确保拟注册商标不存在商标法规定的不予注册绝对理由,并且需要进行充分检索和细致比对,以防止拟注册商标与在先注册商标相同或近似,甚至还要对《商标审查审理指南》未规定审查的驰名商标冲突、特定关系人抢注和在先权利冲突等情况施加一定的注意义务。如此一来,商标审查的效率必然受到影响,审查周期也会相应延长。如果商标法不能通过对商标注册审查制度的针对性改革同步提高商标注册效率,那么长期以来,我国在提升商标注册效率方面所作出的努力就会付诸东流,在巨大的商标注册申请量下,难保审查积压的问题不会重现。

(二)前置异议程序对效率提高的阻碍

我国当前的商标审查时限已无压缩空间,而前置的异议程序影响着商标注册效率的提高。目前,知识产权行政部门针对商标注册申请,应当自收到申请文件之日起9个月内审查完毕,符合《商标法》有关规定的,予以初步审定公告。① 对于初步审定公告的商标,自公告之日起3个月内,在先权利人或者利害关系人等主体认为涉案商标违反不予注册相对理由的,或者任何人认为违反《商标法》规定的不予注册绝对理由的,可以向知识产权行政部门提出异议。公告期限届满,无人提出异议的,予以核准注册,发给商标注册证,并予公告。② 对初步审定公告的商标提出异议的,知识产权行政部门应当听取异议人和被异议人陈述事实和理由,经调查核实后,自公告期满之日起12个月内做出是否准予注册的决定,并书面通知异议人和被异议人。有特殊情况需要延长的,

---

① 参见《商标法》第28条。
② 参见《商标法》第32条。

经批准,可以延长6个月。① 知识产权行政部门做出准予注册决定的,发给商标注册证,并予公告。异议人不服的,可以依照《商标法》有关规定向原商标评审委员会请求宣告该注册商标无效。知识产权行政部门做出不予注册决定,被异议人不服的,可以自收到通知之日起15日内向原商标评审委员会申请复审。原商标评审委员会应当自收到申请之日起12个月内做出复审决定,并书面通知异议人和被异议人。有特殊情况需要延长的,经批准,可以延长6个月。② 如果被异议人不服该决定,则应在收到通知后30日内向人民法院提起诉讼。③ 整个商标注册审查与异议流程如图4-1所示。

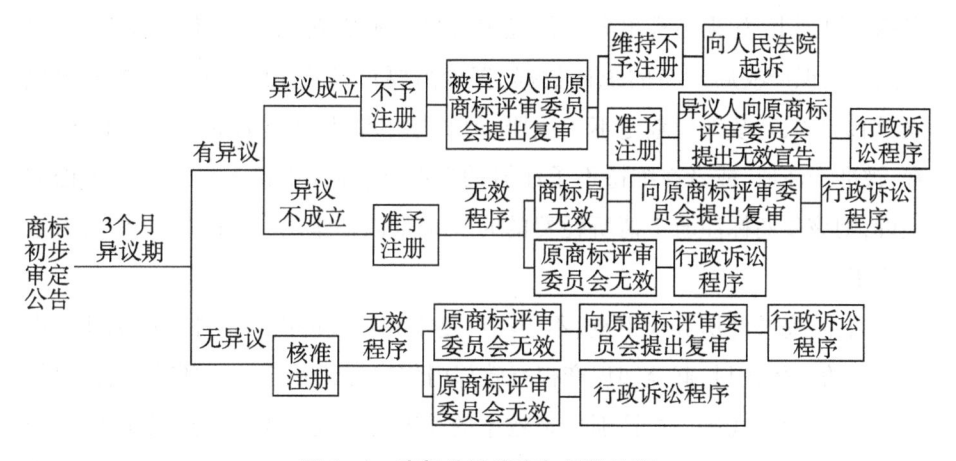

图4-1 商标注册审查与异议流程

考虑到无效宣告程序必然发生在商标核准注册之后,对商标注册效率并无影响,可以暂不讨论。那么在商标申请最终能够得以注册的情况下,知识产权行政部门的审查期、3个月的异议期,以及可能发生的异议审查期、异议复审期、异议诉讼期共同构成了影响我国商标注册总周期和注册效率的主要因素。长期以来,我国致力于提高商标注册效率的改革都将工作重点放置在了压缩知识产权行政部门的审查期上。

具体做法有成立京外协调商标审查中心,调整内部程序,推行网上申请,规范商标文书格式,简化商标公告发文,推进商标注册全程电子化,委托和外

---

① 参见《商标法》第35条第1款。
② 参见《商标法》第35条第3款。
③ 参见《商标法》第35条第3款。

包部分商标审查和服务性工作，推行独任审查制度，合理调配商标审查力量，扩充体制内外的商标审查人员，完善审查经费调拨机制，建立审查工作激励机制等。种种措施也在压缩商标审查周期方面取得了不错的效果。2020年，我国完成了《商标注册便利化改革三年攻坚计划（2018—2020年）》的既定目标，商标注册平均审查周期从9个月压缩至4个月，较"十三五"初期压减了一半以上，远远低于了《商标法》第28条规定的9个月。这样，一项商标注册申请如果不被提出异议，理论上最快7个月就可以获准注册（审查期4个月+异议期3个月），即便加上发文、通知等占据的时间，实践中8个月左右也可以拿到商标注册证书；如果被提出异议但经审查异议不成立，最终仍获准注册，则根据国家知识产权局发布的统计数据，至少需要再延长12个月；①如果异议成立，知识产权行政部门裁定不予注册，但商标申请人提起不予注册复审，经审查，被准予注册，或者在维持不予注册的情况下，商标申请人提起行政诉讼并胜诉，则该项商标注册申请所耗费的时长是难以估量的，短则两三年，长可达七八年。②

当然，完整经历异议审查、不予注册复审和行政诉讼的案件是商标注册申请案中的少数，但是截至知识产权行政部门作出异议裁定这一环节，我们仍然可以发现，拉低我国商标注册申请效率的关键是前置的3个月异议期和12个月以上的异议审查期。前者只比4个月的商标审查期短了1个月，即便不会被提出异议，也将占据商标注册周期的近1/2。后者则3倍于商标审查周期，即便异议不成立，也将占据商标注册周期的2/3以上。自我国商标注册申请产生积压之日起，知识产权行政部门就致力于进行审查机构扩充，内部流程优化，申请审核电子化等权限范围内的各种便利化和"放管服"改革。但是，随着各项改革红利的消退，我国商标注册审查的周期在压缩到4个月以内后，几乎已经压无可压，如果再一味强调审查周期的压减，迫使知识产权行政部门和审查人员超负荷工作，也将无法确保商标审查的质量。③

---

① 根据国家知识产权局的年度报告，2020年商标异议形式审核周期在3个月以内，异议平均审查周期在14个月以内，2021年和2022年异议形式审核周期在2.5个月以内，异议平均审查周期在11个月以内。
② 参见金武卫：《〈商标法〉第三次修改回顾与总结》，载《知识产权》2013年第10期。
③ 参见王莲峰、黄安妮：《论我国商标注册审查制度的优化——兼评〈商标法修订草案（征求意见稿）〉的相关规定》，载《知识产权》2023年第5期。

对比不断压缩的商标注册申请初步审查期,知识产权行政部门对于异议期与异议审查期的缩短似乎无能为力。我国商标异议程序设置于商标获准注册之前,异议期直接源于《商标法》的直接规定,为了确保异议程序的立法目的和制度功能,知识产权行政部门无权也不能对异议期进行压缩;而异议审查将涉及《商标法》实体规定的解释和适用,必须给予异议双方必要的答辩期和举证期,知识产权行政部门也实在难以压缩异议审查期限。在此背景下,我国商标注册工作效率的进一步提升可能陷入困境:面对逐年攀升的商标申请量,审查周期已压无可压,异议期与异议审查成了商标注册周期进一步缩短的最大阻碍,而知识产权行政部门对此无能为力,商标注册效率与商标申请量的增长率不相适应的问题仍难以从根本上解决。长此以往,漫长的商标授权周期消弭的是权利人围绕商标进行运营投入的信心,阻碍的是整个市场经济运行效率的提升。对此,只能依靠《商标法》对商标异议程序的设置进行调整与变革。①

(三)后置异议程序对公平效率的平衡

我国商标异议制度的运行状况表明当前异议程序设置在保障注册商标质量方面的作用有限,进行异议后置改革有利于平衡我国商标注册审查制度的公平与效率。当前,我国采取异议前置模式。前置商标异议程序旨在防范错误注册的发生,对于保障注册商标的质量具有积极意义。然而,近年来,平均只有2%的异议提起率和不到40%的异议成立率却显示我国异议制度在实践中发挥的作用恐不能达到制度设计者的最初预期:一方面,对于防范错误注册而言,知识产权行政部门的前期审查已经起到良好效果,异议制度并没有发挥不可替代的作用;另一方面,在为数不多的商标异议申请中,存在一定数量的无效异议,这使异议程序的制度效果进一步降低;虽然近年来商标异议的成立率有升高的趋势,但考虑到异议申请率本身占比过小,也很难断言异议制度对于救济被侵权人和防范错误注册的发生起到了决定性的作用。如此一来,我国当前异议程序的设置无异于在对极少数可能存在的错误注册进行防范的同时,迫使绝大多数善意的商标申请人付出3个月的时间成本甚至丧失一些可

---

① 参见张立新、王莲峰:《制度变迁视域下的商标异议程序及改革方向》,载《河南财经政法大学学报》2021年第5期。

能的机会,该异议程序设置的效率性与公平性如何不得不引起我们的思考。①

值得注意的是,现行《商标法》所沿用的 2013 年修法后的异议程序可能进一步弱化了异议制度在保障注册商标质量方面的作用。2013 年《商标法》出于简化异议制度的目的,规定对于因异议理由不成立而核准注册的商标,异议人不得继续申请复审,只能在商标核准注册后提起无效宣告请求。"虽然无法精确计算原异议人提出无效宣告请求的比例及具体时间,但是从无效宣告案件数量的变化可以看出程序调整带来的显著影响。"②在商标法第 3 次修改生效后的 2014 年至 2017 年,商标异议申请量占当年初步审定公告量的平均比率下降至 3.20%,③但商标无效宣告案件的申请量自 2015 年以来有了非常明显的增长。也就是说,由于异议人在商标审查阶段失去了复审的权利,他们更倾向于等待商标核准注册后直接提起无效宣告,这就使一部分本应由异议复审程序解决的纠纷分流到了无效宣告程序中去,异议程序对于防范错误注册的贡献率进一步下降。

我国在坚持全面审查模式的情况下采取异议前置模式,意味着在商标申请获准注册前,针对商标是否存在法律规定的不予注册的绝对理由和相对理由,知识产权行政部门和任何人、在先权利人、利害关系人会进行重复审查。当然,前者的审查是法定责任,必须为之;后者的审查是法律承认的权利,可以主动为之。但后者一旦行使异议权利,前者就必须再次进行审查。这对于提高商标注册的效率自然无益。而无论是以欧盟、英国为代表的绝对理由审查改革方案,还是以日本为代表的异议后置改革方案,共同点都在于减少商标核准注册前的重复审查。换言之,无论是让知识产权行政部门和在先权利人共同承担对绝对理由和相对理由的全部审查内容,还是让知识产权行政部门独自承担全部审查内容,改革的结果都是法律只要求对绝对理由和相对理由进行一次审查。在我国并不具备取消相对理由改革土壤的情况下,我们必须意识到,全面审查模式才是提升我国商标审查工作质量以及保障注册商标质量

---

① 参见张立新、王莲峰:《制度变迁视域下的商标异议程序及改革方向》,载《河南财经政法大学学报》2021 年第 5 期。
② 臧宝清:《盘点现行商标法施行后商标评审工作的变化》(一),载《中国知识产权报》2015 年 11 月 27 日,第 007 版。
③ 2013 年《商标法》自 2014 年 5 月 1 日起施行,在 2014 年至 2017 年,商标异议申请量占初审公告量的比率分别为 2.81%、4.06%、3.20%、2.73%,平均值为 3.20%。

的首要和主要关口,异议制度只能起到次要的防线作用。在异议制度对保障注册商标质量所发挥的作用已经极为有限的情况下,改采异议后置模式,是实现我国商标注册审查制度公平与效率之平衡的必然选择。

三、实施基础:异议后置模式改革的可行性

通过方案的对比和异议制度改革的必要性分析,本书认为,异议后置的改革方案是我国商标注册审查制度提质增效改革的更优方案。实际上,这不仅仅是因为我国当前不具备只进行绝对理由审查或者说取消相对理由审查的土壤,更是因为我国确实具有转向异议后置的可行条件。

(一)持续走低的异议提起率

我国当前极低的异议提起率在说明异议制度功能发挥不足的同时,表明异议后置改革不会对我国商标注册审查制度的运行产生过大的不利影响。对于任何一个国家或地区来说,商标注册审查制度都是一个由诸多子制度组成的运行有序的整体,任何子制度的改革,哪怕是子制度中微小流程的优化都会对商标注册审查制度的运行产生或大或小、或利或弊的影响。例如,我国在2016年至2020年大力推进的商标注册便利化改革通过各种方式拓展了商标申请渠道。申请人在2016年之前自己办理商标事务需要去北京注册大厅。商标注册便利化改革推行后,商标申请人足不出户便可在线直接办理包括马德里商标国际注册申请等的25项商标业务。可见,对商标申请渠道的拓宽和对商标申请方式的增加有效推动了商标业务办理的便利化和公开化,为市场主体带来实实在在的改革红利。但与此同时,我国的商标注册申请数量迎来了新一轮的增长高峰,其增速较我国加入世界贸易组织之后更加明显。但速度不等于质量,商标囤积的泛滥既扰乱了市场的公平竞争秩序,也给其他商标申请者造成困扰,还导致我国商标数量巨幅增长,为我国的商标审查工作带来了严峻考验。为了应对这种情况,知识产权行政部门再次重视对商标的源头保护和优化营商环境的积极意义,先后颁布《规范商标申请注册行为若干规定》《系统治理商标恶意注册促进高质量发展工作方案(2023—2025年)》等多个文件,并通过"以案释法",对年度商标异议和评审十大典型案例进行了积极的发布和解读。

异议程序设置的改变自然也可能产生此种"牵一发而动全身"的效果,因

此必须进行利弊衡量。我国自1950年颁行《商标注册暂行条例》至今,对商标注册程序中的异议程序进行过多次修改,经历了"取消—重设—完善—简化"的发展历程,[①]但异议程序始终位于商标核准注册之前,即采取异议前置模式。如果转向异议后置模式,必然要付出一定的适应成本并考虑异议前后的关联制度能否承受。但好在,我国的异议提起率长期处于较低甚至极低的状态,这在表明我国确有改革异议程序设置的必要性的同时意味着,异议程序设置的变化不至于对商标注册审查制度的运行产生过大的不利影响,从异议前置模式转向异议后置模式,是利大于弊的选择。

一方面,我们可以从商标注册的效率方面进行衡量。根据已有统计数据,我国2013年至2021年的平均异议率为2.73%,2020年之后更是降至2%以下,平均异议成立率为36.17%,异议成立案件占初步审定案件的平均比例为0.81%。以2021年的审查数据为例,0.81%意味着约有4000件通过知识产权行政部门实质审查的商标因被提出异议最终被裁定不予注册。这相较于当年超过500万件的审定量来说,虽不能称为"不值一提",但确实会在客观上,由于放弃了对这4000多件商标的事先异议,为将近500万件商标节省了3个月的异议期,大幅度提高了注册效率。虽然这4000多件商标在此后可能会经历权利状态的变动甚至引发更为复杂的纠纷,但考虑到我国庞大的商标数量,无论如何计算,转向异议后置模式都是"收益>损失"的选择。

另一方面,我们可以从注册商标的质量方面进行考虑。审查制度和异议制度在本质上都是维护商标注册正确性的设计,二者通过不同的实施主体发挥殊途同归的制度功能。在异议前置模式下,极低的异议提起率和较低的异议成立率侧面反映了审查制度的功能发挥取得了良好效果,即经过知识产权行政部门的审查,仍然需要通过异议制度阻止注册的商标申请是不多的。在此情况下,审查制度才是确保注册商标质量的主要关口,而异议制度只能起到查漏补缺的作用。因此,将异议制度从商标获准注册前更改到商标获准注册后,虽然会对注册商标的质量产生不利影响,但此种影响必然是较低的。并且,异议后置模式并不是取消异议制度,有异议需求的主体也并非丧失了提出

[①] 参见张立新、王莲峰:《制度变迁视域下的商标异议程序及改革方向》,载《河南财经政法大学学报》2021年第5期。

异议的权利,只要能够及时进行异议审查和商标权利状态的公示,异议后置模式对于注册商标质量的不利影响还可以进一步降低。

(二)广泛实施的数字化技术

我国长期以来实施的数字化和智能化技术在保障商标审查质效的同时,能够帮助克服异议后置模式可能产生的弊端。在商标注册制度下,商标标识一旦在登记簿上注册便意味着该商标承载的商标权得到法律的承认与保护,商标权人可以禁止其他人使用该商标。因此,商标注册行为是具有公示公信力和强化权利归属的有力措施,不仅可以避免不同主体使用同一个商标,营造良好的安全交易的环境,还可以使商标权获得相对的永续性。[1] 然而,在异议后置模式下,商标获准注册后仍可以被提出异议,注册商标有被撤销的可能,商标权有被否定的风险。换言之,在一定程度上,所有的注册商标都可能处于效力未定状态,不仅影响了单个商标权效力的稳定性,也可能会造成我国商标注册和保护制度的系统性风险。[2] 一方面,这可能导致商标注册证书发放的失控,因为无论新申请商标是否被异议,都应当发给注册证,否则,异议后置便毫无意义;一旦商标被异议且经裁定异议成立,法律虽然可以规定被异议的注册人应当交回注册证,但实际操作将十分困难。[3] 另一方面,还会加大商标管理难度,在异议后置模式下,拥有注册证的商标未必是一个效力既定的注册商标,那么每遇纠纷必先查注册商标是否有效。[4] 这无疑会人为地加大商标管理的难度,甚至在异议期内或异议裁定之前,还会出现权利人以注册商标告注册商标侵权的现象,法律不得不面对"究竟保护谁"的难题。[5]

实际上,异议后置模式的这一弊端是由商标权利信息公开的延迟所造成的,可以随着数字化和智能化技术的应用得到改善乃至解决。国家近年来已基本建成了完整的商标公共服务体系,并基本实现了商标注册全过程的电子化。商标注册申请人和注册商标所有人可以通过网络办理商标申请、续展、转让、注销、变更等各项商标业务。商标业务办理流程中的各项文

---

[1] 参见叶霖:《我国商标注册制度完善研究》,中南财经政法大学2020年博士学位论文,第49页。
[2] 所谓"系统性风险",是指一个事件在一连串的机构和市场构成的系统中引起一系列连续损失的可能性。
[3] 参见汪泽:《前置抑或后置:对异议程序设置的思考》,载《中华商标》1998年第3期。
[4] 参见汪泽:《前置抑或后置:对异议程序设置的思考》,载《中华商标》1998年第3期。
[5] 参见汪泽:《前置抑或后置:对异议程序设置的思考》,载《中华商标》1998年第3期。

件和商标注册证全程都可使用电子文书和电子送达。各级地方知识产权行政部门都可以通过开放的商标数据库进行信息检索和商标监管。随着内部办公平台和社会服务平台"两个平台"的建设，我国商标业务的服务体验得到大幅度提升，网上查询、网上申请、网上公告系统都获得提速升级。商标审查协作中心施行的"三随机一公开"制度也确保了商标业务信息的及时公开。截至2018年年底，我国在推动开放便利的在线申请与公开查询方面取得了很好的成效，实现了商标数据库面向全社会的开放共享，申请人和社会公众都可以及时了解商标审查进度和权利状态。在实践中，一项商标注册申请在提交后两周左右就可以在国家知识产权局的官方网站上查询到相关信息。商标申请完成初步审定后一周内就可以刊发初审公告。不仅如此，案例数据库、职能审查辅助系统、大数据、云计算、全文检索、图像识别、机器学习、人工智能等各种先进技术手段都广泛应用于我国的商标注册审查和保护等相关工作。2020年，商标登记与管理体系的智能程度有了明显提高；商标业务的电子化申请比率有了很大的提升，商标从申请到颁发证书的整个过程都是电子化的，商标异议也已经完成了申请书和证明材料的电子递交，并逐渐实现了商标业务资料的无纸化；包括商标历史等在内的全量商标数据都可以对社会进行开放，能够更好地为经济和社会的发展服务，为政府和企业的决策提供决策支持。

总而言之，计算机、互联网、信息技术和人工智能等科学技术的发展已经为减少信息的封闭和获取的迟延提供了有效的解决手段，我国也已经在商标注册与管理的电子化、智能化等方面积累了丰富的经验。在网上申请的方式下，知识产权行政部门的审查进度、审查结果，电子证书的制作和公开，异议的提起与审查进度等，都可以同步公开。一旦注册商标被提出异议或者经异议被撤销，任何人都可以通过知识产权行政部门的官方网站获取相关信息，商标注册证书也可以被及时标记为失效。这样，商标注册证书发放失控的问题、回收的问题、交易风险的问题，以及商标管理的问题，都可以得到有效解决，异议后置模式对于商标权稳定性的不利影响可以降到最低。

(三) 可资借鉴的相关改革经验

德国和日本是实施异议后置模式的典型代表。其中，日本不仅有与我国近似的文化传统，还同样采取全面审查模式，与我国现行的商标注册审查制度更加接近。因此，日本进行异议后置改革的效果尤为值得我国关注，日本现行异议制度的优势、特点，以及异议制度改革中的经验也值得我国参考。

日本《商标法》在1996年修改时将原本置于商标核准注册前的异议程序调整至商标核准注册之后，即改为了异议后置模式。日本商标异议制度改革的直接原因即在于当时异议提起率的低迷。日本特许厅在审查实践中发现，特许厅审定的商标仅有不到1%是通过异议程序而被拒绝注册的。换言之，在异议前置制度下，异议的成功率只有1%，而其他99%的商标却要为这1%的成功案例多等待2个月才能获准注册。[①] 因此，在商标注册申请数量与日俱增的情况下，为了追赶其他工业化国家的商标注册效率，建立与经济发展相适应的商标注册程序，推动本地品牌走出国门，日本进行了异议后置改革。实践证明，日本的异议后置改革取得了良好的效果，商标注册案件从申请到获得初审通知的时间大幅度缩短，在2015年时，日本特许厅在4个月以内就可以完成对商标申请的全面审查。然而，在2015年之后，日本的商标注册审查效率又再次放缓。随着商标注册申请数量的上升，2017年，日本特许厅的平均审查时间延长到6.3个月，此后也逐年增加，在2020年，达到了10.2个月。[②] 为此，日本特许厅不得不再次采取相应措施提高审查效率。主要的措施包括增加商标审查官员的数量，对符合规范传统注册提供快速审查，以及对具备商标使用情况的申请进行加速审查。[③]

从日本异议后置改革的历程，以及日本对当前商标注册审查制度的优化与讨论中，我们应该得到两点启发。其一，异议后置改革对于提高商标注册审查制度绩效确有显著优势。考虑到我国具有与日本基本相同的商标权注册取得制度和全面审查模式，异议提起率也已经连年处于极低状态，我国已经基本具备了异议后置的改革条件，可以大胆尝试异议后置。其二，异议后置改革不是可以孤立进行的或者一劳永逸的。尽管异议后置模式有其优点，但对于商标注册审查制度的长远建设来说，将异议程序后置所带来的改革红利并不会

[①] 参见文学：《论我国商标法相对理由审查制度的改革问题》，载中国社会科学院知识产权中心、中国知识产权培训中心编：《专利法、商标法修改专题研究》，知识产权出版社2009年版，第198~199页。

[②] See *JPO Status Report*, JPO (2015-2022), https://www.jpo.go.jp/e/resources/report/statusreport/index.html.

[③] 参见王莲峰、黄安妮：《论我国商标注册审查制度的优化——兼评〈商标法修订草案（征求意见稿）〉的相关规定》，载《知识产权》2023年第5期。

维持太久,应当同时进行商标权取得制度、审查制度和无效宣告制度等的优化,只有这样才能够取得更佳的制度效果。但无论如何,日本的异议后置改革经验都为我国进行商标注册审查制度改革提供了有益的参考,增加了我国异议制度改革的可行性。

第三节 "全面审查+异议后置"模式下的商标注册审查制度改革设计

进行异议后置改革是符合我国当前现实需求和实施环境的商标注册审查制度改革选择。但是,任何制度的变革都不是孤立的"空中楼阁",不仅需要对制度本身的运作流程作出重新设计,还需要对制度前后的关联制度进行同步优化。这既是为了保证改革的积极效果,最大限度地凸显改革的优势,也是为了抑制改革的消极作用,尽可能地抑制可能产生的不利影响,确保获得最大的改革收益。

就异议后置改革而言,日本的实施经验已经充分向我们提示,仅仅进行异议设置模式的改革并不能确保商标注册审查的质量和效率在较长的时期内都稳定、高效。以异议后置改革为重点,同时以全局性和发展性的眼光看待商标注册审查制度,对商标的注册申请资格、知识产权行政部门的审查行为、异议程序与其他程序的联动协调,以及商标实务中既存痛点问题同步进行优化,才能够取得更优质、更长久的改革效果,让商标注册审查制度持续释放改革红利。为此,我国以异议后置为核心的商标注册审查制度改革应从以下几方面进行总体设计。

一、坚持全面审查并优化商标审查工作以确保商标注册质效

知识产权行政部门对商标注册申请的审查是确保商标注册质量和效率最重要的关口,在全面审查模式下,尤其如此。在商标注册便利化改革和知识产权领域的"放管服"改革推进过程中,我国知识产权行政部门在优化商标注册审查工作方面采取了多种措施,也取得了突出成果。当前,我国商标注册审查周期已经稳定在4个月以内,与世界其他主要国家和地区相比,也具有显著优势。但是,我们不得不承认,商标注册审查周期的压缩已经进入瓶颈阶段,想要在4个月的审查周期基础上再做进一步缩短,已经十分困难,单纯追求注册审查周期的缩短也可能会对审查质量产生不利影响。因此,对于商标注册审查工作的优化来说,可以考虑"从面到点"的转变,也就是在保障现有成果的基础上,选择几个重点,着力推进。

(一)不断明确商标注册条件和审查要求

商标的注册条件主要涉及商标法所需要明确规定的不予注册绝对理由和相对理由,属于重要的实体性规定。除了2019年修法时对第4条作出新增外,我国《商标法》中不予注册理由已经较久未作过修改。但是,商标注册的实体性规定必须与时俱进才能不断提高审查的质量和效率。因此,建议我国知识产权行政部门及时总结审查经验,在注重商标注册审查程序优化的同时关注实体性规定的改进,进一步提高商标审查工作的绩效。例如,对于常常适用兜底条款驳回注册的情形,如果未包含在现行商标法条款中,可以单独列出;对于不予注册理由所涉及的适用范围,如果实践中有明确需求,可以适当增加;对于审查工作中常常需要做进一步解释的不予注册理由,可以进行明确。又如,对于屡禁不止的恶意注册行为,也可以考虑将其作为商标的不予注册理由,在审查环节加以阻拦。商标的审查要求是知识产权行政部门的行为准则,常常通过商标审查审理指南等文件加以细化。2021年,国家知识产权局就我国的《商标审查审理指南》进行了修订。此次修订全面总结了近年来我国商标审查审理工作的实践经验,巩固、确认和发展了商标注册审查审理工作成果,提高了商标审查审理的精细化水平。同时,兼顾了不同程序考虑因素的差异,进行了科学化、体系化的集成,实现了标准适用一致性和个案原则的有机统一,参照相关法律法规及规范统一用词用语80余个。由此,我国形成了覆盖商标业务全流程,体例统一,内容完备的商标审查审理指南,为支撑我国商标事业高质量发展,提升知识产权治理能力现代化水平提供了依据。

(二)加快构建完善的商标快速审查通道

商标注册便利化改革推行伊始,国家工商总局就提出要开通注册商标后续业务快速审查通道。之后,在商标变更、转让、续展等事项上,也切实通过快速审查提高了业务处置效率。在知识产权领域"放管服"改革的推进过程中,国家知识产权局还建议,探索建立商标快速审核机制,对明显存在"恶意""囤积"的商标异议等案件进行快速审查。在知识产权领域"放管服"改革的深化阶段,国家知识产权局再次提出建立健全商标审查"绿色通道"的快捷方式,对符合条件的商标驳回复审和异议申请进行优先审查,帮助申请人迅速取得商标授权,保护申请人合法权益。但直至2022年,国家知识产权局才正式发布《商标审查办法》,于第2条明确规定:涉及国家或省级重大工程、重大项目、重大科技基础设施、重大赛事、重大展会等名称,且商标保护具有紧迫性的;在特别重大自然灾害、特别重大事故灾难、特别重大公共卫生事件、特别重大社会安全事件等突发公共事件期间,与应对该突发公共事件直接相关的;为服务经济社会高质量发展,推动知识产权强国建设纲要实施确有必要的;其他对维护国家利益、社会公共利益或者重大区域发展战略具有重大现实意义的商标注册申请,可以请求快速审查。[①] 从这一规定来看,商标注册申请快速审查通道的建立主要是为涉及国家利益、社会公共利益或者重大区域发展战略的商标注册申请服务,虽确有其必要性,但与日本、韩国、欧盟等其他国家和地区建立的商标注册申请快速审查通道有实质性区别,对于提升商标注册的整体效率而言可能作用有限。因此,我国应探索建设适用于各类商标注册申请的审查快速通道。比如,对于能够提供商标实际使用证据的注册申请、严格符合商标注册要件且与审查指南所收录的规范项完全一致的传统商标申请等,开通快速审查通道,这样才既可以真正便利商标申请人的注册,又能够从源头上减轻审查人员的工作负担。

(三)进一步理顺各项商标审查业务流程

商标的审查业务是十分繁杂的,不仅包括对拟注册商标是否符合商标法规定的注册条件的审查,还包括这一过程中商标申请案的撤回、终止、优先权处理、费用的收取等各项事务。长期以来,国家工商总局、国家知识产权局、国务院等各部门都在商标制度改革和知识产权事业规划中反复强调优化商标审查流程,提高商标审查效率的重要性,我国今后的商标注册审查制度改革仍应持续推行。但是,区别于此前的各类举措,接下来的改革重点应放到理顺各类商标业务审查流程上来,提高商标注册审查程序的协调性。一方面,要加强知

---

① 参见《商标审查办法》第2条。

识产权行政部门内部各部门、各科室的分工协作,既要保证审查人员各司其职,又要减少职能上的重复。另一方面,可以增加审查工作中必要的变通性规定,提升审查效率。例如,出于节省审查资源和尊重商标申请人对其私有权利进行处分行为的考虑,可以赋予申请人在商标核准注册之前撤回其申请的权利,随时终止对此类商标申请的审查。又如,对于在审查中发现的重复注册,或者进入恶意注册嫌疑人名单的申请人提出的明显的恶意抢注或囤积性注册,可以直接予以驳回。再如,可以简化商标注册申请过程中的补正手续,减少申请人的负担和知识产权行政部门的工作量。此外,还可以在建立商标注册申请快速审查通道的基础上,实现审查工作的繁简分流。比如,既可以规定商标注册申请人有权主动申请快速审查,又可以规定知识产权行政部门有权进行快速审查案件分配,对于在形式审查中发现的符合条件的商标注册申请,可以在不经申请的情况下直接转入快速审查通道。总而言之,应从审查工作实际出发,本着高效、务实的原则,减少商标审查过程中不必要的程序流转与繁复,搭建更加明确、更加精简、更加顺畅的审查流程。

(四)深入推进资源与技术的调配及运用

面对巨量的商标申请,增加审查人手,合理调配审查资源是提升审查质量和效率必不可少的措施。近年来,国家知识产权局在北京地区之外,分别建立了广州、上海、重庆、济南和郑州5个区域的商标审查协作中心,并将工作权限委托给京外的这些部门,从而使商标审查工作的压力得到有效的分散。面对持续增长的商标申请数量,我们应当以增强现有的商标审核合作中心的能力建设为前提,适当扩充机构、人员编制,以提高当地的商标咨询服务效率。当然,更加重要的是培养合格的审查人员,例如,在改进商标评审标准及评审工作体系方面,完善各个评审中心的专业训练与评价机制,在优化质量管理机制等方面下苦功。除了审查资源的调配,技术措施的运用也对商标审查工作有重要影响。当前,大数据和人工智能是最为前沿的技术手段,也是未来商标注册、管理和保护工作应当着力探索的新技术领域。对于注册商标的审查工作来说,一方面,应该持续推进商标数据库向全社会的开放和共享,积极建立商标数据库与企业法人库的关联。这样既可以便利社会公众对商标审查工作进行监督,又可以及时得到社会公众对商标审查事务的积极反馈。另一方面,应该探索人工智能技术在商标检索、比对、近似判断、审查报告撰写等方面的积极作用,帮助节约审查资源,缓解巨量商标申请下的资源调配压力。

二、改革异议程序以提高注册审查效率

异议后置的改革方案最大的优势和亮点是对商标注册审查制度效率的提升。在异议后置模式下,异议期和与异议有关的审查期、复审期、诉讼期等可能消耗的时间都会置于商标核准注册之后。这样,对于商标的注册周期来说,审查期就将占据最大比例。考虑到我国知识产权行政部门的审查周期已经压缩至4个月,这就意味着,从商标注册申请提交到拿到商标注册证书,可能只需要4~5个月的时间。这一时长从世界范围内来看都是较为领先的,对于我国的商标申请体量来说意义重大。但除此之外,商标注册审查制度改革也应该考虑对异议制度本身的修改。当前,我国的异议期为3个月,异议审查期在12个月以上,这与4个月的审查期对比显然是极不相称的,即便采取异议后置模式且异议提起率很低,如此长的审查期也会严重影响部分注册商标的稳定性,以及我国商标注册和保护制度的总体平稳运行。为此,我们还应抓住改革时机,进一步对商标异议程序的相关流程作出合理简化,以进一步凸显改革成果。

(一)缩短商标异议期

目前,我国注册商标的异议期限为3个月。[①] 与其他国家和地区的商标异议期相对比,我国的异议期是比较长的。目前,美国的异议期为1个月,日本、韩国、法国为2个月,欧盟和德国虽然也是3个月,但或者采取绝对理由审查模式,或者采取异议后置模式,德国甚至在采取绝对理由审查模式的同时采取异议后置模式。换言之,这些国家的异议期要么本身较短,要么对商标注册审查周期的影响总体较小。而日本的实践经验也表明,在异议后置模式下,进一步缩短异议期也是可行的方案。因此,我国也应考虑进行异议期的压缩。异议期的设置主要取决于异议人提交异议申请所需要的时间,包括商标公告后,异议人发现侵权商标,聘请商标代理机构,准备异议申请材料和证据,递交异议材料等环节。有学者通过调研发现,将商标异议申请法定期限缩短为两个月是比较可行的,这一方面较好地考虑了商标权利人面临的现实困难,平衡了

---

① 参见《商标法》第33条。

缩短期限带来的好处和风险,为制度落地后权利人相关流程实现平滑过渡提供了条件;另一方面也照顾到了涉外权利人的现实需求,可以较好地实现国内权利人与涉外权利人的平等对待。[1] 与此同时,从改革的风险层面来看,缩短异议申请法定期限也不会对异议制度和商标注册审查制度造成太大影响。从对在先权利人的影响来看,我国所要坚持的全面审查制度已经对在先商标权人的权利给予了较大保障,而对其他类型的在先权利人来说,缩短异议期并不意味着取消了其异议权利,并不会影响其权利行使。[2] 相反,可以激励权利人及时主张在先权利,避免权利人的懈怠、防止程序的拖延。从对商标申请人的权利影响来看,异议期的缩短会直接保障其商标权的及时取得,并不会对其造成损害。从对公共利益的影响来看,异议期缩短后,商标的快速确权其实加强了商标权利的稳定性,只要全面审查制度践行有效,注册商标的质量便不会受到太大影响。因此,在异议后置模式下,同时缩短异议期,也是可以考虑的改革举措。

(二)取消不予注册复审程序

我国加入世界贸易组织后,受经济全球化和国际条约的影响,构建了具备"行政二审、司法二审"的十分完整的异议程序,即异议人可以在商标公告后3个月内向商标局提出异议。无论是异议人还是被异议人,凡是对原商标局裁定不服的,均可以向原商标评审委员会提出复审(被异议人对原商标局作出的准予注册的决定提出的复审被称为异议复审,被异议人对原商标局作出的不予注册决定提出的复审被称为不予注册复审);对原商标评审委员会的裁定不服的,还可以向人民法院提起行政诉讼。[3] 程序完备的异议流程虽然充分保证了当事人的救济权,符合现代法治原则,但激增的商标申请数量,直接导致了商标平均确权时间的增加,给商标注册审查工作带来了严峻挑战。一方面,这为一些人恶意利用异议制度提供了机会,导致一些申请人利用该制度阻止他人取得商标权利,索取不正当利益,使异议制度成为一些人非法牟利的工具;另一方面,这一审查裁决机制过于烦琐,不仅浪费了宝贵的行政资源,导致异

---

[1] 参见郭珺:《我国商标异议程序完善研究》,中央财经大学2021年博士学位论文,第89页。
[2] 参见汪泽:《商标异议制度重构》,载《中华商标》2007年第8期。
[3] 参见2001年《商标法》第33条、第34条。

议案件大量积压,而且增加了申请人的时间成本和诉讼负担,大大延长了当事人商标权利取得的周期,并使在此期间的商标权利归属无法确定,不利于社会关系的稳定。① 因此,我国在2013年修法时不得不对此作出简化。一方面,限制了提出异议的主体和理由;另一方面,取消了异议人不服原商标评审委员会准予注册决定时的异议复审。2013年《商标法》第35条第2款规定:"商标局做出准予注册决定的,发给商标注册证,并予公告。异议人不服的,可以依照本法第四十四条、第四十五条的规定向商标评审委员会请求宣告该注册商标无效。"如此一来,在知识产权行政部门驳回商标异议的情况下,被异议人无须再经过复审和诉讼程序就可以取得商标注册,而异议人只能在无效宣告程序中获得进一步救济。但是,在这样部分简化的异议流程下,异议审查的时间仍然较长,异议程序还有进一步简化的空间,许多学者都提出了取消不予注册复审的改革建议,比如对于异议案件,取消不予注册复审,由知识产权行政部门负责商标评审案件的职能部门实行行政一审终审,不服原商标评审委员会作出的评审裁定的,可以直接向法院起诉。② 这样,不仅商标审查和异议的周期大幅缩短,还能够清晰划分知识产权行政部门内部的工作职责,减少工作内容的重叠,有效提高工作效率。

(三)合理简化异议审查流程

知识产权行政部门对异议申请的审查流程影响着异议审查周期。目前,异议审查要经过形式审查和实质审查两个阶段,通过形式审查受理的,知识产权行政部门会向被异议人送达商标异议答辩通知书,被异议人应当在收到之日起30日内提交答辩材料。此后,知识产权行政部门将审查双方提供的材料。在此期间,如果当事人在递交了该商标异议申请书或答辩书之后,要求补充提供相关的证明资料,可以在该商标异议申请书或答辩书中声明,并且在递交该申请书或答辩书之后的3个月之内提交。需要更正相关材料、变更异议人、撤回异议申请、驳回异议申请的,也将按规定处理。这一流程看似简洁,但实践中却演化得较为烦琐和复杂。例如,《商标法实施条例》和《商标审查

---

① 参见王莲峰:《我国商标权利取得制度的不足与完善》,载《法学》2012年第11期。
② 参见冯晓青、刘欢欢:《效率与公平视角下的商标注册制度研究——兼评我国商标法第四次修改》,载《知识产权》2019年第1期。

审理指南》没有规定知识产权行政部门应将被异议人的答辩意见送达异议人,但在实践中,行政部门经常会将被异议人的答辩材料送达异议人,给予异议人再次发表意见的机会,但被异议人没有类似机会。又如,《商标法实施条例》规定的补充证据期是 3 个月,但实际上,对于超期提交的证据,实践中也给予交换质证的机会。这些做法有利有弊,利处在于充分听取了当事人意见,弊端在于降低了程序效率,让异议审查既像行政机关居中裁判的程序,又像行政机关以职权裁决的程序。因此,异议审查程序中行政机关的职权范围、审查流程的推进方式、答辩质证的规则规范、审查的组织形式等,其实都尚有优化空间。

三、做好制度衔接配套以改善异议后置不足

不可否认,在异议后置模式的改革中,也必然会出现一些负面的影响或问题,这不仅是任何制度都固有的两面性所导致的,也是异议后置模式在与其他相关制度进行磨合和协调的过程中不可避免的。与其等到问题出现之后再进行解决和改善,不如在异议后置改革的同时提前进行预防和调整。前文所提及的规范商标申请行为和优化注册工作分别是对异议制度前的商标权取得制度和审查制度提出的改进方向。与此同时,对于异议后置之后,异议制度与无效宣告制度、撤销制度等后续制度的衔接问题,也需要作出妥善安排。

(一)异议后置改革与无效宣告制度的衔接

对于无效宣告制度来说,如何凸显无效宣告制度与后置的异议制度的区别是以异议后置为核心的商标注册审查制度改革中最重要的问题。《商标法》第 44 条第 1 款规定:"已经注册的商标,违反本法第四条、第十条、第十一条、第十二条、第十九条第四款规定的,或者是以欺骗手段或者其他不正当手段取得注册的,由商标局宣告该注册商标无效;其他单位或者个人可以请求商标评审委员会宣告该注册商标无效。"第 45 条第 1 款规定:"已经注册的商标,违反本法第十三条第二款和第三款、第十五条、第十六条第一款、第三十条、第三十一条、第三十二条规定的,自商标注册之日起五年内,在先权利人或者利害关系人可以请求商标评审委员会宣告该注册商标无效。对恶意注册的,驰名商

标所有人不受五年的时间限制。"①除了依职权宣告的情形之外,无效宣告的申请主体与理由基本与《商标法》第33条规定的异议主体和异议理由是一致的,即任何人可以依据不予注册绝对理由申请知识产权行政部门宣告注册商标无效或向知识产权行政部门对初审公告的商标提出异议;在先权利人和利害关系人可以依据不予注册相对理由申请知识产权行政部门宣告注册商标无效或向知识产权行政部门对初审公告的商标提出异议。不仅如此,从《商标法》第44条第3款和第45条第2款的规定来看,知识产权行政部门对无效宣告申请的处理程序与异议审查也是基本一致的。由此带来的问题就是无效宣告制度与异议制度的高度重合。实际上,无论是异议制度还是无效宣告制度,实质都是社会公众和在先权利人等主体参与商标注册审查,帮助保障商标注册正确性的制度。在异议前置模式下,异议制度与无效宣告制度的分工是较为明确的,前者在商标注册前发挥"防错"功能,后者在商标注册后发挥"纠错"功能,但是在异议后置模式下,两者均成为"纠错"制度。

从理论上讲,异议制度的功能确实可以被无效宣告制度所取代,②很多学者在支持异议后置的同时提出,应该将异议制度与无效宣告制度合并,或者说取消异议制度。③ 但是,我们必须考虑:异议制度能否真的被无效宣告制度吸收或取代,即能否取消?异议制度能否取消主要取决于法律对异议制度和无效宣告制度不同的定位和区分设计,如果两者的目标相同,流程也相同,无法体现出独立存在的价值,则自然可以取消异议制度;反之,如果通过制度设计在现实的事务工作中能够达到不同的效果,则必须同时保留。当然,由于我国当前的异议制度与无效宣告制度在内容与流程上确实极为近似,如果异议制度无法取消,在异议后置模式下,除前文提及的对异议流程的简化之外,我们还必须对无效宣告制度进行优化,以实现商标注册审查制度的有序运转。

(二)异议后置改革与商标撤销制度的联动

对于商标撤销制度来说,应该将该制度作为克服商标权注册取得模式、全

---

① 《商标法》第45条第1款。
② 参见孔祥俊:《我国现行商标法律制度若干问题的探讨》,载《知识产权》2010年第1期;王芸芸:《论我国商标异议制度的改革——兼评恶意异议的治理》,载《知识产权法研究》2011年第2期。
③ 参见张德芬:《我国商标确权程序的反思与重构》,载《郑州大学学报(哲学社会科学版)》2006年第5期;周复强:《商标异议程序立法研究——兼论我国商标异议程序的改革》,载《知识产权》2010年第2期;李雷、梁平:《论我国商标授权确权程序的优化》,载《知识产权》2017年第7期。

面审查模式与异议后置模式弊端的有益手段,大力提高该模式在商标注册审查制度中的作用。商标撤销制度不仅是对商标注册制度的修正,还具有商标激活、权利规制、竞争促进等多重功能。通过撤销大量闲置商标,使商标标识资源重新进入市场流动,供有真正使用意图的人利用,可以督促商标注册人及时地对商标进行真实地使用;通过撤销自行改变标识误导消费者的商标,可以对商标权人的商标使用行为进行规范;通过对不诚信的商标使用行为进行规范,对不能发挥出识别作用的商标进行撤销,可以维持商标权人与消费者之间建立的正常的交易秩序。①

我国现行《商标法》第49条规定:"商标注册人在使用注册商标的过程中,自行改变注册商标、注册人名义、地址或者其他注册事项的,由地方工商行政管理部门责令限期改正;期满不改正的,由商标局撤销其注册商标。注册商标成为其核定使用的商品的通用名称或者没有正当理由连续三年不使用的,任何单位或者个人可以向商标局申请撤销该注册商标。商标局应当自收到申请之日起九个月内做出决定。有特殊情况需要延长的,经国务院工商行政管理部门批准,可以延长三个月。"可见,在我国,对于不合规范的注册商标使用行为,知识产权行政部门有权撤销;对于成为通用名称或连续3年不使用的注册商标,任何人可以向知识产权行政部门申请撤销。相较于十分丰富的异议理由和无效宣告理由,我国商标撤销制度的提起理由显得十分单薄。但实际上,商标撤销制度能够为商标权注册取得模式、全面审查模式与异议后置模式的实施提供有力保障。例如,在商标权注册取得模式下,注册商标可能缺乏真实使用意图是该模式主要问题,前文建议在商标获得注册后的一段时间内,或者续展、转让等事务的办理过程中,要求注册商标所有人提交注册商标已经进行使用的证据,如果不能提交,则可考虑撤销注册商标。又如,在全面审查模式下,注而不用的"死亡商标"会成为后续商标注册的障碍,除了赋予当事人主体"三年不使用撤销"的申请权,还应给予知识产权行政部门对闲置商标定期清理的撤销权限。再如,在异议后置模式的审查中,如果发现异议人提出异议所依据的在先商标失去了显著性或者异议人无法提供3年内的使用证明,则可以考虑作出变通性规定,比如赋予行政部门撤销权限等。此外,对于商标注册

---

① 参见赵克:《注册商标撤销制度研究》,西南政法大学2016年博士学位论文,第34页。

制度的程序运行,也可以进行压缩审理层级,或者赋予法院直接撤销权等方面的探索,以维护商标权与市场稳定性。

(三)异议后置改革需要增加的配套措施

对于以异议后置为核心的商标注册审查制度改革来说,设置合适的配套措施也是克服改革弊端的有效方法。在商标注册审查制度的配套措施方面,欧盟、日本等国家和地区都积累了丰富的实践经验。以欧盟为例,典型的有商标注册的快速审查制度,审查阶段的查询通知制度、第三方意见制度,异议阶段的"冷静期"制度、真实使用抗辩规则,以及贯穿商标审查过程的调解制度等。在日本的商标法中,商标使用意图说明制度、早期审查制度、快速审查通道制度、第三人陈述意见制度、异议预告登记制度等也涉及商标注册、审查和异议等多个环节。

考虑到我国的商标注册和保护制度与日本改革前比较近似,且也着力进行以异议后置为核心的商标注册审查制度改革,因此,有必要研究和参考日本在改革中采取的相关配套措施。其中,与异议制度的关联性比较强的是第三人陈述意见制度和异议预告登记制度。第三人陈述意见制度实际上与欧盟实施的第三方意见制度类似。具体来说,第三人陈述意见制度,就是指在商标申请公开后,知识产权行政部门在进行全面审查的同时,赋予社会公众提出意见的权利,任何人都可以针对公开的商标注册申请是否符合法律要求向行政部门提出意见,但是,相关意见只是行政部门进行审查的参考,不属于异议,也不需要予以回复,更不会引发异议复审程序及司法程序。行政部门如果作出不予注册的决定,商标申请人不服,则该商标申请人可以寻求救济;但如果与第三人的意见相反,该第三人不服,则该第三人只能在符合条件的情况下待商标注册后提出异议或者无效宣告申请。随着科技的发展,每个审查员都可能面临自身知识的短板以及辅助工具无法提供帮助的"盲区",尤其集中在医药、电子半导体或者计算机等高精尖领域,建立商标申请的第三人陈述意见制度就可解决这一问题。公众或利害关系人可以在商标申请案公开之后将自己的意见提交给知识产权行政部门,该意见会成为相关部门审查时的参考意见。在兼听则明的情况下,行政部门可以更加准确地作出商标是否予以注册的决定而不会引发一系列的救济程序,造成商标注册程序的冗长。异议预告登记制度,是指在异议申请被提出后,相关信息和通知不仅将送达异议人和被异议人,还会在商标注册登记簿上进行"异议申请预告登记",表示该商标正在异议中,以提醒交易相对人。这样一来,即便商标在核准注册后又被提起异议,即将或正在与该商标所有人进行许可、转让等交易的相对人也能及时知悉并做出有利决策,保障商标交易活动的安全性。商标注册的全程电子化和信息传播手段的丰富都可以确保商标异议信息及时地进行公开和送达,采取异议预告登记等配套措施,可以简便地克服异议后置模式对于商标权稳定性所产生的不利影响。

此外,也可以考虑将和解制度等便利纠纷解决的配套措施引入我国的商标注册审查制度改革,在此不再赘述。

四、规范商标申请使用以筑牢注册制度根基

商标注册审查制度的具体改革首先应从商标申请环节着手,这是与商标申请人,也就是广大市场主体直接关联的环节,对他们申请行为的规范对于促进商标注册审查的绩效具有重要意义。一方面,可以培养商标申请人的商标保护意识、规范注册理念和诚信经营信念,这是构建运行有序的商标制度,统筹知识产权强国建设的重要基础。另一方面,可以从源头上规范商标的取得行为,减少无价值、无意义或者有错误的商标注册申请,进而减轻知识产权行政部门的审查负担,切实提升商标注册审查制度的运转效率和注册商标的质量,这在我国巨大的申请基数下显得尤为关键。总体而言,对于商标申请行为的规范可以从以下几个方面着手。

(一)严格商标注册申请的受理程序

在商标申请的形式要求上,应当严格商标注册申请的受理程序。我国现行《商标法实施条例》已经简要对商标注册申请的主体要求、文件内容、提交方式等作出了简单规范,国家知识产权局商标局官网也对商标申请过程中的诸多事项作出了进一步说明和解答。但是,如果希望这些规范性要求真正作用于商标注册申请制度的绩效提升,则还应提高商标申请人的注意义务,严格法律法规的适用,对于不符合法律法规要求的申请和申请文件,不予受理或快速驳回。比如,《商标法实施条例》第 41 条规定:"通过商标局向国际局申请商标国际注册及办理其他有关申请的,应当按照规定缴纳费用。申请人应当自收到商标局缴费通知单之日起 15 日内,向商标局缴纳费用。期满未缴纳的,商标局不受理其申请,书面通知申请人。"[1]之前,通知也需要通过信件寄送,许多商标业务需要通过知识产权行政部门或者银行等金融部门的线下柜台办理,仅仅是商标申请的缴费和通知环节,就要占据大量的时间。但现在,随着商标注册便利化改革的推行,我国已经实现了商标业务全流程的网络化和电子化,通知的送达方式也日益多样,特快专递、电子邮件、手机短信、机器人语音等都可以快速、及时地送达官方通知,缴费等业务在实践中也是通过电子支付、网上银行等途径办理。因此,对于需缴费的商标注册申请,在知识产权行政部门下发缴费通知单后,完全没有必要给予15日之久的缴费时间,或者,可以考虑将同步缴费作为商标申请中的一个必要环节,规定未缴费的商标注册申请视为没有提交。如此,可以直接减少知识产权行政部门的工作量,直接缩短商标注册的总体时长。实际上,我国商标注册的官费十分低廉。[2]对于确实有商标注册需求或者真正需要取得注册商标的市场主体而言,几乎不会构成申请方面的负担。因此,改变《商标法实施条例》第41条的规定,完全具有合理性与可行性。与之类似,对于商标申请和商标业务办理过程中其他有关送达时间、送达方式、缴费方式、文件书式等内容的规定,知识产权行政部门也应随着当前工作实践和技术手段的变化进行修改和精简,以便严格其适用,加速对不符合条件的申请的拒收和驳回处理。

(二)申请环节引入商标使用理念

在商标申请的实质条件上,要引入商标使用理念。我国是采取商标权注册取得模式的国家。对于庞大的商标申请数量和经济制度转型过程中亟须建立的商标保护理念来说,这一取得制度无疑具有积极意义。但须知,商标的生命在于使用,且任何制度都有其两面性。商标权注册取得制度的弊端在我国的长期适用中已经逐渐显现,恶意抢注、注册证书囤积等现象的盛行不仅给知识产权行政部门带来了繁重的审查压力,还对我国的商标注册和保护制度造成了损害,严重影响了我国营商环境的改进以及知识产权强国战略的实施。

为此,在商标的申请环节就引入使用理念,是改善我国商标权取得制度固

---

[1] 《商标法实施条例》第41条。
[2] 目前,纸质申请仅为300元(限定本类10个商品。10个以上商品,每超过1个商品,每个商品加收30元),接受电子发文的网上申请只要270元(限定本类10个商品。10个以上商品,每超过1个商品,每个商品加收30元)。

有弊端,理顺我国商标注册审查保护制度改革思路,引导我国商标注册、管理与保护制度长远向好发展的价值基础。实际上,我国《商标法》对于商标申请的规定也可以被认为内含了对商标使用的要求。《商标法》第 4 条第 1 款规定,只有在生产经营活动中对商品或服务需要取得商标专用权的主体,才应当申请注册商标。换言之,可以认为,商标注册申请人在申请时应具有商标使用的意图,否则商标注册申请人取得注册商标专用权就缺乏必要性。但是,我国《商标法》在商标注册阶段并没有明确设定意图使用要求,导致实践中很多商标注册并非为了生产经营中的实际使用,盲目注册、恶意注册等不良现象层出不穷,不仅增加了商标注册机构的管理成本,也不当占用了有限的商标资源,背离了商标权取得的基础和上述立法本意。① 为了解决实务中的这一巨大难题,《商标法》在 2019 年修改时也不得不对第 4 条作出进一步拓展,新增"不以使用为目的的恶意商标注册申请,应当予以驳回"②的规定,但是,"不以使用为目的"与"恶意"的各自内涵以及相互间的关系为何?对于商标注册申请的审查又有何影响?这一系列的问题仍然有待进一步明确。而与我国一样长期坚持商标权注册取得的日本、韩国、英国等,都较我国更加明确地提出了商标使用意图要件在商标注册过程中的地位。比如,日本《商标法》明确规定申请人只有在与自己业务相关的商品或服务上使用商标,才可获得注册。③ 韩国《商标法》也规定,在韩国境内使用或意图使用商标者,均有权注册该商标。④ 英国则直接要求申请人在申请时需要做出使用或意图使用的说明。⑤ 因此,我国也可以参考日本、韩国、英国等国立法,进一步明确商标的使用证据或者使用意图在商标申请阶段的地位,改变我国《商标法》在商标使用问题上的隐含性、模糊性、暗示性状态。在具体实施方法上,可以进一步将对商标的使用要求落实到商标注册申请的条件上来。例如,可以将商标使用证明或者意图使用声明作为商标注册申请的必要文件之一,要求商标注册申请人在提交注册申请的同时,提交其商标已经进行使用的证据,或者意图进行使用的承诺。又

---

① 参见王芳:《TRIPS 协定下注册商标的使用要求》,复旦大学 2014 年博士学位论文,第 181 页。
② 《商标法》第 4 条第 1 款。
③ 参见日本《商标法》第 3 条第 1 款。
④ 参见韩国《商标法》第 3 条。
⑤ 参见英国《商标法》第 32 条第 3 款。

如，可以在商标注册之后的一段时间内，或者商标续展、转让等事务的办理过程中，再次要求注册商标所有人提交其商标已经进行使用的证据。

(三) 积极探索商标诚信申请建设

在申请行为的外部规范上，要积极探索商标诚信申请建设。诚实信用原则是商业经营的基本准则。然而，随着我国在急剧经济制度转变和激烈的国际贸易竞争中以堪称奇迹的速度站稳脚跟，诚实信用的理念也难以避免地被忽视或者说有所缺失。反映在商标领域，我国出现了一些利用商标申请进行恶意竞争的不文明行为，在一定程度上也挑战了我国商标注册和保护制度。因此，在我国接下来的商标注册审查制度改革中，除了对商标申请行为本身做形式和实质要件上的改进，还应同步进行外部规范，以此为契机和开端，探索商标领域的诚信建设。虽然我国《商标法》第7条第1款已经明确规定诚实信用原则，但在实践中，我们极少看到该条款在商标申请注册过程中得到直接的适用，申请注册商标如果违反了该条款，其法律后果如何，似乎也不甚明了。换言之，该条款仅成为一个原则性条款，缺少具体的适用条件，发挥的价值十分有限。这在一定程度上也加重了商标的"恶意抢注"和"注而不用"的囤积现象。为此，我们应将诚实信用原则进一步落实到商标注册申请的过程中来。一方面，要细化对诚实信用原则的理解与适用。不以使用为目的的恶意申请，代理人、代表人未经授权申请注册被代理人或者被代表人商标，基于合同、业务往来关系或者其他关系明知他人在先使用的商标存在而申请注册该商标，损害他人现有的在先权利或者以不正当手段抢先注册他人已经使用并有一定影响的商标，以欺骗或者其他不正当手段申请商标注册等均属于不遵守诚实信用原则的商标申请行为，《商标审查审理指南》等文件应该在总结实践经验的基础上，进一步对诚实信用原则的理解作出具有可操作性的细化。另一方面，要在商标申请环节积极宣传诚实信用原则的价值。比如，可以充分运用网络环境下的技术手段和个案治理成果，向商标申请人进行提示、说明和释义，引导商标申请人诚信进行商标注册；对于有序开展商标注册，利用注册商标正当进行商业竞争的市场主体，也可以进行表彰和奖励。

五、切实采取有效措施以规制商标恶意注册

前文提及的对商标申请行为的规范、对注册审查工作的优化、对异议审查

流程的简化,以及对衔接配套制度的设计基本已经涵盖了商标权的取得、注册审查、异议、无效宣告、撤销等商标注册审查制度的各个组成部分。但在我国的商标注册与保护实践中,还存在恶意注册这一突出问题。在某种意义上,商标的恶意注册的泛滥和屡禁不止是我国经济社会在短时间内高速发展的必然产物,一方面反映了我国广大市场主体商标保护意识的觉醒,另一方面反映了我国此前和现行的商标注册审查制度的不完善。虽然规范商标申请行为等各方面手段都可以在对恶意注册行为进行规则,但在力度上仍有不足。因此,考虑到我国当前紧迫需要解决恶意注册问题,本书也建议在以异议后置为核心的商标注册审查制度改革中一并采取针对性措施。

(一)强化审查环节对恶意注册的把关

我国现行《商标法》在 2019 年的修正中在第 4 条第 1 款新增"不以使用为目的的恶意商标注册申请,应当予以驳回"[1]的规定。该条款也是代理人接受委托的排除条件,并且作为不予注册绝对理由成为提出商标异议、无效宣告的依据,以及知识产权行政部门对商标代理机构科以行政处罚的依据。规制商标的恶意注册成为《商标法》第 4 次修法要解决的主要问题和目标所在,此规定的直接作用在于将对恶意注册的规制关口前移,使恶意注册成为商标注册审查环节驳回注册的理由之一。[2] 为了实现《商标法》第 4 条的立法目标,从源头上制止不以使用为目的的恶意商标注册申请行为,使商标申请注册回归以使用为目的的制度本源,我们必须强化在审查环节对于恶意注册的把关。2021 年新修改的《商标审查审理指南》对该条作出了详细解读,也对该条适用要件、考虑因素等进行了具体界定。在今后的商标注册审查工作中,知识产权行政部门应严格按照《商标审查审理指南》的要求适用《商标法》第 4 条。

另外,还有两方面问题值得注意。第一,是"使用意图"与"以使用为目的"的关系。如果我国在后续制度改革中将商标使用证明或者意图使用声明作为商标注册申请的必要文件之一,要求商标注册申请人在提交注册申请的同时,提交其商标已经进行使用的证据,或者意图进行使用的承诺,那么必须确认:只要申请人提供了真实使用商标的意图声明,对于主观上非恶意的申请

---

[1] 《商标法》第 4 条第 1 款。
[2] 参见王莲峰:《新〈商标法〉第四条的适用研究》,载《政法论丛》2020 年第 1 期。

行为,商标审查人可以不予驳回。第二,合理界定"不以实用为目的"和"恶意"之间的关系,"不以实用为目的"是"恶意"的定语,"恶意"才是商标申请被予以驳回的主要理由。以"恶意"为标准,以"不以实用为目的"为考虑因素,可以在提前阻拦恶意抢注的商标和囤积行为的同时,将正常的防御性商标申请注册排除在外。

(二)切实提高恶意注册行为的违法成本

商标的恶意注册之所以屡禁不止,在很大程度上也是由于违法成本过低。根据我国现行《商标法》第 68 条的规定,商标代理机构代理违反第 4 条的商标注册申请或者恶意申请商标注册的,将承担警告、罚款等行政处罚,还将记入信用档案;严重的,可能面临被停止受理业务的后果。但实际上,相较于恶意注册巨大的利益市场,仅仅承担警告处罚,或者最高 10 万元的罚款,并不足以有效遏制代理机构铤而走险。至于信用档案的建设和可能失信的后果,从当前来看也并没有太大的威慑力。

为了有效打击恶意注册行为,我们还应继续提高恶意注册的违法成本,只有这样才可能从根本上杜绝恶意注册行为持续泛滥。第一,应当扩大法律责任体系适用的主体范围,对于全部的恶意注册者,均应依据其行为的违法程度和损害后果分别适用民事责任、行政责任以及刑事责任;第二,探索建立恶意注册民事赔偿机制,商标恶意注册给他人造成损失的,应该赋予受害人赔偿请求权,赔偿范围包括制止侵权的合理开支和丧失商业机会的损失;第三,提高行政处罚的力度,在现有处罚基础上,不仅应提高行政罚款的金额,还应降低停止受理商标注册申请业务的适用门槛,即降低"情节严重"的标准;第四;考虑对情节严重的恶意注册行为科以刑事责任,比如引入罚金和自由刑等刑罚规定,加大对恶意注册者的震慑效果。[①]

(三)增设商标强制移转和信用监管等配套措施

对于已经取得商标注册的恶意申请,除了要求行为人承担民事责任、行政责任甚至刑事责任之外,出于对受害人给予快速、有效救济的考虑,还可以探索建立商标移转制度。不以使用为目的的恶意申请,代理人、代表人未经授权申请注册被代理人或者被代表人商标,损害他人现有的在先权利或者以不正

---

① 参见陶洪飞:《商标恶意注册法律规制研究》,中国政法大学 2020 年硕士学位论文,第 57 页。

当手段抢先注册他人已经使用并有一定影响的商标,以欺骗或者其他不正当手段申请商标注册等被认为应属于恶意的商标注册申请已经取得注册的,在一定条件下,经权利人申请,知识产权行政部门可以直接将相关商标移转至权利人名下。商标强制移转制度的建立对于加强对公共资源抢注,侵害他人在先权益,损害社会主义核心价值观等行为的打击力度,以及实现申请人权利与他人权益、社会公共利益的平衡具有重要意义。

此外,为了实现对恶意注册行为的长期打击,还需要建立行之有效的信用监管体系。比如建立恶意注册嫌疑人"黑名单",将进行大量商标恶意注册、商标囤积的主体纳入一个标准化的名单之中,由知识产权行政部门根据名单直接驳回在册的商标恶意注册嫌疑人提交的商标注册申请。在我国商标注册申请量日益增多的背景之下,这无疑将提高标注册审查的效率,避免将有限的行政资源浪费在具有恶意之企图的申请人行为之上。[①] 同时,可以利用"互联网+"思维,通过网络实时公布商标恶意注册嫌疑人"黑名单",在知识产权行政部门官方网站开辟举报通道。这些措施都可以对商标恶意注册嫌疑人产生极大的威慑力,有利于保护具有真实使用意图的商标注册申请人,维护商标注册与使用的环境。

本 章 小 结

相较于其他国家和地区,我国的商标注册审查制度改革面临两个特殊的问题:其一,可以归结为市场化的迅速发展与市场信用的发育迟缓的矛盾,这造成了我国巨量的商标注册申请与突出的恶意注册问题;其二,可以归结为行政机关主导的审查优势与资源配置不当的矛盾,这是我国商标制度在运行中长期具有的行政管理色彩所带来的便利与隐患。因此,我国的商标注册审查制度改革必须基于这两个特殊国情设定目标和制定方案。目前,我国的商标注册便利化改革已经顺利完成,知识产权领域的"放管服"改革也已经初显成效。商标注册审查制度接下来的改革目标应定位于"提质增效",即提升商标

[①] 参见王莲峰、沈一萍:《关于建立商标恶意注册黑名单制度的设想》,载《中华商标》2019 年第 6 期。

审查工作的质量和效率,确保注册商标的质量和商标注册效率。

世界主要国家和地区的商标注册审查制度改革,呈现出两种主要的改革趋势,一是采用绝对理由审查,二是异议后置。但考虑到我国的现实国情和法律传统,保留全面审查,同时转向异议后置的改革方案更具优势。我国巨量的商标申请和现行前置异议程序的弊端都促使我国转向异议后置以平衡商标注册审查的公平与效率,而持续走低的异议提起率、广泛实施的数字化技术和日本的改革经验也为异议后置改革提供了实施的基础与条件。在"全面审查+异议后置"模式下,规范商标的申请和使用行为,优化知识产权行政部门的注册审查工作,简化异议审查的流程,做好相关制度的衔接与配套,切实采取有效措施规制恶意注册,是我国未来商标注册审查制度改革的几大重点。

第五章 我国商标注册审查制度改革的具体建议

通过上述对我国商标注册审查制度的现状分析、对注册审查制度理论的阐述和域外考察比较,本书提出了我国商标注册审查制度改革的方案和制度选择:"全面审查+异议后置"模式;为配合该制度的落实,本书提出了以下5个方面具体的改革的建议和路径;同时,针对商标注册审查制度,结合《商标法(征求意见稿)》以及我国现行《商标法》《商标法实施条例》《商标审查审理指南》《商标审查办法》等法律法规文件,提出了相应的修改建议;本书后附有对应的修改建议对比表,方便读者更直观了解修改的具体条款和内容。

第一节 优化商标注册申请的审查以确保注册质量

本节针对第一章我国商标注册审查制度的现实问题,结合第四章提出的商标注册审查制度的改革方案设计,对进一步优化商标注册申请的审查内容与程序,提出相关建议。

知识产权行政部门对商标注册申请的审查是一个较为复杂的工作流程,其中涉及许多具体的内容与程序。我国商标注册审查制度的提质增效改革应当对商标注册申请的审查内容与审查流程同步进行优化。国家知识产权局2023年公布的《商标法(征求意见稿)》将"商标注册的条件"单独作为第二章进行明确,增加了禁止重复注册和商标恶意注册申请的相关条款,也对原有的注册条件进行了细致修改,凸显了商标审查内容方面的规定在整个商标法中的重要地位。① 与此同时,国家知识产权局特别强调了商标授权确权程序完善的重要性,力求通过修法促进商标注册程序间的协调,避免程序空转和行政资源浪费等问题。②

本书认为,对于商标注册审查制度的改革而言,也应当从商标审查的内容和程序两方面来完善审查环节的工作,商标法修改以及国家知识产权行政部门未来可以从以下几方面采取相应措施。

一、合理配置不同阶段的审查内容与重点

我国知识产权行政部门对注册商标的审查,主要分为形式审查与实质审查。商标注册审查制度的提质增效改革应该合理配置不同阶段的审查内容与重点。

(一)适当扩大形式审查阶段的处理权限

形式审查是知识产权行政部门受理商标申请之前的一个必要程序,遵循书面审查、一次性告知和确保效率的原则。经形式审查合格的,商标注册申请才能被受理;形式审查不合格,或者经补正后仍不符合相关规定的,行政部门可以作出不予受理的决定。

当前,对于商标注册申请,形式审查的主要法律依据包括《商标法》第4条、第5条、第8条、第18条、第19条、第22条、第25条、第26条、第27条、第72条;《商标法实施条例》第4条、第5条、第6条、第9条、第10条、第12条、第14条、第15条、第16条、第18条、第20条、第97条;《集体商标、证明商标注册和管理办法》第4条、第5条、第6条。形式审查主要涉及对申请人是否具有主体资格,申请书填写是否规范,商标图样和指定类别是否明确,代理机构委托情况是否合规,证明文件是否完备,规范缴纳是否按时和足额等事项的审查。

商标注册形式审查的重点在于商标注册申请的主体、手续等外部规范要件是否完备,有效的形式审查在很大程度上能够起到规范申请行为,过滤不当注册的作用。但同时,考虑到我国巨大的商标注册申请量和屡禁不止的恶意

---

① 参见《商标法(征求意见稿)》第二章。
② 参见《关于〈中华人民共和国商标法修订草案(征求意见稿)〉的说明》。

注册行为,适当增加形式审查阶段的审查内容,扩大审查员在形式审查阶段的处理权限,可以有效减轻后续实质审查工作的负担,提高商标注册审查工作的整体效率。商标注册申请形式审查的内容与实质审查区别较大,两阶段在工作量和工作难度上也有较大差异,虽然各自有不同的审查目标与审查任务,不应发生混淆和重复,但为了切实提高商标注册审查工作的质效,从审查工作的实际情况出发,对两阶段的审查内容进行合理调配也是极具可行性的改革思路。

实际上,《商标法》第 5 次修改的征求意见稿也对知识产权行政部门在形式审查阶段的处理权限作出了进一步扩展。《商标法(征求意见稿)》第 27 条第 5 款[①]实际上赋予了知识产权行政部门在形式审查阶段审查相关申请是否具有重大不良影响的权力,审查的内容接近《商标法(征求意见稿)》第 15 条第 1 款第 9 项[②]和第 22 条第 3 项[③]。申请注册的商标是否具有不良影响本应属于不予注册绝对理由的审查范围,但若商标"明显"具有"重大"不良影响则是在形式审查阶段即可以发现的事实,赋予知识产权行政部门在形式审查阶段不予受理此类注册的权力可以实现以较低审查成本阻拦不当注册的目标,实际有利于提高商标注册审查工作的绩效。

此外,《商标法(征求意见稿)》第 14 条和第 21 条还增加了有关禁止重复注册的规定,第 14 条第 2 款规定:"除另有规定外,同一申请人在相同商品或者服务上应当只注册一件相同商标。"第 21 条规定:"申请注册的商标不得与申请人在同一种商品上在先申请、已经注册或者在申请日前一年内被公告注销、撤销、宣告无效的在先商标相同。"

在商标的申请过程中,企业可能会基于不同场景的使用需要,尽可能地取得自己理想的商标注册,或者出于对冲法律风险等各种各样的原因提交重复的商标注册申请。企业重复申请商标注册的动机可以理解,但是从商标注册

[①] 《商标法(征求意见稿)》第 27 条第 5 款规定:"商标注册申请手续齐备、按照规定填写申请文件的,国务院知识产权行政部门予以受理并通知申请人;国务院知识产权行政部门发现申请注册的商标明显具有重大不良影响的,不予受理。"

[②] 《商标法(征求意见稿)》第 15 条第 1 款第 9 项规定:"下列标志不得作为商标使用:……(九)有悖于社会主义核心价值观,有害于社会主义道德风尚、中华优秀传统文化,或者有其他不良影响的。"

[③] 《商标法(征求意见稿)》第 22 条第 3 项规定:"申请人不得恶意申请商标注册,包括:……(三)申请注册有损国家利益、社会公共利益或者有其他重大不良影响的商标的;……"

审查制度的运行来看,过多的重复申请不仅给审查工作带来很大负担,还会浪费宝贵的商标资源,乃至造成商标注册系统和市场环境的紊乱。

在美国、欧盟、日本、韩国等很多国家和地区的商标法实践中,都有关于禁止重复注册的规定,但一般是审查实务中的操作性规定,多见于审查指南、审查规则或者法律解释中,且常常与恶意注册挂钩,也有很高的触发门槛。[①]

据此,本书认为,此次《商标法(征求意见稿)》关于禁止重复注册的规定,如果是单纯地想要过滤知识产权行政部门在实际审查工作中碰到的完全重复的申请,防范申请人为了增加取得理想商标注册的可能性而反复提出申请或者恶意提出申请,那么考虑到对于同一申请人在相同商品或者服务上是否注册过相同商标的检索与判断较为简单,也可以将对此行为的审查纳入形式审查的范围,赋予知识产权行政部门不予受理相关重复申请的权力。但是,如果是为了从根本上规范商标申请行为,释放商标资源,那么对于重复注册的定义、判断和处置措施等,还需要进行更为细致的考量。

(二) 重点扩充实质审查阶段的审查事项

根据现行法律法规的要求,商标注册实质审查工作包括审查商标注册申请是否存在法律禁止使用的情形,申请注册商标是否具备商标的显著特征,三维标志的功能性审查,申请注册商标与他人已注册的商标权益有无冲突,以及对非出于使用目的的恶意商标注册申请,商标代理机构超越代理服务范围的商标注册申请予以驳回,主要适用《商标法》第4条、第10条、第11条、第12条、第16条第1款、第19条第4款、第30条、第31条、第50条。[②]

商标注册实质审查的重点在于检验拟申请注册的商标是否符合法律要求,这是阻拦不当注册,提高注册商标质量的核心环节。因此,商标注册实质审查的内容除了需要包含对显著性、非功能性、在先性等基础事项的审查之外,也常常根据一个国家或地区商标注册制度的运行情况和实际需求,进行增加或扩充。典型的如恶意注册,十分注重社会信用建设的法国、德国等国家也

---

① 例如,根据《欧盟2017/1001号商标条例》第59(1)(b)条的规定,如果商标申请人在提交商标申请时存在恶意,则该注册商标可被宣告无效。又如,美国《联邦法典》第37 C.F.R. §2.48条规定,如果在同一注册簿上的两份申请会导致注册完全重复,当局将只允许一件申请被注册,并拒绝另一件注册申请。但是,基于不同的申请基础、商品或服务类别、字体、颜色等的申请,都不会构成重复注册。

② 参见黄涛、亓蕾:《〈商标法〉第四条"不以使用为目的的恶意商标注册申请"的司法判断》,载《中华商标》2022年第2期。

会将恶意注册纳入不予注册绝对理由的审查范围。[①] 相较于市场经济发育已经较为成熟的发达国家，我国商标注册领域非诚实信用的恶意注册行为更加频发和复杂，尤其需要进行强有力的规制。因此，将商标注册申请是否为恶意注册的审查纳入实质审查的内容是一个必要、可行且高效的选择。

我国《商标法》在2019年对第4条的修改已经在这方面作出尝试。在商标注册审查中适用该条的重点无疑在于新增的第1款第2句，目标就是在申请阶段初期就拦截恶意抢注的商标和囤积行为，降低恶意申请侥幸注册的可能性，尽早消除恶意注册的市场危害性，实现对恶意注册规制的关口前移。[②] 但是，对于第4条这一新增语句的理解却具有极大的解释空间，可能会引发法律适用中的不确定性。《商标法》第5次修改的征求意见稿为了克服这一弊端，并继续加大对恶意注册的规制力度，又取消了该新增语句，新增第22条专条对恶意注册进行明确解释。[③]《商标法（征求意见稿）》的这一条款虽然仍有一些有待解释的不足之处，但正式将"恶意"作为一个单独的注册条件融入注册审查，改变了此前将"不以使用为目的"和"恶意"并存的规定，是一个很大的进步。[④]

虽然我国通常被认为是采取全面审查模式的国家，但实际上，商标注册的实质审查并未包含全部的不予注册相对理由。《商标审查审理指南》已经明确说明，商标注册实质审查不适用《商标法》第13条、第15条、第32条的规定，这3条旨在贯彻诚实信用原则，加大对驰名商标、在先使用未注册商标以及他人现有在先权利的保护，以弥补严格注册制之不足。由此，从一定程度上来说，我国的全面审查模式并非真正的全面审查。

根据《商标审查审理指南》的说明，商标注册实质审查不适用这3条的原

[①] 参见法国《知识产权法典》（2022年6月30日修正）第L.711-2条第11项，德国《商标和其他标识保护法》（2021年修正）第8条第（1）款第14项。

[②] 参见王莲峰：《新〈商标法〉第四条的适用研究》，载《政法论丛》2020年第1期。

[③]《商标法（征求意见稿）》第22条规定："申请人不得恶意申请商标注册，包括：（一）不以使用为目的，大量申请商标注册，扰乱商标注册秩序的；（二）以欺骗或者其他不正当手段申请商标注册的；（三）申请注册有损国家利益、社会公共利益或者有其他重大不良影响的商标的；（四）违反本法第十八条、第十九条、第二十三条规定，故意损害他人合法权利或者权益，或者谋取不正当利益的；（五）有其他恶意申请商标注册行为的。"

[④] 参见黄晖：《我国商标法第五轮修改中的三个重要问题》，载微信公众号"知产力"2023年10月16日，https://mp.weixin.qq.com/s/p6_tqxBGFjfbzq6OvVUPgA。

因在于尊重私权自治和处分原则，主张相关权利的在先权利人或者利害关系人应在异议、不予注册复审、请求无效宣告程序中，依法向商标注册部门提出申请，提供明确的请求、事实、理由和法律依据，以及相应证据。从实际操作层面来看，由于我国驰名商标采取个案认定、被动保护的原则，而特定的事实和私权冲突很难在单方面的审查中发现和证实，故知识产权行政部门在客观上难以实现对此类理由的实质审查。然而，考察采取全面审查模式的国家，特别是同时采取异议后置模式的日本的商标立法可以发现，驰名商标、在先权利等冲突事项一般不会被排除在注册机关的实质审查范围之外，相反，法律还会通过第三人意见制度等配套措施，开拓注册机关的信息获取渠道，增强注册机关的处分权能，最大化地发挥商标审查制度的作用。因此，本书认为，私权自治或者证据发现上的困难并不足以构成知识产权行政部门排除部分相对理由审查的理由，我国在实质审查阶段仍应扩大审查内容，将不予注册的全部理由涉及的事项全部纳入实质审查的范围，以提高审查质量。与此同时，应当增设第三方意见制度，辅助知识产权行政部门提高审查能力。

此外，在《商标法》第 5 次修改的征求意见稿中，第 15 条将"有悖于社会主义核心价值观""有害于社会主义道德风尚、中华优秀传统文化""公众知晓的国内和国外地名"纳入了禁用禁注范围。[①] 这在一定程度上有利于维护社会公平正义，营造公平竞争的市场秩序。但是，"有悖于社会主义核心价值观""有害于社会主义道德风尚、中华优秀传统文化"与此前的"不良影响"一样都是较难认定的模糊概念，当几个概念与"不良影响"并列，且《商标法（征求意见稿）》第 14 条又新增"不得违背公序良俗"这一注册条件时，应该如何理解和界定几个概念之间的联系与区别，可能会成为商标审查审理中的难题。因此，本书同时认为，商标注册的实质审查事项可以扩充，但不应无序扩充或泛泛扩充，应当紧密结合商标注册审查工作的实际，避免增加语焉不详的禁止注册条件。

二、加快构建商标注册申请快速审查机制

为克服传统商标注册审查机制效率低的缺陷，加快商标注册申请审查的速度，近年来域外一些国家和地区开始尝试建立商标注册申请快速审查机制，

[①] 参见《商标法（征求意见稿）》第 15 条。

以突破常规的商标审查程序,尽早使申请人获得商标权。商标注册申请快速审查机制是指对于满足特定条件的商标注册申请,在申请人提交快速审查请求或商标自动进入快速通道后,审查机关予以优先或加快审查,从而缩短确权时间的一种制度设计。[1] 该制度借鉴了专利的优先和快速审查机制,可打破常规的正常审查程序,使申请人尽快获得审查结果并得到商标授权。[2]

从类型上看,商标注册申请快速审查机制主要包括快速通道审查和加快审查两类。前者指申请人通过满足官方要求的一些形式条件,在没有明显违反商标实质审查理由的情况下,为了提高审查效率,缩短审查时间,自动进入或申请人申请进入快速通道,短时间内快速完成审查的一种方式。[3] 目前采用快速通道审查的国家和地区主要有欧盟、德国、意大利等。后者是指申请人主动提出申请,并说明特殊理由,由商标行政机关审查同意后采取的一种快速审查机制。目前采用加快审查的国家主要包括美国、澳大利亚、韩国、马来西亚等国,日本则同时采用快速通道审查和加快审查两种方式。

(一)我国现有商标注册申请快速审查机制的问题

为有效解决商标注册周期长、效率低的问题,国家知识产权局在2020年年初明确提出要探索建立商标注册申请快速审查机制,依法对明显涉嫌恶意申请和囤积的商标异议等案件实行快速审查。[4] 2022年1月14日,国家知识产权局又公布了《商标审查办法》,首次以官方文件确认新的机制,标志着我国开始构建商标注册申请快速审查机制。《商标审查办法》对审查目的、快速审查事由、申请条件、提交材料、审查程序、工作纪律等做了规定。根据《商标审查办法》,2022年5月和7月江苏省知识产权局和上海市知识产权局也分别制定了对应的商标快速审查事项的通知及指南,[5]商标注册申请快速审查工作在

---

[1] 参见张媛:《海外商标申请如何先人一步获准注册——各国商标加快审查介绍》,载《中华商标》2020年第11期。
[2] 参见张媛:《海外商标申请如何先人一步获准注册——各国商标加快审查介绍》,载《中华商标》2020年第11期。
[3] 参见张媛:《海外商标申请如何先人一步获准注册——各国商标加快审查介绍》,载《中华商标》2020年第11期。
[4] 参见国家知识产权局《关于深化知识产权领域"放管服"改革营造良好营商环境的实施意见》。
[5] 2022年5月6日,江苏省知识产权局发布了《关于办理商标注册申请快速审查事项的通知》,对申请主体、申请条件、申请材料、办理流程作了规定。2022年7月19日,上海市知识产权局制定了《上海市商标注册申请快速审查办事服务指南》,对受理主体、申请主体、适用情形、前提条件、申请材料、审核流程作了较为全面的规定。

我国逐步展开。然而,我国目前试行的《商标审查办法》从内容来看仍然较为简略,尚有许多待补充与完善之处。

1.《商标审查办法》的颁布缺乏上位法的授权

基于立法学原理,创设一种规则或制度应获得法律授权才具有正当性。商标注册申请快速审查机制的规定也需要获得上位法即《商标法》或者《商标法实施条例》的授权。分析《商标审查办法》第1条内容,"根据《中华人民共和国商标法》和《中华人民共和国商标法实施条例》的有关规定,结合商标工作实际,制定本办法"①。但我国现行《商标法》及其实施条例并没有对此作出规定,显然,《商标审查办法》的颁布缺乏上位法的支持和授权,不具有正当性,需要尽快修改《商标法》或《商标法实施条例》增加相应内容,为构建我国商标注册申请快速审查制度打下法律基础。同时,经过一段时间的试行后,应尽快完善《商标审查办法》,条件成熟后将该机制涉及的具体审查规则增加到《商标审查审理指南》中,进一步规范快速审查标准和审查程序。

2.《商标审查办法》确定的商标注册申请快速审查的类型模糊

目前域外国家和地区比较成熟的商标注册申请快速审查有两种类型:快速通道审查和加快审查,两者有各自的申请程序和审查事由。审视我国的《商标审查办法》,有几个特点:其一,是将快速通道审查和加快审查的事由混合在一起加以规定;其二,程序上需要申请人自己申请;其三,审查时限20天,应该是世界上快速审查最短的时间;其四,未收取申请费用;其五,纯粹从公权视角规定了申请事由和情形,而非从商标权私权、申请人利益和维权视角加以考虑。总之,我国目前的《商标审查办法》,更像一个快速审查的绿色通道,但程序设置中又掺杂了加快审查的要求(如需要申请人主动提出),导致审查类型不够清晰。

3.《商标审查办法》缺乏恶意申请和囤积商标异议的相关条款

国家知识产权局《关于深化知识产权领域"放管服"改革营造良好营商环境的实施意见》明确指出,对于明显恶意注册、囤积的商标异议,要依法进行快

---

① 《商标审查办法》第1条规定:"为了服务国家高质量发展,落实知识产权领域'放管服'改革决策部署,依法快速审查涉及国家利益、社会公共利益或者重大区域发展战略的商标注册申请,根据《中华人民共和国商标法》和《中华人民共和国商标法实施条例》的有关规定,结合商标工作实际,制定本办法。"

速审查。但目前《商标审查办法》,仅仅规定了对商标注册申请的快速审查,并不存在对于恶意申请和囤积商标异议案件的快速审查相关规定,《商标审查办法》的实施并没有完全实现当初国家知识产权局建立该规则的目标。可见,目前的《商标审查办法》可能处于试行阶段,显得过于简单了,相信随着实践经验的积累,我国的商标注册申请快速审查机制会逐步完备。

4.《商标审查办法》的申请理由仅限于公共利益忽视对私权的维护

从《商标审查办法》规定的申请理由分析,快速审查渠道仅适用于"涉及国家利益、社会公共利益或者重大区域发展战略的商标注册申请"[①]。以此来看,我国的快速审查机制的启动,目前主要是从公共利益角度考虑。例如,为应对新冠疫情,国家知识产权局开通了商标注册的绿色通道,对于指定使用在与疫情防控直接相关的商品或服务上的商标,申请人可提交快速审查请求函,申请优先审查;为了打击和管控与新冠疫情相关,易产生不良影响的商标,采取了从严快速驳回的审查方式。[②] 可见,我国目前的快速审查机制,仅是一个维护公权的绿色通道,并未纳入维护私权的事由,和国际社会快速审查机制构建的目的有所不同。毕竟我国设立商标注册申请快速审查程序的初衷主要是保护在先使用商标申请人的利益,或因存在他人侵权而急需授权,缩短审查周期的一种机制安排。目前的规定过于单一,而且忽视了对商标私权的维护和重视。

5.《商标审查办法》的商标注册申请快速审查申请条件中缺乏缴费的限定

考察我国目前的商标规费情形,不仅整体收费标准日趋降低,而且收费缺乏体系化规范。自 2008 年起,基于国家鼓励商标注册的政策,注册费从 1000 元降到了 600 元,再到现在的 300 元,如果是电子申请只需 270 元。[③] 与世界其他国家相比,我国的申请官费处于较低的水平。比如,澳大利亚在 2020 年

---

① 参见《商标审查办法》第 1 条。
② 中国新闻网在《国家知识产权局:加强管控疫情相关不良影响商标申请》一文中提到,国家市场监督管理总局、国家药品监督管理局、国家知识产权局出台的支持复工复产十条,明确对涉及防治新冠的商标注册申请,依请求予以优先审查办理。国家知识产权局研究制定的《疫情防控相关商标注册申请快速审查工作方案》于 2020 年 2 月 18 日开始实施。目前,已有 6 家市场主体通过省级市场监管部门、知识产权部门提出快速审查请求,提交共计 19 件商标注册申请。经审核,上述商标注册申请均符合快速审查要求,已对其启动快速审查程序。参见《国家知识产权局:加强管控疫情相关不良影响商标申请》,载中国新闻网,https://www.chinanews.com.cn/gn/2020/02-28/9108071.shtml。
③ 参见《规费清单》,载国家知识产权局网,https://sbj.cnipa.gov.cn/sbj/sbsq/sfbz/。

就提高了商标注册规费,商标注册费用调整为450澳大利亚元,商标续展费用为450澳大利亚元。① 加拿大则是通过修改标准,提高了申请费和续展费,其中申请费为:第一类330加拿大元,每增加一类另缴100加拿大元;续展费为:第一类400加拿大元,每增加一类另缴125加拿大元。② 上述商标申请官费的变化,反映出国际社会对商标申请收费的标准在逐步上升。随着我国商标申请量的大幅提升,在市场主体的商标注册意识不断增强的情况下,本书认为,当前低廉的商标申请官费政策应进行适时调整,逐步提高商标注册申请缴费的幅度。

而在商标注册申请快速审查程序中,多数国家的做法是要求支付费用。比如,韩国要求申请人递交加快审查申请书以及提交证明加快事由的文件,并支付官费。加快审查每类官费16万韩元,一标多类也是按类收费,该费用不含申请官费。部分国家要求申请人缴纳额外的快速审查费用,例如,德国规定注册商标的费用按类收费,加速审查需额外支付200欧元每3类的官费。③ 又如,比利时、荷兰和卢森堡等国家规定,若申请人急于启动法院诉讼程序,加急申请快速审查需额外支付相应费用。第一类196欧元,第二类21欧元,第三类起每类63欧元的额外规费。但也有一些区域和国家规定,商标注册申请快速审查需按照官方规定及时缴纳注册官费,并不会产生额外的费用。比如,欧盟的加速审查与普通申请的费用一样:第一类850欧元,第二类50欧元,第三类起每增加一个类别150欧元。欧盟虽然未对快速审查的申请单独收费,但商标注册的官费较高,相应地增加了商标申请的成本。

(二)完善我国商标注册申请快速审查机制的建议

针对上述《商标审查办法》反映出的几个问题,本书认为应当从以下几方面加以完善:

---

① 参见《澳大利亚知识产权局官费新规即将生效》,载中国知识产权保护网,http://ipr.mofcom.gov.cn/article/gjxw/gbhj/dyz/adly/202008/1954182.html。
② 参见《加拿大〈商标法〉修正案将于2019年6月17日生效》,载微信公众号"中国保护知识产权网"2018年12月4日,https://mp.weixin.qq.com/s/F3dn3j0mH5ozmsq1xSjP_g?utm_source=wechat_session&utm_medium=social&utm_oi=707349870482067456&from=singlemessage&isappinstalled=0&scene=1&clicktime=1651810847&enterid=1651810847。
③ 参见德国专利商标局文件:Information Concerning Costs, Fees and Expenses of the German Patent and Trade Mark Office and of the Federal Patent Court (latest update: 1 July 2022), dpma.de/docs/english/formulare/allg_eng/aq510_1.pdf。

1.尽快确立我国商标注册申请快速审查机制的立法依据

为保证《商标审查办法》的顺利有效实施,《商标审查办法》应做到立法有据、"政出有门",解决立法授权问题。为此,建议应尽早在《商标快速审查办法》上位法中对商标注册申请快速审查机制进行确定,修改我国《商标法》或其实施条例,增加相关内容。

通过对域外立法进行分析,可以发现商标注册申请快速审查制度的表现形式有所不同。一是通过商标法和商标法实施条例确定。比如,澳大利亚在《商标法》中列举了加快审查的情形;韩国也在其《商标法》第53条和第189条、《商标法实施条例》第12条和第13条,明确规定了"商标优先审查"(加快审查)制度;马来西亚2011年修改商标法条例,新增了加快审查的规定。二是颁布规范性文件,比如,日本《商标加速审查和上诉加速审查指南》、美国《商标审查指南》等,分别规定了加快审查的特殊情形及申请条件。通过立法、行政规章等法律文件明确规定,能够确保商标注册申请快速审查制度长期有效和稳定。

本书建议,可总结上述国家对商标注册申请快速审查制度确立的形式,尽快在我国《商标法》或其实施条例中对此加以明确。至于具体立法形式,鉴于目前还在试行和探索该机制,建议先在《商标法实施条例》第三章商标注册申请的审查中,新增快速审查机制的原则规定。

2.加强对恶意注册和囤积商标申请的快速审查

国家知识产权局设立商标注册申请快速审查机制,目的就是要在法律上,对明显存在"恶意""囤积"的商标异议等问题进行快速审查。但目前《商标审查办法》,并没有对此进行回应,只有申请阶段的快速审查条款。为此,本书建议在《商标审查办法》中增加对恶意申请和囤积的商标异议等案件的快速审查,进一步完善我国的商标注册申请快速审查机制。

针对商标的恶意异议,可推出商标快速异议程序。例如,英国在2013年颁布了《商标异议快速程序规则(修正案)》,对2008年英国《商标规则》作出进一步完善。快速异议程序是指在先商标权利人以在后申请人申请的商标与自身在先注册商标相同或近似而造成混淆为理由提出的,可申请快速审理的程序。增设快速异议程序的目的是通过增加异议程序的快速通道来提供一个更快速、更便宜的途径,使权利主体以更低的成本尽快获得保护;同时,该程序设置有利于将事实简单清楚的异议案件与相对复杂的异议案件进行分流审查，从而节约行政资源，提高审查效率。

根据英国《商标异议快速程序规则（修正案）》第2条的规定，提出快速异议程序需要符合以下4个要件：第一，基于1994年英国《商标法》第5条第1款、第2款（相对理由）提出；第二，请求被保护的在先商标不超过3个；第三，对于先商标可以提供使用的证明；第四，异议人认为不需要更多的证据或举行听证会。[①] 英国的快速异议程序与普通异议程序并行，当快速异议程序和普通异议程序一起提出时，将不再使用快速异议程序，只按照普通异议程序审理。[②] 但在费用和时间上快速异议程序将对异议人更加有利。在快速异议程序中，申请费降低到100英镑，快速异议程序的决定一般在6个月内作出；而普通异议程序的申请费则是200英镑，标准程序的授权决定平均需要12个月的时限。[③]

近年来，中华商标协会组织开展了"第四次商标法修法课题研究"活动，并取得了一系列研究成果。其中，一份《〈商标审查程序简化〉课题调研报告（上）》提到"建议商标局在审核异议申请时，对于（故意拖延申请人商标注册的时间）恶意异议，推出快速审理机制"，[④]本书深以为然，建议我国在构建商标异议快速程序时，可在现有的《商标审查办法》中增设一款：对满足条件的异议可进行快速审查，同时，缩短审查时效为6个月（《商标法》规定12个月的时限）。[⑤] 该规定不仅可防止恶意异议申请人故意拖延时间，也可为在后商标申请人进入无效程序争取时间，整体上可压缩审查时间，提高确权效率。

另外，在英国《商标异议快速程序规则（修正案）》提出的快速异议程序需要符合的要件中，其中的"在先商标可以提供使用的证明"要件值得我国借鉴。这对于防止恶意异议无疑又增加了一道门槛和限制，具体而言，可要求异议人举证其在先注册商标实际使用的证明，如果自注册后连续3年不使用，则不得申请适用异议快速审查程序。如此规定，可在一定程度上遏制恶意异议和囤积商

---

① 英国《商标异议快速程序规则（修正案）》第2条第(7)款d项规定，在快速异议的审理中，只有在审查官要求或任何一方当事人要求并且审查官出于公正和必要性考虑认为是合适的时候，才会召开听证会，否则将只会就双方提交的证据进行书面审理。但是在不举行听证会的快速异议的审理中，审查官还会给被判不利的一方当事人书面陈述意见的机会。
② 参见英国《商标异议快速程序规则（修正案）》第2条第(7)款b项。
③ 参见汪玉蓉：《英国商标异议程序配套机制及对我国的借鉴意义》，载《中华商标》2022年第4期。
④ 参见沈兰英、孙娜、贾宏：《〈商标审查程序的简化〉课题调研报告（上）》，载《中华商标》2020年第2、3合刊。
⑤ 参见《商标法》第35条第1款。

标的情形,也可实现国家知识产权局探索制定商标注册申请快速审查机制的主要目标。

3. 构建以商标使用为标准的分流快速审查机制

毋庸讳言,强化商标实际的使用对有效防止商标恶意申请和异议具有重要意义。2019年修正后的《商标法》第4条从申请角度强调商标使用的重要性,然而单纯的法律评价并不足以引起公众对商标使用的重视。本书认为,应进一步提升商标使用的法律地位,将商标使用融入商标授权、确权的程序之中。另外,我国庞大的商标申请规模也迫切需要建立合理的审查分流机制,以缓解商标审查压力,推动商标审查效率的提升。在这方面,我国可实行加快审查机制,通过对申请人商标的使用意图、实际使用情况的区分,构建以商标使用为标准的分流加速审查机制。具体而言,可将商标申请区分为已实际使用,已投入大量使用准备工作,具备使用意图3类申请,以此为标准进行审查分流。对于已经实际使用的商标从宽审查,可在最短时间授予商标权;对于已投入大量使用准备工作的商标,其申请可以进入快速审查渠道,以较短时间获得商标授权;对于仅具备使用意图的商标申请,只能通过正常的审查流程授权。以不同的商标使用情形作为申请快速审查的依据,探索建立不同速率的加速审查渠道,实现商标审查的繁简分流,不仅有利于审查机关资源的合理分配,推动商标审查效率的提高,也可在商标授权阶段倡导商标申请是为了使用的理念。

4. 完善请求商标注册快速审查的申请事由

通过分析域外商标快速审查的申请事由,可以看到,申请事由不仅有对公共利益的考虑,也有私权保护的紧急需要等事项,因为该程序也是一种特殊的救济程序,可方便帮助商标申请人尽快获得商标授权。例如,存在侵权或潜在侵权情形,其他案件以该商标审查结果为审理依据而中止程序,或者该商标为其他国家商标申请的国内基础。[1] 考虑到我国首次引入商标注册申请快速审查制度,还在试行期,待条件成熟后,本书建议,可增加和完善申请人授权相关的事由和情形,以弥补现行规则的缺憾和不足,真正发挥快速审查机制在维护

---

[1] 参见张媛:《海外商标申请如何先人一步获准注册——各国商标加快审查介绍》,载《中华商标》2020年第11期。

商标私权方面的积极作用。具体而言,可在《商标审查办法》第2条中增加可以请求快速审查的情形。有下列情形之一的商标注册申请,可以请求快速审查:(1)涉及国家或省级重大工程、重大项目、重大科技基础设施、重大赛事、重大展会等名称,且商标保护具有紧迫性的;(2)在特别重大自然灾害、特别重大事故灾难、特别重大公共卫生事件、特别重大社会安全事件等突发公共事件期间,与应对该突发公共事件直接相关的;(3)为服务经济社会高质量发展,推动知识产权强国建设纲要实施确有必要的;(4)申请人实际使用的商标或为了使用已有前期投入的商标;(5)存在第三人商标侵权的紧急情形;(6)为马德里商标国际注册或国外商标的基础申请,需要尽快确定国内商标权利状态的;(7)其他涉及国家和公共利益及有正当理由的。上述情形中的(4)(5)(6)为新增事由,(7)为对此前第4项的修改。如此规定,可同时兼顾到对国家公共利益和私权利益的保护,真正实现国家知识产权局颁布《商标审查办法》的目标,起到"更好满足市场主体差异化需求,事实上达到对部分申请的分流,形成更合理的审查资源配置"的作用,从而有效提高商标审查效率。

5. 完善请求商标注册申请快速审查的缴费条件

就商标注册申请快速审查而言,多数国家对申请者要求支付官费或者缴纳额外的快速审查费用,且费用不低。例如,德国规定加速审查需额外支付200欧元每3类的官费。又如,在比利时、荷兰和卢森堡等国家,若申请人急于启动法院诉讼程序,加急申请快速审查需额外支付相应费用。第一类196欧元,第二类21欧元,第三类起每类63欧元。反观我国的《商标审查办法》并没有明确规定申请时缴费的条件。[①]

为防止一些申请人利用快速审查机制寻租投机注册和囤积商标,本书建议引入经济成本理论,对请求快速审查的申请者进行收费,且申请者应在提交申请的同时缴费,而非"先通知后缴费"。缴纳费用后,再进行商标的形式审查,并根据形式审查的结果决定是否发放受理通知书,否则申请无法提交或者不能被分配申请号。对快速审查收费的现实意义在于:其一,我国商标申请量

---

① 《商标审查办法》第3条规定,请求快速审查的商标注册申请,应当同时符合以下条件:(1)经全体申请人同意;(2)采用电子申请方式;(3)所注册申请的商标仅由文字构成;(4)非集体商标、证明商标的注册申请;(5)指定商品或服务项目与第2条所列情形密切相关,且为《类似商品和服务区分表》列出的标准名称;(6)未提出优先权请求。

十分庞大,需要大量的审查人员,受理商标注册费可以认为是这些人力成本的对价。如果在审查人员形式审查完毕后,商标申请人放弃商标注册申请,无疑会造成人力资源的浪费。其二,从经济学角度分析,规定缴费,可增加商标抢注、商标囤积的成本,遏制此种行为的泛滥。其三,将缴费要求提前,并不会给正常的申请人带来负担。

三、灵活促进商标注册审查中的程序协调

促进商标注册申请审查阶段的程序协调,确保各环节的有效流转与联动是提高商标注册审查效率的重要方式。我国的商标注册便利化改革此前已经采取了诸多措施提高审查程序的运转效率,比如进行网上申请受理,加大扫描录入,开展独任制审查,按比例调配形式审查和实质审查人员,推广电子发文,强化节点管控等,均取得了不错的改革效果,促使我国的商标注册审查平均周期已经缩短至4个月,继续从审查程序入手压缩审查期限的改革空间已经不大。但结合商标局此前的改革意向[①]与《商标法》第5次修改的征求意见稿,本书认为,对于商标注册申请审查过程中的程序优化而言,或有以下几方面内容可做进一步改进。

(一)提高商标注册收费并实行"先缴费再审查"

众所周知,我国的商标注册申请费用低廉。当前,纸质申请的商标注册费用为300元/类,且可以指定本类10个商品,接受电子发文的网上申请仅为270元/类。而作为采取全面审查模式的国家,我国知识产权行政部门的工作量巨大,如要保证审查质量,还有进一步增加审查事项或细化审查要求的必要。在市场经济建设初期,实行较低的商标注册收费有利于鼓励商标注册,规范市场竞争。但现阶段,我国已经进入新的经济发展周期,对注册商标质量的要求应该放到更为突出的位置。我国作为世界上商标申请量、注册量、保有量最大的国家,适时提高商标注册收费,对引导高质量商标注册、优质品牌建设和商标资源的良性使用都具有促进意义。对于全部商标注册申请,也建议实

[①] 国家知识产权局在2022年8月31日给政协提案答复的函中,明确表示要"研究完善缴费、受理、撤回、中止、同日申请和重复注册相关规定",参见《国家知识产权局关于政协十三届全国委员会第五次会议第02321号(政治法律类185号)提案答复的函》。

行"先缴费再审查",即申请人在提交申请的同时缴纳注册费用,然后再进入形式审查。国家知识产权局在商标法修改条例专题研讨会上已经表示,拟在《商标法实施条例》中进一步完善商标缴费有关规定,将缴费作为进入形式审查的前提条件,未缴纳的,视为未提交。《商标法(征求意见稿)》第27条第3款也新增条文规定"办理商标注册申请未缴纳费用的,该商标注册申请视为未提交"。在商标审查初期就解决费用缴纳问题而非放到形式审查过程中再进行收费能够在一定程度上减少注册机关的工作量,增加商标注册的严肃性,引导当事人慎重、规范地注册和使用商标,应当是可行的改革举措。

（二）允许当事人在任何阶段撤回商标注册申请

毋庸置疑,商标权首先是一种私权。只要商标的使用行为无损于他人权益、公共利益与市场秩序,那么是否将商标进行注册就是商标所有人的个人选择与权利。因此,商标所有人有申请商标注册的自由,也应有撤回其注册申请的权利。商品市场的竞争是瞬息万变的,而商标的注册审查又需要耗费一定时间,在这个过程中,申请人完全有可能因为商业计划、市场竞争或者个人因素的影响改变了商标申请意愿。从尊重当事人意思自治和节约行政资源的角度考虑,商标法应当准许申请人在任何阶段撤回其商标注册申请。推而广之,也可以允许复审申请人、评审申请人和其他商标业务办理的申请人在任何阶段撤回申请。对于已经缴纳的费用,则可以采取减半收取的方式予以退回。《商标法(征求意见稿)》第41条在《商标法》第37条规定"及时审查"的基础上进行了修改与新增,规定"对商标注册申请、商标复审申请或者当事人申请办理的其他商标事宜,国务院知识产权行政部门应当及时进行审查和处理。当事人对前款规定的事宜可以申请撤回。国务院知识产权行政部门经审查认为可以撤回的,程序终止"。本书表示赞同,并同时建议《商标法实施条例》增加相关规定,规范进一步的撤回程序和费用收退事宜。

（三）赋予知识产权行政部门撤回初审公告的权力

虽然商标权首先是私权,但也是国家规范市场秩序的基本政策工具,带有很强的国家干预色彩,亦带有特定的公权属性。在商标注册阶段,知识产权行政部门的公共审查是确保商标注册正确性的主要手段。因此,我国商标审查审理工作有逐渐强化社会属性,保障公共利益的倾向。除了前文提及的《商标法(征求意见稿)》第 27 条第 5 款①,《商标法(征求意见稿)》还新增第 37 条,规定在商标核准注册前,国务院知识产权行政部门发现已初步审定公告的商标注册申请违反本法第 15 条规定的,可以撤销该公告,重新进行审查。第 15 条是有关禁用标志的规定,是构成商标不予注册绝对理由的重要条款之一。由于互联网的广泛普及和传播媒介的迅速发展,商标法所禁止使用的标志的利用方式可能也会不断多样化,公共领域与私人领域的分界线时刻处于变动之中,对社会主义道德风尚、不良影响等意识形态的定义与理解可能也会随时变化。《商标法》赋予知识产权行政部门撤回初审公告的权力可以防止审查疏漏和客观情况变化所导致的含有禁用标志的商标获得注册或者产生不良影响。

(四)规定知识产权行政部门帮助推行快速审查

本书建议我国加快构建完善的商标注册申请快速审查机制,如果快速审查机制能够建立,本书也主张通过程序设计实现快速审查与普通审查的有效联动。一般而言,商标注册申请的快速审查都应以申请人的主动申请为前提,但是,考虑到我国巨大的商标申请量,以及快速审查机制运行初期,申请人不一定能够准确辨别自己的商标注册申请能否满足快速审查条件,也可以考虑赋予知识产权行政部门在形式审查或实质审查初期,主动识别商标注册申请所提供的材料满足快速审查要求,而申请人未主动申请快速审查的情况的权利。针对此种情况,知识产权行政部门可以在了解申请人意愿的基础上,再给予申请人申请快速审查和补充缴费的机会,帮助实现审查案件的繁简分流,提高商标注册审查效率。

四、积极探索人工智能技术在商标审查中的应用

在此前的商标注册便利化改革以及长期的审查实践中,我国商标行政管理部门都积极探索和应用了许多技术手段,取得了良好的效果。近年来,随着人工智能技术的迅猛发展,基于自然语言处理、计算机视觉、机器学习等算法

---

① 《商标法(征求意见稿)》第 27 条第 5 款规定:"商标注册申请手续齐备、按照规定填写申请文件的,国务院知识产权行政部门予以受理并通知申请人;国务院知识产权行政部门发现申请注册的商标明显具有重大不良影响的,不予受理。"

的智能系统在各行各业中发挥越来越重要的作用,在商标审查领域也开始得到重视和应用。本书认为,人工智能技术为商标审查提供了新思路,有助于提高商标审查效率,降低人力成本,减少人工依赖,应当进一步在商标审查中推进人工智能技术应用。

人工智能技术是由计算机模拟人类的某些智能行为而产生的一种技术。随着计算机软硬件的发展,计算机视觉技术已实现了从静态图像到动态图像的转变;语音识别技术从最初的单次识别发展到多语言识别;自然语言理解技术实现了从文本到语音的转变;认知科学领域通过脑机接口实现了大脑与计算机的交流,并使人工智能获得了与人类思维相同的认知能力,使人工智能进入了感知智能时代。人工智能技术的这一先进性无疑为商标的审查工作带来了新的思路与方法。

在当前商标审查工作中实际已经有了多个应用人工智能技术的实例,如图像分类、商标相似度检测等,但这些应用大多是通过深度学习算法实现的,尚处于初级阶段,无法解决商标审查过程中遇到的疑难问题。例如,在图像分类方面,大多数人工智能仍然需要人工标注图像中的类别信息和标识信息;又如,在商标相似度检测方面,目前人工智能主要是通过深度学习算法实现对商标近似度的自动检测,是基于商标分类规则进行检索和分类,但存在对商标近似度判定标准不统一,难以将待处理的商标图片进行合理分类等问题。

虽然如此,但本书仍然认为,将人工智能技术应用于商标审查将是未来商标注册审查工作在资源调配与技术运用上的一个重要方向,可以重点考虑从以下几个方面加以推进。

(一)利用人工智能技术加强商标审查工作质效控制

一方面,在商标审查中引入人工智能技术,不仅可以实现对商标申请信息、审查员工作信息以及审查结果的自动提取和分析,提高商标注册流程的自动化程度和智能化水平,还可以实现对数据进行自动清洗、加工和存储,提高商标审查的自动化处理能力。这将显著提高商标注册审查工作的效率。另一方面,人工智能技术的引入还可以减轻审查环节的人为干预,提高商标注册审查工作的客观性。比如,通过分析商标申请数据,统计各业务环节的审查质量,并参考人工智能技术自动判断与人工判断的差异,可以及时发现审查工作中的问题,并有针对性地改进和完善相关审查策略。此外,人工智能技术还可以运用于审查人员培训,为审查人员提供更加丰富多样的知识资源,通过加强对员工业务能力与整体能力的培养,进一步提高我国商标注册审查工作的整体效能与品质。

(二)探索利用人工智能技术进行商标注册初期审查

商标注册申请的初步审查和实质审查的初期阶段,存在一些同质化的审查内容。例如,申请材料的分类、归档,形式审查的内容,相同或明显近似的商标检索等,因此,人工智能技术在商标注册申请的审查初期,有广阔的运用空间。又如,在文本信息处理方面,商标申请文件中的文字描述经常包含关键信息,人工智能系统可使用自然语言处理技术对这些信息进行分析。通过理解商标描述的语义,人工智能系统可以更精确地判断商标之间的关联性,以及申请注册商标是否与已有商标存在冲突。再如,在图像数据处理方面,通过深度学习算法,人工智能系统可以对商标图案进行高效处理。这包括对图像进行分割、特征提取和识别,以准确而快速地检测商标图案。进而,人工智能系统可以比对新申请商标图案与已有商标数据库中的图案,评估相似度。这种比对可帮助鉴别潜在冲突,从而减少重复和混淆。还如,依托人工智能技术,可以构建商标注册审查的数据库,快速处理大量商标申请数据。同时,通过对历史商标数据的分析,系统可以发现商标注册的趋势,帮助预测未来的商标申请趋势,为审查机构提供更好的决策支持。

当然,在人工智能技术的应用过程中,有一些需要特别注意的问题。其一,应首先考虑人工智能技术的法律适用性,确保人工智能系统的判断符合相关法规。其二,应当注意通过优化软件算法和系统架构,提高系统运行的稳定性和安全性。其三,要加强对商标审查智能辅助系统的持续更新与升级,确保该系统及时适应市场变化。但毋庸置疑,未来随着人工智能技术在知识产权领域的进一步运用,将会有更多智能化的业务被开发出来并应用到商标审查工作中,实现对人工智能技术的深度利用和智能升级。因此,我国应当重视和加强此方面的工作,引领人工智能时代商标注册审查制度改革的潮流。

第二节　重构商标异议审查制度以凸显改革效率优势

自中国加入世界贸易组织以来,中国的商标注册申请数量大幅增长,并已经连续20多年位居世界第一。2021年,中国的商标注册申请量达到945.4万件,占据了全球商标申请活动的一半以上。[①]中国的商标注册申请数量已持续增长多年,虽然2021年的增长率仅为0.8%,但由于前一年的商标申请数量基数庞大,增长数量也有10万余件。[②] 2022年,商标申请量减少了19%,但具体数量仍有751.6万件。[③] 此前我国商标申请量逐年大幅上涨,不仅使商标审限压力与日俱增,审查工作日益繁重,而且伴随的是商标注册便利化改革红利的消退。"十三五"以来,通过商标审查体制改革,扩增商标审查队伍等措施,商标审查效率稳步提升。2020年,国家知识产权局为深入推进商标注册便利化改革,攻坚克难缩短商标注册平均审查周期,完成了《商标注册便利化改革三年攻坚计划(2018—2020年)》的既定目标,商标注册平均审查周期从9个月压缩至4个月,较"十三五"初期压减一半以上,改革成效显著。随着商标注册申请客体的复杂化,商标可注册资源的减少,商标注册申请的审查需要涉及的范围更广,这势必会对商标审查周期产生影响。一项商标申请核准注册之前,需要经历商标注册申请审查以及异议程序。以我国国情及商标实践情况作为出发点,我国现行阶段仍需保留全面审查模式。因此,推动商标审查质量与效率的提高,将以商标异议程序的改革作为重点。

我国现行异议程序设置使所有的商标注册申请必须等到3个月异议期限届满方能取得商标权。尽管商标异议率始终维持在一个较低比例,但绝大多数商标申请也必须等待3个月的公告期满。2013年的商标异议申请量为34,667件,商标异议率为3.70%;2016年的商标异议率为3.20%;2019年的

[①] See *WIPO IP Facts and Figures*, WIPO (2022), https://www.wipo.int/edocs/pubdocs/en/wipo-pub-943-2022-en-wipo-ip-facts-and-figures-2022.pdf.

[②] 2018年至2021年的《国家知识产权局年报》显示,2018年度的商标申请件数为737.1万件;2019年度的商标申请量为783.7万件,同比增长6.3%;2020年的商标申请量为934.8万件,同比增长19.3%;2021年的商标申请量为945.1万件,同比增长0.8%。

[③] 参见2022年《国家知识产权局年报》。

商标异议率为 2.53%；而到了 2020 年，商标异议率已降至 1.95%。[1] 现行的异议程序设置人为地延长了商标注册周期，造成了至少 3 个月的周期虚耗。上述异议程序设置大大降低了商标审查的效率，为异议程序的改革提供了正当性。通过对不同商标注册审查模式进行分析，总结其他国家的异议程序改革经验，本节针对第一章我国商标注册审查制度的现实问题，结合第四章提出的商标注册审查制度的改革方案设计，对进一步优化商标注册申请的审查内容与程序，提出相关建议。

一、异议程序由前置改为后置

商标异议程序承担着对知识产权行政部门审查行为的监督和对在先权利人的救济等多重功能。异议程序由前置改为后置，不仅保留了事后纠错之可能，还提高了商标注册审查效率。其一，实行异议后置，可以大大缓解商标审查机关的审限压力。2020 年，我国的平均商标审查周期已压缩至 4 个月，与此同时，我国的商标申请量逐年大幅上涨，2020 年的申请量较 2019 年上涨 20.53%，现行商标审查期限已无压缩空间。不优化审查流程而一味地压缩审限，势必会导致审查质量的下降。采用后置的异议程序，至少为商标审查机关争取 3 个月的可压缩时段，有利于商标审查周期进一步缩短。其二，异议后置使商标申请人早日获得商标授权。商标申请人无须再等待公告期满便可取得商标授权，对绝大多数的商标申请人而言，这意味着可以更快地将商标投入使用。其三，在一定程度上减少了恶意异议的行为发生。异议程序置于商标注册之后，恶意异议人因不能影响申请人获得商标授权的进程，减少了恶意异议行为的投机空间。有观点认为，采异议后置将对注册商标的稳定性产生负面影响。[2] 就制度设置层面而言，制度的变革虽然会带来一定的影响，但只要影响是在可以控制的范围内，且影响并未达到零和博弈程度，便应当客观对待制度设置的优缺点。对于社会公众及注册商标权人而言，在异议前置模式下，成

---

[1] 2013 年至 2017 年的《中国商标战略年度发展报告》以及 2018 年至 2020 年的《国家知识产权局年报》显示，2013 年的商标异议申请量为 34,667 件，初步审定量为 936,750 件，商标异议率为 3.70%；2016 年的商标异议申请量为 57,274 件，初步审定量为 1,792,612 件，商标异议率为 3.195%；2019 年的商标异议申请量为 14.4 万件，初步审定量为 5,690,652 件，商标异议率为 2.53%；2020 年的商标异议申请量为 13.4 万件，初步审定量为 6,878,293 件，商标异议率为 1.95%。

[2] 参见郭珺、杜颖：《我国商标异议程序优化的四点考量》，载《理论探索》2023 年第 3 期。

功注册的商标也会面临被撤销或宣告无效的风险,但制度设计却不能因撤销或宣告无效程序将会对注册商标的稳定性带来影响而将相应程序取消。同理,在异议后置模式下,由于依然存在注册后撤销与宣告无效程序,且上述程序对权利救济具有重要作用,因此采异议前置还是后置均不会对注册商标的稳定性产生太大影响。况且一项制度设计能否有效运行,不仅需考虑制度设计本身,还需考虑适用制度的社会环境以及配套制度的建立。[①] 德国和日本均实现了由前置改为后置的异议程序改革。根据有关国家和地区的实践和运行数据(本书第三章),可以发现后置的异议程序切实缩短了审查周期,在审查效率的提升方面成效显著。

综上所述,本书建议我国《商标法》采用异议后置,取消初步审定公告,并对通过实质审查的商标立即核准注册并公告。初步审定公告不仅是一个程序性事项,更是一项可以产生相应法律后果的法律概念。商标处于初步审定公告阶段,具有如下几层法律含义。其一,公告流程的主要作用在于进行公示。商标公示于初步审定公告上,表明该商标已通过商标主管机关的实质审查,并使公众知悉该商标即将成为适格的商标注册对象。其二,促使在先权利人承担相应的注意义务。经过实质审查的商标,仍可能与第三人的在先权利产生冲突。法律规定初步审定公告,标志着此后可能存在的权利冲突及产生的不利后果,应由在先权利人承担。其三,在先权利人可以启动异议程序。在公告期间,若在先权利人未能依法律规定提出异议,初步审定公告的商标将从适格的对象转化为注册商标。本书建议取消初步审定公告并不意味着取消公告流程,而是取消初步审定公告产生的法律效果。优化商标注册审查程序应尽可能地将商标审查工作进行全方位的公示,即从商标主管机关受理之时便进行公告,此后,也应当对商标申请的状态进行及时更新。

我国现行《商标法》明确区分了启动异议程序的主体及事由,且启动异议程序的主体范围较广,这有利于实现异议程序的监督及权利救济功能。因此,后置的异议程序仍应保留现行法中关于提起异议程序的主体资格的规定。允许任何人基于《商标法》第4条、第10条、第11条、第12条、第19条第4款规定提起异议。涉及《商标法》第13条第2款和第3款、第15条、第16条第1

---

① 参见张玉敏:《我国商标注册审查方式的改革设想》,载《理论探索》2016年第5期。

款、第 30 条、第 31 条、第 32 条规定的在先权利人或利害关系人,可以提起商标异议。

改采异议后置程序后,除了会对《商标法》进行修订,也会对《商标法实施条例》造成影响。目前,《商标法实施条例》将涉及异议程序的部分规定于第三章"商标注册申请的审查",这表明异议程序是作为商标注册审查程序的一部分。但是,改采异议后置程序后,异议程序的对象是已注册商标,异议程序已不属于商标注册申请审查的一部分。撤销程序、无效程序等商标评定程序的审理对象亦为已注册商标,因此本书建议将《商标法实施条例》涉及异议后置程序的条文移至第六章"商标评审"。

二、异议期由 3 个月缩短至 2 个月

根据《商标法》第 33 条的规定,适格主体拟提起异议,应自公告之日起 3 个月内向商标主管机关提起异议申请。根据上述规定,我国立法上明确规定了 3 个月的异议期。异议期的长短与异议主体的切实利益息息相关。在此期间内,在先权利人或利害关系人不仅需要发现是否存在损害其权利的注册商标,还需根据《商标审查审理指南》的要求撰写异议申请书,准备证据材料并向商标主管机关递交申请。在此过程中,向商标主管机关提交申请书,送达证据材料等将耗费不少时间。

近年来,国家知识产权局正逐步推行商标注册全程电子化。目前,相关异议主体可以在商标电子公告系统中查询商标,并在商标网上服务系统中提交异议申请,递交证据及进行答辩。自 2023 年 12 月 1 日起,国家知识产权局将全面推行异议案件网上申请,这不仅使异议申请效率得到提高,也为异议主体带来便利。对于外国申请人而言,通过电子方式申请异议及答辩,将大大减少维权所需要耗费的时间及金钱成本。商标异议程序的全程电子化,极大缩短了商标异议申请过程中的递交及送达周期。在商标异议全程电子化的影响下,本书在建议采取异议后置模式之余,还建议可以适当压缩商标异议期,将 3 个月异议期缩短至 2 个月,以进一步提升商标注册审查效率,鼓励异议主体尽快启动异议。

《商标法(征求意见稿)》针对商标授权确权程序及审查制度的规定变动较大,其中便涉及异议程序的优化。值得注意的是,由于异议期限的设置备受实务界与理论界的关注,故此次《商标法(征求意见稿)》第36条,明确缩短了提起异议申请的期限,将3个月缩短至2个月。这表明2个月的异议期在当前的商标注册和保护环境下确有其合理性。

三、提升异议程序的纠纷解决效能

商标异议程序发挥商标主管机关的监督与在先权利人的权利救济功能。一方面,设置商标异议程序的目的在于纠正商标审查工作中的失误,避免不当注册的商标在商业活动中使用,从而影响了公共利益。异议程序的重点监督对象自然是注册机关,因此要以行政再审查程序的设计思路对异议程序进行改造。首先,应当让平行于商标受理和注册审查部门的其他部门受理和审查异议案件,避免形成审查部门的自我监督。其次,应当强化异议部门的职权,既保障异议部门的监督权限,又实现行政再审查程序快速高效的纠错特点。最后,在尽可能调动社会公众、在先权利人等主体监督积极性的同时,要注意不为异议人增加过多负担,比如可以降低异议启动的费用门槛和收文门槛,采取书面审查等方式,简化异议人的参与形式。另一方面,使实际存在冲突的商标尽早解决纠纷,为私权主体提供救济。我们在谈论商标异议效率的时候,不仅需要考虑异议程序的审查周期,更应考虑如何提升异议程序在商标争议工作中的效能。

为提升商标异议程序的纠纷解决效能,本书建议推行口头审理并引入自我和解纠纷解决机制。

(一)推行口头审理

口头审理是赋予异议主体以言辞辩论的机会,正当性源于民事诉讼理论中的直接言词原则。根据直接言词原则的要求,对有关实体权利的问题,须先进行辩论,然后再作最后裁决,这正是裁决获得正当性的前提。尽管异议程序的目的在于纠正行政机关的错误,但异议程序的审理结果并不是责令行政机关进行纠正,而是可以直接维持注册或撤销注册。异议程序所涉及的是一项在先权利或一项注册商标权,异议程序的结果将对异议一方的实体权利产生直接影响。由于异议程序对异议主体的实体权利产生影响,因此异议程序的审理具有类司法功能,可以援引民事诉讼理论当中的直接言词原则,以提高异议纠纷解决效率。

从《商标法实施条例》的规定来看,异议程序的审理主要以书面审理为主,只有在特殊情况下或根据当事人的要求才进行口头审理。相较于书面审理,遵循直接言词原则所作出的裁决,更有利于发现客观事实。① 近年来,我国正逐步推行商标评审"口头审理"常态化,并逐步开启"线下+线上"的审理模式。目前,对于一些法律关系复杂或争议较大的案件,商标评审机关将采取口头审理的方式以查明案件事实。② 在异议审理中同样应当引入口头辩论,口头辩论本质上是异议双方通过交换各自的意见及证据逐渐形成审理对象及裁决结果的过程。这有利于异议双方更好地辨明案情,使异议审查人员更好地了解案情,确保审理程序高效推进。③

目前,关于异议案件的审查规则及流程散见于《商标法》、《商标法实施条例》以及《商标审查审理指南》等。上述文件明确了异议程序的启动主体、启动事由、需要提交的材料、相关期间等与启动异议程序相关的信息。然而,上述文件中并未明确规定异议案件的审查方式及组织形式。本书建议形成如下异议审理规则,以提升异议程序的纠纷解决效能:其一,引入专业审查人员组成合议组审查异议。异议案件的审理采取合议制,由至少1名专业审查员与2名辅助人员组成合议组审理。④ 经合议组成员独立判断,并按照多数人的意见作出异议裁决。采取合议组的审理形式,不仅可以发挥集体智慧查明案件事实,且因合议组之间形成相互制约而保障了审查程序及结果的公正性。其二,推行"口头审理"答辩及质证。异议案件的审理应以进行"口头审理"为常态,允许异议双方主体进行质证及口头辩论。但经异议双方同意,异议审理机关可以不经过口头辩论而直接作出裁决。在异议案件的审理中,由合议组把控异议审理流程,并尽可能推动异议双方形成对抗。其三,赋予合议组成员依职权审查的权力。设置商标权异议程序的目的在于使商标争议解决于未然,纠正商标审查工作中的失误。在异议程序审理中,应允许合议组主动审查异议人没有提出的商标不予注册理由。但合议组主动审查的范围应仅限于不予注

---

① 参见王福华:《直接言词原则与民事案件审理样式》,载《中国法学》2004年第1期。
② 参见国家知识产权局商标局:《商标局启动"口头审理"常态化模式》,载中国商标网2021年2月8日,https://sbj.cnipa.gov.cn/sbj/ssbj_gzdt/202102/t20210208_20279.html。
③ 参见李喜莲:《口头辩论审理样式分析——以程序效率为视角》,载《法律科学(西北政法大学学报)》2009年第3期。
④ 参见郭珺:《我国商标异议程序完善研究》,中央财经大学2021年博士学位论文,第108页。

册的绝对理由。提升商标异议程序效能的意义在于让存在瑕疵或实际存在争议的商标注册尽早被发现并得以妥善解决,避免各方主体的损失进一步扩大。

(二)增设异议纠纷的自我和解机制

作为商标注册大国,我国的异议申请量是德国的45倍、日本的372倍,在异议程序的设置上更迫切需要寻求一项足以高效解决异议纠纷的机制。在欧盟《商标法共同体指令》的影响下,新修订的德国《商标和其他标识保护法》第42条增设第4款,赋予异议主体为期2个月的"冷静期",鼓励异议程序的当事方自行解决纠纷。在异议程序中引入自我和解机制,有利于提高异议纠纷解决效率,较大地发挥异议主体的主观能动性,充分尊重当事人的意思自治。

目前,《商标法实施细则》与《商标评审规则》均允许异议双方进行和解。此外,我国在"以和为贵"的传统思想引导下,在民事、行政纠纷中已形成较为成熟的和解制度。因此,本书建议可以在异议程序中增设异议纠纷的自我和解机制,将和解内化为异议审理程序的一部分,作为一个必选项。尽管增设自我和解机制在一定程度上将延长异议的审理周期,但为异议主体提供自行化解纠纷的渠道,不仅推动了行政资源的合理配置,也充分尊重了商标权的私权属性。权衡之下,更有利于形成合理的商标授权确权程序,推进知识产权领域"放管服"改革的实现。

综上所述,本书建议在《商标法》第35条增设第2款,知识产权行政部门受理异议后,经异议人与被异议人的共同请求,可以中止异议的审理,以寻求异议案件的友好协商。在中止期间,赋予异议主体更多谈判空间。异议双方若达成合意,则原异议程序终结,异议双方需受和解内容的拘束;若期间双方仍无法达成合意,则由异议审查机关依法作出裁定。自我和解机制的启动、期限的缩短或延长均可由异议双方协商共同申请;异议双方均可自由处分自身权利,只要不损害公共利益或其他合法利益即可。异议双方可以让渡部分权益,如限缩商标指定申请的商品或服务范围,撤回异议或商标申请,支付对价等。商标申请人撤回商标申请或缩小申请类别的,可退还相应的商标申请费,以资鼓励。为避免异议双方以和解协议的方式形成垄断,损害公共利益,双方签订的和解协议应予以公示。

(三)引入不使用抗辩

2023年4月,国家知识产权局印发《系统治理商标恶意注册促进高质量发展工作方案(2023—2025年)》。该工作方案多次涉及商标使用，并将强化使用作为主要目标之一。对于商标使用的要求，不应仅停留在判定商标是否侵权的层面，还应贯穿商标注册审查全过程。

现行《商标法》第49条规定了"撤三制度"。尽管我国将连续3年不使用作为一项撤销事由，但真正未使用商标的撤销是被动的。目前，若异议申请人未真正使用其注册商标，并以其未使用商标作为申请异议的基础，则被异议人只能先向商标局请求撤销该商标，并以商标局在撤销程序中的裁决结果作为异议程序的抗辩依据。若商标局决定撤销注册商标，则被异议人便可以此主张维持自身注册商标。一般情况下，撤销程序应自申请撤销之日起9个月内作出决定，存在特殊情况的可以延长3个月。[①] 若一方当事人不服，还可以申请复审。由于异议程序是以撤销程序的裁决作为依据的，故异议程序的审理周期会被延长。当一个案件事实需要涉及两个程序时，不利于商标评审程序效率的提高。

德国《商标和其他标识保护法》第43条规定了异议程序中的不使用抗辩。根据德国的规定，在异议程序中，商标注册人可以对在先权利人提出商标使用抗辩来对抗异议请求。我国台湾地区在评定程序中也有类似规定，申请人向商标主管机关申请评定，其据以评定的注册商标已满3年的，应当提交其申请评定前3年存在实际使用商标的证据或证明其未能使用商标存在正当理由的证据。尽管德国与我国台湾地区关于不使用抗辩的规定不尽相同，德国将未能实际使用作为一种抗辩事由，需要被异议人提出主张才能适用，而我国台湾地区将未能实施使用作为启动评定程序的要件之一，商标主管机关可以主动适用，但殊途同归，上述两种制度设计均是在争议纠纷解决程序中对商标实际使用进行实质性审查。引入不使用抗辩有利于增强异议程序的争议纠纷解决功能。其一，异议程序为真正存在冲突的权利主体提供救济。若在先权利人并未实际使用商标，或曾经实际使用但已经连续多年未使用商标，该在先注册商标并未实际产生影响力或该商标与指定商品或服务所形成的联系已基本消失，就表明在后的注册商标不仅不会对在先权利人造成实际损害，也不存在对消费者造成混淆的可能性。在商业使用中，异议两造实则不存在权利冲突。

[①] 参见《商标法》第49条第2款。

其二，提升商标评审程序的效率。引入不使用抗辩，在异议程序中对商标是否实际使用以及是否应当被撤销进行实质审查，可以将异议撤销的裁决结果作为撤销商标的依据，避免商标评审程序的重叠以及商标异议审理周期的延长。

本书建议在商标异议程序中引入不使用抗辩，修改《商标法》第 33 条规定，在先权利人或利害关系人的商标已满 3 年，因其注册行为违反了本法第 13 条第 2 款和第 3 款、第 16 条第 1 款、第 30 条、第 31 条之规定，被异议人可以要求异议人提交其在提起异议申请前 3 年真实使用商标的证据。不满 3 年的，可以要求异议人提交截至异议申请前存在实际使用的证据。若异议人不使用商标存在正当理由，异议人应当提交证据证明。

四、引入第三方陈述意见制度以实现公众监督

在商标注册取得模式下，注册商标权来自商标注册，公权力所构建的商标权注册和信息分享平台使通过注册取得的商标权满足法定性、确定性及公示性。[①] 商标主管机关核准商标注册申请的行政行为将赋予注册商标全国范围内的商标使用排他权。[②] 由于该行政行为所产生的影响较广，核准注册商标的行为理应受到监督。在商标注册申请审查制度中设置异议程序的主要作用在于纠错。异议前置程序是一条事前"防错"渠道，而异议后置程序为商标核准注册行为提供了一条事后"纠错"路径。异议程序由商标主管机关上下级之间、部门之间进行审查与纠错，是一种内部监督。然而，核准商标注册申请事关在先权利人、消费者、社会公众以及公权力机关，因此仅依靠内部监督是不够的，应坚持内外部监督相结合以推动监督效能的提升。

德国规定了第三方意见制度，在商标审查过程中为公众提供发表意见的渠道，作为实现外部监督的一种途径。根据德国《商标和其他标识保护法》第 37 条第 6 款的规定，自然人、法人以及相关协会，认为商标违反绝对注册理由而依职权不应被注册的，可以向德国专利与商标局递交书面意见。在书面意见中，递交主体应明确说明商标不应被注册的理由。值得注意的是，递交主体的书面意见仅供德国专利与商标局参考，并不会介入异议或其他程序当中。

[①] 参见吴伟光：《商标权注册取得制度的体系性理解及其制度异化的纠正》，载《现代法学》2019 年第 1 期。
[②] 参见曹世海：《商标权注册取得制度研究》，西南政法大学 2016 年博士学位论文，第 121 页。

日本也为公众监督留有渠道。根据日本《商标法施行规则》第19条的规定,当商标注册申请尚在日本特许厅的管辖之中,该商标申请存在日本《商标法》第8条第2款或第5款所规定的不得注册理由的,任何人均有权以规定的形式规范向特许厅提交该商标不得注册的书面意见。[①] 外部监督对于规范行政机关的行政行为,防止权利滥用及维护公民的权利至关重要。因此,借鉴日本及德国的第三方意见之规定,本书建议在《商标法》及《商标法实施条例》中引入第三方陈述意见制度。

建议在《商标法》第29条中增设第2款,在注册商标予以公告之前,任何自然人、法人及相关组织或团体认为商标注册的申请存在违反《商标法》第4条、第10条、第11条、第12条、第19条第4款规定的情形的,可以向商标局提交书面意见说明情况。建议在《商标法实施条例》中明确规定第三方陈述意见的形式、法律效果及限制。建议在《商标法实施条例》第23条增设第2款,依照《商标法》第29条,向商标局提交书面意见说明的,应包含注册商标的信息、违反的绝对注册理由以及证据。第三方陈述意见的提交最晚不得超过注册商标公告之日。商标局会对第三方陈述意见进行审查,但商标局无须进行答复。第三方陈述意见并不必然对商标注册申请造成实质性影响。经商标局审查,商标注册申请确实存在第三方陈述意见所指明的拒绝注册理由的,商标局将依职权驳回注册申请。若商标注册申请人不服,可向商标局提起不予注册复审,但值得注意的是,第三方陈述意见的提出主体并不会成为程序主体,参与到不予注册复审程序或行政诉讼程序之中。

外部监督对于规范行政机关的行政行为,防止权利滥用及维护公民的权利至关重要。近年来,我国逐步实现商标注册全程电子化,这为公众监督的介入提供可能性。引入公众监督的关键在于如何使公众知悉商标注册申请的存在及状态。因此,引入公众监督还需要优化商标注册申请的公开制度。建议对商标注册申请的状态进行披露,使第三方主体能够通过特定平台查询到相关商标申请的信息。所公示的状态应当包含"已受理"、"正在进行实质审查"、"核准注册"、"驳回注册"、"正在进行异议"以及"维持注册"等信息。对

[①] 参见《商标法施行规则》,载 e-GOV 法令检索,https://laws.e-gov.go.jp/law/335M50000400013/20230401_505M60000400010。

商标注册申请状态的及时更新,是畅通公众监督渠道的基础,为第三方陈述意见制度的有效运行提供条件。

五、合理简化商标评审程序之间的流程

(一)商标评审程序之间适用"一事不再理"原则

"一事不再理"原则源于罗马法,[1]常见于民事诉讼领域,主要是为了防止法院就同一裁决对象作出相互矛盾的裁判,保证纠纷解决的终局性,避免司法资源的浪费。[2]基于"一事不再理"原则的上述正当性,该诉讼原则还被引入仲裁程序及商标评审程序。[3]《商标法实施条例》第62条规定,经知识产权行政部门裁定的商标评审申请,除了不予注册复审程序予以核准注册后的无效宣告请求,任何人不得以相同的事实和理由再次提出评审申请。由于后置的异议程序理应归入商标评审程序,因此后置的异议程序同样需要适用"一事不再理"原则。

对后置的异议程序适用跨评审程序的"一事不再理"原则,有利于避免评审程序当中的重复审查,提升包括异议程序在内的评审程序的审查效率。我国台湾地区的异议程序与评定程序明确适用"一事不再理"原则。我国台湾地区的有关规定,有效地避免了商标评定机关进行重复审查。改采后置的异议程序之后,由于异议程序的审查对象转为注册商标,因此本书建议立法上应将异议程序归入商标评审程序,并同样适用"一事不再理"原则。

《商标法实施细则》第62条对于"一事不再理"原则的适用范围的规定过于宽泛,应当根据不同的评审程序进行进一步细化。尽管商标评审程序之间的事实及启动事由存在较大共性,但不同的评审程序的功能有所不同,导致判断是否基于同一事实、同一理由时所考虑的因素可能存在差异。[4]可考虑采异议后置程序之后,于《商标法实施细则》第62条中明确规定异议程序同样适用"一事不再理"原则。修改后,对于经异议程序确认的注册商标,被异议人不得以相同的事实和理由再次请求宣告该注册商标无效。"一事

---

[1] 参见胡军辉:《民事既判力扩张问题研究》,中国人民公安大学出版社2011年版,第11页。
[2] 参见胡军辉、蒋貌:《商标纠纷适用一事不再理原则探析》,载《知识产权》2015年第8期。
[3] 参见周丽婷:《论商标评审程序中"一事不再理"原则的适用》,载《知识产权》2018年第6期。
[4] 参见周丽婷:《论商标评审程序中"一事不再理"原则的适用》,载《知识产权》2018年第6期。

不再理"原则适用的关键在于如何识别相同事实。其一,严格认定存在新的事实。在原行政裁决作出之时,评审程序主体应当主张而未主张的事实,应当提供而未提供的证据,不认定为新的事实。其二,对于出现的新的证据严格认定。在原行政裁决之后新发现的证据或因客观原因无法在原行政程序期间获取的证据,可以认定为新的证据。[1] 一般情况下,出现新的证据可能导致裁决结果发生变化,应认定为构成不同的事实。其三,不同评审主体基于同一事实和理由提起评审程序的,可能构成对"一事不再理"原则的违反。在实务中,同一在先权利的不同在先权利人或利害关系人以相同事实和理由分别申请不同评审程序的,可认定为构成重复提起评审程序,避免上述规定惨遭架空。

(二)取消异议不予注册复审程序

为统筹推进知识产权强国建设,全面提升知识产权创造、运用、保护、管理和服务水平,中共中央、国务院于2021年9月发布了《知识产权强国建设纲要(2021—2035年)》,针对我国知识产权建设提出了一系列具有前瞻性和战略性的措施与策略,其中要求实施一流专利商标审查机构建设工程,优化专利商标审查协作机制,提高审查质量和效率。引入合理的商标审查制度,简化商标评审程序之间的流程,是中国实现商标审查提质增效的根本途径。

异议程序作为商标注册审查改革的关键,该程序的进一步优化引起了理论界的关注。有学者主张取消不予注册复审,以简化商标异议流程。[2] 该异议程序改革建议被此次《商标法(征求意见稿)》吸纳,《商标法(征求意见稿)》于第39条提出拟取消商标异议后的不予注册复审程序。知识产权行政部门作出异议程序的不予注册裁定,实行行政一审终审,被异议人不服的,可以直接向法院起诉。取消不予注册复审程序的初衷在于缩短商标审查周期,使被异议人在可能胜诉的情况下,更快被核准商标注册。同时,减少知识产权行政部门内部的工作重叠,有效提高行政效率。

---

[1] 参见最高人民法院行政裁定书,(2014)知行字第46号。
[2] 参见冯晓青、刘欢欢:《效率与公平视角下的商标注册制度研究——兼评我国商标法第四次修改》,载《知识产权》2019年第1期。

2013年,第3次《商标法》修正取消了异议程序驳回申请的复审程序。经异议程序决定准予注册的,异议人不再享有申请复审的权利。异议人不服的,可以依法向原商标评审委员会请求宣告该注册商标无效。[①] 这些规定虽然使异议流程得以简化,但仅保留异议程序中被异议人申请复审的权利违反了程序法上的平等。若认为异议裁决是一项新的行政行为,那么针对异议裁决的复审程序便是针对异议程序的复议行为。只允许异议程序的不予注册人提起复议救济,而不允许异议人提起行政救济,会导致一方当事人明显处于不利状态,违反公平原则;若认为异议裁决实质上提供了行政复议救济,则针对该复议行为再次提起复议的必要性存疑。因此,无论异议程序救济应当如何界定,现行法下的异议不予注册复审都存在一定的不合理性,对于异议程序的不予注册复审程序,建议取消。在采取异议后置程序的背景下,该程序更是没有存在的必要。异议程序与不予注册复审程序均已归入评审程序,理应适用"一事不再理"原则。

《商标法》修改建议汇总

【商标异议后置】建议取消初步审定公告,并将《商标法》第33条改为,在先权利人、利害关系人认为违反本法第13条第2款和第3款、第15条、第16条第1款、第30条、第31条、第32条规定的,或者任何人认为违反本法第4条、第10条、第11条、第12条、第19条第4款规定的,可以在注册公告之日起2个月内向知识产权行政部门提出异议。

【商标自我和解机制】建议在《商标法》第35条增设第2款,知识产权行政部门受理异议后,经异议人与被异议人的共同请求,可以中止异议的审理,以寻求异议案件的友好协商。

【异议程序的不使用抗辩】建议在《商标法》第35条增设第3款,以商标注册违反本法第13条第2款和第3款、第16条第1款、第30条、第31条规定为由,向知识产权行政部门提出异议,且在先权利人或利害关系人的商标已满3年的,被异议人可以要求异议人提交异议人在提起异议申请前3年真实使用商标的证据。不满3年的,可以要求异议人提交截至异议申请前存在实际使用的证据。若异议人不使用商标存在正当理由,异议人应当提交

---

① 参见金武卫:《〈商标法〉第三次修改回顾与总结》,载《知识产权》2013年第10期。

证据证明。

【第三方陈述意见制度】建议在《商标法》第29条中增设第2款,在注册商标予以公告之前,任何自然人、法人及相关组织或团体认为商标注册申请违反本法第4条、第10条、第11条、第12条、第19条第4款规定的,可以向知识产权行政部门提交书面意见说明情况。

第三节　商标异议后置改革与无效宣告和撤销制度的协调

我国《商标法》中注册审查制度应当改革为"全面审查+异议后置"模式。但异议后续程序选择何种模式,异议程序与无效宣告、撤销程序如何协调的问题有待解决。本节从异议后续程序基本原理等方面出发,确定异议后续程序的模式选择;从异议与无效宣告制度的功能区分出发,提出异议与无效宣告制度的协调路径;从异议制度与撤销制度的关系出发,结合《商标法(征求意见稿)》相关规定,提出撤销制度的完善路径。

一、异议后续程序的基本原理与模式选择

根据我国现行《商标法》的规定,异议人提出异议,国家知识产权行政部门经审查,认为异议不成立的,作出准予注册的决定,异议人不服的,可提起无效宣告请求;认为异议成立的,作出不予注册的决定,被异议人不服的,可向国家知识产权行政部门申请不予注册的复审。[1] 异议人提起无效宣告请求,可能导致宣告商标无效或者驳回无效宣告请求的结果,后续可能引发关于商标无效的诉讼;被异议人提出复审请求的,国家知识产权行政部门可能支持或者驳回复审,后续同样可能引发诉讼争议。可见,我国异议后续程序十分繁杂冗长。在"全面审查+异议后置"的改革思路下,选择兼具效率与公平价值的异议后续程序,是异议后置改革成功的关键。

(一)异议后续程序的基本原理

选择何种模式的异议后续程序,首先应当厘清异议后续程序的基本原理,

---

[1] 参见2019年《商标法》第33~35条。

涉及三个方面:第一,商标异议制度的功能;第二,商标异议裁决的法律属性;第三,商标异议裁决后续程序的法律属性。以下分述之。

1. 商标异议制度的功能

一般认为,异议制度的功能有三:一是自我监督功能,将异议制度视为行政机关内部纠错的程序,实现商标主管机关对商标实质审查的内部监督。[1] 二是社会监督功能,期望通过社会公众对商标注册审查结果的民主监督,实现商标注册审查的实质公平。三是权利救济功能,通过异议制度使在先权利人与利害关系人的权益免于初步审定公告的商标侵害。但是,这种多功能主义的异议制度价值观,实际造成了异议制度设计的"毫无原则性"。本书在第一章已经指出,异议制度的功能应当主要是权利救济,社会监督是异议制度的次要功能。

2. 商标异议裁决的法律属性:兼具行政性与司法性

商标异议裁决,本质上应当属于一种行政裁决。行政裁决具有以下特征:第一,行政裁决针对的对象是私法上的民事争议,而不是私人与行政机关的争议;第二,行政裁决是依申请的行为,而非依职权的主动行为;第三,行政裁决是行政机关或者其附设的机构行使国家权力的行为,而非民间的仲裁行为;第四,行政裁决是一种居中裁断行为,而非行政机关对相对人的命令行为。[2] 商标异议裁决与行政裁决的特征相符,属于行政裁决。

关于行政裁决的法律属性,学界存在三种观点。第一,"民事行为说"认为,行政裁决处理的是民事争议,行政机关本身并无处理民事争议的职责义务,行政机关处理民事争议的权限实质上来自民事争议当事人的"授权",因此行政裁决是一种民事行为而非行政行为。[3] 第二,"司法行为说"认为,行政裁决与司法的特征更为吻合,都是中立的第三方对当事人之间纠纷进行裁判,行政机关也处于中立地位,因此行政裁决是司法行为。[4] 第三,"准司法行为说"认为,行政裁决具有中立性,裁决对象具有私法性质,因而行政裁决具有司法

---

[1] 参见杜颖、郭珺:《〈商标法〉修改的焦点问题:商标异议程序重构》,载《中国专利与商标》2019年第3期。

[2] 参见王小红:《行政裁决制度研究》,知识产权出版社2011年版,第35~36页。

[3] 参见蔡守秋:《从我国环保部门处理环境民事纠纷的性质谈高效环境纠纷处理机制的建立》,载《政法论坛》2003年第5期。

[4] 参见陈锦波:《我国行政裁决制度之批判——兼论以有权社会机构裁决替代行政裁决》,载《行政法学研究》2015年第6期。

属性。但同时,行政裁决的纠纷与行政机关的职责密切关联,行政裁决由行政机关作出,裁决结论最终受到司法审查的约束,因而行政裁决还具有行政属性。[1]

本书认为,将行政裁决定性为"准司法行为"最为合适。"民事行为说"的缺陷在于,将行政裁决的权力来源视为民事当事人的授权与事实不符。行政裁决并非民事或者商事仲裁,行政机关的裁决虽然也受当事人是否申请的制约,但行政机关受理纠纷的权力源于法律的直接授权,且行政裁决仍然要受司法审查的约束,这与民事行为性质不符。"司法行为说"的不足之处在于,忽略了裁决机关对案件本身的职责相关性、裁决接受司法审查性等特点。"准司法行为说"兼顾了行政裁决的司法属性与行政属性,全面准确地概括了行政裁决的特点,因此该说对行政裁决的定性最为妥当。

在商标异议裁决中,如果异议人提出的异议理由是不予注册的相对理由,异议裁决处理的纠纷主要为私权之间的纠纷,则其决定的内容是异议人与被异议人的利益归属,因此主要是私益问题,与公共利益关系不大,裁决结论带有民事属性。同时,商标异议裁决由国家知识产权行政部门作出,最终还要受到司法审查,因此这种情况下,商标异议裁决还具有行政性。如果异议人提出的异议理由是不予注册的绝对理由,异议裁决处理的纠纷主要涉及公共利益关系,则裁决结论带有行政属性。因此,商标裁决的法律属性兼具行政性与司法性。

3. 商标异议裁决后续程序的法律属性:兼具行政救济与司法救济

关于商标异议裁决后续程序的法律属性,学界存在两种观点。"行政诉讼说"认为,无论是异议裁决后的直接诉讼,还是经过无效宣告/复审程序后的诉讼,都应该是行政诉讼。理由在于:第一,商标异议裁决由行政机关作出,后续诉讼是对行政裁决的司法审查,因而诉讼被告应当是国家知识产权行政部门;第二,以国家知识产权行政部门作为被告,可以督促行政机关更为谨慎地履行职责,提高裁决质量。

"民事诉讼说"认为,商标异议裁决后续程序应当是民事诉讼。理由在于:第一,商标异议所体现的纠纷实际上是民事纠纷,而不是对行政裁决的争议;

---

[1] 参见齐树洁、丁启明:《完善我国行政裁决机制的思考》,载《河南财经政法大学学报》2015年第6期。

第二,在商标异议裁决中,国家知识产权行政部门处于居中裁判的地位;第三,将国家知识产权行政部门作为被告,将促使行政机关成为一方当事人的同盟,造成角色错位,对另一方当事人并不公平。[①]

本书认为,上述两种观点均有偏颇。如果异议人提出的异议理由是不予注册的相对理由,异议裁决处理的纠纷主要为私权之间的纠纷,那么异议后续程序应当是民事纠纷中不服的一方当事人的救济程序,具有司法救济属性。如果异议人提出的异议理由是不予注册的绝对理由,异议裁决处理的纠纷主要涉及公共利益关系,那么异议后续程序与民事争议无关,争议焦点在于国家知识产权行政部门作出的行政裁决是否具有合理性与合法性,此时,异议后续程序的法律属性应当为行政救济。

(二)异议后续程序的域外立法与评析

我国现行《商标法》就商标异议后续程序规定了异议后无效/复审模式,即异议人不服驳回异议的裁决的,只能宣告商标无效;而商标申请人不服异议成立裁决的,则应选择申请复审。考虑到该模式程序烦琐,成本较高,《商标法(征求意见稿)》对商标异议后续程序进行修改,取消了不予注册的复审程序。商标异议后续程序应当选择何种模式,可以从域外立法中获得经验。在域外立法中,商标异议后续程序有3种模式:异议后直接诉讼、异议后无效/诉讼、异议后复审。

1. 异议后直接诉讼模式

德国、法国采取异议后直接诉讼模式。该模式下,异议人或被异议人不服行政机关作出的商标异议裁决的,可以直接向法院起诉。根据德国《商标和其他标识保护法》第66条的规定,针对商标处对商标异议作的决定不服的,可以向专利法院提起诉讼,诉讼应以异议程序中的对方当事人为被告。[②] 根据法国《知识产权法典》的规定,针对国家工业产权局所作的颁发、驳回或者维持工业产权证书的决定提起的诉讼并非行政案件,而是普通司法案件。当事人是异议人或者商标申请人。工业产权局局长或者检察院可以参加诉讼,申请人和

---

① 参见张玉敏:《商标注册与确权程序改革研究》,知识产权出版社2016年版,第120页。
② 参见文学:《德国商标异议制度》,载《中华商标》2006年第11期。

工业产权局局长都可以上诉。①

2. 异议后无效/诉讼模式

日本采取异议后无效/诉讼模式。该模式下,行政机关作出驳回异议的决定后,异议人不服的,只能申请宣告商标无效。行政机关裁定异议成立,被异议人不服的,则直接向法院提起诉讼。日本《商标法》第 43 条规定,对维持商标注册不服的异议人,可以另行提起无效审判。但此处所谓审判,并非法院的司法审判,而是负责商标审查的特许厅的审判。而对于因异议成立而撤销商标注册的决定,商标申请人则应向知识产权高等法院提起裁定撤销诉讼。② 我国《商标法(征求意见稿)》第 39 条第 2 款取消了不予注册的复审程序,国务院知识产权行政部门认为异议成立的,作出不予注册的决定,被异议人不服的,可以自收到通知之日起 30 日内向人民法院起诉。人民法院应当通知对方当事人作为第三人参加诉讼。因此,《商标法(征求意见稿)》中的异议后续程序与日本模式更为类似。

3. 异议后复审模式

欧盟采取异议后复审模式。该模式下,无论是异议人还是被异议人,对商标异议裁决不服的,均可以向复审机关申请复审,对复审机关的复审决定仍不服,可以向法院提起诉讼。根据《欧盟 2017/1001 号商标条例》第 66 条至第 68 条的规定,不服异议裁决的当事人,可以向 EUIPO 上诉委员会提起上诉,对于上诉委员会的上诉裁定不服的,可以向法院起诉,法院有权判决变更或撤销被诉裁决。不服普通法院判决的,还可以向欧洲法院提起上诉。③

4. 商标异议后续程序域外立法的评析

纵观商标异议后续程序域外立法,3 种模式均有利有弊。异议后直接诉讼模式的优点在于,简化了诉讼前的行政复审程序,降低了当事人的救济成本,异议后直接诉讼可以有效解决双方当事人之间的争议,提高了纠纷解决的效率。弊端在于,可能造成案件积压,审判效率低下,给法院带来较大的审理压力。

---

① 参见陈锦川:《法国工业产权授权、无效的诉讼制度对我国的启示》,载《电子知识产权》2004 年第 9 期。
② 参见[日]森智香子、[日]广濑文彦、[日]森康晃:《日本商标法实务》,北京林达刘知识产权代理事务所译,知识产权出版社 2012 年版,第 73~76 页。
③ 参见《欧盟 2017/1001 号商标条例》第 66~68 条、第 72 条。

异议后无效/诉讼模式的优点在于,相较于异议后直接诉讼模式,异议人在诉讼之前提起无效宣告程序,可以有效降低异议人的救济成本。弊端在于,无效程序与司法审查程序的功能有重复之嫌。同时,异议人和被异议人享有不同的救济程序难谓公平。在异议成立时,直接进入诉讼程序,是行政一审与司法二审模式;在异议不成立时,则是行政二审与司法二审模式。这种区别对待的救济程序造成了异议人与被异议人审级利益的差别,违反了程序对等原则。

异议后复审模式类似于我国现行《商标法》的异议后无效宣告/复审模式,虽然在司法审查程序之前增加了一道纠错程序,但弊端在于纠纷解决成本较为高昂,程序繁杂,不同程序之间的功能也有所重复。

(三)异议后续程序的模式选择

商标异议后续程序的目标兼具公平与效率。一方面,商标异议后续程序应当保障异议程序中不服的一方当事人获得充分救济,以实现公平价值;另一方面,商标异议后续程序应当降低当事人的救济成本,以实现效率价值。因此,商标异议后续程序的模式选择应当努力实现公平与效率的二元价值目标,既要保证纠纷解决制度正确性的最大化,也要保证纠纷解决制度成本的最小化。结合商标异议裁决后续程序的法律属性与域外立法经验,本书认为,商标异议后续程序应当以不予注册的绝对理由与相对理由为界限,分别选择不同的模式。

异议人以不予注册绝对理由提起异议的,由于异议纠纷涉及的是公共利益问题,并不存在异议人和被异议人之间的对抗关系,故商标异议裁决后续程序的法律属性表现为行政救济。此时,应当选择异议后复审模式。当事人不服异议裁决的,首先应当向国家知识产权行政部门提起复审申请,不服复审决定的,可启动司法审查程序,进入行政诉讼。此时,当事人为原告,国家知识产权行政部门为被告,法院审理的对象是行政机关作出的决定是否具有合理性与合法性。

异议人以不予注册相对理由提起异议的,由于异议纠纷涉及当事人之间的私人利益,双方当事人实际上处于对抗状态,故商标异议裁决后续程序的法律属性表现为司法救济。此时,应当选择"行政一审+民事诉讼模式",由国家知识产权行政部门对异议案件实行行政一审终审,当事人对异议结果不服的,可以对方为被告向法院起诉。在此种模式中,由于减少了无效宣告或者复审程序,因此有助于简化审理程序,减少程序功能的重复浪费,提高异议后续程序的效率。将商标异议后续程序规定为民事诉讼,可以使双方争议在民事诉讼阶段得到处理,根本上解决双方之间的冲突,实现异议后续程序的公平价值。

综上所述,本书建议对商标异议后续程序进行如下规定。

【商标异议程序】异议人以不予注册绝对理由提起异议,国务院知识产权行政部门驳回异议,异议人不服的,可以自收到通知之日起15日内向国家知识产权行政部门申请复审。异议人不服复审决定的,可以自收到通知之日起30日内向人民法院起诉。人民法院应当通知对方当事人作为第三人参加诉讼。

异议人以不予注册相对理由提起异议,国务院知识产权行政部门作出决定后一方当事人不服的,可以自收到通知之日起30日内,以对方当事人为被告,向人民法院起诉。

二、异议后置改革下异议制度与无效宣告制度的协调

在异议后置模式的改革中,必然会出现一些负面的影响或问题,这不仅是任何制度都固有的两面性所导致的,也是异议后置模式在与其他相关制度进行磨合和协调的过程中不可避免的。与其等到问题出现之后再进行解决和改善,不如在异议后置改革的同时提前进行预防和调整。其中,对于异议程序与无效宣告程序如何协调,有必要作出妥善安排。有学者指出,异议制度的功能可以被无效宣告制度所取代,[1]很多学者在支持异议后置的同时提出,应该将异议制度与无效宣告制度合并,或者说取消异议制度。[2]那么,异议制度与无效宣告制度在功能上是否重复?异议后置模式下,异议制度还有存在的必要吗?如果异议制度的存在具有必要性,是否应当修改或优化无效宣告制度,以

---

[1] 参见孔祥俊:《我国现行商标法律制度若干问题的探讨》,载《知识产权》2010年第1期;王芸芸:《论我国商标异议制度的改革——兼评恶意异议的治理》,载《知识产权法研究》2011年第2期。

[2] 参见张德芬:《我国商标确权程序的反思与重构》,载《郑州大学学报(哲学社会科学版)》2006年第5期;周俊强:《商标异议程序立法研究——兼论我国商标异议程序的改革》,载《知识产权》2010年第2期;李雷、梁平:《论我国商标授权确权程序的优化》,载《知识产权》2017年第7期。

调和两种制度在功能上的重复？

（一）异议后置模式下异议制度与无效宣告制度的功能重复

《商标法》第44条第1款规定："已经注册的商标，违反本法第四条、第十条、第十一条、第十二条、第十九条第四款规定的，或者是以欺骗手段或者其他不正当手段取得注册的，由商标局宣告该注册商标无效；其他单位或者个人可以请求商标评审委员会宣告该注册商标无效。"第45条第1款规定："已经注册的商标，违反本法第十三条第二款和第三款、第十五条、第十六条第一款、第三十条、第三十一条、第三十二条规定的，自商标注册之日起五年内，在先权利人或者利害关系人可以请求商标评审委员会宣告该注册商标无效。对恶意注册的，驰名商标所有人不受五年的时间限制。"除了商标局依职权宣告的情形，无效宣告的申请主体与理由与《商标法》第23条规定的异议主体和异议理由是基本一致的，即任何人都可以依据不予注册绝对理由申请宣告注册商标无效或对初审公告的商标提出异议；在先权利人和利害关系人可以依据不予注册相对理由申请知识产权行政部门宣告注册商标无效或向知识产权行政部门对初审公告的商标提出异议。二者的区别在于，《商标法》无效宣告程序中的绝对理由相较于异议程序中的绝对理由，多了"以欺骗手段或者其他不正当手段取得注册"[①]的规定。但是，《商标法（征求意见稿）》则统一了异议程序与无效宣告程序中绝对理由和相对理由的设置，这似乎表明异议与无效宣告本质是一回事。

无论是异议制度还是无效宣告制度，实质都是社会公众和在先权利人等主体参与商标注册审查，帮助保障商标注册正确性的制度。在异议前置模式下，异议制度与无效宣告制度至少还存在程序启动的先后之别，可以认为异议制度在商标注册前发挥"防错"功能，无效宣告制度在商标注册后发挥"纠错"功能。但如果采取异议后置模式，异议制度与无效宣告制度在制度功能上就会发生高度重合，无论是异议制度还是无效宣告制度，都在发挥"纠错"功能，二者在功能上有所重复。

（二）异议后置模式下异议制度存在的必要性

理论上来说，既然异议制度的功能可以被无效宣告制度所取代，异议制度

---

① 《商标法》第44条第1款。

就可以被删除。① 但是，即便采取异议后置模式，异议制度依然是与无效宣告制度不完全相同的制度，二者虽然在功能上有所重复，但并非完全重合，异议制度有其存在的必要性。从域外立法来看，一些国家即便采取异议后置模式，也依然保留异议制度，使异议制度与无效宣告制度并列，二者共同发挥商标注册审查的"纠错"功能。

1. 日本《商标法》：异议后置并保留异议制度

日本《商标法》中的无效宣告程序和异议程序的旨趣协调主要来自日本《专利法》，而日本《专利法》对无效宣告程序和异议程序的协调本身就存在争议。日本《专利法》经历了异议前置——异议后置——取消异议——异议后置的过程。由于异议和无效审判制度在时间上产生了重合，加重了专利权人的负担，拉长了审理时间且二者功能目的相同，因此日本《专利法》在2003年取消了异议制度。但在取消专利法异议后，日本发现制度效果并不好。这是因为异议制度被取消之后，只能通过专利无效宣告程序对不具有专利性的专利进行纠错，而无效宣告程序繁杂且成本高昂，难以吸收被取消的异议制度。因此日本又恢复了异议制度，它的制度目的是希望借助第三人的智慧，推动有缺陷专利的尽早发现和救济，从而保证已获授权的专利具有较高的品质和稳定性，实现公共利益。

在2003年废除专利异议制度后，日本学术界也讨论过是否应当将《商标法》中的异议后置制度废除，但是当时由于商标异议期间更短所以并未修改。2010年，日本商标制度委员会再次提出研究报告，讨论异议制度是否废除。最终，基于以下几点原因，认为商标法并未有废除异议制度的必要性。②

第一，异议与无效宣告程序利用人的需求并不相同，各自属于不同群体。运用异议的情况多是通过对商标注册的监督发现商标存在瑕疵注册，因此通过费用较低的异议程序对存在瑕疵的注册商标进行处分；无效宣告程序多是因申请人曾受到侵权警告或者诉讼而提起，对此应当提供充足的准备时间，以详细地举证证明涉案商标无效。

---

① 参见孔祥俊：《我国现行商标法律制度若干问题的探讨》，载《知识产权》2010年第1期；王芸芸：《论我国商标异议制度的改革——兼评恶意异议的治理》，载《知识产权法研究》2011年第2期。
② 参见日本特许厅产业结构理事会知识产权政策委员会商标制度小组第23次会议记录。

第二，统计数据表明异议制度与无效宣告制度没有出现制度重复的弊端。2000年至2009年，日本异议案件数量为473件，无效宣告案件数量为140件。异议请求成立的比例大约是20%，无效宣告请求成立的比例则大约是40%。仅有15%左右的案件在提出过异议请求的情况下又提出无效宣告请求。在2009年，异议审理期间约为9个月，无效宣告审理期间则约为11个月，当事人应当考量上述情形，依需求作出选择。

第三，根据问卷调查结果，废除异议制度会造成仅能选择程序及费用负担较重的无效宣告程序的结果。换言之，如果废除异议制度，则公众会存在对必须使用无效宣告制度的担忧。因此，多数人期待将商标异议与无效审判制度并列，以供选择。

第四，世界上多数国家保有商标异议制度，保留商标异议制度符合国际制度的惯例。根据日本特许厅2010年的统计，世界上有176个国家颁行商标法，其中设置异议制度的国家有148个，占84%，设置无效宣告制度的国家有137个，占77%，同时设置两个制度的国家有115个，占65%。[1]这说明，有过半数施行商标制度的国家在立法中既设置了异议制度，又设置了无效宣告制度。

日本2014年修订《专利法》，将专利异议后置重新纳入《专利法》也证明了异议制度存在的必要性。除费用相对低廉，期限限定较短外，商标法也明确允许异议人提起无效宣告程序进行救济，并且异议事由依法均可以作为商标无效宣告的事由。此外，商标无效宣告的时限并不限于异议期限之后，当事人仍然可以同时对注册商标提起异议及无效宣告程序。而日本专利异议制度改革也充分说明，授权后单一的确权程序并未有效发挥其应有的救济功能，异议制度仍然承担了很大一部分公众监督的功能，作为一种无效宣告程序之外的程序选择，某种程度上可以说异议程序是对无效宣告制度的补充。

综上所述，日本各界仍然倾向于保留商标异议制度，但通过制度设计强调两制度不同的侧重点，在确保商标注册正确性的同时，让有关各方按照自身的实际需要，自主地选择不同程序。

---

[1] 参见日本特许厅：《产业构造审议会知的财产政策部会商标制度小委员会第23回会议附件》，https://www.jpo.go.jp/resources/shingikai/sangyo-kouzou/shousai/shohyo_shoi/index.html。

2. 我国《商标法》应当在异议后置模式下保留异议制度

在异议后置模式下,是保留异议制度,还是将异议制度整合进无效宣告制度,关键在于如何看待两种制度的价值目标。如果可以将二者修改为程序互补,功能耦合的制度,异议制度就可以和无效宣告制度同时存在。日本《商标法》之所以能够在异议后置模式下保留异议制度,就是因为日本将两种制度合理分工,使各自发挥应有的作用。

本书认为,我国《商标法》应当在异议后置模式下保留异议制度。第一,异议制度与无效宣告制度虽然目前在申请理由上基本保持一致,但二者在申请期限、救济成本方面有较大的不同。就申请期限而言,异议后置模式下,异议制度的提起时间为商标注册公告后2个月内。而在无效宣告制度中,申请人如果以不予注册绝对理由提起,则没有时间限制。[①] 申请人如果以不予注册相对理由提起,申请期限为商标注册公告之日起5年内;恶意注册的,驰名商标所有人不受5年的时间限制。[②] 就救济成本而言,异议制度的成本显然低于无效宣告制度。第二,由于异议制度与无效宣告制度在申请期限、救济成本方面的差异,异议程序可被视为在先权利人或利害关系人的第一道防线。一旦取消异议程序,就失去了一道防线,在恶意注册的发生率更高的情况下,这些案件都将进入无效宣告程序,鉴于无效宣告程序的复杂性,纠错效率将大打折扣。第三,虽然异议制度与无效宣告制度在制度功能上有所重复,但改良的道路并非取消异议制度一条。如果能够合理修改无效宣告制度的制度目标与程序设置,二者完全可以成为各司其职,交叉但互补的制度。异议制度的主要功能在于权利救济,次要功能在于社会监督。无效宣告制度的功能明显在于救济那些无法及时提出异议或者通过长期市场观察之后才决定反对某一商标注册的在先权利人和利害关系人。虽然也有部分国家赋予注册机关依职权宣告注册商标无效的权力,但从依职权宣告无效利用率和最终目的来看,这一行为的重点并不在于实现行政机关的自我监督,而在于为纠正小概率的注册错误事件留下机会。因此,如果将无效宣告制度的价值目标定位于权利救济,就可以起到与异议制度相区别的目的,在商标注册系统中保留两者,并使两者发挥

---

① 参见《商标法》第44条。
② 参见《商标法》第45条第1款。

各自的比较优势,形成功能"互补"和结构耦合就会更加顺理成章。

(三)异议后置模式下异议制度与无效宣告制度的区分

实现异议后置模式与无效宣告制度功能耦合的具体方法是区分两者的程序设计。异议制度功能具有二元性,并根据不予注册理由的不同,对异议后续程序作出细化规定。那么,无效宣告的程序设计应当与之有所区分,从而使两种制度各司其职。

1. 无效宣告制度的制度功能为权利救济

在我国现行《商标法》中,无效宣告制度体现出社会监督、自我监督与权利救济3种功能。在依职权无效宣告的场合,国家知识产权行政部门是基于不予注册的绝对理由,是出于对公共利益的维护宣告无效,无效宣告程序的双方当事人为行政机关与注册商标专用权人,体现出自我监督属性。在依申请无效宣告的场合,如果申请人以不予注册的绝对理由提出申请,则体现出社会监督属性;如果申请人以不予注册相对理由提出申请,则属于在先权利人和利害关系人基于相对理由请求商标主管机关对已注册商标宣告无效,对抗双方实际上是无效宣告申请人与商标权人,与行政机关并无多大关系,体现出权利救济属性。

但是,无效宣告制度的提起期限较长的特性决定了该制度不应具有社会监督功能和自我监督功能。商标注册审查程序、异议程序均对某一商标是否违反不予注册绝对理由进行审查。此时,再允许行政机关和任何人无期限地提出无效宣告请求,易使已经注册的商标处于不稳定状态。申请人虽然基于不予注册绝对理由提起无效宣告请求,但往往与商标权人之间具有利害关系或竞争关系,无效宣告制度可能沦为不正当竞争的工具。因此,有必要限制无效宣告制度的价值目标,将其聚焦于权利救济之上。

在异议制度侧重监督功能与权利救济的定位下,将无效宣告制度的功能专注于救济在先权利人和利害关系人的私有权利,也可以有效区分异议制度与无效宣告制度。具言之,异议制度的功能主要在于权利救济,同时具备一定的社会监督功能,以保证商标注册审查核准行为的正确性,修正行政机关原处分行为的瑕疵。无效宣告制度主要是解决当事人之间的利益冲突,旨在于市场环境中检视已注册商标的合理性与合法性,从而促进商标法律制度的有序运行。此种制度功能的区分也是下文协调异议程序与无效宣告程序的基础。

2.无效宣告及后续程序的域外经验及启示

在具体程序设置上,域外立法中无效宣告及后续程序有以下几种模式:

第一,无效宣告的法院诉讼模式。该模式下,仅能由法院判决注册商标无效。2019年修法前的法国即采用此种模式。法国将无效宣告视为当事人之间的民事诉讼,无效宣告既可以以本诉的方式提出,也可以作为反诉、抗辩的理由提出。法院经审理认为无效请求人的理由充分的,可以宣告商标无效;认为请求不成立的,则予驳回。[①] 该模式的好处是减少了无效的行政审查环节,节约了成本。但该模式的弊端显而易见。完全通过司法审查商标无效,比商标无效的行政程序效率要低。毕竟并非所有无效宣告案件都会完整经历行政和司法的全部程序,有很大一部分无效宣告案件完全可以用行政程序解决。因此,法国在2019年后对法律进行了修改,规定任何人都可以直接向法国工业产权局提起无效宣告程序。

第二,行政机关宣告无效模式。该模式下,作出无效宣告决定的权限仅归行政机关所有,当事人不能通过法院提起无效诉讼。此种模式又可细化为两类,一是依职权宣告无效,如中国、美国、韩国;二是仅允许依申请宣告无效,如欧盟、日本。其中,我国的无效宣告程序设置最为复杂。我国的依职权宣告无效案件由商标审查部门负责,而依申请宣告无效案件由商标评审部门负责。

第三,法院和行政机关分别承担模式。该模式下,根据无效的事由不同,分别由行政机关和法院宣告商标无效,即当事人可以直接向法院申请宣告商标无效,法院可以径行裁决商标无效。德国采取此种模式。

在我国《商标法》将无效宣告的制度功能定位于权利救济之后,无效宣告实质上解决的是不同当事人之间的民事争议。国家知识产权行政部门应当处于中立地位进行行政裁决,行政机关本身并非争议的当事人。因此,对于行政裁决不服的司法救济,法律属性不应当是行政诉讼,而应当是民事诉讼。如果将无效宣告的救济途径定性为行政诉讼,法院就无法直接变更行政行为,即便不同意行政裁决的结论,也只能将争议再次交由行政机关重新裁决,难免导致行政救济与司法救济循环往复,从而造成程序倒流的风险。从域外经验来看,

---

① 参见陈锦川:《法国工业产权授权、无效的诉讼制度对我国的启示》,载《电子知识产权》2004年第9期。

无论是无效宣告的法院诉讼模式,还是法院和行政机关分别承担模式,已有不少国家允许法院径行裁决商标无效。我国《商标法》可吸收这一经验,赋予法院司法变更权,即直接决定商标是否有效的权力。

3. 异议后置模式下异议制度与无效宣告制度的协调路径

异议制度与无效宣告制度的协调,有赖于对无效宣告制度的改造。在将无效宣告制度的功能定位为权利救济之后,有必要采取以下措施优化无效宣告制度。

第一,限制无效宣告申请主体与申请理由。在实践中,与注册商标专用权人毫无利害关系或竞争关系的社会公众以不予注册绝对理由为依据提起无效宣告申请的情形极为少见。因此,对于依申请无效宣告而言,应当将申请主体限定为注册商标专用权人的利害关系人或者在先权利人,将无效理由限定为不予注册相对理由。对于依职权无效宣告而言,国家知识产权行政部门经过后续审查或者收到社会公众提出的意见,发现注册商标存在不予注册绝对理由,从而对注册商标进行无效宣告的,也是极为少见。从商标注册审查到异议程序,国家知识产权行政部门对于不予注册绝对理由已经进行了两次审查,已经能够充分保证注册商标符合社会公共利益。因此,可以考虑取消依职权无效宣告。这也可以防止行政机关动辄对已经注册并实际使用的商标无效宣告,减少公权力对私权利的干涉。

第二,明确无效宣告行政裁决的准司法性质并衔接民事诉讼。这一点与上文提及的异议人以不予注册相对理由提起异议的,应当选择与"行政一审+民事诉讼模式"的理由相一致。目前,法院对于行政机关作出的行政裁决并无司法变更权,这不仅严重影响了司法效率,也浪费了行政资源,更不利于保障当事人的利益。在将无效宣告制度的申请主体与理由限缩之后,无效宣告程序本质上旨在解决不同当事人之间的民事纠纷,行政机关只是居中裁判的角色。正因为如此,美国、英国、德国、日本等国,在商标无效宣告的司法审查上都采取民事诉讼程序,直接以无效宣告申请人和商标权人作为两造主体。[①] 虽然固守行政行为公定力原理能够实现法学理论上的自洽,但事实证明这将增加制度成本,减少制度效率。"实质主义法治在客观上要求执法者应当发挥主

---

① 参见崔立红:《商标无效宣告制度比较研究》,载《知识产权》2014年第7期。

动精神,发挥创造性和积极性,根据自己的判断以科学的方法探寻法律的精神,以最好的方式完成法律的目的"①。域外经验表明,明确无效宣告行政裁决的准司法性质并衔接民事诉讼,不仅不会影响行政行为的公定力,反而提高了争议解决的效率,有助于民事纠纷的实质解决。

第三,实现异议制度与无效宣告制度的合理分工。在明确了异议程序与无效宣告程序的准司法性质并衔接民事诉讼之后,还需协调异议程序与无效宣告程序之间的关系:异议人提起异议被驳回的,是否允许异议人再次提起无效宣告? 1982年《商标法》第28条规定了商标异议与商标争议的"一事不再理制度",即"对核准注册前已经提出异议并经裁定的商标,不得再以相同的事实和理由申请裁定"。2013年《商标法》删除了"一事不再理制度",规定异议人不服的可以相同事实和理由向原商标评审委员会申请商标无效宣告。② 如此修改或许是考虑到2013年《商标法》采取的是异议前置模式,允许异议人提起商标异议之后可以再次提起无效宣告申请,可以保证注册商标的质量。但在异议后置模式下,不予注册相对理由情形下的商标异议,实质上是无效宣告的前置程序,没有必要允许异议人在商标注册公告之日起3个月内提出异议被驳回之后,仍然可以提起无效宣告请求。因此,在异议后置模式下,应当恢复"一事不再理制度",异议人提起异议后被驳回的,可以向法院提起民事诉讼,但不能再以相同的事实和理由提起无效宣告请求。

综上所述,异议后置模式下异议制度与无效宣告制度的协调路径在于:第一,删除现行《商标法》第44条绝对理由无效宣告的规定。第二,明确无效宣告行政裁决的准司法性质并衔接民事诉讼,具体修改为:"国务院知识产权行政部门收到宣告注册商标无效或者移转注册商标的申请后,应当书面通知有关当事人,并限期提出答辩。国务院知识产权行政部门应当自收到申请之日起12个月内作出维持注册商标,移转注册商标或者宣告注册商标无效的裁定,并书面通知当事人。有特殊情况需要延长的,经批准,可以延长6个月。当事人对国务院知识产权行政部门的裁定不服的,可以自收到通知之日起30

---

① 王名扬:《美国行政法》(上),中国法制出版社1995年版,第466~467页。
② 参见《商标法实施条例》第62条:"商标评审委员会对商标评审申请已经作出裁定或者决定的,任何人不得以相同的事实和理由再次提出评审申请。但是,经不予注册复审程序予以核准注册后向商标评审委员会提起宣告注册商标无效的除外。"

日内,向人民法院起诉,被告应当为对方当事人。"第三,修改《商标法实施条例》第62条,恢复"一事不再理制度"。建议删除《商标法实施条例》第62条但书条款规定的"但是,经不予注册复审程序予以核准注册后向商标评审委员会提起宣告注册商标无效的除外"[①]。

三、异议后置改革下异议制度与撤销制度的联动

在异议后置模式下,相较于商标异议制度与无效宣告制度可能发生的功能重复问题,异议制度与撤销制度之间的界限较为明晰。从《商标法》相关规定来看,商标撤销制度实际上发挥了对商标注册审查制度的补充功能,有利于提高注册商标质量。《商标法(征求意见稿)》对撤销制度进行了大幅修改,有必要判断修改内容是否具有合理性,并在此基础上进行进一步的完善。

(一)《商标法》中异议制度与撤销制度的关系

异议制度与撤销制度之间的区别较为明显,二者在制度设计上也不存在重叠之处,并不会产生程序上的冲突与协调问题。而为了能够更好地理解异议程序的运行机制,亦有必要将异议制度与撤销制度进行比较。

第一,异议程序与撤销程序的申请主体一致。商标撤销程序的设立目的是鼓励商标权利人在商标注册之后能够持续、合法地使用商标,当商标权利人有违法使用商标的情况时,出于维护消费者权益,保护市场竞争秩序,推动工商企业健康发展等目的,开放了公众监督的路径,没有限制撤销申请人的主体资格。可见,撤销制度在申请主体上与异议制度保持一致。

第二,异议程序与撤销程序在审查对象、申请事由、法律效果等方面存在明显差异。在审查对象上,异议程序的对象为违法注册的商标,而撤销程序的对象则为合法注册的商标,后者是在注册后产生了违法事由。在申请事由上,异议人可以不予注册绝对理由与不予注册相对理由提起异议。撤销申请人的撤销理由为注册商标成为核定使用的商品的通用名称或者没有正当理由连续3年不使用;国家知识产权行政部门依职权撤销的,事由为商标注册人在使用注册商标的过程中,自行改变注册商标、注册人名义、地址或者其他注册事项,

---

[①] 《商标法实施条例》第62条。

地方行政管理部门责令限期改正但期满不改正的。① 在法律效果上,异议成立的,注册商标自始无效,溯及既往失去效力;而撤销成立的,由国务院知识产权行政部门予以公告,该注册商标专用权自公告之日起终止。②

可以发现,在异议后置模式下,商标异议制度与撤销制度虽然在申请主体方面相一致,但在审查对象、申请事由、法律效果等方面存在明显差异,两种制度之间界限明晰,并行不悖,不会出现适用上的冲突。

商标异议制度与撤销制度虽然泾渭分明,但撤销制度依然是全面审查模式与异议制度的有益补充手段。撤销制度具有激活商标,权利规制,促进竞争等多重功能。第一,通过撤销闲置商标或死亡商标,使商标资源重新进入市场环境,供潜在申请人合理选择与利用,从反面也可以督促注册商标专用权人及时、真实地进行商标使用;第二,通过撤销自行改变标识从而误导消费者的商标,可以对商标权人的实际使用行为进行规范;第三,撤销不能发挥识别功能的商标,可以有效维持商标权人与消费者之间建立的正常交易秩序。③ 可以认为,虽然相较于不予注册的绝对理由与相对理由,撤销制度规定的申请理由较少,但撤销制度能够为我国商标注册审查制度提供有力保障。

(二)《商标法(征求意见稿)》对撤销制度的修改

《商标法(征求意见稿)》对《商标法》中的撤销制度进行了完善。其中,《商标法(征求意见稿)》第49条在保留原有商标连续3年不使用撤销制度的基础上,基于更好维护公共利益的考虑,增加"注册商标的使用导致相关公众对商品或者服务的质量、产地或者其他特点产生误认","注册商标的使用或者行使注册商标专用权严重损害公共利益,造成重大不良影响","集体商标、证明商标管理或者使用不当,造成消费者损害或社会不良影响"3种撤销情形,在后两种损害公共利益的情形下可以依职权撤销注册商标。④《商标法(征求意见稿)》第64条第1款规定了自行改变注册商标将面临的法律责任,"商标注册人在使用注册商标的过程中,自行改变注册商标、注册人名义、地址或者其他注册事项的,由负责商标执法的部门责令限期改正,并可处以十万元以下

---

① 参见《商标法》第49条。
② 参见《商标法》第55条第1款。
③ 参见赵克:《注册商标撤销制度研究》,西南政法大学2016年博士学位论文,第5页。
④ 参见《商标法(征求意见稿)》第49条、第63条。

罚款;期满不改正的,由国务院知识产权行政部门撤销其注册商标",不仅允许国家知识产权行政部门撤销此种情况下的注册商标,并明确了行政处罚标准。①

《商标法(征求意见稿)》对于撤销制度的修改有其合理性。一方面,《商标法(征求意见稿)》第49条取消了注册人自行改变商标注册信息时,注册机关可以撤销的规定,因为第64条有相关规定,避免重复。另一方面,增加了新的撤销事由,进一步细化了丧失商标功能的商标可以被撤销的情形,并区分了不同事由下撤销的申请主体,限制了注册机关依职权撤销的范围,明确了商标权的私权属性。但是,《商标法(征求意见稿)》对撤销制度的修改依然存在缺陷,存在完善空间。例如,《商标法(征求意见稿)》第49条第3项、第5项的新增撤销事由并不妥当,有必要删除。该条第1项"注册商标成为其核定使用的商品的通用名称的"并不全面,有待完善。此外,还应当从撤销制度与异议后置的联动角度,完善撤销制度,使撤销制度能够更好发挥商标注册审查制度的补充功能。

(三)《商标法》中撤销制度的完善路径

就《商标法(征求意见稿)》撤销制度本身而言,本书认为应当从以下方面进行完善:

第一,建议删除《商标法(征求意见稿)》第49条第1款第3项。《商标法(征求意见稿)》第15条第1款第8项规定,带有欺骗性,容易使公众对商品的质量等特点或者产地产生误认的标志不得作为商标使用。因此,此种标志既不能作为商标使用,也不能获准注册。即使获准注册,任何人均可依据《商标法(征求意见稿)》第44条第1款请求国务院知识产权行政部门宣告该注册商标无效,国务院知识产权行政部门也可依职权宣告该注册商标无效。《商标法(征求意见稿)》第49条第1款第3项规定此种撤销事由,与注册商标无效宣告制度重复,在实践中可能发生冲突。

第二,建议删除《商标法(征求意见稿)》第49条第1款第5项。《商标法(征求意见稿)》第49条第1款第5项的撤销事由与《商标法(征求意见稿)》第9条第2款、第15条第1款第9项关联较大。一方面,《商标法(征求意见

---

① 参见《商标法(征求意见稿)》第64条第1款。

稿)》第9条第2款规定,"商标权人不得滥用商标权损害国家利益、社会公共利益或者他人合法权益"①。如果注册商标的使用或者行使注册商标专用权严重损害公共利益,主要在于对权利人权利行使行为的否定,而非在于对注册商标本身的否定,那么此时对其进行行政处罚即可,没有撤销该注册商标的必要。另一方面,《商标法(征求意见稿)》第15条第1款第9项规定"有悖于社会主义核心价值观,有害于社会主义道德风尚、中华优秀传统文化,或者有其他不良影响的"商标为"禁用商标"。② 如果标志本身存在《商标法(征求意见稿)》第15条第1款第9项规定的情形,则交由无效宣告制度去处理。此种商标因属于"禁用商标"而应当自始无效。而撤销的法律后果为自公告之日起注册商标失效。将本属于"禁用商标"因而应当自始无效的注册商标交由撤销制度规制,并不妥当。

第三,建议将《商标法(征求意见稿)》第49条第1款第1项改为"注册商标成为其核定使用的商品的通用名称、图形、型号、技术术语的"。注册商标丧失显著性的情形不仅限于注册商标沦为其核定使用商品的通用名称,还包括注册商标演变为其核定使用商品的图形、型号、技术术语等。这些情况下,注册商标都失去了显著性,无法作为商标存在,因此应当一并撤销。对此,《商标法(征求意见稿)》第16条第1款第1项规定,"下列标志不得作为商标注册:(一)仅有本商品的通用名称、图形、型号、技术术语的"。《商标法(征求意见稿)》第49条第1款第1项应当与第16条第1款第1项的规定保持一致。

从撤销制度与异议后置的联动角度出发,撤销制度还应当增加一些撤销事由。在商标异议、无效宣告、转让、许可以及续展制度中,应当增强对注册商标专用权人使用义务的审查。这些制度可以与撤销制度有效衔接。具言之,在商标异议、无效宣告、转让、许可以及续展程序中,国家知识产权行政部门应要求注册商标专用权人提交实际使用商标的证据,如果注册商标专用权人不能提交,可以考虑撤销其注册商标。这些情形中的撤销申请主体,可以与《商标法(征求意见稿)》第49条第1款第2项"注册商标没有正当理由连续三年

---

① 《商标法(征求意见稿)》第9条第2款。
② 参见《商标法(征求意见稿)》第15条第1款第9项。

不使用的"情形相一致,为任何自然人、法人或者非法人组织。另外,在全面审查模式下,闲置商标或死亡商标可能成为后续商标注册的障碍,也可以将此类商标与撤销制度相衔接,规定任何自然人、法人或者非法人组织都可以向国家知识产权行政部门提起撤销申请。

综上所述,建议将《商标法》撤销制度条款作出以下修改:

【注册商标的撤销】存在下列情形之一的,任何自然人、法人或者非法人组织可以向国务院知识产权行政部门申请撤销该注册商标,但不得损害商标注册人的合法权益或者扰乱商标注册秩序:

(一)注册商标成为其核定使用的商品的通用名称、图形、型号、技术术语的;

(二)注册商标没有正当理由连续3年不使用的;

(三)集体商标、证明商标注册人违反本法第63条规定,情节特别严重的;

(四)在商标异议、无效宣告、转让、许可以及续展程序中,国家知识产权行政部门要求注册商标专用权人提交实际使用商标的证据,权利人不能提交也不能说明不使用的正当理由的。

注册商标有前款第3项所列情形的,国务院知识产权行政部门可以依职权撤销该注册商标。

国务院知识产权行政部门应当自收到撤销申请之日起9个月内作出决定。有特殊情况需要延长的,经批准,可以延长3个月。

第四节　进一步强化对商标使用义务的审查

为解决恶意抢注、商标囤积问题,降低商标注册主义的"内生性制度风险"①,我国《商标法》多从否定性评价的角度,规定恶意注册人的法律责任。②遗憾的是,商标领域目前"重注册,轻使用"问题依然突出。例如,国家知识产权局于2022年2月14日发布通告,依法打击恶意抢注"冰墩墩""谷爱凌"等

---

① 吴汉东:《知识产权的制度风险与法律控制》,载《法学研究》2012年第4期。
② 如《商标法》第4条(不以使用为目的的恶意注册商标)、第10条(禁用标志)、第13条(驰名商标保护)、第15条(代理人、代表人、利害关系人抢注)、第32条(保护在先权利)、第44条(以欺骗或者其他不正当手段申请商标注册)等条款。

商标的行为。① 疫情期间,多地出现"火神山""雷神山""钟南山"等注册商标申请,严重扰乱了商标注册秩序。② 可以认为,以恶意抢注、商标囤积为对象的反向规制已然不足,以商标使用为内核的正向规范亟待构建,正向规范与反向规制应齐头并进,才能有效遏制恶意注册行为的发生。③ 2021 年《商标审查审理指南》明确规定"商标注册人负有规范使用和连续使用注册商标并积极维护注册商标显著性的法定义务"。国家知识产权局发布的《关于〈中华人民共和国商标法修订草案(征求意见稿)〉的说明》也强调"强化商标使用义务,引导商标注册回归制度本源"。

然而,商标使用义务制度目前存在诸多问题,包括商标使用概念模糊,注册审查程序中使用意图与承诺使用的取舍,核准注册后权利人违背使用义务的法律责任不明等。这些问题既影响商标使用义务的制度设计和立法体系化构建,也阻碍制度功能的发挥。本节针对第一章提出的商标使用义务规定缺乏体系化的现实问题,结合第四章提出的商标注册审查制度的改革方案设计,探讨强化商标使用义务审查的立法体系化建构。

一、注册商标权人商标使用的概念界定

概念是理性思考法律问题不可或缺的工具。④ 商标使用作为商标法的核心概念,既关涉商标功能、商标法立法目标等理论问题,又影响商标权取得、异议、无效、撤销与专用权保护范围,⑤ 是保持商标法理论整体性的工具。⑥ 2002 年《商标法实施条例》第 3 条从形式主义的角度列举了种种商标使用行为。⑦ 但是,在司法实践中,标识贴附行为不等于商标使用,一些行为尽管属于在相

---

① 参见新华社:《严厉打击恶意抢注"冰墩墩""谷爱凌"等商标注册》,载中国政府网,https://www.gov.cn/xinwen/2022 - 02/14/content_5673464.htm。
② 参见陶钧:《"钟南山""雷神山"成商标了?》,载微信公众号"光明日报"2020 年 4 月 25 日,https://mp.weixin.qq.com/s/-_260usBZSU4gak0bLQaPg。
③ 参见吴汉东:《恶意商标注册的概念体系解读与规范适用分析》,载《现代法学》2023 年第 1 期。
④ 参见[美]E.博登海默:《法理学:法律哲学与法律方法》,邓正来译,中国政法大学出版社 2017 年版,第 504 页。
⑤ 参见殷少平:《论商标使用概念及其立法定义的解释》,载《法学家》2022 年第 6 期。
⑥ See Stacey L. Dogan & Mark A. Lemley, *Grounding Trademark Law Through Trademark Use*, 92 IOWA L. Rev. 1669 (2007), p.1701.
⑦ 2002 年《商标法实施条例》第 3 条规定:"商标法和本条例所称商标的使用,包括将商标用于商品、商品包装或者容器以及商品交易文书上,或者将商标用于广告宣传、展览以及其他商业活动中。"

同或类似商品[①]上使用与注册商标相同或近似的标识,但由于并非用于识别商品来源,因此不构成商标使用。[②] 为此,2013 年《商标法》第 48 条[③]新增商标使用的概念,并增加"用于识别商品来源"的表述,表现出在商标使用界定上从形式主义向实质主义的转变。[④] 始料未及的是,此种转变反而造成理论界与实务界对"商标使用"概念的分歧,有必要一一厘清。

(一)商标使用的实质含义及其与使用形式的关系

《商标法》第 48 条以兼具形式要件与实质要件的方式界定商标使用。那么,是不是该条所列举的都属于"用于识别商品来源的行为",从而构成商标使用?还是说,某行为只有既属于该条列举的行为,又"用于识别商品来源的行为",才构成商标使用?又或者,某行为虽然不属于该条列举的行为,但是属于"用于识别商品来源的行为",亦构成商标使用?

商标是标识、商品与商品来源或商誉组成的符号。商标的基本功能在于使消费者在标识与商品之间建立联系,从而区别不同商品来源。如果商标权人的使用行为不在于建立标识与商品之间的联系,作为符号的商标便难以形成,此种使用行为亦难以产生商标权,无法落入商标法的评价范围内。有学者将商标使用分为"促使商标形成的商标使用"与"商标形成之后的商标使用",前者关涉标识与商品信息之间建立联系的长期过程,后者说明商标符号化之后厂商通过标识向消费者传递商品信息的过程。[⑤] 但是,商标形成之后,倘若商标权人不再使用商标,标识与商品之间的联系将逐渐从消费者大脑中消退,发生显著性的退化,商标权人就不能再通过商标向消费者传递任何商品信息。因此,相较于"商标形成之后的商标使用","促使商标形成的商标使用"始终处于商标使用概念的核心。即便商标已经形成,商标权人仍然需要不断强化标识与商品之间的关联。商标权人的商标使用,本质上属于

---

① 本书所称"商品"包括商品与服务。
② 参见北京市第一中级人民法院知识产权庭编著:《知识产权审判分类案件综述》,知识产权出版社 2008 年版,第 71~72 页。
③ 2013 年《商标法》第 48 条规定:"本法所称商标的使用,是指将商标用于商品、商品包装或者容器以及商品交易文书上,或者将商标用于广告宣传、展览以及其他商业活动中,用于识别商品来源的行为。"
④ 参见孔祥俊:《商标使用行为法律构造的实质主义——基于涉外贴牌加工商标侵权案的展开》,载《中外法学》2020 年第 5 期。
⑤ 参见王太平:《商标法上商标使用概念的统一及其制度完善》,载《中外法学》2021 年第 4 期。

符号学中的意指①过程,即反复建立标识与商品之间联系的过程。

在《商标法》第 48 条前半段商标使用形式与后半段商标使用实质的关系上,有学者认为只要是前半段列举的使用行为,都当然属于商标使用。② 但是,如果商标权人仅在广告宣传、展览中使用标识,固然属于该条前半段列举的使用行为,但由于没有实际的商品存在,仅仅是一种为了维持商标权不致被撤销的象征性使用,不应构成商标使用。因此,前半段虽列举种种使用形式,但倘若某种行为不是"用于识别商品来源",则不应认为属于商标使用。反之,商标注册人的使用行为虽不在该条之列,但"用于识别商品来源的",也应当认定为商标使用。立法解释指出,"商标使用是以识别商品来源为目的将商标用于商业活动的行为。如果不是以识别商品来源为目的的使用商标,或者将商标用于非商业活动中,都不构成本法意义上的商标使用","对于不属于本条规定的情形,但实质上是以识别商品来源为目的将商标用于商业活动的行为,即应认定为本法意义上的商标使用"③。不过,立法解释将"用于"解释为"目的",似乎不当限制了商标使用的范围。目的属于行为人的主观范畴,是藏于客观事实之后,隐而不显的。将"用于"理解为"目的",徒增法律适用中的操作难度。并且,"用于识别商品来源"与"以识别商品来源为目的"无关,即便行为人主观无此目的,只要该使用行为可以用于识别商品来源,依然构成商标使用。

目前,学界对于商标使用概念的核心领域,已经达成一些共识。例如,商标权人应当在核定的商品之上使用商标,是在商业活动中的使用,④商标使用行为未对核准注册的标识作出实质性改变,⑤商标使用应当真实、公开、善意。⑥ 但是,一个概念的中心含义也许清楚,但当我们离开该中心时它就趋于模糊

---

① "意指"是能将能指与所指结成一体的行为,该行为的产物便是符号。参见罗兰·巴尔特:《符号学原理》,王东亮等译,生活·读书·新知三联书店 1999 年版,第 39 页。有学者将"意指"解释为"给予意义"的"命名行为",通俗易懂且十分贴切。参见蒋万来:《商标使用的恰当定位与概念厘清》,载《政法论坛》2016 年第 3 期。
② 参见殷少平:《论商标使用概念及其立法定义的解释》,载《法学家》2022 年第 6 期。
③ 郎胜主编:《中华人民共和国商标法释义》,法律出版社 2013 年版,第 95~96 页。
④ 参见孔祥俊:《商标法:原理与判例》,法律出版社 2021 年版,第 748~749 页。
⑤ 参见李雨峰主编:《侵害商标权判定标准研究》,知识产权出版社 2016 年版,第 154 页。
⑥ 参见王莲峰:《商标法学》(第 4 版),北京大学出版社 2023 年版,第 107 页。

了,这正是概念的性质所在。① 所谓法律概念,其实是一张轮廓模糊,逐渐消失的照片。商标使用正是这样一张边缘模糊的照片。这种模糊性具体表现在:"用于识别商品来源"与"产生识别来源实际效果"的关系,行为主体相关争议,商标使用是否受到地域性原理束缚等方面。当我们一一消除这些模糊之处时,商标使用概念将清楚地展现在我们面前。

(二)"用于识别商品来源"不要求"实际发挥识别来源功能"

随着商标使用的地位不断提高,不少学者指出商标使用应当具有识别商品来源的实际效果。实际使用行为如果不能发挥商标的识别功能,消费者无法借助商标识别商品来源,则不构成商标使用。② 涉外定牌加工只具有商标使用形式,而不具有商标使用实质,在中国境内不发挥识别商品来源的功能,因此不构成商标使用。③ 商标必须使用于特定的商品之上并与该商品建立联系才具有意义。④ 本书认为,此种观点难以成立。一方面,该观点过分强调权利维持意义上的商标使用,忽略了商标形成意义上的商标使用,而后者是商标形成的符号化的意指过程,是商标使用的实质所在。认为具有实际识别来源功能才构成商标使用的观点,难以回答作为符号的商标形成之前,商标权人将标识贴附于商品之上"用于识别商品来源"的行为属性。另一方面,要求商标使用必须产生识别来源效果,就意味着实践中判断商标使用是否构成,首先要检验涉案商标是否发挥识别来源功能。这不仅徒增法律适用的困难,而且商标使用相关具体制度⑤对使用效果的不同要求,会导致商标使用概念的不统一。因此,"用于识别商品来源"并不要求"实际发挥识别来源功能",只要一行为可能使消费者识别商品来源即可。至于识别商品来源的实际效果是否产生,程度几何,都不是商标使用的构成要素,而是具体制度中与商标使用相并列的构成要件。换言之,一行为是否产生识别来源的实际效果,应放在商标使用相关的具体制度中考量,根据是否产生识别来源的实际效果,发生不同的法律效

---

① 参见[美]E.博登海默:《法理学:法律哲学与法律方法》,邓正来译,中国政法大学出版社2017年版,第505页。
② 参见刘维:《论商标使用行为的独立性》,载《现代法学》2021年第6期。
③ 参见孔祥俊:《商标使用行为法律构造的实质主义——基于涉外贴牌加工商标侵权案的展开》,载《中外法学》2020年第5期。
④ 参见马丽萍:《我国商标权维持使用制度反思与完善》,载《河南财经政法大学学报》2021年第4期。
⑤ 如《商标法》第11条、第13条、第32条、第49条、第59条。

力。在"商标使用"概念中考量实际识别来源的效果,属于以明确商标使用概念之名,行研究各项具体制度之实,存在偷换概念的嫌疑。

(三)被许可人的商标使用行为有条件地归于许可人

在商标使用许可法律关系中,许可人未实际使用,而被许可人实际使用商标时,被许可人的商标使用行为能否归于许可人,从而使许可人满足商标权维持中的商标使用义务要求呢? 2014年《商标法实施条例》第66条第2款[①]给出肯定回答。其中,对于"许可他人使用注册商标的证据材料"的认定较为容易,但实践中许可方式的多样化,给证明商标权人与被许可人之间存在许可关系带来挑战。《商标法》第43条第1款规定"商标注册人可以通过签订商标使用许可合同",采取"可以"的表述意味着诸如口头协议等非书面形式不影响商标使用许可的效力。对于默示许可是否发生商标使用许可效力,司法实践一般持否定态度。不作为只有在法律有规定或当事人之间有约定时才有法律意义,商标权人不制止他人使用其商标的行为,通常不包含许可他人使用商标的意思表示。[②] 但在以下两种情况中,承认默示许可的效力:第一,结合权利人与使用人之间存在的控股关系、母子公司关系等特殊关系,认定默示许可发生效力;[③]第二,根据诚实信用原则,不得排除权利人以其行为允许他人使用其商标的事实,即承认事实合同的效力。[④]

《商标法实施条例》第66条第2款仅认为被许可人的商标使用行为可以归于许可人,未言及《商标法》第43条第1款规定的许可人的质量监督义务和被许可人的质量保证义务。但此类义务作为商标使用许可法律关系中主要的法定义务,为各国商标法所强调。例如,在美国,如果商标质量控制不当,将导致商标许可的"空授权",商标权人会面临商标权灭失的法律后果。[⑤] 日本《商标法》第53条规定,商标权人违反质量监督义务,被许可人违反质量保障义

[①] 《商标法实施条例》第66条第2款规定:"前款所称使用的证据材料,包括商标注册人使用注册商标的证据材料和商标注册人许可他人使用注册商标的证据材料。"

[②] 参见吴汉东:《知识产权法》,法律出版社2021年版,第601页。

[③] 参见北京市高级人民法院行政判决书,(2007)高行终字78号;北京市高级人民法院行政判决书,(2009)高行终字1415号。

[④] 参见卜元石:《中国商标许可的司法实践总结》,载《中国专利与商标》2014年第3期。例如,商标权人与使用人未签订合同,但参与实际经营并取得报酬,法院认为默示许可发生效力。参见上海市浦东新区人民法院民事裁定书,(2006)浦民三(知)年初字第96号。

[⑤] 参见曾陈明汝:《商标法原理》,中国人民大学出版社2003年版,第312页。

务,造成与他人商品混同或者商品质量误认的,任何人都可以请求撤销该商标;但是商标权人对质量监督尽到相当注意的,不在此限。本书认为,被许可人的商标使用行为是否能够归于许可人,应当设置一定条件。只有在许可人尽到相当的质量监督义务时,被许可人的实际使用行为才能归于未实际使用商标的许可人。此种质量监督义务在商标使用义务中的贯彻,可以有效杜绝恶意抢注、商标囤积现象的发生。

另外,《商标法》第43条仅规定了商品质量控制的义务,未明确许可人违反质量监督义务,被许可人违反质量保证义务的法律后果。虽然《商标法(征求意见稿)》第60条第4款[1]新增了许可人与被许可人违反相应义务的行政责任,但此种法律后果并非就商标使用义务而言的。应当参照商标使用义务相关具体制度及其法律效果,对商标使用许可法律关系中的商标使用义务进行完善。

(四)社会公众商标使用行为不能归于不承认此种使用行为的商标权人

由于《商标法》第48条未规定行为主体,当注册商标专用权人未使用商标,实际进行商标使用行为的主体是社会公众时,是否构成商标使用?在"索爱"案中,索尼爱立信移动通信产品(中国)公司(以下简称索尼爱立信公司)未使用"索爱"标识,使用主体是媒体与社会公众,那么索尼爱立信公司是否能以在先使用[2]为由,对抗第三人对"索爱"标识的注册商标申请呢?法院认为,"时至2007年10月左右,索尼爱立信公司并不认同'索爱'是其公司简称或是其手机或电子产品的简称",因此,索尼爱立信公司实际上并"未对'索爱'字样进行商标法意义上的使用"[3]。但有学者认为,社会公众对商标的使用即被动使用,符合商标权原始取得的基本原理,应当为被动使用正名。[4] 也有学者认为,商标是由商标权人和社会公众的共同解释性事业所作,[5]而商标被动使

---

[1] 《商标法(征求意见稿)》第60条第4款规定:"许可人、被许可人违反本条第一款规定,对消费者造成损害的,由负责商标执法的部门责令限期改正,违法经营额五万元以上的,可以处违法经营额百分之二十以下的罚款;没有违法经营额或者违法经营额不足五万元的,可以处一万元以下的罚款。"在《商标法》中规定"对消费者造成损害的"行政责任,本身值得探讨。
[2] 2001年《商标法》第31条规定:"申请商标注册不得损害他人现有的在先权利,也不得以不正当手段抢先注册他人已经使用并有一定影响的商标。"
[3] 北京市高级人民法院行政判决书,(2008)高行终字第717号。
[4] 参见邓宏光:《为商标被动使用行为正名》,载《知识产权》2011年第7期。
[5] See Steven Wilf, *Who Authors Trademarks*, 17 Cardozo Arts & Entertainment Law Journal 1, (1999), p.45.

用在商标使用体系中占据核心地位,与商标主动使用相较占主导地位。[1] 还有学者指出,商誉的形成,不一定为经营者商标使用而生,而一定与相关公众认知商标有关,承认被动使用规则可以深化对商标使用的理解。[2]

应当说,被动使用规则在某种程度上揭示了商标使用的性质。从商标形成过程来看,商标权人的商标使用行为只是商标形成的起点,商标是否形成,商标显著性高低,有赖于相关公众对商标的认知和熟悉程度。但是,商标使用的意义在于产生和维持具有排他效力的商标权,公众的被动使用虽然是标识符号化的一环,但倘若商标权人没有注册该商标,也不承认社会公众对商标的使用,则没有必要赋予商标权人以排他性权利。否则,赋予商标权人以商标权,使商标权人享有排除他人擅自使用的权利,而此种权利是权利人明确拒绝的,这种权利设置显然多此一举,也违背了自罗马法以来就提倡的"得其所得"的正义观念,更与洛克劳动财产权理论中劳动者"自己所有"的理念背道而驰。[3] 从另外一个角度来看,在商标被动使用的场合,媒体与消费者对注册商标的俗称,如"索爱""路虎"等,本质上不属于在商业活动中的使用,当然不构成商业使用。被动使用规则的提出是为了将社会公众的使用行为归于注册商标权人,使商标权人能够援引《商标法》第32条的"在先使用条款"对抗他人对注册商标俗称或简称的抢注。但事实上,对于此种行为,完全可以诉诸《商标法》第10条"禁用条款"、《商标法》第57条"侵权条款"、《反不正当竞争法》第2条"一般条款"予以解决,而没有必要赋予注册商标权人就其俗称或简称的商标权。

(五) 商标使用地域性判断:在境内"用于识别商品来源"标准

《商标法》第48条未限定商标使用的地域范围,造成了关于不在国内消费者之间产生识别来源作用的涉外定牌加工行为是否属于商标使用的分歧。有学者从扶持出口型企业,防止该类企业注册商标被撤销的角度出发,认为应当突破地域性,将该行为视为商标使用。[4] 也有学者从防止涉外定牌加工被判定构成商标侵权的角度出发,认为不能发挥识别来源功能的行为不

---

[1] 参见邓宏光:《为商标被动使用行为正名》,载《知识产权》2011年第7期。
[2] 参见陈明涛:《"商标使用"之体系建构与反思》,载《环球法律评论》2022年第3期。
[3] 参见黄汇、谢申文:《驳商标被动使用保护论》,载《知识产权》2012年第7期。
[4] 参见黄汇:《商标使用地域性原理的理解立场及适用逻辑》,载《中国法学》2019年第5期。

构成商标使用。① 两种观点都旨在促进我国出口型企业发展,维护涉外定牌加工厂商权益,但在判断有关行为是否构成商标使用上却发生了分歧,果真应验了美国判例中"商标使用是商标法发展出来的反复无常的变色龙术语"的说法。②

显然,知识产权在空间上的效力并不是无限的,它受到地域性的限制,具有严格的领土性,效力仅限于本国境内。③ 以地域性为基础建立国际知识产权制度被认为是"19 世纪后期世界政治秩序一个合乎逻辑的结果,即便在当今,每个国家政府在其地域范围内享有主权仍然被认为是构建国际法律和政治秩序的首要原则"④。商标使用也受到地域性原则的约束。商标使用行为只有发生在本国境内时,本国法律制度才有保护的必要。否则,如果商标仅在域外得到使用,那么,即使在事实层面,我们可以说"商标使用"了,但在法律层面,这种使用也无法得到本国法律的承认,产生应有的影响与意义。⑤ 因此,只要一行为在本国境内"用于识别商品来源",就满足知识产权地域性的要求,构成商标使用。

但是,对于商标使用的误解导致对商标使用地域性原理的理解错误。问题聚焦于涉外定牌加工案件。对于行政机关能否以涉外定牌加工厂商 3 年未在本国境内使用为由,撤销涉外定牌加工商境内的注册商标,有观点认为应当对地域性原理进行合理突破,将涉外定牌加工行为"视为"合法使用。⑥ 此种观点的预设前提在于商标使用应当产生实际的识别来源功能。但正如前文所述,如果可能发挥识别来源功能的使用行为均构成商标使用,那么识别来源实际功能是否以及在何种程度上存在,则交由与商标使用有关的具体制度加以解决。因此,只要"用于识别商品来源的行为"如标识贴附、商品生产等发生在我国境内,就可认定相关行为符合地域性要求,而无须对地域性进行"合理突破"。我国商标局在解释商标权维持中的商标使用概念时提出:"商标的使用

---

① 参见孔祥俊:《商标使用行为法律构造的实质主义——基于涉外贴牌加工商标侵权案的展开》,载《中外法学》2020 年第 5 期。
② See Blue Bell Inc. v. Farah Mfg. Co. ,508 F. 2d 1260(5th Cir. 1975).
③ 参见吴汉东:《知识产权总论》(第 4 版),中国人民大学出版社 2020 年版,第 37 页。
④ [美]弗雷德里克·M.阿伯特、[瑞士]托马斯·科蒂尔、[澳]弗朗西斯·高锐:《世界经济一体化进程中的国际知识产权法》(上册),王清译,商务印书馆 2014 年版,第 100 页。
⑤ 参见赵建蕊:《商标使用在 TRIPs 中的体现及在网络环境下的新发展》,中国政法大学出版社 2014 年版,第 13 页。
⑥ 参见黄汇:《商标使用地域性原理的理解立场及适用逻辑》,载《中国法学》2019 年第 5 期。

地点应当在中国境内,包括在中国境内从事商品的生产、加工、销售或提供的相关服务。"①

对于涉外定牌加工厂商是否侵犯国内其他人的注册商标专用权,有观点认为,问题的核心在于对涉案行为的性质认定:"一种是仅贴附商标标识就构成商标使用行为,进而据此认定构成侵权;另一种是在中国境内仅贴附商标还不构成商标使用,因贴附商标在中国境内不用于识别商品来源,故而不构成商标侵权。"②但是,如果秉持"商标使用仅仅是商标侵权判断的前提,混淆可能性才是商标侵权判定的核心"③的判断思路,就不会将商标使用与商标侵权一一对应。那么,即使肯定涉外定牌加工属于商标使用,由于国外相关公众不同于国内相关公众,涉外定牌加工厂商不会使国内的公众产生混淆,仍不构成商标侵权。

综上所述,商标使用是指商标权人在核定的商品之上,真实、公开、善意地商业性使用商标,该行为未对核准注册的标识作出实质性改变。把握商标使用概念应当注意以下方面:第一,"用于识别商品来源"并不要求"实际发挥识别来源功能",只要一行为可能使消费者识别商品来源即可;第二,对于被许可人的商标使用行为,只有在许可人尽到相当的质量监督义务时,被许可人的实际使用行为才能归于未实际使用商标的许可人;第三,社会公众商标使用行为不能归于不承认此种使用行为的商标权人;第四,商标使用地域性判断应遵循"在境内用于识别商品来源"标准,即只要一行为在本国境内"用于识别商品来源",就满足知识产权地域性的要求,构成商标使用。

二、注册审查程序中的商标使用义务:使用意图的设定

相较于现行《商标法》第 4 条第 1 款,《商标法(征求意见稿)》第 5 条第 1 款新增商标注册审查中的承诺使用规定。④ 根据国家知识产权局《关于〈中华

---

① 国家工商行政管理总局商标局、商标评审委员会编著:《商标法理解与适用》,中国工商出版社 2015 年版,第 195 页。
② 孔祥俊:《商标使用行为法律构造的实质主义——基于涉外贴牌加工商标侵权案的展开》,载《中外法学》2020 年第 5 期。
③ 李亮、胡丹阳:《知识产权损害赔偿研究·商标权卷》,法律出版社 2022 年版,第 43~65 页。
④ 《商标法(征求意见稿)》第 5 条第 1 款规定:"自然人、法人或者非法人组织在生产经营活动中,对其商品或者服务上使用或者承诺使用的商标需要取得商标专用权的,应当向国务院知识产权行政部门申请商标注册。"

人民共和国商标法修订草案(征求意见稿)〉的说明》，社会主义市场经济的深入发展与市场主体知识产权意识的不断增强，使得在产生庞大商标需求的同时带来了"注而不用""恶意注册"等问题，原因之一在于商标注册前对使用意图强调不足，因而《商标法(征求意见稿)》第5条第1款新增"承诺使用"规定。[①] 应当说，在注册审查程序中突出对使用意图的强调，能够有效普及"商标生命在于使用"的商标法理念，也可以在一定程度上减少"重注册、轻使用"的认识。然而，"使用意图"与"承诺使用"不能等同，应当明确注册审查程序中商标使用意图要求，但不能想当然认为"承诺使用"也可以起到强调"使用意图"的作用。

(一)明确注册审查程序中商标使用意图的必要性与可行性

1. 必要性

商标只有经过实际使用，在买方与卖方之间传递信息，才能产生识别来源功能，相关公众才能借商标区分具有不同特征的商品。[②] 没有实际使用意图，发挥识别来源功能的商标注册显然不具有正当性。[③] 即便该商标经过核准注册，也徒有商标之名，而无商标之实，维系此种有名无实的注册商标存在，只会造成公共领域符号资源的浪费。因此，只允许具有商标使用意图的市场主体获得注册商标专用权，是商标法的应有之义。虽然我国《商标法》一直采取注册取得制，但这只是出于便利市场主体获得商标权进而能够快速投入市场经营活动，以及便利商标管理的考量，是一种追求效率价值的制度架构，不能改变商标法的基本原理。《商标法》第4条仅从反面对"不以使用为目的的恶意商标注册"进行规制，《商标法》第44条、第45条规定的无效宣告制度，第49条第2款规定的"撤三制度"，虽然也在一定程度上设置了商标使用义务，规制了缺乏使用意图的商标注册行为，但适用对象均为已核准注册的商标，属于事后补救，难以在商标权原始取得的初始阶段规制非正常申请。[④]

在注册取得制下，在商标注册审查程序中不对使用意图作出要求，将给市

[①] 参见国家知识产权局《关于〈中华人民共和国商标法修订草案(征求意见稿)〉的说明》。
[②] 参见王太平：《商标法原理与案例》，北京大学出版社2015年版，第3~7页。
[③] 参见王莲峰、刘润涛：《无真诚使用意图商标注册的立法规制》，载《中华商标》2018年第9期。
[④] 参见魏丽丽：《我国商标权注册取得制度的检视与新塑》，载《政法论丛》2023年第3期。

场主体释放出错误的理念,即注册商标是一种"先到先得"资源,即便日后不实际使用商标,最坏的结果无非注册商标无效或撤销。而只要注册商标尚未无效或撤销,持有者就可以待价而沽,转售牟利,或者占据资源,阻碍竞争。因此,有必要在注册审查程序中引入使用意图要求,从而弥补商标注册取得制的固有缺陷,向市场主体普及商标的真正价值。

2. 可行性

虽然我国《商标法》未言明商标使用意图在商标申请注册中的要求,但司法解释和政策文件已经开始在商标授权确权程序中考量使用意图。最高人民法院《关于审理商标授权确权行政案件若干问题的规定》第26条第4款规定:"商标权人有真实使用商标的意图,并且有实际使用的必要准备,但因其他客观原因尚未实际使用注册商标的,人民法院可以认定其有正当理由。"国家知识产权局《关于持续严厉打击商标恶意注册行为的通知》明确指出要重点打击"商标注册申请数量明显超出正常经营活动需求,缺乏真实使用意图的"[1]违法行为。《系统治理商标恶意注册促进高质量发展工作方案(2023—2025年)》也提及,"要对具有真实使用意图、并已投入实际商业使用的注册商标,以及注册使用时间较长、已形成稳定市场格局的注册商标更为审慎地作出无效宣告的决定"。

在司法实践中,不少法院在商标授权确权案件中考量商标持有人是否具有真实使用意图。在新浪大眼睛图形案中,北京市高级人民法院认为,当事人"在第35类和第43类服务上先后申请注册了多枚与新浪网中国公司知名的'新浪'文字商标和'大眼睛'图形商标相同或者相近的商标。对于前述系列商标的申请注册行为,新浪有约公司未给予合理解释,且未提交充分证据证明系出于真实使用意图抑或有真实、有效、持续的使用行为,其申请注册行为具有明显的复制、抄袭他人高知名度商标的故意,扰乱了正常的商标注册管理秩序,有损公平竞争的市场环境"[2]。在格拉舒特图书案中,最高人民法院认为,"现有证据不足以证明原注册申请人以及格拉舒特公司在被异议商标指定的

---

[1] 国家知识产权局《关于持续严厉打击商标恶意注册行为的通知》(国知发办函字〔2022〕54号)。
[2] 北京市高级人民法院行政裁定书,(2022)京行终4207号。该案为北京市高级人民法院发布2022年度商标授权确权司法保护十大案例之一。

商品类别上具有真实使用意图,也不足以证明其对被异议商标标识进行了商标法意义上的使用"①。在成超与通用磨坊公司商标撤销行政纠纷案中,最高人民法院认为,"判断商标是否实际使用,需要判断商标注册人是否有真实的使用意图和实际的使用行为,仅为维持注册商标的存在而进行的象征性使用,不构成商标的实际使用"②。

值得注意的是,从 1982 年《商标法》到现行《商标法》,第 4 条均规定"按需注册",即"需要取得商标专用权的",应当向商标局申请商标注册。虽然 1982 年《商标法》规定"按需注册"是为了改变用行政手段强制所有商标都要注册的"一刀切"的做法,旨在调动企业积极性,提高经济效益,③但是"按需注册"本身便蕴含着使用意图,申请人具有商标使用意图,才有商标注册需求。④可以认为,从 1982 年《商标法》开始,商标使用意图就暗含在商标注册申请条款当中。而上述司法解释、政策文件以及法院在司法实践中的做法表明,在商标注册审查程序中考察申请人的使用意图,无疑是可行的。

(二)使用意图与承诺使用的比较与取舍

《商标法(征求意见稿)》第 5 条第 1 款规定申请商标注册应当基于使用或者承诺使用。申请人在尚未实际使用商标时,须承诺日后将使用商标,否则不能获准注册。从字面上看,承诺使用与使用意图含义相近,申请人既然作出商标使用承诺,或许可以说明申请人具有使用商标的真实意图。承诺使用似乎也可以避免主观动机难以审查的难题,以"承诺"的客观形式取代"意图"的主观审查,可以方便知识产权行政管理部门的实际操作。但是,相较于使用意图,承诺使用存在诸多不足。如果《商标法(征求意见稿)》第 5 条第 1 款承诺使用制度通过,将产生诸多难以解决的问题。

第一,承诺使用对申请人提出了过高的要求。商标被核准注册后,商标权人是否使用该注册商标投入生产经营,不仅取决于主观上是否有使用商标的意图,更要综合考虑经济形势、市场环境等外部条件和自身经营能力等内部条件。⑤

---

① 最高人民法院行政判决书,(2018)行再 4 号。
② 最高人民法院行政裁定书,(2015)知行字第 181 号。
③ 参见任中林:《关于〈中华人民共和国商标法〉(草案)的说明》,载《中华人民共和国国务院公报》1982 年第 14 期。
④ 参见杨凯旋:《注册体制下商标使用意图要件检视》,载《交大法学》2021 年第 3 期。
⑤ 参见魏丽丽:《我国商标权注册取得制度的检视与新塑》,载《政法论丛》2023 年第 3 期。

在商标被核准注册后,商标权人经过综合考量,最终决定放弃注册商标,这是商标权人作为市场主体的自由。第二,承诺使用无法有效规制恶意注册。承诺使用重在申请人作出外在承诺,而不追问申请人内在使用意图。如果知识产权行政管理部门考察客观事实,发现申请人内在没有使用商标的意图,外在也无使用商标进行生产经营的能力,难道因为申请人作出使用承诺,就核准注册商标?第三,《商标法(征求意见稿)》仅规定承诺使用的要求,而未规定承诺使用的期限、不履行承诺的正当理由、不履行承诺且无正当理由的法律责任以及承诺使用与"撤三制度"如何衔接。完善承诺使用需要投入较高的立法成本,而面对实践中的不履行承诺,又要付出较高的执法成本。以使用意图取代承诺使用,成本较低且更具灵活性与可操作性。事实上,《关于〈中华人民共和国商标法修订草案(征求意见稿)〉的说明》明确指出"注册前对使用意图强调不足",上述司法解释与相关政策文件也大多言及"使用意图",实践中也多有关于"使用意图"的司法经验,为什么要将"使用意图"修改为"承诺使用"呢?本书认为,应当将《商标法(征求意见稿)》第5条第1款中的"承诺使用"的规定删除,增加使用意图的规定。

(三)商标使用意图域外立法考察

在域外立法中,一些国家在商标注册申请中强调使用意图要件。以采取使用取得制的美国为例,根据美国《兰哈姆法》第1051条的规定,除已经进行实际商标使用的市场主体外,有真诚使用意图的市场主体也可以向美国专利和商标局(USPTO)提出商标注册申请。[①] USPTO经审查与公告程序,在30天异议期满后向申请人发出"准许通知",并要求申请人自该日起6个月内提交实际使用声明。申请人在有正当理由的情况下,可以延长提交实际使用声明的期限。实际使用声明经审查合格,USPTO向申请人颁发注册证书。注册证书只是商标权有效的初步证明,但商标权并非基于注册证书而生,而是基于商标实际使用存在。[②] 美国作为使用取得商标权的国家,所要保护的是权利人经过实际使用产生识别来源功能的商标权。关于如何审查商标申请人的使用意图,美国法院与行政部门以客观标准对商标申请人的主观状态进行推定。

---

① See 15 U.S.C. § 1051(b)(1).
② 参见李明德:《美国知识产权法》,法律出版社2014年版,第518~519页。

USPTO 在延长提交实际使用声明中规定了一系列正当理由,用以判断商标申请人的延长提交实际使用声明能否通过:商品的研发、市场调查、制造活动、促销活动、收购分销商的进程、获得政府批准的进程等;申请人未能证明其存在上述正当理由的,必须就未能实际使用商标提交合理解释。① 这些正当理由可以用于判断商标申请人主观意图。

韩国与日本作为采取商标注册取得制的国家,同样在商标注册申请中强调使用意图的重要性。韩国《商标法》为弥补注册取得制的内在缺陷,在商标注册阶段就注重商标使用的要求。该法第一章总则第 3 条第 1 款规定,在韩国使用或意图使用的任何人都可以获得商标注册。② 日本《商标法》第 3 条第 1 款规定,欲使用商标于自己营业之商品者,可以取得商标注册。第 5 条第 1 款规定,"申请商标注册者,应向特许厅长官提出记载下列事项之申请书及附加必要的文件……(二)希望取得商标注册"。根据日本《商标审查基准》,"必要的文件"包括关于商标实际使用或使用意图的文件。③ 因此,日本特许厅经审查,认为申请人制定的商品范围与申请人业务范围无关的,可以要求申请人提供对于使用意图的证明。对于申请人是否具有使用意图,则主要通过申请人是否提交准备使用的业务计划书等来判断。④ 如果业务计划书表明申请人为生产经营活动投入了相当的成本,商标使用意图的认定较为容易;如果业务计划书明显是为了应付审查而作出的虚假陈述,或者计划书显示的经营活动明显超出申请人的经营能力,商标使用意图便不能成立。⑤

综上所述,面对恶意注册问题,明确注册审查程序中的商标使用意图,具有必要性与可行性。《商标法(征求意见稿)》第 5 条第 1 款规定申请商标注册应当基于使用或者承诺使用。不过,承诺使用相较于使用意图存在诸多不足。在域外立法中,也未见承诺使用制度,只存在使用意图制度。本书认为,应当将《商标法(征求意见稿)》第 5 条第 1 款中"承诺使用"的规定删除,增加使用

---

① See *The Electronic Code of Federal Regulations*(37 C.F.R. § 2.89(d)),eCFR,https://www.ecfr.gov/current/title-37/chapter-I/subchapter-A/part-2.
② 参见韩国《商标法》第 3 条。
③ 参见日本《商标审查基准(改订第 16 版)》,JPO(2020),https://www.jpo.go.jp/system/laws/rule/guideline/trademark/kijun/document/index/00_all.pdf.
④ 参见程晓梅:《日本特许厅商标审判概览》,载《中华商标》2011 年第 1 期。
⑤ 参见郑悦迪:《商标注册制度中的"使用意图"要求比较研究》,载《知识产权》2020 年第 4 期。

意图的相关规定。

三、强化商标使用义务审查的立法体系化建构

2013年《商标法》修改后,增加了商标使用的概念,并将商标使用的理念和规则贯穿商标法始终。但是,目前立法中仍然缺乏对商标使用及其使用义务审查的系统规定,制度设计中依然存在需要完善的空间。本小节首先提出应当在《商标法》总则中强化商标使用的地位和商标使用义务,并以"商标申请阶段—商标注册后—商标存续期间内—商标侵权救济中"为轴,探讨强化商标使用义务审查的立法体系化建构。

（一）《商标法》总则强化商标使用的地位和商标使用义务

2013年《商标法》第48条明确商标使用"用于识别商品来源"的本质属性,[1]这对科学认识商标的本质和商标法律保护的宗旨具有非常积极的意义。但现行立法仅在第六章"商标使用的管理"中界定商标使用,未客观反映商标使用在整部商标法中的作用与地位。商标的生命在于使用,商标使用应当贯彻到商标权取得、维持、许可、转让、救济等各个方面,理应作为统领《商标法》的原则条款,规定于第一章总则之中。从域外立法来看,日本、韩国均将商标使用置于各自商标法的总则部分。[2] 这种立法模式更能体现出商标使用应有的作用与地位,而非仅为加强商标使用管理提供指引。[3]

从立法逻辑上看,"各个法律条文所在位置与前后相关法律条文之间,均有某种逻辑关系存在……当我们在对某个法律条文作解释时,不能不考虑该条文在法律上的位置及其与前后相关条文之间的逻辑关系"[4]。《商标法》总则已经使用了"商标使用"的概念,但直到第六章"商标使用的管理"一章才对商标使用进行界定,这种先使用,后界定,也不符合立法逻辑。可以认为,无论是从借鉴域外立法经验,还是从理顺立法逻辑的角度,都应当将"商标使用"条款提至《商标法》第一章,以提升商标使用的重要性和纲领性。

此外,现行《商标法》与《商标法（征求意见稿）》对商标使用的定义方式不

---

[1] 参见2013年《商标法》第48条。
[2] 参见日本《商标法》第一章总则部分第2条第3款和第4款、韩国《商标法》第一章总则部分第2条。
[3] 参见杨凯旋:《韩国商标法使用义务规则的新变化及对我国的借鉴》,载《电子知识产权》2019年第3期。
[4] 梁慧星:《裁判的方法》,法律出版社2017年版,第137页。

够科学。对于知识产权概念的定义,有列举主义与概括主义之分。[①] 前者对应商标使用界定的形式主义,通过列举商标使用具体形式,明确商标使用概念;后者对应商标使用界定的实质主义,以"属加种差"的方式对商标使用进行抽象概括。目前,我国商标法对商标使用的定义方式既不属于列举主义,也不属于概括主义,而是以二者相互杂糅、交织的方式对商标使用进行界定,由此造成了商标使用的实质含义及其与使用形式是何种关系的问题,应当对商标使用条款的具体表述进行完善。对此,可以首先以概括主义明确商标使用内涵,继而列举4种商标使用形式,明晰商标使用的内涵与外延。例如,明确商标使用是指"为行销之目的……并足以使相关消费者认识其为商标",并列举以下具体使用方式:(1)将商标用于商品或其包装容器;(2)持有、陈列、贩卖、输出或输入前款之商品;(3)将商标用于与提供服务有关之物品;(4)将商标用于与商品或服务有关之商业文书或广告。同时将商标使用扩展至互联网领域,使商标使用的适用范围适应时代发展。

《商标法(征求意见稿)》第59条第2款新增"前款所列行为,包括通过互联网等信息网络实施的行为",使商标使用符合互联网时代的要求,值得赞赏。但《商标法(征求意见稿)》第59条第1款依然杂糅了概括主义与列举主义,未能清晰界定商标使用。因此,建议在《商标法》总则部分在商标使用定义的基础上,对商标使用的定义和使用方式分款规定,厘清商标使用的内涵和外延。

建议对商标使用条款作出如下修改:

【商标使用】本法所称商标的使用,是指将商标用于识别商品或者服务来源的行为,包括:(1)将商标用于商品、商品包装或者容器以及商品交易文书上;(2)将商标用于服务场所或者与服务有关的载体上;(3)将商标用于广告宣传、展览以及其他商业活动中。

前款所列行为,包括通过互联网等信息网络实施的行为。

将商标使用的概念从《商标法》第48条提至总则部分,不仅可有效提升商标使用的法律地位,而且对商标使用义务的体系化立法具有实质意义。应以商标使用的合理界定为起点,进一步强化商标使用义务,使商标使用义务的规

---

① 参见吴汉东:《知识产权总论》(第4版),中国人民大学出版社2020年版,第5页。

定得以贯穿商标注册、异议、无效、撤销、救济等各个环节之中。具体而言，应合理设定商标申请阶段对使用的要求，增强商标注册后对使用义务的审查，增加注册商标存续期间对使用的审查，进一步明确注册商标侵权和救济中使用义务的要求。

(二)商标申请阶段合理设定对使用意图的要求

在我国商标申请阶段增设使用意图要求，具有必要性与可行性。相较于《商标法(征求意见稿)》第5条第1款规定的承诺使用要求，使用意图的设定更为可取。我国《商标法》应当综合考量各国商标法上的使用意图制度，在商标注册申请中明确使用意图要求，并在可操作性上进一步完善。

第一，在商标注册申请中增加使用意图要求。针对我国屡禁不止的商标囤积、恶意抢注现象，我国《商标法》从反向规制的角度作出诸多努力。如《商标法》第4条、《商标法(征求意见稿)》第22条设置"商标恶意注册申请"专条[①]。但是，仅从反向规制的角度对恶意注册行为作否定性评价，忽视对商标申请阶段使用意图的规定，难以在商标权原始取得之初向注册商标申请人传递"商标的生命在于使用"的价值理念，缺乏关于商标使用义务的统领性条款，难以真正打击恶意注册行为。事实上，《商标法》第48条对商标使用概念的界定，从形式要件的罗列转向实质意义的追寻，也暗含商标注册申请人应当具有使用意图的要求。在商标注册申请中增加使用意图要求，既是《商标法》历次修改强调商标使用义务的应有之义，也是商标法基本原理的价值回归。建议吸收域外立法经验，在商标注册申请中增加申请人应具有使用意图的要求，在商标权取得的初始阶段，对恶意注册者起到震慑与警告的目的。

第二，明晰关于注册商标申请人使用意图的考量因素。明确商标注册申请中的使用意图要求，申请人应当向知识产权行政部门提交其具有使用意图的证明材料，从而便于审查员基于客观因素对申请人主观使用意图进行审查。

---

① 《商标法(征求意见稿)》第22条规定："申请人不得恶意申请商标注册，包括：(一)不以使用为目的，大量申请商标注册，扰乱商标注册秩序的；(二)以欺骗或者其他不正当手段申请商标注册的；(三)申请注册有损国家利益、社会公共利益或者有其他重大不良影响的商标的；(四)违反本法第十八条、第十九条、第二十三条规定，故意损害他人合法权利或者权益，或者谋取不正当利益的；(五)有其他恶意申请商标注册行为的。"

对此,我国市场监督管理总局于 2019 年发布的《规范商标申请注册行为若干规定》第 8 条[①],《商标审查审理指南》(2021 年)下编第二章"不以使用为目的的恶意商标注册申请的审查审理"[②],均列举出判断申请人使用意图的考量因素。这些规定以《商标法》第 4 条为法律依据,因此多从否定性评价的角度判断申请人是否具有使用目的。在将使用意图要求前移至注册申请阶段后,可以考虑从正面列举申请人具有使用意图的考量因素。例如,可以吸收美国与日本的做法,将商品的研发、市场调查、制造活动、促销活动、收购分销商的进程、获得政府批准的进程等因素,列入《规范商标申请注册行为若干规定》第 8 条第 2 项"申请人所在行业、经营状况等"与《商标审查审理指南》下编第二章第 4.1 条"申请人基本情况",从而与商标注册申请中使用意图要求的制度理念相契合。同时,需要明确所列因素仅作审查员审查之用,而非决定因素,申请人是否具有使用意图,审查员应当结合具体案件,站在合理经营者的视角,综合判断,不可机械认定。

综上所述,建议对《商标法(征求意见稿)》第 5 条作出修改:

【商标注册申请】自然人、法人或者非法人组织在生产经营活动中,对在其商品或者服务上使用或者意图使用的商标需要取得商标专用权的,应当向国务院知识产权行政部门申请商标注册。

(三)商标注册后增强使用义务的审查

1.连续 3 年不使用撤销制度之完善

为有效规制注册取得制本身的副作用,避免恶意抢注与商标囤积现象的发生,我国《商标法》第 49 条第 2 款规定了"撤三制度",注册商标没有正当理由连续 3 年不使用的,任何单位或个人可以向知识产权行政部门申请撤销该

---

① 《规范商标申请注册行为若干规定》第 8 条规定:"商标注册部门在判断商标注册申请是否属于违反商标法第四条规定时,可以综合考虑以下因素:(一)申请人或者与其存在关联关系的自然人、法人、其他组织申请注册商标数量、指定使用的类别、商标交易情况等;(二)申请人所在行业、经营状况等;(三)申请人被已生效的行政决定或者裁定、司法判决认定曾从事商标恶意注册行为、侵犯他人注册商标专用权行为的情况;(四)申请注册的商标与他人有一定知名度的商标相同或者近似的情况;(五)申请注册的商标与知名人物姓名、企业字号、企业名称简称或者其他商业标识等相同或者近似的情况;(六)商标注册部门认为应当考虑的其他因素。"

② 《商标审查审理指南》列举的考量因素包括:(1)申请人基本情况;(2)申请人提交商标注册申请整体情况;(3)商标具体构成情况;(4)申请人申请商标注册过程中及取得商标注册后的行为;(5)异议、评审程序中相关证据的情况;(6)其他考虑因素。

注册商标。该制度从"不使用就撤销"的法律后果督促商标权人及时进行商标使用,激活商标资源,既避免闲置商标产生,也防止恶意注册者利用注册取得制不正当竞争。

域外立法大多存在撤销或放弃一定期间内不使用商标的规定。例如,《欧盟 2017/1001 号商标条例》第 18 条规定,商标注册后 5 年内,商标权人没有将商标在欧盟境内真实使用于核准注册的商品上,或者连续 5 年停止使用的,应受本条例制裁,除非有不使用的正当理由。英国《商标法》第 46 条第 1 款规定:"注册商标可因下列理由之一而被撤销:(a)该商标在注册完毕之日起 5 年内,未由商标权人或经其同意在境内真正使用于核准注册的商品上,并且没有正当理由;(b)商标使用已经连续中断 5 年,并且没有正当理由。"美国《兰哈姆法》第 1127 条[①]规定,当商标使用已停止且不再继续使用时,可以从具体的情形中推测出商标不再被使用的目的,商标被视为放弃。3 年内未使用过可以看作放弃的初步证据。"使用"不只是出于保留权利的目的象征性使用商标,而应当是出于善意的目的在商业活动中真诚使用商标。可以认为,域外立法无论采注册取得制还是使用取得制,均为商标权人设立了使用义务。只不过,域外立法与我国"撤三制度"的表述略有不同,我国对"使用"未作限定,而域外立法或曰"真实使用",或曰"真正使用""善意使用"。

对商标使用进行限定,是为了杜绝实践中出现的象征性使用问题。象征性使用是指商标权人并无真实使用意图,仅为了维持商标存续,避免被撤销而进行的使用行为。[②] 在宝洁公司诉强生公司案[③]中,宝洁公司为使旗下的"Sure"和"Assure"商标规避《兰哈姆法》第 45 条,每年在 50 件产品上贴附该商标,虽然两商标分别经宝洁公司使用了 12 年、9 年,但涉案商品的销售额仅为 847.7 美元、491.3 美元。法院认为,商标权人负有诚实使用商标的义务,而不能通过象征性使用占有商标,因此涉案商标不予保护。正是为了杜绝实践中商标权人通过象征性使用规避商标被撤销或放弃的后果,域外商标法大多对商标使用进行"真实""善意"等限定。我国《商标法》第 49 条第 2 款未对

---

① See 15 U.S.C. §1127.
② 参见刘洲东:《商标象征性使用在实务中的现实困境及改善建议》,载《中华商标》2019 年第 2 期。
③ 参见张法连、赖清阳编著:《美国商标法判例解读》,山东大学出版社 2008 年版,第 137~139 页。

"商标使用"进行限定,《商标法(征求意见稿)》第49条第1款第2项沿用该规定而未修改,难以应对实践中的象征性使用问题。《商标法》不仅应当对商标权人的商标使用提出"质"(实际使用)上的要求,也要提出"量"(非象征性使用)上的要求。[①] 建议将"撤三制度"中的"使用"修改为"真实使用",将象征性使用排除在"真实使用"之外,商标权人仅作象征性使用不能免于"撤三制度"的规制。

如果说与域外立法相较,我国"撤三制度"中的商标使用程度略低,从而难以杜绝象征性使用,学界出现的另一种观点,则过分拔高了商标使用的程度要求。该观点认为,商标使用只有当达到能够让相关公众识别商品来源的程度时,才符合"撤三制度"中商标使用的要求。[②] "毕竟如给予3年或5年的使用期限,还不能让商标在市场上具有识别性,传递商品来源信息,可见权利人是没有尽到自己的使用义务,也背离了商标基本的识别功能。"[③]此种观点值得商榷。第一,商标的形成固然源于权利人真实使用,但识别功能的发挥更离不开市场环境、政策导向以及相关公众认知。一些情况下,即便商标权人真实使用了商标,但因种种原因相关公众未在标识和商品之间建立联系,并没有产生"认牌购物"的实际效果。此时,因为识别功能尚未建立而否认商标权人的真实使用,对遵守诚实信用原则的商标权人难谓公平。第二,随着知识产权意识的不断增强,新兴企业往往在先注册商标,然后进行市场调研,直到商标注册后临近满3年时,才实际进行生产经营活动。而标识与商品之间的联系依赖于相关公众的认知活动,识别功能的发挥需要时间的沉淀,这种商标使用难以产生识别来源的作用,将严谨调研、徐徐图之的经营者排除在商标法保护之外似有不妥。第三,在采"真实使用"标准的情况下,商标权人只要向知识产权行政部门提供真实、连续使用商标的证据,就可以避免注册商标被撤销。如果要求商标使用必须达到能够让相关公众识别商品来源的程度,商标权人则须证明自己的商标使用已经在标识和商品之间建立了

[①] 参见王太平:《商标法上商标使用概念的统一及其制度完善》,载《中外法学》2021年第4期。
[②] 参见李扬:《注册商标不使用撤销制度中的"商标使用"界定——中国与日本相关立法、司法之比较》,载《法学》2009年第10期。
[③] 张慧霞、杜思思:《商标使用的类型化解读》,载《电子知识产权》2020年第12期。

稳定联系。那么如何证明此种联系？消费者调查报告能够满足证明要求吗？如果商标权人提供的消费者调查报告证明识别来源功能存在，而撤销申请人提供的消费者调查报告证明识别来源功能不存在，知识产权行政部门如何认定？可以认为，要求商标使用必须产生识别来源功能，将导致实践中的操作困难。

商标使用义务的设定目的在于通过"不使用就撤销"的法律效果督促商标权人使用商标，从而杜绝恶意注册现象发生，而非在于惩罚诚信经营却未在多大程度上使商标发挥识别来源功能的权利人。域外立法，也仅要求商标权人的商标使用属于"真实""善意"使用，而未对识别来源功能作出具体要求。因此，"撤三制度"中的商标使用，只要要求权利人"真实使用"已足够，而不能苛求商标使用已经使相关公众可以识别商品来源。

关于"撤三制度"的计算方式，根据《商标法》第 49 条第 2 款的规定，"连续"的措辞表明"撤三制度"中的 3 年不使用是自提出撤销申请之日起向前推算 3 年。换言之，申请人提出撤销申请时，注册商标未实际使用状态应当依然存在。如果注册商标专用权人得知其他人可能提出撤销申请，于是在短时间内恢复使用并构建实际使用证据，撤销申请将被驳回，本应被撤销的商标因实际使用而复活。有学者称为"恢复使用复活商标效力规则"[①]。该规则存在过度保护注册商标专用权人利益的嫌疑，在权利人与潜在商标使用人之间造成了利益失衡。在实践中，商标权人可能基于恶意注册意图占有商标资源，在得知他人即将提出撤销申请时，才出于维持商标占有目的而短时间内恢复使用商标。此种使用不具备商标使用意图，也难以达到真实使用程度，并不满足注册商标专用权人应当承担的商标使用义务要求，既违反诚实信用原则，也对申请人造成实质上的不公。

英国、德国、日本等国家对"恢复使用复活商标效力规则"进行了合理的限制。例如，德国《商标和其他标识保护法》第 49 条第 1 款规定，"接近连续 5 年期间不使用商标，而在提出宣告失效之前 3 个月内首次使用或重新使用者，若其首次使用或恢复使用之准备系由商标所有人知悉他人可能提出商标失效请

---

① 马丽萍：《我国商标权维持使用制度反思与完善》，载《河南财经政法大学学报》2021 年第 4 期。

求而做出,该使用不予考虑"。在实践中,以连续不使用达法定期限为由请求撤销注册商标的往往是涉案商标权人的竞争者与涉案商标的潜在使用者,如果允许商标权人以应付突击检查式的使用维持权利存续,申请人不仅可能面临商标侵权的境地,申请人实际使用积累的商誉也可能被商标权人坐享其成。[①]而域外立法中对"恢复使用复活商标效力规则"的限制规定,既未忽略注册商标权人恢复实际使用从而复活商标权的可能,也为诚信的潜在使用者获得注册商标提供了机会。更重要的是,"恢复使用复活商标效力规则"的限制规定因否定突击式的使用,督促注册商标专用权人在法定期间内积极使用商标,有效打击了恶意注册行为。

综上所述,建议对《商标法》"撤三制度"进行完善,限制商标权人在得知其注册商标可能被撤销后,重新使用或恢复使用以维持注册商标专用权的效力:

【注册商标的撤销】注册商标没有正当理由连续3年不真实使用的,任何自然人、法人或者非法人组织可以向国务院知识产权行政部门申请撤销该注册商标。

注册商标连续3年不使用,而在被提出撤销之前3个月内首次使用或恢复使用者,若首次使用或恢复使用之准备系由商标所有人知悉其注册商标可能被提出撤销而做出,该使用不予考虑。

2. 增强商标异议和无效宣告程序中对使用义务的审查

增强商标注册后对使用义务的审查,除涉及对连续3年不使用撤销制度的完善,还应注意提高商标异议与无效宣告程序中的使用义务要求。《商标法》第33条、第44条第1款、第45条第1款规定了不予注册的理由,异议人或无效宣告请求人可依据该理由,对初步审定公告的商标或已经核准注册的商标,提出商标异议或请求无效宣告。但是,《商标法》未对异议人或无效宣告请求人施以使用义务要求。注册商标连续3年不使用只能通过撤销程序处理,不能直接在异议、争议程序中作为抗辩理由。在异议人或无效宣告请求人是在先注册商标专用权人且尚未进行使用或已经停止使用的情况下,被异议人或被请求人只能通过连续3年不使用撤销制度,请求撤销异议人或无效宣告

---

① 参见李扬:《注册商标不使用撤销制度中的"商标使用"界定》,载《法学》2009年第10期。

请求人的注册商标。换言之，即使已注册的商标从未使用，或者已经停止使用超过连续3年，也可以作为驳回在后申请商标或者撤销在后注册商标的基础。由此造成了连续3年不使用撤销制度与异议、无效宣告程序的冲突。

为了使在先不使用的注册商标无法阻碍他人的在后注册，推动商标资源更为有效地配置和利用，建议参考欧盟、英国、德国等的做法，在商标异议与无效宣告程序中，对在先注册商标权人设定使用要求，防止其滥用权利。异议人或无效宣告请求人未履行商标使用义务的，驳回其异议申请和无效宣告申请。具体而言，如果在先注册商标权人对他人商标注册提出异议，或者对他人注册商标提出无效宣告申请，应被异议人或被申请人的要求，在先注册商标权人应当证明自己已经进行商标使用，或者有不使用的正当理由。如果缺乏此种证明，则在先注册商标权人提出的商标异议或无效宣告申请应被驳回。

上述商标使用要求的适用都以被申请人的请求为前提，而不是由审理机关主动提出，这既是对注册商标权人享有的商标权的尊重，反映了公权对私权介入的克制，也体现了使用要求制度中不同利益的平衡。

综上所述，应当增强商标异议和无效宣告程序中对使用义务的审查，建议增加以下法条：

【商标异议中的不使用抗辩】注册商标专用权人对他人商标注册提出异议申请的，应被申请人的要求，申请人应当证明其在被异议商标申请日或优先权日之前的3年内，已经实际使用商标，或者有不使用的正当理由。注册商标专用权人不能证明的，驳回其异议申请。

(四)注册商标存续期间增加对使用义务的审查

1.商标权转让中对使用义务的审查

转让权作为商标权利内容的重要方面，是指注册商标专用权人依照法定程序，将自己所有的注册商标转让给他人的权利。[①] 我国《商标法》第42条规定，一并转让要求并对转让程序作出规范，未在使用义务背景下对权利人的转让权进行限制。商标权是私权，似乎赋予权利人转让注册商标的自由，是私权属性的应有之义。有学者认为："虽然注册人的商标尚未实际使用，但是它可

---

① 参见王莲峰：《商标法学》(第4版)，北京大学出版社2023年版，第102页。

能被有的经营者看好,愿意高价钱购买,法律有什么理由不准卖呢?"①但是,不对商标转让进行任何限制,相当于放任注而不用、待价而沽、抢注牟利行为的泛滥。目前,已有不少学者认为未经实际使用的注册商标转让权应当受限。当商标未产生实质商誉时,商标转让毫无意义。② 允许未实际使用的注册商标转让,可能导致商标囤积,③对其转让进行限制不仅必要而且正当。④ 本书认为,转让虽然是商标权人实现经济利益的重要方式,但同时是恶意注册人通过注册取得制度变现的主要途径。禁止对仅注册而未使用的商标进行处分,能够有效规制恶意注册和商标囤积现象。⑤ 考虑到"撤三制度"为商标权人的实际使用预留了3年的缓冲期,对未实际使用商标的转让也应当保持一致。注册商标专用权人连续3年未使用商标且无正当理由的,禁止其转让商标。在实践中,知识产权行政部门收到转让商标申请的,应当进行审查。如果商标注册已满3年,而转让人无法说明正当理由,驳回转让申请。

那么,未实际使用尚未满3年的,注册商标专用权人转让权是否应当受限?尤其是,现实中一些恶意注册人为防止受到"撤三制度"的规制,在获准注册3年内便将商标转让,而恶意注册人的商标注册因违反《商标法》第4条而被无效宣告,商标无效的法律效力对转让合同是否具有溯及力?《商标法》第47条第2款规定,宣告注册商标无效的决定或者裁定,对已经履行的商标转让合同不具有溯及力。但是,如果恶意注册人之间恶意串通,通过商标转让制度规避《商标法》第4条,从而维持恶意注册商标存续,无疑使商标法将不以使用为目的的恶意注册纳入绝对无效事由的立法目的落空。⑥

本书认为,对于未实际使用尚未满3年的,应当分情况限制注册商标专用权人的转让权。首先,在有证据证明转让人和受让人存在恶意串通,转让合同的真实意思表示在于规避恶意注册商标被无效宣告的,知识产权行政部门应

---

① 田晓玲、张玉敏:《商标注册的性质和效力》,载《中国知识产权法学研究会2015年年会论文集》。
② 参见[美]罗素·帕尔、[美]戈登·史密斯著,国家知识产权局专利管理司组编:《知识产权价值评估、开发与侵权赔偿》(增补本),周叔敏译,电子工业出版社2012年版,第47页。
③ 参见刘铁光:《规制商标"抢注"与"囤积"的制度检讨与改造》,载《法学》2016年第8期。
④ 参见刘燕:《论注册商标转让的限制》,载《吉林大学社会科学学报》2013年第5期。
⑤ 参见胡丹阳:《占有型商标权与所有型商标权之二元论——基于商标权原始取得注册主义的考量》,载《中华商标》2023年第10期。
⑥ 参见袁杏桃、叶悦:《论不以使用为目的恶意注册商标的转让》,载《电子知识产权》2021年第10期。

当认定该转让无效,并衔接《商标法》第 44 条规定的无效宣告程序。其次,有证据证明注册商标权人是恶意注册人,而没有证据显示受让人是恶意注册人的,为维护善意受让人对注册商标公示的信赖利益,承认商标转让有效。在实践中已有法院采取此种思路。[①] 最后,既无证据证明注册商标权人是恶意注册人,也无证据证明受让人是恶意注册人的,《商标法》无须对转让作出限制。为与上文使用意图衔接,在后两种情况中,受让人应当提交对于使用意图的说明。

当然,在实践中证明转让人或受让人存在恶意注册,规避商标无效的意图较为困难,可考虑使转让人和受让人共同负担 3 年内实际使用的期限压力。换言之,在后两种承认转让效力的情况中,知识产权行政部门收到转让申请时应当向转让人和受让人释明注册商标应当在 3 年内实际投入使用的商标使用义务,并说明 3 年减去转让人未实际使用期间后的剩余期间,督促受让人在剩余期间内进行真实使用,否则可能面临与其他未实际使用满 3 年相同的法律后果。

综上所述,建议在《商标法》商标转让条款中增加以下内容:

【商标转让】转让注册商标的,注册商标专用权人连续 3 年未真实使用商标且无正当理由的,商标转让不予核准。对于未实际使用尚未满 3 年的注册商标,有证据证明转让人和受让人存在恶意串通的,商标转让不予核准,由国务院知识产权行政部门宣告该注册商标无效。

2.商标使用许可中对使用义务的审查

商标权的许可,是指商标权人通过签订使用许可合同,许可他人使用其注册商标的行为。[②] 在商标使用许可中,一般为许可人设定质量控制义务。在美国,《兰哈姆法》规定商标可以被许可给第三方,但许可人必须控制被许可人生产的商品的质量,该条款必须写入许可协议;如果许可协议未明确质量控制义务,将发生"裸许可";如果许可人没有管理被许可人的商标使用,在未加监督的情况下允许他人使用商标,可推测为"裸许可";无论何种情况,都会造成商

---

① 在拉多芮公司与原商标评审委员会商标无效宣告行政纠纷案件中,法院未能排除转让人商标囤积的可能性,但未有证据证明转让人和受让人之间存在恶意串通,若宣告商标无效将损害受让人利益,最终维持商标效力。参见北京市高级人民法院行政判决书,(2018)京行终 6281 号。
② 参见王莲峰:《商标法学》(第 4 版),北京大学出版社 2023 年版,第 108 页。

标权人丧失其全部商标权。① 我国《商标法》第 43 条也规定了许可人的质量监督义务与被许可人的质量保证义务。《商标法（征求意见稿）》第 60 条第 4 款新增未履行质量控制义务的行政责任。

应当说，质量控制义务本身表明被许可人具有使用商标的义务。如果被许可人未将商标附于商品或服务之上，未进行商标使用，许可人将无从对被许可人的商品或服务进行质量控制，无法履行《商标法》设定的质量控制义务。因此被许可人的商标使用是质量控制义务的应有之义。《商标法（征求意见稿）》第 60 条第 4 款新增未履行质量控制义务的行政责任。②

对商标权转让人施以一定的商标使用义务，禁止仅注册而未使用的商标处分权，能够有效规制恶意注册和商标囤积现象。但商标权的转让须经知识产权行政部门核准公告，否则商标权不发生转让的法律效力。与之不同，许可人应当将商标使用许可报知识产权行政部门备案，而备案只具有对抗善意第三人的效力，知识产权行政部门不能直接禁止商标使用许可。③ 因此，商标权许可中关于使用义务的制度设计与商标权转让必然不同，可考虑进行如下制度设计：第一，许可人连续 3 年未使用商标且无正当理由的，且向知识产权行政部门请求对商标使用许可进行备案的，被许可人应当提供对于使用意图的证明。第二，许可人未实际使用尚未满 3 年的，确有证据证明许可人为恶意注册者，且有证据证明许可人与被许可人存在恶意串通的，知识产权行政部门可对涉案商标进行无效宣告。第三，许可人未实际使用尚未满 3 年的，不能证明许可人为恶意注册者，或者不能证明许可人与被许可人存在恶意串通的，知识产权行政部门不能对涉案商标进行无效宣告，但可以要求许可人与被许可人共同承担 3 年内使用商标的期限压力。知识产权行政部门应向被许可人释明注册商标应当在 3 年内实际投入使用的商标使用义务，并说明 3 年减去转让人未实际使用期间后的剩余期间，督促受让人在剩余期间内进行真实使用。建议在《商标法》商标的使用及许可使用条款中增加以

---

① 参见［美］谢尔登·W. 哈尔彭、［美］克雷格·艾伦·纳德、［美］肯尼思·L. 波特：《美国知识产权法原理》，宋惠献译，商务印书馆 2013 年版，第 368 页。
② 《商标法（征求意见稿）》第 60 条第 4 款规定："许可人、被许可人违反本条第一款规定，对消费者造成损害的，由负责商标执法的部门责令限期改正，违法经营额五万元以上的，可以处违法经营额百分之二十以下的罚款；没有违法经营额或者违法经营额不足五万元的，可以处一万元以下的罚款。"
③ 参见《商标法》第 43 条第 3 款。

下内容：

【商标的使用及许可使用】许可他人使用其注册商标的，注册商标专用权人连续3年未真实使用商标且无正当理由的，被许可人应当提供对于使用意图的证明。对于未实际使用尚未满3年的注册商标，有证据证明许可人恶意注册商标且与被许可人存在恶意串通的，由国务院知识产权行政部门宣告该注册商标无效。

3. 商标权续展中对使用义务的审查

商标权可以通过续展突破知识产权时间性的限制，但不对商标续展作任何限制，无疑将产生大量"死亡商标""僵尸商标"，挤占商标符号资源。为鼓励商标实际使用，发挥商标应有价值，一些国家在商标注册维持阶段建立起严格的使用要求制度，旨在消除"死亡商标"以防止商标囤积。例如，美国《兰哈姆法》规定，对于联邦商标注册，在其注册后的6年内要提交商标使用宣誓书，说明相关商标使用的商品或服务。如果获准注册6年后的续展通过，则以后每隔10年续展一次。每次提起续展之时，须提交相关商标使用宣誓书，引证相关商标使用的商品或服务。如果USPTO认定宣誓书符合法律规定，则予以续展，否则撤销注册。①

我国《商标法（征求意见稿）》第61条新增说明商标使用情况条款，规定商标注册人自商标核准注册之日起每满5年之后的12个月内，应当主动向国务院知识产权行政部门说明商标使用情况或者不使用的正当理由。② 未说明的，注册商标可能被撤销。国务院知识产权行政部门对说明进行随机抽查，经抽查发现说明不真实的，依职权撤销该商标。该条立法目的，在于及时清理"僵尸商标"，释放闲置商标资源，引导商标注册回归"注册为了使用"的制度本源。③

对于说明商标使用情况制度，有学者撰文支持，理由在于：第一，该制度可以补正我国商标注册取得制；第二，该制度可以弥补既有的"撤三制度"、续展制度清理闲置商标的不足；第三，该制度可以引导、震慑商标注册人真实使用

---

① 参见李明德：《美国知识产权法》（第2版），法律出版社2014年版，第517页。
② 参见《商标法（征求意见稿）》第61条。
③ 参见《关于〈中华人民共和国商标法修订草案（征求意见稿）〉的说明》。

商标,构建良好的商标注册和使用秩序。① 这些理由其实难以成立。首先,虽然绝对的注册取得制的确存在自身缺陷因而需要补正,但补正途径是否在于设置说明商标使用情况制度,而不是新增其他制度,尚需论证。其次,如果说既有的"撤三制度"、续展制度存在不足,为什么不从完善这些既有制度入手,而是新增一项可能与注册取得制不协调的制度? 最后,只有恶意注册者才有震慑的必要,为什么要以全体商标注册人说明商标使用情况为代价,去震慑小部分恶意注册人? 上述问题不究明,难以证成说明商标使用情况制度设置之必要。

《商标法(征求意见稿)》所规定的说明商标使用情况制度本身也存在诸多不足之处。第61条虽然规定了商标注册人未说明商标使用情况的法律效果,但规定得较为粗糙,对于已经实际使用但未说明的情形未予规定,对于未实际使用与仅作象征性使用未作区分。该条第3款规定了国务院知识产权行政部门对说明的抽查职责,但抽查比例几何,相关证据的补充是否存在标准也未予明确。可以认为,完善《商标法(征求意见稿)》所述说明商标使用情况制度,尚需投入相当立法成本。

即便《商标法(征求意见稿)》所述说明商标使用情况制度经过以上角度的完善,该制度依然不可取。一方面,该制度给商标注册人设置了过重的负担,"一刀切"地要求所有商标注册人定期主动报备商标使用情况,不报备就失去注册商标专用权,过分增加了注册商标权人的义务。② 另一方面,该制度也会过分加重行政机关负担。截至2022年11月,我国有效商标注册量达到4233.7万件。③ 就商标注册人的说明而言,《商标法(征求意见稿)》一旦通过,国务院知识产权行政部门在5年后将收到4000余万件的商标使用说明,如何处理这些数据或纸质文书,是行政机关面临的首要问题。对于说明情况的抽查而言,即便将抽查比例设置为1%,行政机关每年也需要抽查40余万件商标,工作量过于庞大。而即便完成如此庞大的工作量,也仅抽查了1%的注册

---

① 参见杜颖、鲀乌:《商标存续期间说明商标使用情况制度研究——兼论〈商标法修订草案(征求意见稿)〉第61条》,载《知识产权》2023年第5期。
② 参见王莲峰、黄安妮:《论我国商标注册审查制度的优化——兼评〈商标法修订草案(征求意见稿)〉的相关规定》,载《知识产权》2023年第5期。
③ 参见《关于〈中华人民共和国商标法修订草案(征求意见稿)〉的说明》。

商标,能否起到清理闲置商标的实质性作用,值得怀疑。此外,说明商标使用情况制度与既有的"撤三制度"存在冲突。按照"撤三制度"的规定,注册商标没有正当理由 3 年不使用的,在有其他人申请的情况下,注册商标才可能被撤销。如果没人申请,则说明商标固然闲置,但未给其他市场主体造成障碍,注册商标不应被撤销。概言之,连续 3 年不使用的注册商标可以被撤销,却并非当然、必然被撤销,这种制度设计既合理强化了商标注册人的使用义务,又充分考量了商标权的私权秉性,可谓刚柔并济。[①] 而在说明商标使用情况制度下,即便没有人提出撤销商标的申请,没有人因此种商标囤积受损,却依然动用行政职权撤销注册商标,存在公权力过多干预私权的嫌疑,也与"撤三制度"理念不符。

其实,美国商标制度与我国存在根本性差异。在美国《兰哈姆法》上,商标权基于实际使用取得,而非注册。商标注册簿仅仅是证明该商标已经实际使用的证据,而与商标权的取得无关。因此,即便美国商标注册人因未在注册后 6 年期限届满前的一年内向 USPTO 提交符合要求的使用宣誓书,USPTO 也只是撤销该商标注册,而非从根本上否定商标权的存在。我国商标权基于注册取得,一旦商标被撤销或无效,商标权就会自撤销公告之日起终止或自始无效,彻底否定商标权的存在。

综上所述,我国不宜直接借鉴美国《兰哈姆法》上商标使用宣誓书制度,规定说明商标使用情况制度。即便认为我国商标制度实践中恶意注册情形泛滥,亟待严厉规制,也应当如美国《兰哈姆法》相同,将说明商标使用情况制度与商标续展制度合理衔接,要求注册商标专用权人在续展之前向国家知识产权行政部门说明商标使用情况,而不宜要求注册商标专用权人每 5 年作出说明。

(五)在注册商标专用权行政与司法救济中明确使用义务的要求

商标因使用而产生价值。对于产生价值的商标,只有行为人擅自使用权利人注册商标,割裂标识与商品之间的联系,盗取商誉的,才会产生损害赔偿的问题。如果恶意注册者未实际使用商标,依然赋予恶意注册者损害赔偿请求权,恶意注册者就可以通过侵权诉讼获得和解费或赔偿款,或者以诉讼为要

[①] 参见彭学龙:《论连续不使用之注册商标请求权限制》,载《法学评论》2018 年第 6 期。

挟高价转售注册商标,这无异于为恶意注册人设置了牟利工具,相当于鼓励恶意注册行为发生。一方面,商标权人未实际使用注册商标,侵权行为不会导致商品销售额的下降,无所谓实际损失;另一方面,商誉源于实际使用,不使用则无商誉,侵权人使用注册商标也不属于利用商誉牟利。① 鉴于此,《商标法》限制了未实际使用的注册商标专用权人的损害赔偿请求权。② 3 年内未实际使用商标的商标权人只可以要求侵权人停止使用,但无法获得损害赔偿。但是,我国《商标法》在行政与司法救济中的使用义务相关规定仅包括第 64 条第 1 款,未将商标使用义务贯彻确权程序。立法规范的缺失与现存规范本身的缺陷产生了诸多问题。

1.《商标法》在行政与司法救济中的使用义务相关规定存在缺陷

第一,免赔条款与授权确权程序存在矛盾。我国《商标法》采注册取得制,一旦商标被核准注册,商标权人即享有完满的商标权。即便商标权人未实际使用,也可针对他人在后的注册商标申请或注册商标专用权提出商标异议或无效宣告,从而达到限制竞争或谋取利益的目的。由于我国商标法未赋予授权确权程序中被异议人或被无效人对申请人提出不使用商标的抗辩,被异议人或被无效人就只能通过"撤三制度"维护自身权利。如此不仅会徒增市场主体的维权成本,浪费行政资源,还会引发不同程序之间的相互交织,导致程序繁杂冗长。

第二,免赔条款与"撤三制度"存在矛盾。在"撤三制度"中,商标权人没有正当理由连续 3 年不使用的,注册商标可能依申请撤销,从而失去全部法律效力。但在免赔条款中,连续 3 年不使用注册商标的,商标权人受限的只是损害赔偿请求权。值得注意的是,有学者将二者之间的矛盾表述为"一方面认为其可被撤销,另一方面在其符合被撤销的条件下,又认为其可以作为提起商标侵权诉讼的基础"③。但是,我国"撤三制度"遵循依申请撤销,可以被撤销并非当然被撤销,"撤三制度"必须经第三人申请而启动。主管机关并无权力,事实上也无能力主动审查注册商标使用情况,遑论依职权撤销连续 3 年不使用

---

① 参见冯术杰:《商标法原理与应用》,中国人民大学出版社 2017 年版,第 248 页。
② 参见《商标法》第 64 条第 1 款。
③ 孙国瑞、董朝燕:《论商标权人的商标使用义务》,载《电子知识产权》2020 年第 4 期。

的注册商标。① 而在被实际撤销之前,注册商标专用权当然是有效的。这正是依申请撤销的应有之义,即"连续三年不使用的注册商标,其商标权事实上已经失效,这种失效不是确定的、终局的,它可以因真实使用而复活,也可因相对人不进行抗辩而仍然发挥注册商标的效力"②。因此,真正存在矛盾的并非"本来可以被撤销的注册商标,却仍然可以针对他人提起侵权之诉"③,而表现为逻辑上的不自洽。被诉侵权人本可以通过"撤三制度"终结注册商标专用权的全部法律效力,但在侵权诉讼中,因未提出撤销申请,仅能通过免赔条款免于赔偿责任,却依然要承担停止侵权等法律责任。于是,被诉侵权方为谋求利益最大化,必然主张适用"撤三制度",以期撤销权利人注册商标,使自己得以继续使用涉案商标,由此造成民事诉讼与行政程序交叉,两种程序的审理结果存在不一致的可能性。

第三,注册未满3年可适用免赔条款存在疑问。根据《商标法》第64条第1款的规定,只要注册商标专用权人不能证明此前3年内实际使用过该注册商标,被控侵权人就不承担赔偿责任。该规定统一适用于注册满3年的商标与注册未满3年的商标。而对于后者,要求注册商标专用权人在实际使用的情况下受到实际损害才能得到救济显然是不合适的。例如,注册商标权人获得商标注册1年后,正在进行市场调研而未实际使用商标,此时发现侵权人存在侵权行为的,由于免赔条款的存在,注册商标权人无法获得损害赔偿。为打击恶意注册,固然应当强化注册商标专用权人的商标使用义务,但我国毕竟采取商标注册取得制度,商标权的原始取得不以实际使用为要件,商标经核准注册,只要未实际使用状态尚未达到法定期间,注册商标专用权就应当是完满的。

2. 明确注册商标专用权人在确权程序与侵权救济中的使用义务

针对上述问题,本书认为,应当从确权程序与侵权救济两个方面明确注册商标专用权人的使用义务。

第一,明确注册商标专用权人在确权程序中的使用义务。德国《商标和其他标识保护法》第43条限制了未实际使用的注册商标专用权人的异议请求

---

① 参见彭学龙:《论连续不使用之注册商标请求权限制》,载《法学评论》2018年第6期。
② 张玉敏:《注册商标三年不使用撤销制度体系化解读》,载《中国法学》2015年第1期。
③ 孙国瑞、董朝燕:《论商标权人的商标使用义务》,载《电子知识产权》2020年第4期。

权,在先已经注册商标权人提出商标异议时,若相对人提起未使用抗辩,则在先已经注册商标权人应当证明自己在被异议商标申请日或优先权日之前的5年内,根据第26条使用了商标,否则异议请求将被驳回。德国《商标和其他标识保护法》第55条则对未实际使用的注册商标专用权人的无效宣告请求权进行了限制,若在先注册商标权人提起无效宣告请求,在被告提出不使用抗辩时,在先注册商标权人应当证明在提起无效宣告之前的5年内根据第26条使用了商标,否则无效宣告请求将被驳回。[①] 可见,对于未实际使用商标的权利人,德国《商标和其他标识保护法》不仅全面限制其在侵权诉讼中的请求权,而且对其在商标异议、无效宣告中的请求权也进行了限制。

商标异议制度旨在为在先权利人与利害关系人提供权益救济途径,无效宣告制度则旨在纠正商标注册失误,二者同属商标注册取得原则下的纠错制度。但是,我国《商标法》中无论是商标异议制度还是无效宣告制度,都未能认识到实际使用的重要性,对注册商标专用权人的使用义务付之阙如,导致本用于纠错的制度导向另一种错误,使未实际使用的注册商标专用权人利用异议或无效宣告制度阻碍实际使用人进行商标使用,诱发恶意异议与恶意无效宣告。因此,对未实际使用的注册商标专用权人,限制其授权确权程序中的请求权。从而使异议或无效宣告程序中的被申请人,得以通过提出申请人未实际使用的抗辩,对抗申请人的相应请求权,从而使商标使用义务制度更具体系性。

第二,明确注册商标专用权人在侵权救济中的使用义务。对于未实际使用商标的权利人,德国《商标和其他标识保护法》因全面限制其侵权诉讼中的请求权,从而避免了我国《商标法》中免赔条款与"撤三制度"之间的矛盾。德国《商标和其他标识保护法》第25条规定,注册商标专用权人在主张第14条、第18条至第19c条规定的请求权之前5年内,未根据第26条使用商标,且没有正当理由的,不得对第三人主张这些权利。其中,德国《商标和其他标识保护法》第14条以7款内容,详细规定了商标所有人的专有权、不作为请求权、损害赔偿请求权,第18条至第19c条则分别规定了"信息提供请求权""销毁与召回请求权""出示与检查请求权""损害赔偿请求权之保障""公告判决费用之承担"。可以看出,在商标权人未实际使用注册商标且无正当理由时,德

---

① 参见德国《商标和其他标识保护法》第55条。

国《商标和其他标识保护法》不仅限制商标人损害赔偿请求权,而对于一切请求权作出全面限制。此种立法例下,被诉侵权人只需在诉讼中主张商标权人未实际使用商标,原告未能证明存在实际使用或未使用的正当理由的,被诉侵权人无须承担赔偿责任且可以继续使用涉案商标,也就不会出现我国《商标法》中免赔条款与"撤三制度"相矛盾的现象。

因此,对于未实际使用的商标权人,明确其违反使用义务的法律责任,即全面限制其请求权,从而保证《商标法》中不同制度之间逻辑上的自洽。

另外,我国《商标法》第64条第1款还规定"也不能证明因侵权行为受到其他损失"的构成要件。这种立法例值得商榷。在商标注册人未实际使用商标,因而没有在相关公众心目中建立起标识与商品的联系时,被诉侵权人未对商标权人的商誉造成任何损害,更遑论"其他损失"了。"这种额外限制既缺少法理依据,又无比较法例支撑,理当去除。"[①]

第三,商标权人注册商标未满3年的,不适用免赔条款。对于注册未满3年的商标,要求注册商标专用权人在实际使用的情况下受到损害才能得到救济显然不合适。欧盟法院认为,从注册申请日到注册公告日之间,注册商标申请人受到临时保护,侵权人在该临时保护期内实施侵权行为的,只要商标注册被核准,商标权人就可以要求侵权人赔偿侵权性使用费或者损害赔偿,而无论该商标是否实际使用。如果侵权行为发生于商标核准注册之后,则无论商标权人是否实际使用商标,只要未因违反商标使用义务而受到请求权限制,就可主张损害赔偿。德国《商标和其他标识保护法》第25条则明确规定,请求权限制仅限于注册已满5年的商标。

从商标使用义务的角度对各项具体制度进行通盘考虑,既然承认"撤三制度"中注册未满3年的商标被排除在"撤三制度"适用范围之外,赋予注册商标专用权人筹划使用商标的充分自由,那么就应承认请求权限制条款的适用范围同样仅限于注册满3年的商标。因此,《商标法》第64条第1款的适用范围仅限于注册满3年的商标。

至于是否应当基于识别功能是否建立,判断请求权是否限制,存在不同观点。有观点主张在商标权救济中对商标使用作出程度上的要求,商标与商品

---

① 彭学龙:《论连续不使用之注册商标请求权限制》,载《法学评论》2018年第6期。

经过使用行为而产生了实质联系的,商标之上才能凝聚成商誉,此时行为人侵犯商标权才可产生损害,进而产生损害赔偿请求权。但是,损害赔偿请求权产生依据在于权利存在并且损害确实发生,至于损害赔偿数额则是损害赔偿请求权成立之后的问题。以权利人的实际使用行为未达到识别来源的程度为由,进而否定权利人享有损害赔偿请求权,相当于将损害赔偿的数额问题与成立问题混淆。事实上,权利只要存在并且侵权行为发生,权利人就有损害赔偿请求权,至于权利人的实际使用实际中并未产生多少商誉,可以在损害赔偿数额中加以体现,不宜将数额计算的问题放置于请求权成立之时。因此,只要商标经真实使用,商标权人就可享有完满的请求权,至于商标没有产生识别来源的效果,可以在降低损害赔偿数额中体现,而不应以此为由直接否定商标权人请求权的存在。

综上所述,建议明确注册商标专用权行政与司法救济中的明确使用义务,完善以下法条:

【无效宣告中的不使用抗辩】注册商标专用权人对他人商标注册提出无效宣告申请的,应被申请人的要求,申请人应当证明其提起无效宣告之前的3年内,已经实际使用商标,或者有不使用的正当理由。注册商标专用权人不能证明的,驳回其无效宣告申请。

【免赔抗辩】注册商标专用权人请求赔偿,被控侵权人以注册商标专用权人未使用注册商标提出抗辩的,人民法院可以要求注册商标专用权人提供此前3年内实际使用该注册商标的证据。注册商标专用权人不能证明此前3年内实际使用过该注册商标的,被控侵权人不承担法律责任。注册商标专用权存续期间未满3年的,不适用本条规定。

《商标法》修改建议汇总

【商标使用】本法所称商标的使用,是指将商标用于识别商品或者服务来源的行为,包括:(1)将商标用于商品、商品包装或者容器以及商品交易文书上;(2)将商标用于服务场所或者与服务有关的载体上;(3)将商标用于广告宣传、展览以及其他商业活动中。

前款所列行为,包括通过互联网等信息网络实施的行为。

【商标注册申请】自然人、法人或者非法人组织在生产经营活动中,对在其商品或者服务上使用或意图使用的商标需要取得商标专用权的,应当向国务院知识产权行政部门申请商标注册。

【注册商标的撤销】注册商标没有正当理由连续3年不真实使用的,任何自然人、法人或者非法人组织可以向国务院知识产权行政部门申请撤销该注册商标。

注册商标连续3年不使用,而在被提出撤销之前3个月内首次使用或恢复使用者,若其首次使用或恢复使用之准备系由商标所有人知悉其注册商标可能被提出撤销而作出,该使用不予考虑。

【商标异议中的不使用抗辩】注册商标专用权人对他人商标注册提出异议申请的,应被申请人的要求,申请人应当证明其在被异议商标申请日或优先权日之前的3年内,已经实际使用商标,或者有不使用的正当理由。注册商标专用权人不能证明的,驳回其异议申请。

【商标转让】转让注册商标的,注册商标专用权人连续3年未真实使用商标且无正当理由的,商标转让不予核准。对于未实际使用尚未满3年的注册商标,有证据证明转让人和受让人存在恶意串通的,商标转让不予核准,由国务院知识产权行政部门宣告该注册商标无效。

【商标的使用及许可使用】许可他人使用其注册商标的,注册商标专用权人连续3年未真实使用商标且无正当理由的,被许可人应当提供对于使用意图的证明。对于未实际使用尚未满3年的注册商标,有证据证明许可人恶意注册商标且与被许可人存在恶意串通的,由国务院知识产权行政部门宣告该注册商标无效。

【无效宣告中的不使用抗辩】注册商标专用权人对他人商标注册提出无效宣告申请的,应被申请人的要求,申请人应当证明其在提起无效宣告之前的3年内,已经实际使用商标,或者有不使用的正当理由。注册商标专用权人不能证明的,驳回其无效宣告申请。

【免赔抗辩】注册商标专用权人请求赔偿,被控侵权人以注册商标专用权人未使用注册商标提出抗辩的,人民法院可以要求注册商标专用权人提供此前3年内实际使用该注册商标的证据。注册商标专用权人不能证明此前3年内实际使用过该注册商标的,被控侵权人不承担法律责任。注册商标专用权存续期间未满3年的,不适用本条规定。

第五节　加大对商标恶意注册的规制力度

近年来,商标抢注、商标囤积现象屡禁不止。《商标法》第4条第1款规定"不以使用为目的的恶意商标注册申请,应当予以驳回"。或许是考虑到"不以使用为目的"与"恶意"的关系难以达成共识,①在"全领域深化商标恶意注册行为治理"②的政策背景下,2023年1月13日国家知识产权局发布的《商标法(征求意见稿)》删除了2019年《商标法》第4条第1款,于第22条设立了"商标恶意注册申请"专条,明确了恶意申请商标注册的具体情形,将"不以使用为目的"作为商标恶意注册的一种具体情形,或者严格来说,作为该种具体情形的构成要件之一。恶意注册俨然成为商标法的"心头大患",也是商标法未来修改的首要规制对象。本节针对第一章提出的恶意商标注册缺乏体系化规制的现实问题,结合第四章提出的商标注册审查制度的改革方案设计,提出加大对恶意注册的规制力度的应对方案。

一、商标法上恶意注册及其危害

欲规制商标恶意注册,首先要厘清商标恶意注册的概念与危害。前者涉及商标恶意注册的规制范围,后者回答为什么要规制商标恶意注册。

(一)商标恶意注册内涵界定

对于何为商标恶意注册,不同学者观点不同。有学者将恶意与诚实信用挂钩,认为恶意商标注册,是指违反诚实信用原则和禁止性法律规定,损害公共利益或他人合法利益,意图取得注册商标权利的不当注册行为。③ 商标恶意抢注则是指违反诚实信用原则,侵害他人在先合法权益或公共利益的商标申请注册行为。④ 恶意,是指违反诚实信用等原则牟取不当利益的主观心态,其

---

① 参见王莲峰:《新〈商标法〉第四条的适用研究》,载《政法论丛》2020年第1期;孔祥俊:《论非使用性恶意商标注册的法律规制——事实与价值的二元构造分析》,载《比较法研究》2020年第2期。
② 《系统治理商标恶意注册促进高质量发展工作方案(2023—2025年)》。
③ 参见吴汉东:《恶意商标注册的概念体系解读与规范适用分析》,载《现代法学》2023年第1期。
④ 参见宁立志、叶紫薇:《商标恶意抢注法律适用研究》,载《法学评论》2022年第2期。

中就包括出于掠夺侵占公共资源目的的商标恶意抢注行为。① 还有学者认为恶意即善意的反面,恶意商标注册中的恶意应被理解为注册申请人在主观上不具有善意的商标使用意图。② 恶意即主观上不具有善意,③是善意的相对概念,④可以从善意的概念与内涵出发,明晰其反面即恶意的概念与内涵。⑤ 可见,目前对恶意注册的界定尚不统一,或曰恶意注册违反诚实信用原则,或曰此种行为表明行为人主观上不具有善意。那么,我们是否可以通过把握诚实信用或善意,从而理解其反面含义,进而把握商标恶意注册呢?

1. 民法对恶意的界定

民法上的善意,系指法律行为相对人不了解相关情况。《民法典》共 22 处"善意"表述,概莫能外。⑥ 换言之,在民法中,法律行为相对人不知道相关情况,是为善意。正如《牛津法律大辞典》解释的善意:"如果一个人诚实行事,既不知道也无理由相信其主张没有根据,他就是善意行事。"⑦倘若将恶意视作善意的相对概念,恶意就应当指知道相关情况。那么,恶意与故意的区别何在? 事实上,善意是道德中性的表达,而恶意具有更强的道德谴责性,民法上的善意并不意味对该行为的鼓励,而刑法或民法上的恶意都在于对行为人的谴责。⑧ 例如,在《民法典》第 154 条规定的"恶意串通"中,双方当事人均有实施法律行为的真实意思表示,唯此真实意思表示,是为了损害第三人合法权益,以损害行为人之外之人权益为要件。⑨ 因此,恶意串通以"恶意"为构成要件,表现出道德上的谴责性,使双方真实意思表示无效。《民法典》第 500 条第 1 款所述"恶意进行磋商",第 538 条所言"恶意延长其到期债权的履行期限",

---

① 参见杨利华:《商标抢注规制新突破:公共领域保留原则的引入——以网络热词的商标抢注为对象》,载《社会科学战线》2022 年第 5 期。
② 参见魏丽丽:《商标恶意抢注法律规制路径探究》,载《政法论丛》2020 年第 1 期。
③ 参见魏丽丽:《商标恶意抢注法律规制路径探究》,载《政法论丛》2020 年第 1 期。
④ 参见余俊、廖慧姣:《"不以使用为目的的恶意商标注册申请"的解释与适用》,载《法律适用》2022 年第 8 期。
⑤ 参见宁立志、叶紫薇:《商标抢注研究》,人民出版社 2022 年版,第 80 页。
⑥ 例如,根据《民法典》第 145 条,在限制民事行为能力人不可独立实施的法律行为中,法律行为被追认前,善意相对人有撤销的权利。根据《民法典》第 171 条第 2 款,无权代理中,行为人实施的行为被追认前,善意相对人有撤销的权利。根据《民法典》第 311 条第 2 款,无处分权人将不动产或者动产转让给受让人的,可取得该不动产或者动产的所有权。
⑦ [英]戴维·M. 沃克:《牛津法律大辞典》,李双元等译,法律出版社 2003 年版,第 127 页。
⑧ 参见张勇:《恶意犯罪的类型阐释》,载《中国刑事法杂志》2022 年第 6 期。
⑨ 参见李宇:《民法总则要义:规范释论与判解集注》,法律出版社 2017 年版,第 701 页。

均是同理。《民法典》第 459 条、第 461 条规定恶意占有制度。善意占有与恶意占有系无权占有的再分类,前者是指对物误信为有权占有,且无怀疑而为的占有;后者是指明知无占有权利,或对物有无占有权利已有怀疑而仍然为占有。① 虽然此种无权占有的再分类似乎表明善意与恶意是相对概念,但此种善意与恶意的对立关系仅为个例。《民法典》上大部分有关"恶意"的条款均表明恶意是加害特定人的不正当动机,是一种道德上的谴责。民法上恶意与善意并非相对概念,二者分别处于不同语境之中。

关于恶意与诚实信用原则的关系,有学者认为,恶意是指违反诚实信用原则等牟取不当利益的主观心态。② 恶意与诚信是一对意义相反的概念,恶意行为本质上是一种违反诚实信用原则的行为。③ 但是,诚实信用原则内涵空洞,具有天然的局限性。对于"诚实信用"等语义不确切词语指称的行为,需要根据具体时空下的道德观念加以具体判断,而具体时空下的道德观念难以统一,因此只能对于一些反复发生的典型行为,形成具有公认力的判断。④ 倘若以诚实信用作为恶意的反义词,只会将一种局限性转向局限性的反面,依然无法克服概念空洞的弊病。并且,在《民法典》第 7 条规定诚实信用原则之前,立法说明谓,"诚实信用原则要求民事主体在行使权利、履行义务过程中,讲诚实重诺言守信用"⑤。这就表明,诚实信用原则的适用范围,仅限于法律行为,准法律行为、事实行为等,无所谓诚信守诺问题。⑥ 而商标注册申请属于事实行为。一方面,无论申请人是否具有取得商标权的意思,只要该申请符合商标注册的条件,经由知识产权行政部门核准注册,申请人即可取得注册商标专用权。此种法效力的产生依赖于法律规定,而不依赖于申请人的意思表示。另一方面,虽然我国不区分负担行为和处分行为,但大陆法系对法律行为的这种分类至少说明,法律行为或者是在特定人之间设定权利义务,或者是处分自身既有的

---

① 参见梁慧星、陈华彬:《物权法》(第 7 版),法律出版社 2020 年版,第 408 页。
② 参见杨利华:《商标抢注规制新突破:公共领域保留原则的引入——以网络热词的商标抢注为对象》,载《社会科学战线》2022 年第 5 期。
③ 参见董慧娟、贺朗:《新"商标法"背景下恶意注册之类型化及规制——以商标审查程序为重点》,载《电子知识产权》2020 年第 6 期。
④ 参见[德]齐佩利乌斯:《法学方法论》,金振豹译,法律出版社 2009 年版,第 66 页。
⑤ 《关于〈中华人民共和国民法总则(草案)〉的说明》,载中国人大网,http://www.npc.gov.cn/zgrdw/npc/xinwen/2017-03/09/content_2013899.htm。
⑥ 参见李宇:《民法总则要义:规范释论与判解集注》,法律出版社 2017 年版,第 42 页。

权利,而不可能以原始取得的方式,单独为自身设定一种可对抗一切人的绝对权。典型的单方法律行为如捐助行为、设定遗嘱、动产所有权之抛弃等,皆可说明这一点。① 换言之,法律行为是在绝对权存在之后才形成的概念,与原始取得无涉。由此观之,《商标法》第7条第1款规定诚实信用原则适用于申请注册和使用商标,值得商榷。以诚实信用原则反推恶意,进而明确商标恶意注册内涵,注定不可能成功。

另外,无论是善意,还是诚实信用原则,都具有浓厚的"道德法律化"色彩,但法律中相关规定并非简单地将道德转化为法律。民法作为私法的主要部分,遵循"法无明文禁止即可为"原则,民法的强制性规范从消极控制的角度,禁止行为人从事某些行为。换言之,民法一般只设定否定性义务,而不设定肯定性义务,只禁止违反道德的消极不作为,而不强制道德提倡的积极作为。此所谓私法的"否定性""消极性"本质。② 以恶意作为诚实信用原则的反面,以此界定商标恶意注册,进而主张诚信注册,无异于使商标法从"否定性""消极性"本质,走向"肯定性""积极性",相当于以"法无明文授权不可为"的公法思路规制私法行为,实不足取。不可否认,一些违背道德的行为经过立法者的明确化、规则化、强制化,道德就成为一种"法律伦理"③,作为法律规范存在。但立法者不能恣意地以道德为据,以"恶意"之名,创设"积极控制"的强制性规范。

2. 商标法对恶意的界定

现行《商标法》对"恶意"的界定也是大相径庭。现行《商标法》共有7处有关"恶意"的规定,除有关恶意注册的条款外,其他条款中的"恶意"一般是指在故意的基础上还有其他的额外恶性,④表明立法者在违法行为上对行为人不当动机的谴责。《商标法》第36条、第45条、第47条等,均是如此。此外,《商标法》第32条规定的保护在先权利条款,虽未涉及"恶意"的表述,但司法解释将"不正当手段"解释为"恶意"。最高人民法院《关于审理商标授权确权

---

① 参见胡丹阳:《占有型商标权与所有型商标权之二元论——基于商标权原始取得注册主义的考量》,载《中华商标》2023年第10期。
② 参见易军:《私人自治与私法品性》,载《法学研究》2013年第3期。
③ 张勇:《恶意犯罪的类型阐释》,载《中国刑事法杂志》2022年第6期。
④ 参见孔祥俊:《论非使用性恶意商标注册的法律规制——事实与价值的二元构造分析》,载《比较法研究》2020年第2期。

行政案件若干问题的规定》第23条第1款规定:"在先使用人主张商标申请人以不正当手段抢先注册其在先使用并有一定影响的商标的,如果在先使用商标已经有一定影响,而商标申请人明知或者应知该商标,即可推定其构成'以不正当手段抢先注册'。但商标申请人举证证明其没有利用在先使用商标商誉的恶意的除外。"因此,《商标法》第32条中的"不正当手段"或"恶意",不仅要求行为人明知或者应知在先使用商标,还要求行为人具有利用在先使用商标商誉的不当动机。

《商标法》第63条第1款规定,对恶意侵犯商标专用权,情节严重的,可适用惩罚性赔偿。[①] 该条采取区别于《著作权法》《专利法》中"故意"的表述,似乎指明《商标法》与《著作权法》《专利法》惩罚性赔偿的适用标准是不同的。[②] 但是,《商标法(征求意见稿)》第77条第1款改为"故意",与《著作权法》《专利法》中惩罚性赔偿的适用标准一致。这也从侧面表明关于"恶意"的概念不清。

通过分析上述法条,可以发现,在《商标法》中,除恶意注册条款外,恶意一般指行为人损害特定人利益的不当动机。一方面,恶意表明立法者对行为人不当动机的道德上的谴责;另一方面,此种不当动机针对特定人而不是不特定人。《商标法》条款中的"恶意"与民法中的恶意大体一致。

但是,恶意注册中的"恶意"与上述条款中的"恶意"并不相同。现行《商标法》第4条第1款将"不以使用为目的"与"恶意"挂钩。《商标法修改相关问题解读》指出,"随着商标注册程序优化、注册周期缩短、注册成本降低,当事人获得商标注册更为便捷,与此同时,也出现了以傍名牌为目的的恶意申请和为转让牟利而大量囤积商标等问题,严重扰乱了市场经济秩序和商标管理秩序,引起了社会广泛关注,强烈呼吁予以规制。对于前一类的恶意申请行为,现行法律规定较为明确,近年来打击力度很大,使这类行为得到了有效遏制。但是在囤积注册行为的规制方面,法律中仅有原则性规定,缺乏直接的、明确的、可操作性的条款,导致实际操作中打击力度不够。本次修改是从源头上制

---

① 参见《商标法》第63条第1款。
② 参见吴汉东:《知识产权惩罚性赔偿的私法基础与司法适用》,载《法学评论》2021年第3期。

止恶意申请注册行为,使商标申请注册回归以使用为目的的制度本源。"①可见,《商标法》第 4 条所规制的对象和行为,应该既包括商标抢注行为也包括商标囤积行为。② 显然,商标抢注行为中的"恶意"指损害特定人利益的不当动机,与《商标法》其他条款中的"恶意"相契合。但是,商标囤积既包括损害特定人利益的囤积行为,也包括损害不特定人,扰乱注册秩序的囤积行为。恶意注册显然将"恶意"的内涵进行了扩大解释。《商标法(征求意见稿)》采取相同思路设立了第 22 条商标恶意注册申请条款。

3. 域外立法对商标恶意注册的界定

从世界范围来看,在立法规范中难觅对注册商标申请中"恶意"的明确规定。③ 德国《商标和其他标识保护法》第 8 条虽规定,恶意提出注册申请者为不予注册的绝对理由,但对何为恶意未给出明确界定。1994 年英国《商标法》第 3 条规定,出于恶意提出申请的商标不得注册,但同样未明确恶意内涵。根据《欧盟 2017/1001 号商标条例》第 59 条,商标申请人申请注册商标存在恶意行为的,任何主体均可对此提起无效宣告程序。

虽然世界各国及地区均未在立法中明确恶意注册的内涵,但相关判例与学说对此进行了有益的尝试。在"世界杯 2006"案中,德国联邦最高法院指出"商标注册人取得拟制的商标权,是以日后达成对第三方不正当或是违反公序良俗的阻碍为目的的,认定为恶意"④。因此,德国判例法以德国《反不正当竞争法》第 3 条第 1 款(关于不正当性的一般条款,规定不正当的商业行为是不合法的),以及德国《民法典》第 826 条关于违反公序良俗的规定(以违反善良风俗的方式故意加害于他人者,有义务向该受害人赔偿损害)为参考,⑤认为恶意注册是指申请注册商标的目的在于阻碍第三方竞争而不在自己使用,具有非正当目的或违背公序良俗。欧盟法院则强调对于"恶意注册"要根据案件的具体情况进行具体分析,并对此提出了以下几点考虑意见:其一,商标申请人知悉他人在相同或近似的商品上在先使用与其注册商标相同或近似的商标的

---

① 国家知识产权局:《商标法修改相关问题解读》,载中国政府网,https://www.gov.cn/zhengce/2019-05/09/content_5390029.htm。
② 参见王莲峰:《新〈商标法〉第四条的适用研究》,载《政法论丛》2020 年第 1 期。
③ 参见王莲峰:《新〈商标法〉第四条的适用研究》,载《政法论丛》2020 年第 1 期。
④ BGH GRUR 2006,857 - FUSSBALL WM 2006.
⑤ 参见《德国民法典》(第 4 版),陈卫佐译注,法律出版社 2015 年版,第 318 页。

行为;其二,依具体的客观情况推断出商标注册人具有阻碍意图;其三,考虑在先使用人是否已具有正当保护利益;其四,存在以下两种情况时,一般排除商标注册人的恶意:商标注册行为是为了对抗他人的产品或商标模仿以及注册商标在交易范围内具有一定知名度,即考虑注册商标的特征。①

在相关学说中,查尔斯·吉伦在其书中指出,在法律著作以及判例法中,一般都认为一方明知他人更有资格注册商标而抢注,尤其涉及该方与他人存在业务往来关系的,构成恶意行为。然而从逻辑来看,双方间的争议并不会影响公共利益,应属于相对事由。因此没有理由将申请商标无效的理由扩展至被侵权人以外的人。② 而根据马普所的调查报告,恶意注册有两种情形,第一类直接涉及第三方的商业利益,第二类则损害社会公共利益但不直接涉及第三方的商业利益。从第一类情形来看,恶意注册似乎为不予注册的相对理由更为合理;而从第二类情形来看,恶意注册应为不予注册的绝对理由。根据该报告,首先,恶意注册表现为一种相对理由,因为官方在没有收到另一方通知的情况下,几乎不可能识别恶意,除非恶意已经严重损害了在先权利人的利益。其次,恶意注册还涉及没有直接涉及第三方商业利益的情况。比如他人将著名历史人物姓名注册为商标,以便从从事与文化或纪念活动等有关的商品或服务提供者那里榨取钱财。此种情形下的恶意注册属于绝对理由。因此,马普所建议将恶意注册囊括在不予注册的绝对理由中,但仅限于官方依职权可以明显识别恶意的案件;同时赋予利益直接受影响的第三方援引恶意注册在异议阶段中提异议的权利。③

4. 本书对商标恶意注册的界定

本书认为,从《商标法》第 4 条规定与《商标法(征求意见稿)》第 22 条规定来看,商标恶意注册中的"恶意"已经超出民法上恶意的内涵,包括损害他人利益与损害公共利益的不正当动机。恶意注册在我国则指申请注册商标旨在损害在先权利人的合法权益,或者违背商标领域内公序良俗的行为。

---

① See EuGH GRUR2009,763 – Chocoladefabriken Lindt&Sprüngli.
② 参见查尔斯·吉伦等编辑:《简明欧洲商标与外观设计法》,李琛、赵湘乐、汪泽译,商务印书馆 2017 年版,第 188 页。
③ See Roland Knaak, Annette Kur, Alexander von Mühlendahl, *Study on the Overall Functioning of the European Trade Mark System Presented by Max Planck Institute for Intellectual Property and Competition Law Munich*, 15.02.2011, p. 153 – 155.

（二）商标恶意注册的危害

之所以要严厉打击商标恶意注册,原因在于商标恶意注册危害甚广:一是违背商标本质;二是可能损害他人在先民事权益;三是破坏市场竞争秩序;四是浪费行政与司法资源。

1. 违背商标本质

"商标者,乃为标章与自己营业有关之商品,以与他人之商品相甄别之标识也。"[1]商标并非一个单纯的标记。于普通商标而言,商标是由能指(标记)、对象(商品)与所指(商品来源或商誉)组成的三元符号结构。于驰名商标而言,商标是由能指(标记)与所指(商品来源或商誉)组成的二元符号结构。倘若申请人获得注册商标专用权,自己却不加以使用,标记与商品就无法在消费者心目中建立联系,标记无法被符号化为商标。因此,商标在本质上是具有指代功能的符号,标记的符号化进程在于商标使用,只有当标记符号化为商标时,才能产生受商标法保护的财产价值。[2] 目前,我国商标权原始取得采取宽松的注册主义,申请人申请商标注册,无须提交对于使用意图的证明,更无须实际使用商标,只要符合法定注册条件,即可获得注册商标专用权。在实践中,恶意注册者本身不具有使用商标的需要,而利用商标注册制,或者抢注他人具有在先权益的标记,或者大量囤积商标。这些商标未经实际使用,属于"形式意义上的商标"。维持这些商标注册,违背了商标的本质,也背离了商标法保护商标权这种财产性权利的立法本意。

2. 损害他人在先民事权益

私权神圣原则,即民事权益受保护原则,为近现代文明国家所公认。[3] 民事权益包括民事权利与民事利益。民事权利,是指以法律之担保,得贯彻主张某利益的可能性,[4]是法律规范所授予权利人的,旨在满足权利人利益的意思力。[5] 权利限于法律明文规定的范畴,未上升为权利的则可称为民事利益。《民法典》第120条规定"民事权益受到侵害的,被侵权人有权请求侵权人承

---

[1] 曾陈明汝:《商标法原理》,中国人民大学出版社2003年版,第264页。
[2] 参见吴汉东:《恶意商标注册的概念体系解读与规范适用分析》,载《现代法学》2023年第1期。
[3] 参见李宇:《民法总则要义:规范释论与判解集注》,法律出版社2017年版,第22页。
[4] 参见史尚宽:《民法总论》,正大印书馆1980年版,第13页。
[5] 参见[德]汉斯·布洛克斯、[德]沃尔夫·迪特里希·瓦尔克:《德国民法总论》,张艳译,中国人民大学出版社2012年版,第373页。

担侵权责任",遵循权利与利益的"平等保护论"[1]。如果某一行为侵入民事权益的合法领域,使权益主体无法贯彻实现其应有的利益,就属于对民事权益的侵犯。

民事权益受保护原则在《商标法》中贯彻。《商标法》第 32 条所言"在先权利",既包含民事权利,也包含其他利益。[2] 商标恶意抢注行为不仅可能侵犯在先权利人所享有的法律明文规定的权利,也可能侵犯其他利益。于前者而言,包括姓名权、肖像权、商标权、著作权等;于后者而言,包括未注册商标、知名商品的特有名称与包装装潢、企业字号等未上升为权利的利益。

只有民事权益的存在先于商标恶意抢注行为发生之时,抢注行为才应受到否定性评价,从而落入商标恶意注册的范畴。一方面,权益主体获得权利或利益的时间,应当早于抢注者的商标注册申请日。另一方面,在抢注者申请商标注册之时,在先权益应当依然有效存在。在先权益如果因保护期届满等原因而灭失,则无法受到保护。

3. 破坏市场竞争秩序

商标恶意注册可分为恶意抢注与商标囤积。无论何种行为,均可能破坏市场竞争秩序,表现为以下方面:

第一,绝大多数恶意抢注或商标囤积行为人在获得商标注册后,目的不在于自己使用,而是利用商标注册制度为自身牟取不正当利益。一方面,恶意注册者可能待价而沽,以高价将商标权许可或转让给在先权利人或其他市场主体,以少量的商标注册申请费用换来高额回报;另一方面,恶意注册者可以拒绝许可或转让,禁止他人继续使用涉案商标,或阻碍其他市场主体扩大商标使用范围,从而提高其他市场主体的经营成本。[3] 显然,这些行为异化了我国商标注册制度,破坏了商标制度的健康运行。

第二,商标的构成要素包括文字、图形、字母、数字、三维标志、颜色组合和声音等,以及上述要素的组合。[4] 虽然上述要素经排列组合,可以产生丰富多

---

[1] 王胜明主编:《中华人民共和国侵权责任法释义》,法律出版社 2010 年版,第 23 页。
[2] 最高人民法院《关于审理商标授权确权行政案件若干问题的规定》第 18 条规定:"商标法第三十二条规定的在先权利,包括当事人在诉争商标申请日之前享有的民事权利或者其他应予保护的合法权益。诉争商标核准注册时在先权利已不存在的,不影响诉争商标的注册。"
[3] 参见宁立志、叶紫薇:《商标抢注研究》,人民出版社 2022 年版,第 43 页。
[4] 参见《商标法》第 8 条。

样的具有显著性的商标,但商标的基本功能在于识别商品来源,前提在于方便社会公众记忆。"好记"的商标毕竟有限,商标囤积行为无疑挤压了其他市场主体可用的商标资源,也更进一步加剧了市场主体对有限符号的争夺,使"商标圈地"运动泛滥。

第三,恶意诉讼,是指故意以他人受到损害或者攫取不法利益为目的,在无事实根据和正当理由的前提下发动民事诉讼,导致相对人因诉讼而遭受损失的行为。[①] 近年来,在商标法领域内,恶意诉讼较为多发。如2021年潼关肉夹馍案、青花椒案等,曾引发全社会关注。商标恶意注册者在获得注册之后,可能对在先权利人或其他市场主体恶意维权,在无正当理由的情况下对他人提起商标诉讼,破坏了市场公平竞争秩序,妨碍了营商环境优化。目前,如何规制商标恶意诉讼,俨然成为商标法理论界的重要课题。

4. 浪费行政与司法资源

国家知识产权行政部门对商标注册申请的审查需要消耗人、财、物等成本。虽然申请商标注册和办理其他商标事宜的,应当缴纳费用,[②]这些费用可视为上述成本的对价,但商标囤积行为涉及数量庞大的商标注册审查,国家知识产权行政部门对这些注而不用的商标耗费行政资源,也就变相延长了正常商标申请人获得核准注册的时间,导致了行政资源的无谓损耗。

面对抢注行为,在先权利人在被抢注商标初步审定公告后,可能向国家知识产权行政部门提出商标异议,在商标核准注册后,可能提起无效宣告请求,使商标授权确权程序繁杂冗长。为克服商标抢注,在先权利人可能事先注册大量防御商标,驰名商标权利人甚至倾向于全类注册,且为避免连续3年不使用被撤销,又不得已每隔3年再次申请注册,导致有限的行政资源无力面对大量的商标注册申请。

如果商标恶意注册者提起恶意诉讼,或者当事人对于商标授权确权结果不服从而提起行政诉讼或民事诉讼,将浪费大量司法资源。北京知识产权法院作为商标司法确权案件的专属管辖法院,自2014年11月至2017年3月,共

[①] 参见《最高人民法院民三庭关于恶意诉讼问题的研究报告》,http://iolaw.cssn.cn/lltt/200404/t20040412_4589815.shtml,访问日期2025年4月20日。

[②] 参见《商标法》第72条。

受理商标确权行政案件13,558件,如此庞大的案件数量也在一定程度上反映出商标恶意注册囤积的现象泛滥。① 因此,商标恶意注册将激化"案多人少"的矛盾,使有限的审判资源被无故浪费。

二、商标恶意注册类型化分析

商标恶意注册包括两种违法行为,一是损害他人在先权益的商标注册行为,二是违背商标领域内公序良俗的商标注册行为。于前者而言,何为在商标法领域内损害他人在先权益,尚需究明。于后者而言,公序良俗原则本身抽象且模糊,极易作为僭越法律的"道德审判"工具,②在商标法领域内使用公序良俗的表述,更是如此。概念思维固不可少,但类型化思维更具解释力与适用价值。在界定法律概念的基础上,对法律概念进行类型化分析,可以有效避免概念的空洞、局限,有助于法律适用的展开。③

(一)不以使用为目的的大量注册

《商标法》第4条第1款规定了"不以使用为目的+恶意"的绝对禁止注册事由的"二元构造",意在规制恶意注册行为,对此,不同学者观点不一。④ 立法资料显示,该条在2019年《商标法》修正草案中原拟为"不以使用为目的的商标注册申请,应当予以驳回"。但考虑到已经取得商标注册并实际使用的企业存在以预防性目的申请商标注册的实际情况,对此类申请不宜一概予以驳回。因此,该条最终修改为"不以使用为目的的恶意商标注册申请,应当予以驳回"⑤。根据2019年5月国家知识产权局发布的《商标法修改相关问题解读》,现实中"出现了以傍名牌为目的的恶意申请和为转让牟利而大量囤积商标等问题,严重扰乱了市场经济秩序和商标管理秩序,引起了社会广泛关注,

---

① 参见高煦冬:《北京知识产权法院四项措施规制商标恶意注册》,载微信公众号"中华商标协会"2017年4月25日,https://mp.weixin.qq.com/s/awbEUmtZVRBoEdzfUqrDHQ。
② 参见李岩:《公序良俗原则的司法乱象与本相——兼论公序良俗原则适用的类型化》,载《法学》2015年第11期。
③ 参见张斌峰、陈西茜:《试论类型化思维及其法律适用价值》,载《政法论丛》2017年第3期。
④ 参见孔祥俊:《论非使用性恶意商标注册的法律规制——事实与价值的二元构造分析》,载《比较法研究》2020年第2期;王莲峰:《新〈商标法〉第四条的适用研究》,载《政法论丛》2020年第1期。
⑤ 全国人民代表大会宪法和法律委员会《关于〈〈中华人民共和国建筑法〉等8部法律的修正案(草案)〉审议结果的报告》第5条,载中国人大网,http://www.npc.gov.cn/c2/c30834/201905/t20190520_297941.html。

强烈呼吁予以规制。对于前一类的恶意申请行为,现行法律规定较为明确,近年来打击力度很大,使这类行为得到了有效遏制。但是在囤积注册行为的规制方面,法律中仅有原则性规定,缺乏直接的、明确的、可操作性的条款,导致实际操作中打击力度不够。本次修改是从源头上制止恶意申请注册行为,使商标申请注册回归以使用为目的的制度本源"。可以认为,相关资料虽指出修法目标主要在于打击商标囤积,但也强调了以傍名牌为目的的恶意申请行为的危害性。不过,随着《商标法(征求意见稿)》的出台,关于"不以使用为目的的恶意商标注册"或可达成共识。《商标法(征求意见稿)》第22条第1项规定,不以使用为目的,大量申请商标注册,扰乱商标注册秩序的,属于恶意申请商标注册的情形之一。显然,该条消弭了学界对《商标法》第4条的争议,主要规制申请人超出自身经营需要,大量囤积商标,挤占其他潜在商标注册申请人可利用的符号资源的行为。

《规范商标申请注册行为若干规定》(国家市场监督管理总局令第17号)第8条列举了在判断商标注册申请是否属于违反《商标法》第4条规定时的考量因素:(1)申请人或者与其存在关联关系的自然人、法人、其他组织申请注册商标数量、指定使用的类别、商标交易情况等;(2)申请人所在行业、经营状况等;(3)申请人被已生效的行政决定或者裁定、司法判决认定曾从事商标恶意注册行为、侵犯他人注册商标专用权行为的情况;(4)申请注册的商标与他人有一定知名度的商标相同或者近似的情况;(5)申请注册的商标与知名人物姓名、企业字号、企业名称简称或者其他商业标识等相同或者近似的情况;(6)商标注册部门认为应当考虑的其他因素。应当说,前三项列举的考量因素较为恰当。可以根据申请人所在行业、经营状况等,结合申请注册商标数量、指定使用的类别、商标交易情况等,辅以是否存在商标恶意注册行为、侵犯他人注册商标专用权的先例,判断申请人的申请行为是否超出其经营范围,从而构成"不以使用为目的,大量申请商标注册"的情形。但是,第4项、第5项列举的考量因素似乎超出"不以使用为目的,大量申请商标注册"能够辐射的范围。这两项列举的因素主要与《商标法》第32条"保护在先权利"条款相关。并且,《商标法(征求意见稿)》第23条"保护在先权利"条款新增第2款:"他人已经登记使用并有一定影响的企业名称(含简称、字号、集团名称等)、社会组织名称属于前款所称他人现有的在先权利或者权益。"如果《商标法(征求意见稿)》通过,《规范商标申请注册行为若干规定》第 8 条列举的第 4 项、第 5 项考量因素可考虑删除,使《商标法(征求意见稿)》第 22 条第 1 项规制的行为限于商标囤积行为。

《商标审查审理指南》(2021 年)下编第二章第 5 条列举了《商标法》第 4 条规定的适用情形①,既包括商标囤积行为,也包括同时构成商标囤积与其他恶意注册的行为。例如,第 5 项的申请行为既损害他人在先权利,也因"大量"申请行为而构成商标囤积。第 6 项申请行为既属于商标囤积,也属于违反《商标法》第 10 条"禁用标志"条款的行为。应当说,商标囤积者获得核准注册之后,或转售牟利,或"搭便车"与"傍名牌"侵占他人业已形成的商誉,因而商标囤积者大多同时构成其他恶意注册行为。例如,威海某公司申请注册 300 余件商标,均完整包含他人在先注册、知名度较高的 kenzo、moschino 等商标。又如,广州某信息科技有限公司申请 9000 余件商标,其中被不同权利人提出异议 210 件,知识产权行政部门对该公司被异议的 39 件商标一并处理,予以驳回。再如,上海某公司申请注册 500 余件商标,其中被不同权利人提出异议 77 件,知识产权行政部门对该公司被异议的 13 件商标一并驳回。在上述案件中,知识产权行政部门认为相关企业的商标申请注册行为有悖诚实信用原则,扰乱了正常的商标注册管理秩序,依据商标法有关规定做出对被异议人的多件商标不予注册的决定。② 但是,商标囤积作为不予注册的绝对事由,具有规制恶意注册行为关口前移的作用。规制商标囤积的重点,在于判断申请人申

---

① 《商标审查审理指南》(2021 年)下编第二章第 5 条列举了《商标法》第 4 条规定的适用情形:(1)商标注册申请数量巨大,明显超出正常经营活动需求,缺乏真实使用意图,扰乱商标注册秩序的。(2)大量复制、摹仿、抄袭多个主体在先具有一定知名度或者较强显著性的商标,扰乱商标注册秩序的。(3)对同一主体具有一定知名度或者较强显著性的特定商标反复申请注册,扰乱商标注册秩序的。(4)大量申请注册与他人企业字号、企业名称简称、电商名称、域名,有一定影响的商品名称、包装、装潢,他人知名并已产生识别性的广告语、外观设计等商业标识相同或者近似标志的。(5)大量申请注册与知名人物姓名、知名作品或者角色名称、他人知名并已产生识别性的美术作品等公共文化资源相同或者近似标志的。(6)大量申请注册与行政区划名称、山川名称、景点名称、建筑物名称等相同或者近似标志的。(7)大量申请注册指定商品或者服务上的通用名称、行业术语、直接表示商品或者服务的质量、主要原料、功能、用途、重量、数量等缺乏显著性的标志的。(8)大量提交商标注册申请,并大量转让商标,且受让人较为分散,扰乱商标注册秩序的。(9)申请人有以牟取不当利益为目的,大量售卖,向商标在先使用人或者他人强迫商业合作,索要高额转让费、许可使用费或者侵权赔偿金等行为的。(10)其他可被认定为有恶意的申请商标注册行为的情形。

② 参见余额:《恶意抢注搅浑了商标竞争这潭水》,载人民网,http://ip.people.com.cn/n1/2018/0514/c179663-29986116.html。

请的商标数量是否与其经营状况不相适应,即主要在于对"大量"的判断。至于"转让牟利",是商标权包含转让权的应有之义,属于商标权人的自由。而申请注册与知名人物姓名等相同或近似标志的行为,在不构成"大量"的情形下,属于相对事由,不在《商标法》第4条规制范围之内。"申请注册与行政区划名称等相同或者近似标志的",则属于《商标法》第10条规制内容,在不构成"大量"的情形下,同样不能以《商标法》第4条进行规制。

(二)以官方标志、不良标志、地名标志作为商标注册

《商标法》第10条规定了"禁用标志"条款,也是《商标法》第33条、第44条规定的异议、无效宣告的绝对理由之一。禁用标志因损害政治国家和国际组织形象,或者有悖道德风尚而造成不良影响,或者具有欺骗性指向而损害消费者利益,属于违背公序良俗的恶意注册行为。[1] 禁用标志是指除了禁止这些标志作为注册商标外,还禁止这些标志作为商标使用。[2] 《商标法》第10条第1款规定了官方标志与不良标志,第2款规定了地名标志。

1. 官方标志。例如,我国国家名称、国旗、国徽、国歌、军旗、军徽、军歌、勋章,中央国家机关的名称、标志、所在地特定地点的名称或者标志性建筑物的名称、图形等;外国的国家名称、国旗、国徽、军旗等;政府间国际组织的名称、旗帜、徽记等;表明实施控制、予以保证的官方标志、检验印记;"红十字""红新月"的名称、标志。[3] 除第1项规定的情形外,第2项、第3项、第4项规定的禁用标志在相关主体授权或不易误导公众的情况下,允许作为商标使用。

2. 不良标志,即违背公序良俗,有损公共利益的标志。例如,(1)具有民族歧视性含义的标志,即标志中带有对特定民族进行丑化、贬低或者其他不平等看待该民族的内容;(2)带有欺骗性,容易使公众对商品的质量等特点或者产地产生误认的标志,即对指定商品或者服务的质量等特点或者来源作了超过固有程度或与事实不符的表示,容易使公众对商品或者服务的质量等特点或者来源产生错误的认识;(3)有害于社会主义道德风尚的标志或有其他不良影响的标志。[4]

---

[1] 参见吴汉东:《恶意商标注册的概念体系解读与规范适用分析》,载《现代法学》2023年第1期。
[2] 参见《商标审查审理指南》(2021年)下编第三章第2条。
[3] 参见《商标审查审理指南》(2021年)下编第三章第2条。
[4] 参见《商标审查审理指南》(2021年)下编第三章第2条。

3. 地名标志。《商标法》第 10 条第 2 款规定了县级以上行政区划的地名或者公众知晓的外国地名不得作为商标。地名标志作为禁用标志存在 3 种例外情形：一是地名具有除行政区划外的其他含义，且其他含义更易于被一般公众所接受和熟知，如"凤凰"除了具有行政区划地名的含义外，还有"传说中的百鸟之王"的含义，且公众更熟知第二层含义；二是地名作为集体商标、证明商标组成部分；三是已经注册使用地名的商标继续有效。① 为保护商标所有权人合法权益，现行法不追溯该法生效前已经注册的含有上述地名的普通商标，如"北京牌"电视机等。② 就"公众知晓的外国地名"而言，由于对于"公众知晓"的认定缺乏客观性标准，主观性较强，不利于发挥法律的指引、规范作用，因此，建议删除该款中的"或者公众知晓的国内和国外地名"的规定。

《商标法（征求意见稿）》第 15 条对禁用标志条款进行修改，新增第 5 项"同重要传统文化符号名称及标志相同或者近似的，但经授权的除外"，并将《商标法》第 10 条第 1 款第 8 项修改为"有悖于社会主义核心价值观，有害于社会主义道德风尚、中华优秀传统文化，或者有其他不良影响的"。传统文化元素是需要彰显的，只要不是有害于中华优秀传统文化的商标要素，应该鼓励进行商标性使用，宣传中国品牌，让中国传统文化通过商标得以在现代社会和国际社会上彰显。在实践中，许多企业将中华传统的元素加入商标创意，也被许多消费者所认可，既传承了优秀传统文化，也有利于商标识别功能的发挥。在已有第 9 项对有害于中华优秀传统文化的商标进行规制的情况下，无须再增加第 5 项中的内容。因此，建议删除"（五）同重要传统文化符号名称及标志相同或者近似的，但经授权的除外"。

(三) 以欺骗手段或其他不正当手段取得商标注册

《商标法》第 44 条第 1 款规定，以欺骗手段或者其他不正当手段取得注册的，属于无效宣告的绝对事由，但《商标法》第 33 条异议条款对此未作规定。《商标法（征求意见稿）》第 22 条第 2 项将此种情形列为恶意注册的情形之一，并将其同时规定在异议与无效宣告的绝对理由之中。此种行为是指在系争商标申请注册阶段，申请人采取虚构或者隐瞒事实真相，提交伪造的申请书件或者其他证

---

① 参见《商标审查审理指南》（2021 年）下编第三章第 2 条。
② 参见《商标审查审理指南》（2021 年）下编第三章第 2 条。

明文件等手段骗取商标注册。其中,以欺骗手段取得商标注册的行为包括但不限于下列情形:(1)伪造申请书件章戳或签字的行为;(2)伪造、涂改申请人的身份证明文件的行为,包括使用虚假的身份证、营业执照等身份证明文件,或者涂改身份证、营业执照等身份证明文件上重要登记事项等行为;(3)伪造其他证明文件的行为。[①] 以其他不正当手段取得注册包括:(1)系争商标申请人申请注册多件商标,且与他人具有一定知名度或较强显著特征的商标构成相同或者近似的;(2)系争商标申请人申请注册多件商标,且与他人字号、企业名称、社会组织及其他机构名称、有一定影响的商品名称、包装、装潢等构成相同或者近似的;(3)其他可以认定为以不正当手段取得注册的情形。[②]

采用欺骗的方法获得注册的行为,是指商标注册人在申请注册商标的过程中,向商标注册部门提交了伪造的申请书件或其他证明材料,从而获得了商标注册的许可,具有扰乱商标注册秩序的主观恶意,属于商标领域内违背公序良俗原则的行为,因而构成恶意注册。"以其他不正当手段"则具有一定的模糊性,且与《商标法》第32条规定的未注册商标的抢注中的"不正当手段"重复,因而在适用上有所限制,仅作为兜底条款进行适用。能够依据恶意注册其他条款进行规制的,不再适用"以其他不正当手段"的规定。

(四)复制、摹仿或者翻译他人驰名商标

《商标法》第13条驰名商标保护条款对在中国注册的驰名商标赋予跨类保护,对未在中国注册的驰名商标赋予同类保护。在《商标法》第13条中,第2款采用"容易导致混淆"表述,第3款采用"误导公众,致使该驰名商标注册人的利益可能受到损害"表述。对此,最高人民法院《关于审理涉及驰名商标保护的民事纠纷案件应用法律若干问题的解释》第9条第1款、第2款对二者的含义进行区分,认为"容易导致混淆"是指"足以使相关公众对使用驰名商标和被诉商标的商品来源产生误认,或者足以使相关公众认为使用驰名商标和被诉商标的经营者之间具有许可使用、关联企业关系等特定联系";"误导公众,致使该驰名商标注册人的利益可能受到损害"是指"足以使相关公众认为被诉商标与驰名商标具有相当程度的联系,而减弱驰名商标的显著性、贬损驰

---

① 参见《商标审查审理指南》(2021年)下编第十六章第3.1条。
② 参见《商标审查审理指南》(2021年)下编第十六章第3.2.2条。

名商标的市场声誉,或者不正当利用驰名商标的市场声誉"。从表面上看,《商标法》第 13 条第 2 款对未注册驰名商标提供的是反混淆的保护,第 3 款对已注册的驰名商标仅提供反淡化的保护而不禁止混淆。但是,我们首先应当将《商标法》第 13 条第 3 款中的"误导公众"理解为混淆。从举重以明轻的法理出发,由于对驰名商标的淡化保护的范围广于混淆保护,既然最高人民法院《关于审理涉及驰名商标保护的民事纠纷案件应用法律若干问题的解释》禁止他人淡化驰名商标显著性的行为,那么也应禁止混淆他人驰名商标的行为。因此,《商标法》第 13 条第 3 款"误导公众,致使该驰名商标注册人的利益可能受到损害"实际上同时包含"混淆"和"淡化"两层含义。不过,仅从文义解释上看,"误导公众"难以包括"淡化"。对此,《商标法(征求意见稿)》第 18 条①对驰名商标保护条款进行修改,认同驰名商标的价值不以注册与否为转移的观点,将"跨类保护"适用于未注册商标,同时明确区分驰名商标的反混淆保护与反淡化保护,值得赞赏。但是,《商标法(征求意见稿)》第 18 条第 3 款内容的逻辑关系有待进一步厘清,第 3 款创设的区别于"相关公众所熟知"的"广大公众所熟知"表述,也有待进一步界定。

《商标法》第 45 条第 1 款规定,驰名商标所有人在任何时候发现恶意注册行为侵犯其驰名商标权益,都可向原商标评审委员会请求无效宣告,不受 5 年的时间限制。何为"恶意注册"?最高人民法院《关于审理商标授权确权行政案件若干问题的规定》第 25 条规定,应综合考虑引证商标的知名度、诉争商标申请人申请诉争商标的理由以及使用诉争商标的具体情形来判断申请人主观意图。引证商标知名度高,诉争商标申请人没有正当理由的,人民法院可以推定该注册构成《商标法》第 45 条第 1 款所指的"恶意注册"。《商标审查审理指南》(2021 年)下编第十章第 8 条"恶意注册的判定"规定,针对复制、摹仿或者翻译他人驰名商标,判定系争商标申请人是否具有恶意可考虑下列因素:(1)系争商标申请人与驰名商标所有人曾有贸易往来或者合作关系;(2)系争

---

① 参见《商标法(征求意见稿)》第 18 条:"【驰名商标保护】在相同或者类似商品上使用、申请注册的商标是复制、摹仿或者翻译他人未在中国注册的驰名商标,容易导致混淆的,禁止使用并不予注册。在不相类似商品上使用、申请注册的商标是复制、摹仿或者翻译他人驰名商标,误导公众,致使该驰名商标持有人的利益可能受到损害的,禁止使用并不予注册。使用、申请注册的商标是复制、摹仿或者翻译他人为广大公众所熟知的驰名商标,足以使相关公众认为该商标与该驰名商标具有相当程度的联系,而减弱驰名商标的显著特征、贬损驰名商标的市场声誉,或者不正当利用驰名商标的市场声誉的,禁止使用并不予注册。"

商标申请人与驰名商标所有人共处相同地域或者双方的商品或者服务有相同的销售渠道和地域范围;(3)系争商标申请人与驰名商标所有人曾发生其他纠纷,可知晓该驰名商标;(4)系争商标申请人与驰名商标所有人曾有内部人员往来关系;(5)系争商标申请人注册系争商标后具有以牟取不当利益为目的,利用驰名商标的声誉和影响力进行误导宣传,胁迫驰名商标所有人与其进行贸易合作,向驰名商标所有人或者他人索要高额转让费、许可使用费或者侵权赔偿金等行为;(6)驰名商标具有较强独创性;(7)其他可以认定为恶意的情形。

(五)代理人、代表人、利害关系人抢注

《商标法》第15条代理人、代表人、利害关系人抢注条款是《商标法》第33条、第45条规定的异议或无效宣告事由中的相对理由之一。关于该条行为主体范围,代理人不仅包括《民法典》中规定的代理人,也包括基于商事业务往来而可能知悉被代理人商标的经销商。代表人系指具有从属于被代表人的特定身份,因执行职务行为而可能知悉被代表人商标的个人,包括法定代表人、董事、监事、经理、合伙事务执行人等人员。[①] 利害关系人则包括代理人、代表人之外的因合同、业务往来或者其他关系而明知该他人商标存在的人。

值得注意的是,代理人、代表人的抢注与利害关系人的抢注适用要件不同。认定代理人或者代表人未经授权,擅自注册被代理人或者被代表人商标的行为,须符合下列要件:(1)系争商标注册申请人是商标所有人的代理人或者代表人;(2)系争商标与被代理人、被代表人商标使用在同一种或者类似的商品或者服务上;(3)系争商标与被代理人、被代表人的商标相同或者近似;(4)代理人或者代表人不能证明其申请注册行为已取得被代理人或者被代表人的授权。[②] 认定特定关系人抢注他人在先使用商标须符合下列要件:(1)他人商标在系争商标申请之前在先使用;(2)系争商标注册申请人与商标在先使用人存在合同、业务往来关系或者其他关系,因该特定关系,注册申请人明知他人商标的存在;(3)系争商标指定使用在与他人在先使用商标同一种或者类似的商品或者服务上;(4)系争商标与他人在先使用商标相同或者近似。[③] 可

---

① 参见《商标审查审理指南》(2021年)下编第十一章第4.1条。
② 参见《商标审查审理指南》(2021年)下编第十一章第3条。
③ 参见《商标审查审理指南》(2021年)下编第十二章第3条。

见,在代理人、代表人抢注中,法律不要求被代理人、被代表人已经使用商标。而在利害关系人抢注中,恶意注册以他人在先使用商标为前提,但不要求该种商标使用达到《商标法》第32条保护在先权利条款中的"有一定影响"的程度。而且,利害关系人抢注的在先使用条件比较宽松,不仅包括将商标用于实际出售的商品、提供的服务上,还包括将商标用于促销,或者为了将标有其商标的商品或服务投放到市场上所做的实际筹备工作。① 因此,《商标法》第15条没有为在先使用人施加过高的商标使用义务,而主要旨在打击因商事关系知晓他人在先使用商标的恶意抢注人。

(六) 损害他人在先权利而恶意注册商标

《商标法》第32条规定了保护在先权利的两种情形:一是申请人不得以不正当手段抢先注册他人已经使用并有一定影响的商标;二是申请人不得损害他人现有的其他在先权利。在先权利人可依据《商标法》第33条、第45条提起异议或无效宣告,保护自身在先权利。

1. 未注册商标的抢注。未注册商标的抢注的适用要件包括:(1)他人商标在系争商标申请日之前已经在先使用并有一定影响;(2)系争商标与他人商标相同或者近似;(3)系争商标所指定的商品或者服务与他人商标所使用的商品或者服务原则上相同或者类似;(4)系争商标申请人采取了不正当手段。② 可见,《商标法》第32条后半段仅对在先使用的未注册商标人提供有限的保护。只有同时满足"在先使用"和"有一定影响"的条件,才可对抗"以不正当手段"实施的商标恶意抢注。③ 如何认定"有一定影响"与"不正当手段",也成为司法实践中适用《商标法》第32条后半段的要点。就前者而言,在先未注册商标实际上发挥了识别商品或者服务来源的作用,并为中国一定范围的相关公众所知晓的,应认定为"已经使用并有一定影响"。④ 就后者而言,申请系争商标的申请人在知道或应当知道他人已经使用了该未注册商标的情况下,仍然抢先注册,应判定为采取了"不正当手段",可综合考虑下列因素:(1)系争商标申请人与在先使用人曾有贸易往来或合作关系,或者曾就达成上述关系进行

---

① 参见《商标审查审理指南》(2021年)下编第十二章第4条。
② 参见《商标审查审理指南》(2021年)下编第十五章第3条。
③ 参见宁立志、叶紫薇:《商标恶意抢注法律适用研究》,载《法学评论》2022年第2期。
④ 参见《商标审查审理指南》(2021年)下编第十五章第4.1条。

过磋商;(2)申请系争商标的申请人与在先使用的商标使用人处于同一地域或者地缘相近,或具有同行业内的竞争关系;(3)系争商标申请人与在先使用人曾发生过其他纠纷,可知晓在先使用人商标;(4)系争商标申请人与在先使用人曾有内部人员往来关系;(5)系争商标申请人与在先商标使用人具有亲属关系;(6)系争商标申请人利用在先使用人有一定影响商标的声誉和影响力进行误导宣传,胁迫在先使用人与其进行贸易合作,向在先使用人或者他人索要高额转让费、许可使用费或者侵权赔偿金等;(7)他人商标具有较强显著性或较高知名度,系争商标与该他人商标相同或者高度近似;(8)其他情形。① 可以发现,未注册商标的抢注与利害关系人的抢注,二者情形类似但适用要件并不相同。例如,在未注册商标的抢注中,"系争商标申请人与在先商标使用人共处相同地域或地缘接近,或者属于同行业竞争关系"属于不正当手段的考虑因素,"商标申请人与在先使用人营业地址邻近"则符合利害关系人的认定条件。但前者适用未注册商标的抢注,在先使用人须达到"有一定影响"的程度;②后者适用利害关系人的抢注,并不要求在先使用人达到"有一定影响"的程度,甚至不要求实际使用商标。此种制度间的不协调亟待解决。

2.其他在先权益的抢注。何为"在先权利"?《商标审查审理指南》(2021年)下编第十四章第3条列举了字号权、著作权、外观设计专利权、姓名权、肖像权、地理标志、有一定影响的商品或者服务名称、包装、装潢以及其他应予保护的合法在先权益。

三、商标恶意注册法律规制及其完善

商标恶意注册需要立法、司法、行政3个层面共同规制。在立法层面,应从权利取得、权利利用与权利救济3个方面规制商标恶意注册。在司法层面,各地法院已经形成系统的打击商标恶意注册裁判规则。在行政层面,应在明确商标恶意注册打击要点的基础上,不断完善治理手段。

(一)商标恶意注册立法规制的完善建议

商标恶意注册立法规制涉及权利取得、权利利用与权利救济3个阶段。

---

① 参见《商标审查审理指南》(2021年)下编第十五章第5条。
② 参见《商标审查审理指南》(2021年)下编第十五章第5条。

在权利取得阶段,《商标法》应当增设使用意图要求,以遏制大规模批量注册与不具有使用目的的恶意抢注行为。权利利用包括商标使用与商标处分,前者涉及实际使用能否阻却"恶意"的问题,后者涉及实际使用商标的恶意注册者转让权应否受限制的问题。在权利救济阶段,对恶意注册者的诉讼请求不应支持。

1. 权利取得阶段法律规制:增设使用意图要求

2019年《商标法》修改已对商标恶意囤积注册现象予以有力打击。《商标法(征求意见稿)》将重点加大对恶意抢注公共资源、他人在先权利,损害社会主义核心价值观等行为的打击力度,实现申请人权利与他人权益、社会公共利益的平衡。[①] 在商标权取得阶段,申请注册的商标不得具有上述各类商标恶意注册行为,否则将被驳回、异议或者无效宣告。此外,在立法层面,《商标法》应当将使用意图作为申请商标注册的前置要件,对以往绝对的先申请原则进行修正,使商标注册申请回归商标本质。

先申请原则是注册取得制的必然要求。实行注册取得制的国家,大多以先申请先取得注册商标专用权为原则,以使用在先作为先申请原则的补充。因此,先申请即注册取得制下合法的商标"抢注"。但是,在商标注册取得制下,商标核准注册仅表明申请人获得了一种"法律拟制的商标权"。[②] 商标不经过实际使用,无法建立标志与商品之间的联系,无法完成标记到商标的符号化转变,即便在注册取得制的语境下,也应受到否定性评价。目前,我国不宜从根本上变革商标权取得模式,但可在坚持注册取得制的前提下,增强对商标的使用义务,在商标注册审查程序中,增设关于商标使用意图的要求。

我国《商标法》第4条第1款明确规定,只有在生产经营活动中对商品或服务需要取得商标专用权的主体,才应当申请注册商标,亦即商标注册申请人在申请时应具有商标使用的意图,否则其取得注册商标专用权就缺乏必要性。但我国《商标法》在商标注册阶段并没有明确设定意图使用要求,导致实践中很多商标注册并非为了生产经营中的实际使用,盲目注册、恶意注册等不良现象层出不穷,不仅增加了商标注册机构的管理成本,也不当占用了有限的商标

[①] 参见《关于〈中华人民共和国商标法修订草案(征求意见稿)〉的说明》。
[②] 参见刘铁光:《规制商标"抢注"与"囤积"的制度检讨与改造》,载《法学》2016年第8期。

资源,背离了商标权取得的基础和上述立法本意。① 另外,根据我国《商标法》关于商标注册具体条文的规定,申请注册商标应依需求进行,而欲求不正当占用公共资源或牟取不正当利益的,本就不能解释为"需求",故而也可以反向推出商标权的取得应考量使用意图因素,②只不过在立法中未明确提出使用意图的要求。

因此,本书建议,我国应在商标申请注册阶段进一步重申和明确商标使用意图的要求,而这里的使用意图,迥然不同于使用取得商标权制度下的意向使用规则。在以美国为代表的采用商标权使用取得原则的国家和地区,商标注册不是产生商标权的法定条件,仅仅作为"对所有权要求的推定通知"③。"只是对通过使用已经产生的普通法上的商标权予以制定法上的确认,而不是创设新的商标权取得途径。"④因此,虽然有些采用商标权使用取得原则的国家和地区也规定了商标注册制度,但该商标注册制度与采用商标权注册取得原则的国家和地区的商标注册制度具有不同的制度设计和法律效果,在这样背景下的商标使用制度设计,与商标注册取得原则下的商标注册制度中的商标使用制度设计不可同日而语。在商标权注册取得原则下,商标使用不是商标注册申请的强制要求,否则,将与商标权注册取得原则相冲突。但在商标申请注册时,要求申请人具备真诚使用商标的意图,可以有效遏制大规模批量注册与不具有使用目的的恶意抢注行为。关于使用意图设定的必要性与可行性、使用意图与《商标法(征求意见稿)》规定的承诺使用的取舍,以及使用意图判定的考量因素等,详见本书"进一步强化对商标使用义务的审查"一节。

2. 权利利用阶段法律规制:加大对于实际使用的审查

(1)商标使用阶段——实际使用能否阻却"恶意"?

商标恶意注册的,即便侥幸逃脱商标注册审查而被核准注册,日后也可能被宣告无效。根据《商标法》第44条、第45条的规定,违反不予注册的绝对理由的,任何人可以请求宣告无效;违反不予注册的相对理由的,在先权利人或

---

① 参见王芳:《TRIPS协定下注册商标的使用要求》,复旦大学2014年博士学位论文,第180~181页。
② 参见孙戈:《"使用意图"对依注册原则取得商标权的效力》,浙江大学2016年硕士学位论文,第20页。
③ 15,U.S.C. §1072.
④ Arthur R. Miller & Michael H. Davis,*Intellectual Property*,West Publishing Company,1983,p. 145,149-150.

者利害关系人可以请求宣告无效。那么,恶意注册者在取得注册商标专用权后实际使用的,可否免于无效宣告?换言之,实际使用商标的行为能否消除恶意注册时的"恶意"?

在"海棠湾"商标纠纷案[①]中,北京市高级人民法院认为,"李某丰亦未提供其使用'海棠湾'等商标的有关证据,上述情况足以认定李某丰申请注册争议商标的行为构成《商标法》第四十一条第一款的以'不正当手段取得注册'的情形",似乎表明当事人如果提交实际使用证据,就可以免于"不正当手段取得注册"的规制。有学者支持该观点,认为实际使用可以阻却对"恶意"的认定。[②]

但是,只有合法取得的权利才能受到民法保护。《民法典》第129条规定,"民事权利可以依据民事法律行为、事实行为、法律规定的事件或者有法律规定的其他方式取得"。虽然该条仅具宣示意义而无法独立适用,[③]但结合其他条款可以看出,民法不保护违法取得的权利。例如,《民法典》第114条第1款规定,"民事主体依法享有物权"。《民法典》第123条第1款规定:"民事主体依法享有知识产权。"《专利法》第25条第1款则明确规定不授予专利权的客体范围,即便疾病的诊断和治疗方法等符合新颖性、创造性、实用性的要求,也不能获得专利权。商标领域也是如此,商标权的原始取得同样应遵循合法取得原则,即便申请人侥幸获得注册商标专用权并实际使用,其恶意注册行为毕竟违反了《商标法》相关的禁止性规定,无法合法取得商标权。

允许实际使用消除申请人的"恶意",将无法有效打击恶意注册行为。恶意抢注者在获得核准注册之后,可能为规避《商标法》的规制对注册商标进行少量的实际使用,从而使商标变为不可争议的商标。可见,允许恶意注册者实际使用可免于无效宣告,虽然向恶意注册者宣扬了商标使用的重要性,但同时为其提供了免于《商标法》恶意注册相关条款规制的途径,使我国商标恶意注册的治理越发困难。

因此,违反不予注册绝对理由的恶意注册,以及自商标注册之日起5年内

---

① 北京市高级人民法院行政判决书,(2012)高行终字第582号。
② 参见孔祥俊:《论非使用性恶意商标注册的法律规制——事实与价值的二元构造分析》,载《比较法研究》2020年第2期。
③ 参见李宇:《民法总则要义:规范释论与判解集注》,法律出版社2017年版,第414页。

的违反不予注册相对理由的恶意注册,即便恶意注册者实际使用商标,也不能阻却注册时的"恶意",注册商标专用权应当被宣告无效。对于违反不予注册相对理由的,在先权利人或利害关系人自商标注册之日起5年内未提出无效宣告请求的,恶意注册者可基于实际使用,使注册商标变为不可争议的商标。盖因"权利上之睡眠者,不值保护"①。在先权利人或利害关系人自商标注册之日起5年内不行使权利的,属于权利上的睡眠者,可使恶意抢注者获得注册商标专用权。但此种注册商标专用权受到一定限制,在先权利人为未注册商标所有人的,可以在原使用范围内继续使用商标。② 恶意抢注驰名商标的,考虑到驰名商标已经为相关公众所熟知而产生的公共利益,驰名商标所有人提出无效宣告请求不受5年的期限限制。

综上所述,建议《商标法》分情况对恶意注册但实际使用的商标进行认定:违反不予注册绝对理由的恶意注册,以及恶意抢注驰名商标的,即便经审查认定恶意注册者存在实际使用商标的行为,也应当进行无效宣告。违反不予注册相对理由且在先权利并非驰名商标权的,且在先权利人或利害关系人自商标注册之日起5年内未提出无效宣告请求,而恶意注册者实际使用商标的,注册商标专用权有效。

(2)商标处分阶段——实际使用商标的恶意注册者转让权应否受限?

商标权属于私权,属于民事权利,允许商标权人自由转让商标权是意思自治或私法自治原则的体现,民事主体可依自己的意思自主形成法律关系。但是,在注册取得制下,商标自由转让制度使商标投机活动日益泛滥,有必要限制注册商标的转让。不对商标转让进行任何限制,相当于放任注而不用、待价而沽、抢注牟利行为的泛滥。

在"进一步强化对商标使用义务的审查"一节中,本书指出,注册商标专用权人连续3年未使用商标且无正当理由的,禁止其转让商标;对于未实际使用尚未满3年的,应当分情况限制注册商标专用权人的转让权。那么,恶意注册者实际使用商标的,在实际使用无法阻却恶意的情况下,是否应当进一步限制恶意注册者转让权呢?善意受让人能否基于善意,取得注册商标专用权而不

---

① 王泽鉴:《民法总则》,北京大学出版社2009年版,第492页。
② 参见《商标法》第59条第3款。

被无效宣告呢？本书认为，利益衡量理论揭示了权利的核心在于利益，法律保护的本质在于保护更应当保护的利益，①可以结合该理论与恶意注册的类型对该问题进行分析。

对于违反《商标法》第10条"禁用标志"条款的恶意注册而言，禁用标志或损害政治国家和国际组织形象，或有违善良风俗，或具有损害消费者利益的欺骗性，因违背公序良俗而禁止任何人作为商标使用。显然，公序良俗作为公共利益的一种，在《商标法》上的优先性最高。对于该种标志进行实际使用的恶意注册者，转让权应当受到完全限制，受让人无法因转让获得注册商标专用权。

对于违反《商标法》第4条第1款的"不以使用为目的的恶意商标注册"，在《商标法（征求意见稿）》第22条将规制行为聚焦于商标囤积的情况下，审查重点在于申请人提出的注册商标申请是否超出自身经营需要，从而挤占其他潜在商标注册申请人可利用的符号资源。而特定注册商标的受让使"大量"要件不再成立。② 此时，对于善意受让人的信赖利益应当优先保护。违反《商标法》第44条也是同理，"欺骗手段或其他不正当手段"是恶意注册者所为，与善意受让人无关，不能因恶意注册行为对善意受让人进行否定性评价。因此，在这两种恶意注册类型中，只要善意受让人能够证明自己具有使用意图，或者已经进行实际使用，就不应对该商标宣告无效。

对于违反《商标法》第13条、第32条的恶意抢注行为，在先权利人的权利或利益应当优先于善意受让人。或许有观点认为，在善意取得制度中，善意受让人的利益优先于所有权人，为什么恶意抢注就不是如此呢？善意取得制度的重点，是在让与人无权处分的情况下，受让人不得借"让与的效力"取得所有权，但仍可借"占有的效力"取得所有权。③ 善意取得制度关涉所有权静的安全与财产交易动的安全之间的利益平衡。如果绝对保护所有权静的安全，占有人无权处分财产的，所有人均可向受让人请求返还原物，则交易活动必受影响，由受让人查证出让人是否为所有权人，有无处分权，成本甚巨。④ 而在商标

---

① 参见梁上上：《利益衡量的界碑》，载《政法论坛》2006年第5期。
② 参见戴文骐：《商标囤积的体系化规制》，载《法商研究》2022年第6期。
③ 参见陈荣传：《民法物权实用要义》，台北，五南图书出版股份有限公司2014年版，第55页。
④ 参见梁慧星、陈华彬：《物权法》（第7版），法律出版社2020年版，第243页。

领域内,商标注册者具有对在先权利人所用标志的合理避让义务,商标注册者在申请某一商标注册之前,应当查明该商标与他人业已使用的标志是否发生冲突。注册商标受让人也应当负担此种义务。并且,注册商标受让人可通过互联网查询是否存在在先权利人,成本甚微。另外,物权法上的善意取得难以形成大规模的无权处分行为,而商标恶意抢注泛滥,已然成为一种规模化的产业。为打击商标恶意抢注产业,维护商标注册秩序,应当在违反《商标法》第13条、第32条的恶意抢注行为中,将在先权利人的利益置于善意受让人之前,对恶意抢注者的处分权进行限制,受让人即便善意,也将面临无效宣告的法律后果。而对于违反《商标法》第15条的代理人、代表人、利害关系人抢注行为,被代理人、被代表人可能尚未使用商标,利害关系人即便使用商标,但《商标法》并未要求其达到"有一定影响"的程度。因此,善意受让人难以知晓是否存在被代理人、被代表人和利害关系人。此时,可以借鉴物权法善意取得的规定,将善意受让人的利益置于被代理人、被代表人和利害关系人之前,善意受让人可取得注册商标专用权。至于被代理人、被代表人和利害关系人的损失,可以要求恶意注册者赔偿。

综上所述,在商标权处分阶段是否限制恶意注册者转让权的问题上,建议《商标法》作出以下细化规定:

对于违反《商标法》第10条、第13条、第32条取得的注册商标专用权,恶意注册者即便实际使用商标也不得转让。

对于违反《商标法》第4条、第15条、第44条取得的注册商标专用权,在受让人为善意时,即只要受让人能够证明自己对于恶意注册行为不知情,且具有使用意图或实际使用,商标权就转让有效。

3.权利救济阶段法律规制:对恶意注册者的诉讼请求不予支持

在"进一步强化对商标使用义务的审查"一节中,本书提出,对于未实际使用的商标权人,全面限制其请求权,包括停止侵害的商标权请求权,也包括损害赔偿请求权。对于恶意注册而未实际使用的,同样应当在商标维权阶段全面限制恶意注册者的请求权。问题在于,恶意注册但实际使用的,是否应当限制其请求权?

民法上有所谓禁止权利滥用原则,民事主体不得滥用民事权利损害国家利益、社会公共利益或他人合法权益。[1] 意思自治或私法自治作为民法的首要原则，民事主体可自主决定权利是否行使，如何行使。"惟权利与自主决定非自己独有，他人亦享有之，不能只有己，不知有他人，违反彼此尊重的法律伦理原则。"[2]禁止权利滥用作为私法自治原则的例外，为各国民法所接受。民事主体行使权利构成滥用的，权利本身依然存在，但权利"行使"为法不所许。[3]

恶意注册者申请注册商标的行为虽具"恶意"，但经过知识产权行政部门的核准，即获得法律拟制的权利。虽然经无效宣告程序，恶意注册的商标将被无效，从而发生自始无效的法律后果。但是，商标核准注册是一种行政许可行为，[4]应具有公定力。行政许可一旦作出，"不论是否合法，即具有被推定为合法而要求所有机关、组织或个人予以尊重的一种法律效力"[5]。商标一旦被知识产权行政部门核准注册，在尚未被无效宣告时，依行政行为公定力理论，应当维持注册商标专用权的排他效力。在实践中，恶意注册者尤其是恶意抢注者在获得核准注册之后，往往通过商标侵权诉讼使在先权利人或利害关系人停止使用商标。在先权利人或利害关系人无论是处于商标使用准备阶段，还是已经实际使用商标，都会因停止使用而遭受损失。恶意抢注者实际上通过提起商标侵权诉讼这一权利行使方式，达到排除、限制竞争者或转让牟利的不当目的，属于权利滥用的范畴。除违反不予注册相对理由且在先权利人或利害关系人自注册之日起 5 年内未提出无效宣告请求的情形外（此时恶意注册的商标变为不可争议的商标），恶意注册但实际使用的，法院应当根据禁止权利滥用原则，认定恶意注册者维权行为即权利行使方式为法不所许，对恶意注册者的诉讼请求不予支持。

综上所述，在对恶意注册者的诉讼请求是否支持的问题上，建议《商标法》作出以下细化规定：

---

[1] 参见《民法典》第 132 条。
[2] 王泽鉴：《民法总则》，北京大学出版社 2009 年版，第 520 页。
[3] 参见王泽鉴：《民法总则》，北京大学出版社 2009 年版，第 527、529 页。
[4] 参见胡丹阳：《占有型商标权与所有型商标权之二元论——基于商标权原始取得注册主义的考量》，载《中华商标》2023 年第 10 期。
[5] 王天华：《行政行为公定力概念的源流——兼议我国公定力理论的发展进路》，载《当代法学》2010 年第 3 期。

违反不予注册绝对理由的恶意注册,恶意抢注驰名商标,以及违反不予注册相对理由且在先权利并非驰名商标权并自商标注册之日尚未满5年的,对恶意注册者的诉讼请求不予支持。

(二)商标恶意注册司法规制的完善建议

对于商标恶意注册,司法实践逐渐总结出一系列规制经验。在这些经验逐渐成熟的基础上,可考虑上升为司法解释,以指引并统一各地法院对商标恶意注册相关纠纷的裁判思路,从而有效打击商标恶意注册行为。

1. 原告恶意注册的侵害被告在先权利的商标不予保护

在民事诉讼中如何规制不当注册及使用商标的行为,是当前司法实践中的热点和难点问题。目前各地法院对原告恶意注册的侵害被告在先权利的商标不予保护,已渐成共识。

在歌力思商标纠纷案中,深圳歌力思服装实业有限公司通过受让方式取得第1348583号"歌力思"商标。2009年11月19日,该商标经核准续展注册,有效期自2009年12月28日至2019年12月27日。深圳歌力思服装实业有限公司还是第4225104号"ELLASSAY"的商标注册人。该商标核定使用商品为第18类:(动物)皮;钱包;旅行包;文件夹(皮革制);皮制带子;裘皮;伞;手杖;手提包;购物袋。注册有效期限自2008年4月14日至2018年4月13日。原告人王某于2011年6月申请注册了第7925873号"歌力思"商标,该商标核定使用商品为第18类的钱包、手提包等。自2011年9月起,王某先后在杭州、南京、上海、福州等地的"ELLASSAY"专柜,通过公证程序购买了带有"品牌中文名:歌力思;品牌英文名:ELLASSAY"字样吊牌的皮包。2012年3月7日,王某以深圳歌力思服装实业有限公司及杭州银泰世纪百货有限公司生产、销售上述皮包的行为构成对王某拥有的"歌力思"商标、"歌力思及图"商标权的侵害为由,提起诉讼。最高人民法院认为,"任何违背法律目的和精神,以损害他人正当权益为目的,恶意取得并行使权利,扰乱市场正当竞争秩序的行为均属于权利滥用,其相关权利主张不应得到法律的保护和支持"[①]。

类似案件还有TELEMATRIX商标纠纷案,法院认为,"比特公司以违反

---

① 最高人民法院民事判决书,(2014)民提字第24号。

诚实信用的不正当手段获得了系争商标的注册,并以损害在先使用人的正当权益为目的,利用诉讼恶意行使权利,应当据此认定比特公司提起涉案诉讼行为系权利滥用行为"①。

2. 原告恶意注册的侵害案外人在先权利的商标不予保护

在一些案件中,原告恶意注册的商标侵害了案外人的在先权利,但并未侵害被告的在先权利,原告的商标权同样无法受到保护。在广州市花亦浓贸易有限公司(以下简称花亦浓公司)与义乌市拾乐贸易有限公司(以下简称拾乐公司)侵害商标权纠纷案中,涉案第7733151号商标是《刺客信条》游戏最具代表性的图标,于2009年9月申请注册,注册有效期为2011年4月7日至2021年4月6日,核定使用商品为第18类背包等。花亦浓公司经商标权人狮子山(香港)实业有限公司(以下简称狮子山公司)授权作为内地唯一总代理并有权进行维权打假和授权他人使用。案外人育碧娱乐软件公司(以下简称育碧公司)是一家跨国游戏制作与发行商。2007年,该公司在第9类、第28类、第41类商品或服务类别上注册了"ASSASSIN'SCREED"商标。2007年11月,育碧公司发行了第一部《刺客信条》游戏,并在此后每隔一到两年发行一部《刺客信条》后续游戏。截至2018年共发售了15部《刺客信条》系列游戏,在业内具有较高知名度。涉案商标为《刺客信条》游戏最具代表性的图标。2018年11月,花亦浓公司以拾乐公司销售印有涉案标识的皮夹,侵害花亦浓公司商标权为由,提起诉讼,请求法院判令拾乐公司停止侵害,并赔偿损失95,000元。

法院认为,"申请注册和使用商标,应当遵循诚实信用原则。不以使用为目的,恶意抢注侵害案外人在先权利的名称或标识,并通过诉讼手段谋取不当利益的,属于滥用权利的行为,即使该商标未被无效或撤销,法院亦不予保护"②。

3. 恶意抢注商标构成不正当竞争行为

商标恶意抢注行为可能被法院认定为构成不正当竞争。在艾默生公司诉厦门和美泉饮水设备有限公司(以下简称和美泉公司)及王某某、厦门兴浚知

---

① 江苏省高级人民法院民事判决书,(2017)苏民终1874号。
② 浙江省金华市中级人民法院民事判决书,(2019)浙07民终2958号。

识产权事务有限公司(以下简称兴浚公司)不正当竞争纠纷案①中,原告艾默生公司是食物垃圾处理器经营者,该公司申请注册了"In-Sink-Erator""愛適易""爱适易"等商标。被告王某某通过其实际控制的和美泉公司和海纳百川公司从2010年至2019年,先后在多个类别的商品或服务上注册合计48个与艾默生公司涉案权利商标相同或近似的商标,艾默生公司对上述商标先后通过提起商标异议,申请宣告无效及提起行政诉讼等方式维护自身的合法权益。②在北京市高级人民法院生效行政判决认定被告抢注部分涉案商标构成恶意抢注的情况下,被告仍继续申请注册"爱适易"系列商标。和美泉公司曾在其控制的网站上使用某一抢注商标。除涉案商标外,王某某及其实际控制的两家公司还在多个类别的商品上申请注册与他人知名品牌相近似的几百件商标。法院认为,和美泉公司、海纳百川公司恶意抢注商标的行为构成不正当竞争。王某某与和美泉公司、海纳百川公司构成共同侵权,应承担连带责任。③

该案涉及持续批量恶意抢注商标的行为是否构成不正当竞争的判定。"尽管商标抢注行为并不属于反不正当竞争法明文列举的不正当竞争行为类型,但考虑到王某某先后通过其实际控制的和美泉公司、海纳百川公司在多个商品类别与服务上长期批量恶意申请注册与艾默生公司权利商标相同或近似的商标,并曾将其中某一申请注册商标用于公司网站,侵权主观恶意明显,导致艾默生公司不断通过采取提起商标异议,申请无效宣告乃至行政诉讼等方式维护自身合法权益,付出大量人力、物力成本,在一定程度上干扰了艾默生公司正常的生产经营,违背了诚实信用原则,扰乱了市场竞争秩序,损害了艾默生公司的合法权益,属于《反不正当竞争法》第2条所规制的不正当竞争行为。"④

---

① 参见《福建省高级人民法院发布2021年知识产权司法保护十大案例》,载北大法宝2022年4月25日,https://www.pkulaw.com/pfnl/95b2ca8d4055fce14d36929826e7fea2bb725c0df36437fbbdfb.html?way=listView。
② 参见《福建省高级人民法院发布2021年知识产权司法保护十大案例》,载北大法宝2022年4月25日,https://www.pkulaw.com/pfnl/95b2ca8d4055fce14d36929826e7fea2bb725c0df36437fbbdfb.html?way=listView。
③ 参见《福建省高级人民法院发布2021年知识产权司法保护十大案例》,载北大法宝2022年4月25日,https://www.pkulaw.com/pfnl/95b2ca8d4055fce14d36929826e7fea2bb725c0df36437fbbdfb.html?way=listView。
④ 《福建省高级人民法院发布2021年知识产权司法保护十大案例》,载北大法宝2022年4月25日,https://www.pkulaw.com/pfnl/95b2ca8d4055fce14d36929826e7fea2bb725c0df36437fbbdfb.html?way=listView。

4.代理机构帮助商标恶意注册构成帮助侵权

目前,商标恶意注册者可能受到司法层面的规制,代理机构帮助恶意注册者进行商标注册事务的,也可能被认为构成帮助侵权,承担共同侵权责任。在上述艾默生公司诉和美泉公司及王某某、兴浚公司不正当竞争纠纷案中,被告兴浚公司为商标注册代理机构,持续为上述商标注册提供代理服务。法院认为,兴浚公司在明知委托人所委托注册商标违反商标法规定,系不以使用为目的的恶意申请商标注册的情况下仍接受委托,其行为构成帮助侵权。从引导规范上看,该案的审判结果有助于引导和规范商标注册代理机构的行为。该案审判结果明确,商标注册代理机构在明知的情况下仍为恶意抢注商标提供代理服务的构成帮助侵权,承担共同侵权责任。①

综上所述,建议将上述司法判例形成的经验上升至司法解释,具体包括:(1)原告恶意注册的侵害被告在先权利的商标不予保护;(2)原告恶意注册的侵害案外人在先权利的商标不予保护;(3)恶意抢注商标构成不正当竞争行为;(4)代理机构帮助商标恶意注册构成帮助侵权。在司法经验日趋成熟与司法解释的适用相对稳定之后,还可考虑将上述规则上升至《商标法》。

(三)商标恶意注册行政管理的完善建议

解决商标恶意注册问题不仅需要从立法层面、司法层面予以规制,行政管理也是必不可少的手段。行政管理首先应当明确商标恶意注册打击要点,并在此基础上,不断完善商标恶意注册打击手段。

1.明确商标恶意注册打击要点

行政层面,打击商标恶意注册应当具有针对性,应当将以下方面作为商标恶意注册打击要点。

(1)不良影响和欺骗性商标

不良影响和欺骗性商标不仅破坏市场竞争秩序,浪费行政与司法资源,还可能因违反社会主义核心价值观在全社会造成负面影响,或者具有欺骗性的虚假描述而误导公众,因而是商标恶意注册的首要打击目标。对此,首先,应

---

① 参见《福建省高级人民法院发布 2021 年知识产权司法保护十大案例》,载北大法宝 2022 年 4 月 25 日,https://www. pkulaw. com/pfnl/95b2ca8d4055fce14d36929826e7fea2bb725c0df36437fbbdfb. html? way = listView。

完善重大不良影响商标的发现报告和处置机制,及时发现并处理那些对社会和市场产生重大负面影响的商标。其次,建立并公布禁用词图库,将具有欺骗性或不良影响的词语或图片纳入其中,既便于行政机关审查,也为注册商标申请人在选取意向标识时提供指引。再次,利用禁用词图库及时发现和拦截不良影响和欺骗性商标。最后,通过快速驳回,无效宣告注册商标,公告曝光,行政处罚等方式,实现打击不良影响和欺骗性商标的目的。

(2)商标恶意抢注行为

恶意抢注行为是商标恶意注册的另一个关键问题。应当严格贯彻《规范商标申请注册行为若干规定》的第3条和第4条,确保申请注册行为合法和诚实。在商标异议和无效宣告案件审理中,可以采用提前审理、并案审理和重大案件口头审理的办法,对违反相关法律法规的商标进行处置。对于涉及从事商标恶意抢注的行为人及从事违法代理行为的商标代理机构的案件,可将线索转交相关部门,依法查处违规行为。①

(3)商标恶意囤积行为

商标恶意囤积者大多目的不在于自己使用,而是利用商标注册制度为自身牟取不正当利益,既可能通过处分商标或拒绝处分商标的行为,不当提高其他市场主体的经营成本,也可能挤压其他市场主体可用的商标资源。针对这一问题,有必要将恶意囤积企业或个人列入监测名单,以达到精确认定、针对性处置的目的;并运用穿透式审查思维,推动跨地区、跨部门、跨层级、跨流程数据共享,以打通数据壁垒,有效应对商标恶意囤积行为的变异和创新。②

2.完善商标恶意注册打击手段

(1)完善线索排查机制

为了更好地打击商标恶意注册,首要任务是建立完善的线索排查机制。这需要加强对商标申请行为的监测和数据统计,以及提高对于商标恶意注册行为的排查预警能力。第一,强化监测和数据统计:通过加强监测商标申请行为,可以更好地掌握市场动态,及时识别潜在的恶意注册行为。第二,建立预警系统:以实现有效的预防和及时发现商标恶意注册行为,从而采取针对性的

---

① 参见《系统治理商标恶意注册促进高质量发展工作方案(2023—2025年)》。
② 参见《系统治理商标恶意注册促进高质量发展工作方案(2023—2025年)》。

打击措施。第三,强化线索排查和归集:将线索排查纳入工作重点,确保线索得到及时归集和核查,以提高打击效率。第四,建立举报机制:完善违法行为线索举报机制,畅通举报投诉渠道,增强社会监督作用,让公众可以积极参与对恶意注册行为的揭露。第五,改进线索处置机制:健全社会舆情监测、信访事项办理、商标审查审理等工作中的线索发现、核查、处置机制,以确保对线索的及时处理和对恶意注册行为的打压。

(2)完善部门协同机制

为了更有效地打击商标恶意注册行为,有必要加强部门之间的协同合作,以提高各部门之间的合作效率。第一,加强统筹协调:通过统筹协调各部门的工作,确保商标注册、商标管理、行政执法和司法部门之间的通报、案件研判、数据交换、信息共享等机制更加流畅。第二,发挥协作中心作用:各商标审查协作中心将发挥在线索发现、协助核查等方面的作用,以提高整体协同效率。第三,支持行业协会自律机制:鼓励并支持各领域行业协会建立健全本行业商标注册的自律机制,以促进行业内商标注册的规范化。

(3)压实地方属地监管责任

为了更好地打击商标恶意注册行为,地方知识产权管理部门需要加强地方属地监管责任落实。相关措施包括以下方面。第一,防范和监测:各地方知识产权管理部门必须加强对辖区内商标恶意注册行为的防范和监测,及时报告工作中发现的涉嫌商标恶意注册行为线索。第二,依法查处与履行监管责任:各地的知识产权行政主管机关应当与相关部门共同对恶意商标进行调查,并严密防控和及时制止违法行为外溢,确保商标代理、商标交易服务机构和平台的属地监管责任得到落实。

(4)加大执法力度

加大商标恶意注册执法力度,可以提高商标恶意注册行为违法成本。第一,丰富治理手段,积极运用包括说服教育、约谈警示等非强制性执法方式,以确保宽严相济、法理相融。第二,强化信息技术应用,推动商标注册与管理平台的建设,利用大数据、云计算、人工智能等新技术,构建现代化治理模式,以提高效率和质量,并完善统计监测工作机制,加强对相关数据的汇集、智能分析和有效利用,以提高全领域打击商标恶意注册行为的精准度。第三,优化规费标准,推动建立阶梯规费制度,以经济杠杆调节商标恶意注册乱象。第四,将商标恶意注册执法纳入绩效考核,加大对地方案件查办的业务指导和跟踪检查,以确保地方案件查办工作的有效执行。

综上所述,为遏制商标恶意注册现象,应当完善相关行政管理,以切实维护公平竞争,使商标法回归制度本源。首先,明确商标恶意注册打击要点,特别关注不良影响和欺骗性商标、商标恶意抢注行为以及商标恶意囤积行为。其次,针对商标恶意注册打击手段,有必要强化线索排查机制,加强部门协同机制,压实地方属地监管责任,以及加大执法力度。这一系列建议旨在构建更加高效、全面的商标恶意注册行政管理体系,为维护市场秩序和知识产权提供有力保障。

四、商标恶意注册法律责任之建构

在我国大力打击商标恶意注册的背景下,恶意注册行为依然屡禁不止,原因之一在于《商标法》缺乏对恶意注册法律责任的系统建构。依据《商标法》,恶意注册者可能面临的法律后果,仅为驳回注册申请、经商标异议不予注册或者被宣告无效,无须承担民事赔偿或行政处罚等责任。而在恶意抢注情形中,恶意抢注者可使竞争对手遭受商誉减损、市场机会丧失、维权成本支出等损失,[①]从而获得相当的竞争优势。易言之,恶意注册市场收益甚巨而法律成本甚微,造成恶意注册行为泛滥。因此,除在权利取得、利用与维权阶段规制恶意注册外,还应当建构恶意注册法律责任,包括民事责任与行政责任。民事责任以存在被侵权人为前提,因而主要存在于恶意抢注情形中。行政责任则可适用于一切恶意注册行为。

(一)完善商标恶意注册的民事责任

商标恶意抢注的民事责任,在侵权行为法、反不正当竞争法以及商标法均有体现。但目前而言,侵权行为法、反不正当竞争法以及商标法上恶意抢注行为的适用均有局限,应当考虑在商标法领域构建商标恶意抢注的民事责任。

1.侵权行为法上恶意注册行为的适用与局限

商标法属于民法范畴,被抢注者可适用《民法典》侵权责任编的相关规定,要求恶意注册者承担民事责任。在《民法典》颁布之前,已有法院通过适用

---

① 参见魏丽丽:《规制商标恶意抢注的立法检视与完善》,载《河南大学学报(社会科学版)》2019年第3期。

《民法通则》(已失效)、《侵权责任法》(已失效),为被抢注者提供救济途径。[①]例如,在"CPU"商标纠纷案中,法院认为:"只要是滥用商标注册制度,恶意注册商标给他人造成损失的,均属于侵权责任法规制的范畴。"[②]该案中一审、二审法院都适用《民法通则》第106条第2款、《侵权责任法》第6条第1款,判决恶意抢注者承担损害赔偿责任。[③] 侵权行为一般条款对于恶意抢注行为具有一定的适用空间。侵权行为一般条款的意义,在于形成一个弹性极大,与时俱进的法律,法官可充分发挥司法创造性,对新型侵权案件作出符合侵权行为一般条款的判决。[④] 在《民法典》实施的今天,被抢注者可通过《民法典》第1165条[⑤]"一般侵权行为"条款,寻求救济。

但是,侵权行为法对于规制商标恶意注册行为具有一定的局限性。侵权行为法并非保护任何利益不受损害的法,而是缓和权益保护与行为自由之间冲突的法。《民法典》第1165条第1款虽然使用"权益"的表述,使法律规定的权利与尚未上升为权利的利益,均受保护,但并非任何民事利益都可受到漫无边界的保护。未上升为法定权利的民事利益欲受到一般侵权行为条款的保护,应"具有公开性与利益重大性,以至于为不特定的民事主体所知情和了解,也可以对抗第三人,从而在一定程度上克服其既无法律规定也难以明确边界范围的弊端"[⑥]。

就复制、摹仿或者翻译他人驰名商标以及损害他人在先权利的恶意抢注行为而言,被抢注人享有著作权、外观设计专利权、姓名权、肖像权等法定权利,未注册驰名商标所有人因商标驰名为相关公众所熟知,亦符合公开性与利益重大性的要求。因此,此种情况下,被抢注者可以通过一般侵权行为条款寻求救济。但是,代理人、代表人、利害关系人抢注,以及以不正当手段抢注他人已经使用并有一定影响的商标的,情况有所不同。于前者而言,被代理人、被代表人或利害关系人可能尚未实际使用商标,其民事利益仅在特定人之间存在,不符合公开性与利益重大性,难以通过一般侵权行为条款寻求救济。于后者而

---

① 参见王莲峰:《规制商标恶意注册的法律适用问题研究》,载《中州学刊》2020年第1期。
② 浙江省绍兴市中级人民法院民事判决书,(2017)浙06民初267号。
③ 参见浙江省高级人民法院民事判决书,(2018)浙民终37号。
④ 参见杨立新:《侵权责任法》(第4版),法律出版社2020年版,第40页。
⑤ 《民法典》第1165条第1款规定:"行为人因过错侵害他人民事权益造成损害的,应当承担侵权责任。"
⑥ 魏丽丽:《商标恶意抢注法律规制路径探究》,载《政法论丛》2020年第1期。

言,是否可以适用侵权行为一般条款取决于有一定影响达到何种程度。只有经过持续使用,诚信经营并达到一定知名度,符合利益重大性的未注册商标才能够作为一般侵权行为条款中的民事利益受到保护,否则难以适用《民法典》侵权责任编规制。如何确定有一定影响的未注册商标的知名度,从而给出利益重大性的标准,本身也是难题。总之,侵权行为法上恶意抢注行为具有一定适用空间,但侵权行为法对恶意抢注的规制并不完备,具有一定的局限性。

2. 反不正当竞争法上恶意注册行为的适用与局限

一般认为,反不正当竞争法为知识产权法提供补充保护。① 日本学者满田重昭指出,反不正当竞争法是商标法的必要补充,为不受商标法保护的未注册商标提供补充保护。② 在恶意抢注中,被抢注者可以通过反不正当竞争法寻求救济。具体而言,《反不正当竞争法》第2条、第6条以及法律责任条款为被抢注者提供了必要的救济途径。

《反不正当竞争法》第6条规定了"禁止混淆行为"条款,经营者不得实施引人误认为是他人商品或者与他人存在特定联系的混淆行为,包括擅自使用与他人有一定影响的商品名称、包装、装潢、企业名称、姓名等。据此,恶意注册者如果抢注他人有一定影响的在先标识,并进行商标使用,则可能受到《反不正当竞争法》第6条的规制。尽管恶意抢注的商标已经被核准注册,从而具有形式合法的外观,但其不具有实质合法性,不能成为不正当竞争行为的例外。③ 在歌力思商标纠纷案中,最高人民法院认为王某"存在攀附歌力思公司的商誉,搭歌力思公司'歌力思'的企业字号之便车的行为,导致相关公众对其产品与歌力思公司生产的相关产品产生混淆和误认……侵害了歌力思公司的商号权益,存在不正当竞争行为"④。

《反不正当竞争法》第6条无法规制恶意抢注行为时,可能考虑适用不正当竞争行为的一般条款。在司法实践中,已有法院据此认定恶意抢注者构成

---

① 参见韦之:《论不正当竞争法与知识产权法的关系》,载《北京大学学报(哲学社会科学版)》1999年第6期;杨明:《试论反不正当竞争法对知识产权的兜底保护》,载《法商研究》2003年第3期;吴汉东:《知识产权总论》(第4版),中国人民大学出版社2020年版,第269页。
② 参见郑友德、万志前:《论商标法和反不正当竞争法对商标权益的平行保护》,载《法商研究》2009年第6期。
③ 参见魏丽丽:《商标恶意抢注法律规制路径探究》,载《政法论丛》2020年第1期。
④ 最高人民法院民事裁定书,(2016)最高法民申1617号。

不正当竞争行为。① 此外,《反不正当竞争法》第 17 条规定了经营者不正当竞争行为给他人造成损害应当承担的民事责任;第 18 条规定了经营者违反第 6 条规定实施混淆行为应当承担的行政责任;第 26 条规定了经营者因不正当竞争受到行政处罚的,由监督检查部门记入信用记录,并予以公示。恶意抢注同时构成不正当竞争行为的,可通过上述条款追究恶意抢注者的法律责任。

但是,对于恶意抢注行为,反不正当竞争法只能作为商标法的必要补充,而无法完全兜底。反不正当竞争法对于规制恶意抢注,追究恶意抢注者的法律责任具有一定的局限性。《反不正当竞争法》第 6 条的适用,受到"被抢注者已实际使用的标识应具有一定影响"的限制。因此,姓名、肖像、作品等在尚未作为商业标识使用,或者虽使用但未达到"一定影响"程度时,被代理人、被代表人或利害关系人尚未实际使用商标,或者虽使用但未达到"一定影响"程度时,均无法受到《反不正当竞争法》第 6 条的保护。无论是《反不正当竞争法》第 2 条还是第 6 条,只有在"当事人属于经营者","抢注者与被抢注者之间存在竞争关系"的情况下,方能打击恶意抢注行为。就对"经营者"要件的判断而言,商标注册、批量维权均不属于生产经营活动,只有恶意抢注者实际使用商标,才满足"经营者"要件。对于实践中出现的"商标掮客"类型的恶意抢注者,反不正当竞争法无能为力。姓名权、肖像权等人格权或著作权所有人,可能并未进行生产经营活动,本身无法作为经营者受到反不正当竞争法的保护。就对"竞争关系"要件的判断而言,司法实践中一般坚持以存在竞争关系作为认定不正当竞争行为的逻辑起点。② 在抢注者或被抢注者本身不构成"经营者"的情况下,无所谓竞争关系。即便双方均构成"经营者",在双方不具有竞争关系的情况下,依然难以适用《反不正当竞争法》规制恶意抢注行为。

---

① 在"水宝宝"案中,恶意抢注者将拜耳集团旗下的一款防晒霜的两个图案注册为商标,随后对拜耳集团发起一系列大规模、持续性投诉,导致拜耳集团遭受严重的声誉贬低及经济损失。法院认为,"李某明知原告对涉案图案享有在先权利以及在先使用于涉案产品上,仍然利用原告未及时注册商标的漏洞,将涉案图案主要识别部分申请注册为商标,并以该恶意抢注的商标针对涉案产品发起投诉以谋取利益,以及欲通过直接售卖商标以获得暴利。李某的获利方式并非基于诚实劳动,而是攫取他人在先取得的成果及积累的商誉,属于典型的不劳而获行为,该种通过侵犯他人在先权利而恶意取得、行使商标权的行为,违反了诚信原则,扰乱了市场的正当竞争秩序,应认定为《反不正当竞争法》第二条规定的不正当竞争行为"。参见浙江省杭州市余杭区人民法院民事判决书,(2017)浙 0110 民初 18627 号。

② 参见王先林:《论反不正当竞争法调整范围的扩展——我国〈反不正当竞争法〉第 2 条的完善》,载《中国社会科学院研究生院学报》2010 年第 6 期。

在实践中,已出现扩大解释"经营者""竞争关系"要件,从而判定恶意抢注构成不正当竞争行为的案例。在王某文诉叶某等著作权侵权、不正当竞争纠纷案①中,法院认为,作品是文化市场中的商品,作家也是文化市场的经营者,原告、被告之间竞争关系应当适用《反不正当竞争法》来调整,最终判决被告构成不正当竞争行为。在前述"水宝宝"案中,被告抢注原告未注册商标,并在淘宝平台批量投诉,致使原告产品在销售旺季被迫下架,损失惨重。法院认为不正当行为成立的前提是双方均构成经营者且存在竞争关系。本书认为,对知识产权的补充保护是反不正当竞争法的重要功能,但也只是拾遗补阙的有限补充,而不是范围广泛的兜底。② 将作品视为商品,将作家视为经营者,已经超出法律解释的范围,属于法律漏洞的填补。在被告并未实际使用抢注商标时,依然认为被告进行生产经营活动从而属于竞争者,并判定竞争关系成立,也有不合理扩张适用"一般条款"的嫌疑。③ 因此,《反不正当竞争法》虽然可在一定程度上规制恶意抢注行为,追究恶意抢注者法律责任,但存在相当的局限性。

3.商标法规制恶意注册行为的局限与完善建议

(1)商标法规制恶意注册行为的局限性

恶意抢注者利用商标注册取得制损害先权利人或利害关系人的利益的,被抢注者首先应从《商标法》的角度寻求救济。但是,我国《商标法》仅赋予注册商标排他效力,商标只有经过核准注册,才能通过注册商标专用权获得完满保护。在恶意抢注中,行为人抢注的是在先权利人或利害关系人的在先标识性利益,而该标识性利益并非注册商标,被抢注者不享有注册商标专用权。恶意抢注者尽管严重损害了被抢注者的合法权益,但无法构成商标侵权行为。《商标法》虽规定了恶意注册者的行政责任④与民事赔偿责任⑤,但该规定较为笼统,可操作性不强,在实践中难以适用。因此,恶意抢注者针对被抢注者提起商标侵权诉讼的,法院在认定抢注系恶意的情况下,只能驳回恶意抢注者诉讼请

---

① 参见湖南省长沙市中级人民法院民事判决书,(2004)长中民三初字第221号。
② 参见孔祥俊:《反不正当竞争法补充保护知识产权的有限性》,载《中国法律评论》2023年第3期。
③ 参见魏丽丽:《商标恶意抢注法律规制路径探究》,载《政法论丛》2020年第1期。
④ 参见《商标法》第68条第4款。
⑤ 参见《商标法》第47条第2款。

求。例如,在歌力思商标纠纷案中,最高人民法院认为,"王某仍在手提包、钱包等商品上申请注册'歌力思'商标,其行为难谓正当。王某以非善意取得的商标权对歌力思公司的正当使用行为提起的侵权之诉,构成权利滥用"[1],驳回王某诉讼请求。在花亦浓公司与拾乐公司侵害商标权纠纷案中,法院认为,花亦浓公司"既缺乏合法的权利依据,也不符合我国商标法的基本立法原则,其借用司法资源谋取不当利益的行为,属于权利滥用,依法不予保护"[2]。

(2)恶意注册民事责任的构建

商标恶意注册不仅损害了被抢注人的合法权益,而且破坏了商标注册秩序和管理秩序,理应受到规制和惩处。从成本—收益的角度观察,当潜在的施害人内部化由自己造成的损害成本时,会刺激他人在一个有效水平上为安全投资。[3] 可见,明晰和施加法律责任是有效增加商标恶意注册违法成本的路径。[4] 在商标法、侵权行为法和反不正当竞争法对规制恶意抢注均有局限的情况下,有必要在《商标法》领域内构建恶意抢注的民事赔偿制度。

第一,构建《商标法(征求意见稿)》的恶意抢注民事赔偿制度。对应一般侵权行为相关理论,《商标法(征求意见稿)》第83条第1款规定了恶意抢注的民事赔偿制度,赔偿数额应当至少包括他人为制止恶意申请商标注册行为所支付的合理开支。《商标法(征求意见稿)》通过之后,被抢注者可以依据该条款,请求恶意抢注者承担侵权责任。

恶意抢注民事赔偿的理论依据,在于一般侵权行为的相关理论。从四要件说[5]来看,恶意抢注行为符合一般侵权行为的构成。首先,恶意抢注具有违法性,违反了《商标法》第13条、第15条、第32条、第44条、第45条的禁止性规定;其次,商标恶意抢注会给其他主体造成损害,这些主体比如在先权利人、被代理人、被代表人或利害关系人等在维权诉讼中,无论是向知识产权行政部门请求宣告无效还是向人民法院起诉,均要承担举证费、律师费等损失;再次,

---

[1] 最高人民法院民事判决书,(2014)民提字第24号。
[2] 浙江省金华市中级人民法院民事判决书,(2019)浙07民终2958号。
[3] 参见[美]罗伯特·D.考特、[美]托马斯·S.尤伦:《法和经济学》(第3版),施少华、姜建强等译,上海财经大学出版社2002年版,第248页。
[4] 参见王莲峰、康瑞:《法律责任视角下商标恶意抢注的司法规制》,载《中华商标》2018年第7期。
[5] 四要件说包括违法性、损害、因果关系和过错。参见张新宝:《侵权责任法原理》,中国人民大学出版社2005年版,第50页;杨立新:《侵权法论》(第2版),人民法院出版社2004年版,第140页。

商标恶意注册行为与在先商标使用人和在先权利人所遭受的损害之间存在因果关系；最后，商标恶意注册人存在主观过错，即明知或应知"他人享有商业标识或在先权利"，或与他人存在代理、代表或其他利害关系，依然进行恶意注册。① 综上所述，商标恶意注册符合一般侵权行为的构成要件。对于代理人、代表人、利害关系人抢注，以及以不正当手段抢注他人已经使用并有一定影响的商标的，相关利益可能因不具有公开性或利益重大性而不能受到《民法典》一般侵权条款保护，此为以侵权行为法规制恶意抢注的局限。《商标法》可明确将此种利益上升为法定请求权，消除侵权行为法的局限性。

第二，构建《商标法（征求意见稿）》的商标移转制度。《商标法（征求意见稿）》第 45 条、第 46 条、第 47 条还新增商标移转制度。《商标法（征求意见稿）》第 45 条规定，对违反本法第 18 条、第 19 条规定，或者违反本法第 23 条规定以不正当手段抢先注册他人已经使用并有一定影响的商标的，在先权利人可以请求将该注册商标移转至自己名下。在《商标法（征求意见稿）》发布之前，我国《商标法》未有商标移转的规定，但在《商标法实施条例》②中对商标转让与移转进行区分。商标转让以转让人与受让人之间意思表示一致为要素，商标移转则因继承、企业合并等法定情形而产生。《商标法（征求意见稿）》相关规定则新增一种商标移转方式，可称为"恶意抢注的商标移转"。

恶意抢注的商标移转制度的理论依据源于物权法上的返还原物请求权。返还原物请求权，是指所有人在丧失所有物占有时，对于法律上无正当权限而占有该物之占有人，得请求其返还所有物之权利。③ 返还原物请求权构成要件有三：（1）请求权之主体须为所有人或依法得行使所有权之人；（2）相对人须为所有物之现在占有人；（3）相对人须为无权占有。④ 恶意抢注者因抢注行为损害在先权利人、被代理人、被代表人或利害关系人在先利益的，发生类似于返还原物请求权的效果。首先，请求权的主体为在先利益所有人。《商标法（征求意见稿）》不仅在恶意抢注民事赔偿制度与恶意诉讼反赔制度中承认在

---

① 参见王莲峰、康瑞：《法律责任视角下商标恶意抢注的司法规制》，载《中华商标》2018 年第 7 期。
② 《商标法实施条例》第 32 条第 1 款规定："注册商标专用权因转让以外的继承等其他事由发生移转的，接受该注册商标专用权的当事人应当凭有关证明文件或者法律文书到商标局办理注册商标专用权移转手续。"
③ 参见谢在全：《民法物权论》（上）（修订 7 版），台北，新学林出版股份有限公司 2020 年版，第 126～127 页。
④ 参见谢在全：《民法物权论》（上）（修订 7 版），台北，新学林出版股份有限公司 2020 年版，第 127～130 页。

先利益,也在恶意抢注的商标移转制度中承认此种利益。其次,相对人为被抢注商标的持有人。在恶意注册者将抢注商标转让给恶意受让人时,在先利益人可向恶意受让人提出商标移转请求。最后,恶意抢注者利用注册取得制,损害他人在先权利或利益,违反《商标法》相关规定,恶意抢注者对抢注商标的持有类似于物权法上的无权占有。

返还原物请求权的法律后果为现在的无权占有人将所有物返还给所有权人。而在商标领域,商标移转应当符合《商标法》的相关规定,不能存在违反不予注册绝对理由或相对理由的情形。《商标法(征求意见稿)》第46条第1款规定,"国务院知识产权行政部门经审理,认为请求移转注册商标的理由成立,且不存在其他应当宣告注册商标无效的事由,移转也不容易导致混淆或者其他不良影响的,应当作出移转注册商标的裁定;认为还存在其他应当宣告无效的事由,或者虽然请求移转注册商标的理由成立,但商标移转容易导致混淆或者其他不良影响的,应当作出宣告该注册商标无效的裁定"。

综上所述,应当在《商标法》范围内构建商标恶意抢注民事责任。一方面,根据侵权行为相关理论,当恶意抢注者侵犯他人权利并造成损失时,他人可以主张损害赔偿请求权。另一方面,根据返还原物请求权相关理论,如果一个人抢注了别人的商标,或者涉及代理人、代表人、利害关系人进行了抢注,那么在先权利人可以提出将该商标转移到自己的名下。

(二)明确商标恶意注册的行政责任

商标恶意注册行为会损害在先利益人的利益。不以使用为目的的大量商标注册,以欺骗手段或其他不正当手段取得商标注册,以及以官方标志、不良标志、地名标志作为商标注册的恶意注册行为,既不当圈占商标符号公共资源,挤占其他潜在商标注册人注册商标的空间,也浪费行政资源,扰乱商标注册管理秩序,还可能损害社会主义核心价值观,属于损害社会公共利益的恶意注册。因此,有必要规定恶意注册者的行政责任,由行政机关对恶意注册者处以警告、罚款、责令停业等行政处罚。

1. 提高罚款数额

《商标法》第68条第4款规定"对恶意申请商标注册的,根据情节给予警告、罚款等行政处罚",但罚款几何尚无明文规定。《规范商标申请注册行为若干规定》第12条规定,"对违反本规定第三条恶意申请商标注册的申请人,依据商标法第六十八条第四款的规定,由申请人所在地或者违法行为发生地县级以上市场监督管理部门根据情节给予警告、罚款等行政处罚。有违法所得的,可以处违法所得三倍最高不超过三万元的罚款;没有违法所得的,可以处一万元以下的罚款"。但是,《规范商标申请注册行为若干规定》第 12 条规定的罚款数额较低,无法有效打击恶意注册行为。在湖北福康生茶叶有限公司(以下简称福康生公司)与宜昌市夷陵区综合行政执法局行政处罚案[①]中,福康生公司申请注册"稻香浓"等商标的行为涉及了《商标法》第 4 条"不以使用为目的的恶意商标注册申请"的规定,构成了不以使用为目的的恶意申请商标注册行为。夷陵区综合行政执法局依据《商标法》第 68 条第 4 款和《规范商标申请注册行为若干规定》第 12 条及行政处罚法的相关规定,决定责令福康生公司立即改正违法行为,给予警告处罚,并处罚款 8000 元。低微的罚款数额显然无法起到震慑恶意注册人、遏制恶意注册行为的效果。

此外,《规范商标申请注册行为若干规定》法律层级较低,在实践中已有法院突破该规定的罚款范围的限制对恶意注册行为进行处罚,存在无法可依的风险。[②] 为加重恶意注册者的行政责任,使行政机关对恶意抢注者施以高额处罚有法可依,《商标法(征求意见稿)》第 67 条提高了罚款数额。[③]

提高对商标恶意注册者的行政处罚十分必要,这有助于切实遏制恶意抢注行为,维护公平竞争和市场秩序。《商标法(征求意见稿)》第 67 条的修订,从数额上加重了罚款力度,体现了对恶意商标注册行为的严肃态度。第一,提

[①] 参见湖北省宜昌市三峡坝区人民法院行政判决书,(2022)号鄂 0591 知行初 2 号。该案为湖北省高级人民法院发布的 2022 年度知识产权司法保护十大典型案例。

[②] 在上海市市场监督管理局查处违法申请注册商标案中,上海谛麒新材料科技有限公司委托上海佳诚商标代理有限公司为其申请注册"火神山"商标 2 件。2020 年 4 月 22 日,根据国家知识产权局批复意见,并结合该案具体情况,上海市市场监督管理局认定,当事人申请注册"火神山"商标的行为,属于《商标法》第 10 条第 1 款第 8 项和《规范商标申请注册行为若干规定》第 3 条第 6 项所指的有不良影响的行为,同时属于《商标法》第 32 条和《规范商标申请注册行为若干规定》第 3 条第 4 项所指的损害他人在先权利的行为。根据《商标法》第 68 条第 4 款和《规范商标申请注册行为若干规定》第 12 条的规定,办案机关对当事人作出罚款 1 万元的行政处罚,同时对代理机构及其负责人分别作出警告并罚款 8 万元和 0.5 万元的行政处罚。参见国家知识产权局发布 2020 年度商标行政保护十大典型案例之九:上海市市场监督管理局查处违法申请注册商标案。访问地址:https://www.pkulaw.com/pal/a3ecfd5d734f711daef29f238743a4ff5a8bbe4f6d7d32bfbdfb.html。

[③] 《商标法(征求意见稿)》第 67 条规定:"申请人违反本法第二十二条规定,恶意申请商标注册的,由负责商标执法的部门给予警告或者五万元以下罚款;情节严重的,可以处五万元以上最高不超过二十五万元的罚款。有违法所得的,应当予以没收。"

高罚款数额可以发挥威慑效应。商标恶意注册者通常以牟取不正当竞争优势为目的,如果规定严重的法律制裁,将有效提高恶意注册者违法成本,从而减少此类行为的发生。第二,提高罚款数额有助于恢复市场公平秩序。恶意商标注册会导致符号资源浪费,对其他市场主体造成不正当的竞争压力。通过高额罚款,可以更好地维护公平竞争环境,保障市场竞争秩序。第三,提高罚款数额也是法治原则的体现。在法治社会中,法律的制裁应当与违法行为的危害程度成正比。面对愈演愈烈的恶意注册现象,有必要加大法律制裁力度以应对恶意注册现象。

2. 设立商标恶意注册嫌疑人名单制度

目前,我国商标恶意注册的情况十分严峻。在商标行政案件中,商标恶意注册案件占据了较大的比例。在知识产权行政部门发布的商标评审典型案例中有不少案例都与恶意注册相关,涉及抢注他人驰名商标、大量抢注他人在不同领域的知名商标、抢注他人在先使用并有一定影响的商标、抢注知名的电影名称、抢注知名的自然人姓名、抢注被代表人商标等。在众多恶意注册者中,更不乏一些以商标抢注为业,通过商标囤积牟取不正当利益的商标囤积者。这些大量抢注并囤积商标的主体,应当纳入恶意注册嫌疑人名单。这些商标囤积者往往不使用任何商标,而是利用注册机制霸占大量商标资源,阻碍了正常的商标注册取得和使用秩序。

韩国设立的商标恶意注册嫌疑人名单制度可资借鉴。韩国关注商标中介人的商标抢注行为,早在2011年就开始启动针对商标中介人的措施。为了鼓励群众举报商标中介人的恶意注册行为,韩国专利厅在其网站内部专设了举报栏目。此外,韩国还将商标中介人的名单进行公示,公众可以通过互联网查阅列入名单的商标中介人。通过多年的制度落实,韩国在2016年已经对商标中介人进行了较好的控制。韩国专利厅于2017年3月30日作出报告:由商标中介人申请的商标数量从2014年的6293件减少到2016年的247件,最终获得注册的商标也从140件减少到24件。

我国可建立恶意注册嫌疑人名单数据库。一方面,恶意注册嫌疑人名单制度将有助于遏制商标恶意注册"惯犯"继续抢注商标,阻止其继续以抢注商标作为谋取利益的手段,减少恶意商标注册;另一方面,恶意注册嫌疑人名单的公示所产生的社会影响也有助于进一步规范市场,对恶意注册嫌疑人的惩处措施所产生的威慑力,将消除其他主体进行商标恶意注册的企图。恶意注册嫌疑人名单为商标注册提供有效的制度规范,该名单对商标恶意注册的规制作用,将增加商标的有效使用率,防范恶意注册。① 具体而言,商标恶意注册嫌疑人名单制度的构建应当具备以下步骤。

第一,商标恶意注册嫌疑人名单的制定。在建立商标恶意注册嫌疑人名单制度时,首先要明确的就是"商标恶意注册嫌疑人名单"的要求,即何种商标注册申请人属于"商标恶意注册嫌疑人",在制定商标恶意注册嫌疑人名单之时需要考虑哪些因素。由于商标恶意注册嫌疑人名单将会被公示,并且相关惩戒措施将禁止商标注册申请人申请注册商标,所产生的直接和间接后果,无疑将影响商标注册申请人的权益和信誉,必须为对"商标恶意注册嫌疑人"的认定设置一定门槛,只有符合特定条件的商标注册申请人才会被列入商标恶意注册嫌疑人名单。对此,对"商标恶意注册嫌疑人"的认定可以基本参照《商标审查审理指南》对恶意注册行为的相关规定。在实践中已经被认定为恶意注册行为的,恶意注册者将被列入恶意注册嫌疑人名单。

第二,商标恶意注册嫌疑人名单的公布与复核。国家知识产权行政部门在其官方网站上专设商标恶意注册嫌疑人名单栏目,将恶意注册的个人或企业进行公开曝光,并建立不良记录档案。但是,为了保障商标恶意注册者的知情权和其他相关民事权益,建议知识产权行政部门在公开商标恶意注册嫌疑人名单之前,事先告知列入名单的商标恶意注册嫌疑人,并在告知书中阐明,在一定期限内恶意注册嫌疑人可以对其商标恶意注册嫌疑人身份提出异议,且一并提交其商标注册申请行为不具有恶意的证据。只有在商标恶意注册嫌疑人未在异议期内提出异议,或未提交证据,或未能充分证明其商标注册申请行为是善意的情况下,知识产权行政部门方可将恶意注册嫌疑人名单在网站上公布,必须确保被公示的商标恶意注册嫌疑人名单不存在任何差错。在审核商标恶意注册嫌疑人名单之时,可以比照行政法的告知与复核程序,便于商标恶意注册者陈述、申辩,并设立听证程序。

第三,商标恶意注册嫌疑人名单的撤除。商标恶意注册嫌疑人名单是对商标注册申请人的一种官方权威评价,一旦被列入商标恶意注册嫌疑人名单,

---

① 参见郑熹燊:《商标局将出重拳打击恶意抢注行为》,载《中国产经新闻》2017年9月20日,第003版。

那么嫌疑人在特定期间内都无法进行商标注册申请行为。但是，建立商标恶意注册嫌疑人名单的根本目的在于打击恶意注册行为，净化商标注册和使用秩序，并非扼杀任何商标注册申请人。如果适度的惩戒作用足以对商标注册申请人产生威慑力，那么法律也应当允许嫌疑人"改过自新"，即如果被列入商标恶意注册嫌疑人名单的商标注册申请人之后有为期一年以上的实际经营行为，并使用特定商业标识以使公众识别其商品或服务来源，那么应当在该商标注册申请人提交使用证据，并保证不再实施商标抢注行为的情况下，由国家知识产权行政部门将该商标注册申请人从商标恶意注册嫌疑人名单中撤除，并对撤除行为加以公示。

《商标法》修改建议汇总

【对恶意注册商标的无效宣告】违反不予注册绝对理由的恶意注册，以及恶意抢注驰名商标的，即便经审查认定恶意注册者存在实际使用商标的行为，也应当对其进行无效宣告。违反不予注册相对理由且在先权利并非驰名商标权的，在先权利人或利害关系人自商标注册之日起5年内未提出无效宣告请求，而恶意注册者实际使用商标的，注册商标专用权有效。

【限制恶意注册者的商标转让权】对于违反《商标法》第10条、第13条、第32条取得的注册商标专用权，恶意注册者即便实际使用商标也不得转让。

对于违反《商标法》第4条、第15条、第44条取得的注册商标专用权，在受让人为善意时，即只要受让人能够证明其对于恶意注册行为不知情，且具有使用意图或实际使用的，商标权转让有效。

【限制恶意注册者的请求权】违反不予注册绝对理由的恶意注册，恶意抢注驰名商标，以及违反不予注册相对理由且在先权利并非驰名商标权并自商标注册之日尚未满5年的，对恶意注册者的诉讼请求不予支持。

本章小结

针对我国商标注册审查制度中存在的效率低下，商标授权确权程序繁杂冗长，商标授权确权程序未能定分止争以及商标恶意异议、恶意注册现象泛滥等问题，本书认为应当从以下5个方面，对我国商标注册审查制度进行改革。

第一，优化商标注册申请的审查内容与程序。首先，合理配置不同阶段的审查内容与重点。在形式审查阶段，通过适当扩大知识产权行政部门处理权限的方式，提高商标审查效率。在实质审查阶段，扩张审查事项范围以保证审查质量。其次，探索商标快速审查机制的建设。确立相关立法依据，增加对恶意注册的商标异议等案件的快速审查，构建以商标使用为标准的分流审查，完善请求商标注册快速审查的申请事由和完善请求商标申请快速审查的缴费条件等。再次，协调审查程序，确保各环节有效流转与联动。建议提高商标注册收费标准并实行"先缴费再审查"，允许当事人在任何阶段撤回商标注册申请并减半收费，赋予知识产权行政部门撤回初审公告的权力，并规定知识产权行政部门帮助推行快速审查，以促进快速审查机制的运行。最后，积极探索人工智能技术在商标审查中的应用，以引领人工智能时代商标注册审查制度改革的潮流。

第二，重构和优化异议审查流程以凸显改革效率优势。建议商标异议程序采用异议后置模式，并进一步缩短商标异议期。为在提高效率的同时保证异议程序的权利救济功能，建议在异议程序中推行口头审理，不使用抗辩制度并增设异议纠纷的自我和解机制。为完善异议程序监督功能，有必要鼓励公众对商标异议程序的介入，在商标注册审查阶段应引入第三方陈述意见制度。

第三，在异议后置模式下提高异议程序与相关程序的联动。商标异议制度的主要功能为权利救济，社会监督功能是异议制度的次要功能。商标异议裁决及其后续程序兼具行政性与司法性，具有双重法律属性。因此，建议在商标异议中，区分异议人以不予注册绝对理由提起异议，与异议人以不予注册相对理由提起异议下的两种不同模式。异议后置模式下，应当使异议程序与无效宣告程序合理分工，并与撤销制度有效联动，从而兼具效率与公平价值。

第四，强化对商标使用义务的审查。商标的生命在于使用，强化商标使用义务，可以有效提高商标使用的法律地位，引导商标注册制回归"商标的生命在于使用"的制度本源，从正向规范的角度规制商标恶意注册行为。在厘清注册商标专用权人商标使用概念的基础上，建议在商标注册审查中明确申请人的使用意图要求，并以之代替《商标法（征求意见稿）》的承诺使用制度。以使用意图为基点，分别在商标权维持、商标权处分以及商标权救济中，明确权利人的商标使用义务。

第五,加大对恶意注册的规制力度。商标恶意注册违背商标本质,损害他人在先民事权益,破坏市场竞争秩序并浪费行政与司法资源,有必要加大对此种违法行为的规制力度。在立法层面,建议在商标注册审查阶段增设使用意图要求,在权利利用阶段加大对权利人实际使用商标的审查,在权利救济阶段对恶意注册者的诉讼请求不予支持。在司法层面,法院不应保护侵害他人在先权利的商标,此种行为可能构成不正当竞争行为,代理机构帮助恶意注册的行为可能构成帮助侵权。在行政层面,行政机关应当不断明确商标恶意注册打击要点,并完善商标恶意注册打击手段。在法律责任方面,《商标法》应当增设对商标恶意抢注的民事责任,并进一步明确对商标恶意注册的行政责任,如提高罚款数额,设立商标恶意注册嫌疑人名单制度。

结 论

纵观我国商标注册审查制度的发展历程,该制度已经从初创时期的粗放、疏简,甚至未能正确认识商标注册制度的状态,逐步发展到今天全面、成熟,且与国际公约和先进理念接轨的良好局面。在这一过程中,《商标法》、《商标审查审理指南》和商标授权确权行政案件审理标准等一系列法律、部门规章和司法文件等都在根据国际社会的商标保护趋势和我国内在的实践需求,从立法、行政和司法等不同方面与时俱进地完善着我国的商标注册审查制度。

然而,由于我国的商标注册审查制度建立较晚,商标注册数量又在迅猛的市场经济发展形势下持续增长,因此我国的商标注册审查制度长期以来都经受着严峻考验,历次修正、完善与改革也都面临巨大挑战。目前来看,我国的商标注册审查制度在商标使用义务强调、商标审查模式选择、异议程序设置与配套机制完善等方面均存在突出问题,亟待进一步优化和改革。此外,由于我国市场信用发展的迟缓,还滋生了恶意注册的顽疾,需要我们通过对商标注册审查制度的变革从根本上予以纠正。

商标权首先是一种私权,但这种私权的实现离不开正当市场秩序的建立和维护,因此也必然会成为国家规范市场秩序的基本政策工具,从而带有特定的公权属性。作为一种行政确认行为,商标注册审查主要依赖于注册机关的行政职能,即公共审查。但是,这一公共审查也需要与私人审查"取长补短",在特定国情条件约束下,调动申请人、在先权利人、利害关系人,乃至社会公众的力量,在最低的审查成本下获取最大的审查净收益。

体现到商标注册审查制度的总体设计上,首先,需要商标注册审查制度与商标权取得模式进行充分协调。无论是商标权的使用取得模式、注册取得模式还是并行或混合的模式，都需要通过与审查理由等事项的紧密联系，在兼顾公平与效率的同时，解决商标使用义务的风险分配问题。其次，还需要实现商标审查模式与异议设置模式的有效组合，这是商标注册审查制度改革的主要内容。无论是全面审查模式还是绝对理由审查模式，无论是异议前置模式还是异议后置模式，本身都各有利弊，无论采取何种组合方式，都应以切实解决我国商标注册审查制度运行中的突出问题为目标。除此之外，在商标注册审查制度关涉的各项程序内部，如异议、无效宣告与撤销等程序中，后续程序的选择与设计也会影响到制度运行的整体绩效与实际体验，因此需慎重处理。

考察其他国家和地区的商标注册审查制度模式可以发现，不同的商标审查模式与异议设置模式均有代表性的立法例。这从侧面说明，商标注册审查制度的不同模式并无优劣之分，只有与具体国情和实施条件相结合的模式设计才是最优的选择。不过，从商标注册审查制度的宏观发展来看，主要国家和地区的商标注册审查制度的改革呈现出了两种主要的趋势，一是从全面审查模式改采绝对理由审查模式，二是从异议前置模式转向异议后置模式。前一趋势的代表性国家和地区是欧盟、英国和法国。由于绝对理由审查模式对实施环境的要求较高，因此商标申请量十分庞大的我国对此应持较为审慎的态度。后一趋势的代表性国家是日本和德国。对我国来说，保留全面审查模式并转向异议后置更能兼顾商标注册审查的质量和效率，是更符合我国当前国情的选择。

当前，我国《商标法》启动了第 5 次修改工作。在梳理我国商标注册审查制度发展历史，明晰商标注册审查制度理论构造并借鉴不同国家和地区改革经验的基础上，我们也应借助这一重要契机，完成我国商标注册审查制度的再一次改革与升级。

我国商标注册审查制度的改革应紧密联系我国现实国情，并明确改革的根本目标。与域外发达国家和地区相比，我国的商标注册与审查工作面临两个特殊问题，一是市场化的迅速发展与市场信用的发育迟缓，二是行政机关主导的审查优势与资源配置不当。在这种情况下，我国商标注册审查制度的改革目标必须定位于"提质增效"。而从两种主要改革趋势所要求的成本、具有的优势与需要的改革环境对比来看，转向异议后置的改革方案于我国而言更具有必要性和可行性。

在保留全面审查并转向异议后置的改革选择下,我国商标注册审查制度的改革设计应该紧紧围绕"提质增效"这一目标发力,分别针对商标注册审查制度所涵盖的商标权取得制度、审查制度和异议制度进行优化和改革。就商标权取得制度而言,改革的重点在于规范商标申请和使用行为。就商标审查制度而言,需要从内容和程序两方面采取多种措施提升质效。就商标异议制度而言,一方面要通过程序简化,最大化异议后置改革的效率优势;另一方面要做好程序衔接,保障异议后置模式下的商标质量。此外,针对恶意异议这一特殊问题,还应采取不同措施多管齐下,以便有效规制。

通过对上述我国商标注册审查制度现存问题的梳理及成因的分析,以商标注册审查制度的理论构造及制度协调为视角进行研究和探寻,通过对域外不同国家和地区商标注册审查制度主要模式的考察、比较和借鉴,本书提出了适合我国国情的商标注册审查制度的改革方案及制度设计:"全面审查+异议后置"模式下的商标注册审查制度。围绕这一改革方案,本书提供了如下具体的立法建议和改革路径。

一是在坚持全面审查模式下,优化商标注册申请的审查内容与程序。第一,可以通过适当扩大形式审查阶段的处理权限,重点扩充实质审查阶段的申请事项,来合理配置不同阶段的审查内容与重点。第二,应当明晰我国现行商标注册申请快速审查机制存在的问题并有针对性地加以完善,系统构建我国的商标注册申请快速审查机制。第三,应通过提高商标注册收费并实行"先缴费再审查",允许当事人在任何阶段撤回商标注册申请,赋予知识产权行政部门撤回初审公告的权力,规定知识产权行政部门帮助推行快速审查等方式,灵活促进商标注册申请审查中的程序协调。第四,建议探索人工智能技术在商标审查中的应用,利用人工智能技术加强商标审查工作质效控制和在初期审查中的应用,引领未来商标注册审查制度改革潮流。

二是重构异议审查程序以凸显改革效率优势。第一,建议将异议程序由前置改为后置,取消初步审定公告,对通过实质审查的商标立即核准注册并公告。第二,将异议期由3个月缩短至2个月,以鼓励异议主体尽快启动异议程序,进一步提升商标注册效率。第三,通过推行口头审理,增设异议纠纷自我和解机制,引入不使用抗辩规则等,提升异议程序的纠纷解决效能。第四,通过引入第三方意见陈述制度来实现商标注册审查的公众监督。第五,通过在商标评审程序之间适用"一事不再理"原则并取消异议不予注册复审程序,合理简化商标评审程序之间的流程。

商标异议制度并不存在所谓自我监督功能,异议制度应当主要发挥权利救济功能,社会监督功能是异议制度的次要功能。商标异议裁决,本质上应当属于一种行政裁决,具有"准司法行为"性质,兼具行政性与司法性。商标异议裁决后续程序同样兼具行政救济与司法救济两种法律属性。根据商标异议裁决及其后续程序的双重法律属性,应当区分异议人以不予注册绝对理由提起异议,与异议人以不予注册相对理由提起异议下的两种不同模式。异议后置模式下,应当使异议程序与无效宣告程序合理分工,并与撤销制度有效联动,从而兼具效率与公平价值。

三是协调异议后置模式和无效宣告及撤销制度。第一,在异议制度的基本原理与后续程序选择上,应当主要使异议制度发挥救济功能,明确异议裁决兼具行政性与司法性的双重属性,区分异议人以不予注册绝对理由提起异议,与异议人以不予注册相对理由提起异议下的两种不同后续模式。对于前者,选择异议后复审模式;对于后者,选择异议后民事诉讼模式。第二,在异议制度与无效宣告制度的协调上,应通过限制无效宣告程序的申请主体与申请理由,明确无效宣告程序准司法性质并衔接民事诉讼,恢复"一事不再理"等方式,协调异议制度与无效宣告制度的分工。第三,在异议制度与撤销制度的联动上,建议增加撤销事由,发挥撤销制度在激活商标,规制权利,促进竞争等方面的功能,使撤销制度为异议后置模式的实施提供有力保障。

四是进一步强化对商标使用义务的审查。在厘清注册商标专用权人商标使用概念的基础上,建议在商标注册审查中明确申请人的使用意图要求,并以之代替《商标法(征求意见稿)》中的承诺使用制度。以使用意图为基点,分别在商标权维持、商标权处分以及商标权救济中,明确权利人的商标使用义务,以期提高商标使用的法律地位,引导商标注册制回归"商标的生命在于使用"的制度本源。

五是加大对恶意注册的规制力度。商标恶意注册有违商标本质且危害显著,应从立法、司法、行政3个层面进行立体化规制。第一,在立法层面,应当在商标权取得阶段增设使用意图要求,在权利利用阶段加大对权利人实际使用商标的审查,在权利救济阶段对恶意注册者的诉讼请求不予支持。第二,在司法层面,法院不应保护侵害他人在先权利的商标,此种行为可能构成不正当竞争行为,代理机构帮助恶意注册的行为可能构成帮助侵权。第三,在行政层面,行政机关应当不断明确商标恶意注册打击要点,并完善商标恶意注册打击手段。此外,还应在《商标法》中增设商标恶意抢注的民事责任,进一步明确商标恶意注册的行政责任,以构建商标恶意注册的法律责任体系。

附录一 《商标法》与修改建议对比表

现行立法	修改建议	修改说明
第四条第一款第一句【商标注册申请】 自然人、法人或者其他组织在生产经营活动中,对其商品或者服务需要取得商标专用权的,应当向商标局申请商标注册	【商标注册申请】 自然人、法人或者非法人组织在生产经营活动中,对在其商品或者服务上使用或者意图使用的商标需要取得商标专用权的,应当向国务院知识产权行政部门申请商标注册	增加了商标注册申请阶段对于使用意图的要求
第四条第一款第二句、第二款 不以使用为目的的恶意商标注册申请,应当予以驳回。本法有关商品商标的规定,适用于服务商标	《商标法(征求意见稿)》第二十二条 申请人不得恶意申请商标注册,包括: (一)不以使用为目的,大量申请商标注册,扰乱商标注册秩序的; (二)以欺骗或者其他不正当手段申请商标注册的; (三)申请注册有损国家利益、社会公共利益或者有其他重大不良影响的商标的; (四)违反本法第十八条、第十九条、第二十三条规定,故意损害他人合法权利或者权益,或者谋取不正当利益的; (五)有其他恶意申请商标注册行为的	此条款为《商标法(征求意见稿)》新增条款。为有效规制恶意注册,本书建议扩充实质审查阶段的审查事项,因此建议采纳此条款

续表

现行立法	修改建议	修改说明
未规定	《商标法（征求意见稿）》第二十七条第三款　办理商标注册申请未缴纳费用的，该商标注册申请视为未提交	此条款为《商标法（征求意见稿）》新增条款。本书建议提高商标注册审查费用，实行"先缴费再审查"，因此建议采纳此条款并对《商标法实施条例》作出同步修改。同时，本书建议知识产权行政部门研究提高商标注册申请的费用收取
未规定	《商标法（征求意见稿）》第二十七条第五款　商标注册申请手续齐备、按照规定填写申请文件的，国务院知识产权行政部门予以受理并通知申请人；国务院知识产权行政部门发现申请注册的商标明显具有重大不良影响的，不予受理	此条款为《商标法（征求意见稿）》新增条款。本书建议在形式审查阶段适当扩大行政机关的处理权限，以提升审查效率，因此建议采纳此条款
第二十九条　在审查过程中，商标局认为商标注册申请内容需要说明或者修正的，可以要求申请人做出说明或者修正。申请人未做出说明或者修正的，不影响商标局做出审查决定	第二十九条　在审查过程中，国务院知识产权行政部门认为商标注册申请内容需要说明或者修正的，可以要求申请人做出说明或者修正。申请人未做出说明或者修正的，不影响国务院知识产权行政部门做出审查决定。 在注册商标予以公告之前，任何自然人、法人及相关组织或团体认为商标注册申请违反本法第四条、第十条、第十一条、第十二条、第十九条第四款规定的，可以向国务院知识产权行政部门提交书面意见说明情况	在第二十九条增设第二款，引入第三方陈述意见制度

续表

现行立法	修改建议	修改说明
第三十三条　对初步审定公告的商标,自公告之日起三个月内,在先权利人、利害关系人认为违反本法第十三条第二款和第三款、第十五条、第十六条第一款、第三十条、第三十一条、第三十二条规定的,或者任何人认为违反本法第四条、第十条、第十一条、第十二条、第十九条第四款规定的,可以向商标局提出异议。公告期满无异议的,予以核准注册,发给商标注册证,并予公告	第三十三条　在先权利人、利害关系人认为违反本法第十三条第二款和第三款、第十五条、第十六条第一款、第三十条、第三十一条、第三十二条规定的,或者任何人认为违反本法第四条、第十条、第十一条、第十二条、第十九条第四款规定的,可以在注册公告之日起二个月内向商标局提出异议	1.取消初步审定公告,异议程序"前置"改为"后置"; 2.异议期由三个月缩短至二个月
第三十五条　对初步审定公告的商标提出异议的,商标局应当听取异议人和被异议人陈述事实和理由,经调查核实后,自公告期满之日起十二个月内做出是否准予注册的决定,并书面通知异议人和被异议人。有特殊情况需要延长的,经国务院工商行政管理部门批准,可以延长六个月。 商标局做出准予注册决定的,发给商标注册证,并予公告。异议人不服的,可以依照本法第四十四条、第四十五条的规定向商标评审委员会请求宣告该注册商标无效。 商标局做出不予注册决定,被异议人不服的,可以自收到通知之日起十五日内向商标评审委员会申请复审。商标评审委员会应当自收到申请之日起十二个月内做出复审决定,并书面通知异议人和被异议人。有特殊情况需要延长的,经国务院工商行政管理部门批准,可以延长	第三十五条　对注册的商标提出异议的,国务院知识产权行政部门应当听取异议人和被异议人陈述事实和理由,经调查核实后,自异议受理之日起十二个月内做出异议是否成立的决定,并书面通知异议人和被异议人。有特殊情况需要延长的,经国务院工商行政管理部门批准,可以延长六个月。 国务院知识产权行政部门受理异议后,经异议人与被异议人的共同请求,可以中止异议的审理,以寻求异议案件的友好协商。 以商标注册违反本法第十三条第二款和第三款、第十六条第一款、第三十条、第三十一条规定,向国务院知识产权行政部门提出异议的,在先权利人或利害关系人的商标已满三年,被异议人可以要求异议人提交其在提起异议申请前三年真实使用商标的证据。不满三年的,可以要求其提交截至异议申请前存在实际使用的证据。若异	1.增设异议纠纷的自我和解机制; 2.删除涉及异议前置的规定; 3.增设异议程序的不使用抗辩

续表

现行立法	修改建议	修改说明
六个月。被异议人对商标评审委员会的决定不服的,可以自收到通知之日起三十日内向人民法院起诉。人民法院应当通知异议人作为第三人参加诉讼。 商标评审委员会在依照前款规定进行复审的过程中,所涉及的在先权利的确定必须以人民法院正在审理或者行政机关正在处理的另一案件的结果为依据的,可以中止审查。中止原因消除后,应当恢复审查程序	议人不使用商标存在正当理由,异议人应当提交证据证明。注册商标专用权人对他人商标注册提出异议申请的,应被申请人的要求,申请人应当证明其在被异议商标申请日或优先权日之前的三年内,已经实际使用商标,或者有不使用的正当理由。注册商标专用权人不能证明的,驳回其异议申请。 国务院知识产权行政部门做出异议不成立的决定,异议人不服的,可以依照本法第四十四条、第四十五条的规定向国务院知识产权行政部门请求宣告该注册商标无效。 国务院知识产权行政部门做出异议成立的决定的,应撤销注册商标。被异议人不服的,可以自收到通知之日起十五日内向国务院知识产权行政部门申请复审。国务院知识产权行政部门应当自收到申请之日起十二个月内做出复审决定,并书面通知异议人和被异议人。有特殊情况需要延长的,经国务院工商行政管理部门批准,可以延长六个月。被异议人对国务院知识产权行政部门的决定不服的,可以自收到通知之日起三十日内向人民法院起诉。人民法院应当通知异议人作为第三人参加诉讼。 国务院知识产权行政部门在依照前款规定进行复审的过程中,所涉及的在先权利的确定必须以人民法院正在审理或者行政机关正在处理的另一案件的结果为依据的,可以中止审查。中止原因消除后,应当恢复审查程序	

续表

现行立法	修改建议	修改说明
第三十五条第三款 商标局做出不予注册决定,被异议人不服的,可以自收到通知之日起十五日内向商标评审委员会申请复审。商标评审委员会应当自收到申请之日起十二个月内做出复审决定,并书面通知异议人和被异议人。有特殊情况需要延长的,经国务院工商行政管理部门批准,可以延长六个月。被异议人对商标评审委员会的决定不服的,可以自收到通知之日起三十日内向人民法院起诉。人民法院应当通知异议人作为第三人参加诉讼	【商标异议程序】 异议人以不予注册绝对理由提起异议,国务院知识产权行政部门驳回异议,异议人不服的,可以自收到通知之日起十五日内向国家知识产权行政部门申请复审。异议人不服复审决定的,可以自收到通知之日起三十日内向人民法院起诉。人民法院应当通知对方当事人作为第三人参加诉讼。异议人以不予注册相对理由提起异议,国务院知识产权行政部门作出决定后一方当事人不服的,可以自收到通知之日起三十日内,以对方当事人为被告,向人民法院起诉	以不予注册的绝对理由与相对理由为界限,分别选择不同的商标异议后续程序
第三十七条 对商标注册申请和商标复审申请应当及时进行审查	《商标法(征求意见稿)》第四十一条 对商标注册申请、商标复审申请或者当事人申请办理的其他商标事宜,国务院知识产权行政部门应当及时进行审查和处理。当事人对前款规定的事宜可以申请撤回。国务院知识产权行政部门经审查认为可以撤回的,程序终止	此条款为《商标法(征求意见稿)》修改和新增条款。为了尊重当事人的私权和意思自治,也为减轻审查压力,本书认为应允许当事人在任何阶段撤回商标注册申请。同时,本书建议在《商标法实施条例》中增加相关规定,规范进一步的撤回程序和费用收退事宜
未规定	【商标转让】 转让注册商标的,注册商标专用权人连续三年未实际使用商标且无正当理由的,商标转让不予核准。对于未实际使用尚未满三年的注册商标,有证据证明转让人和受让人存在恶意串通的,商标转让不予核准,由国务院知识产权行政部门宣告该注册商标无效	1.在商标转让中明确使用义务要求。 2.对于未实际使用尚未满三年的,应当分情况规定商标使用义务,限制注册商标专用权人的转让权

续表

现行立法	修改建议	修改说明
未规定	【限制恶意注册者的商标转让权】 对于违反《商标法》第十条、第十三条、第三十二条取得的注册商标专用权,恶意注册者即便实际使用商标也不得转让。 对于违反《商标法》第四条、第十五条、第四十四条取得的注册商标专用权,在受让人为善意时,即只要受让人能够证明其对于恶意注册行为不知情,且具有使用意图或实际使用的,商标权转让有效	分情况限制恶意注册者转让权
未规定	【商标的使用及许可使用】 许可他人使用其注册商标的,注册商标专用权人连续三年未实际使用商标且无正当理由的,被许可人应当提供使用意图的证明。对于未实际使用尚未满三年的注册商标,有证据证明许可人恶意注册商标且与被许可人存在恶意串通的,由国务院知识产权行政部门宣告该注册商标无效	1. 在商标许可使用中明确使用义务要求。 2. 对于许可人未实际使用尚未满三年的,在确有证据证明许可人为恶意注册者,且有证据证明许可人与被许可人存在恶意串通的,国务院知识产权行政部门可对涉案商标进行无效宣告
未规定	【无效宣告中的不使用抗辩】 注册商标专用权人对他人商标注册提出无效宣告申请的,应被申请人的要求,申请人应当证明其提起无效宣告之前的三年内,已经实际使用商标,或者有不使用的正当理由。注册商标专用权人不能证明的,驳回其无效宣告申请	在无效宣告程序中明确注册商标使用义务,赋予被申请人"不使用抗辩权"

续表

现行立法	修改建议	修改说明
第四十五条第二款 商标评审委员会收到宣告注册商标无效的申请后，应当书面通知有关当事人，并限期提出答辩。商标评审委员会应当自收到申请之日起十二个月内做出维持注册商标或者宣告注册商标无效的裁定，并书面通知当事人。有特殊情况需要延长的，经国务院工商行政管理部门批准，可以延长六个月。当事人对商标评审委员会的裁定不服的，可以自收到通知之日起三十日内向人民法院起诉。人民法院应当通知商标裁定程序的对方当事人作为第三人参加诉讼	【无效宣告程序】 国务院知识产权行政部门收到宣告注册商标无效或者移转注册商标的申请后，应当书面通知有关当事人，并限期提出答辩。国务院知识产权行政部门应当自收到申请之日起十二个月内作出维持注册商标，移转注册商标或者宣告注册商标无效的裁定，并书面通知当事人。有特殊情况需要延长的，经批准，可以延长六个月。当事人对国务院知识产权行政部门的裁定不服的，可以自收到通知之日起三十日内，以对方当事人为被告向人民法院起诉	删除现行《商标法》第四十四条绝对理由无效宣告的规定，将无效宣告事由限定在不予注册相对理由上
未规定	【对恶意注册商标的无效宣告】 违反不予注册绝对理由的恶意注册，以及恶意抢注驰名商标的，即便经审查认定恶意注册者存在实际使用商标的行为，也应当对商标进行无效宣告。违反不予注册相对理由且在先权利并非驰名商标权的，在先权利人或利害关系人自商标注册之日起五年内未提出无效宣告请求，而恶意注册者实际使用商标的，注册商标专用权有效	分情况对恶意注册但实际使用的商标进行认定
第四十八条【商标使用】 本法所称商标的使用，是指将商标用于商品、商品包装或者容器以及商品交易文书上，或者将商标用于广告宣传、展览以及其他商业活动中，用于识别商品来源的行为	【商标使用】 本法所称商标的使用，是指将商标用于识别商品或者服务来源的行为，包括：(1)将商标用于商品、商品包装或者容器以及商品交易文书上；(2)将商标用于服务场所或者与服务有关的载体上；(3)将商标用于广告宣传、展览以及其他商业活动中。前款所列行为，包括通过互联网等信息网络实施的行为	对商标使用的定义和使用方式分款规定，进一步厘清商标使用的内涵和外延

续表

现行立法	修改建议	修改说明
第四十九条　商标注册人在使用注册商标的过程中，自行改变注册商标、注册人名义、地址或者其他注册事项的，由地方工商行政管理部门责令限期改正；期满不改正的，由商标局撤销其注册商标。 注册商标成为其核定使用的商品的通用名称或者没有正当理由连续三年不使用的，任何单位或者个人可以向商标局申请撤销该注册商标。商标局应当自收到申请之日起九个月内做出决定。有特殊情况需要延长的，经国务院工商行政管理部门批准，可以延长三个月	【注册商标的撤销】　存在下列情形之一的，任何自然人、法人或者非法人组织可以向国务院知识产权行政部门申请撤销该注册商标，但不得损害商标注册人的合法权益或者扰乱商标注册秩序： (一)注册商标成为其核定使用的商品的通用名称、图形、型号、技术术语的； (二)注册商标没有正当理由连续三年不使用的； (三)集体商标、证明商标注册人违反本法第六十三条规定，情节特别严重的； (四)在商标异议、无效宣告、转让、许可以及续展程序中，国家知识产权行政部门要求注册商标专用权人提交实际使用商标的证据，权利人不能提交也不能说明不使用的正当理由的； 注册商标有前款第三项所列情形的，国务院知识产权行政部门可以依职权撤销该注册商标。 国务院知识产权行政部门应当自收到撤销申请之日起九个月内作出决定。有特殊情况需要延长的，经批准，可以延长三个月	1. 在《商标法(征求意见稿)》第四十九条第(三)项规定此种撤销事由。 2. 建议删除《商标法(征求意见稿)》第四十九条第(五)项。 3. 将《商标法(征求意见稿)》第四十九条第一款第(一)项改为"注册商标成为其核定使用的商品的通用名称、图形、型号、技术术语的"。 4. 在商标异议、无效宣告、转让、许可以及续展制度中对注册商标专用权人使用义务的审查可以与撤销制度有效衔接
第四十九条第二款第一句注册商标成为其核定使用的商品的通用名称或者没有正当理由连续三年不使用的，任何单位或者个人可以向商标局申请撤销该注册商标	【注册商标的撤销】　注册商标没有正当理由连续三年不实际使用的，任何自然人、法人或者非法人组织可以向国务院知识产权行政部门申请撤销该注册商标。 注册商标连续三年不使用，而在被提出撤销之前三个月内首次使用或恢复使用者，若其首次使用或恢复使用之准备系由商标所有人知悉其注册商标可能被提出撤销而作出，该使用不予考虑	1. 将"使用"修改为"真实使用"，明确"撤三制度"中的使用标准为"实际使用"。 2. 增加第二款，对"恢复使用复活商标效力规则"进行限制

续表

现行立法	修改建议	修改说明
第六十四条第一款 注册商标专用权人请求赔偿,被控侵权人以注册商标专用权人未使用注册商标提出抗辩的,人民法院可以要求注册商标专用权人提供此前三年内实际使用该注册商标的证据。注册商标专用权人不能证明此前三年内实际使用过该注册商标,也不能证明因侵权行为受到其他损失的,被控侵权人不承担赔偿责任	【免赔抗辩】 注册商标专用权人请求赔偿,被控侵权人以注册商标专用权人未使用注册商标提出抗辩的,人民法院可以要求注册商标专用权人提供此前三年内实际使用该注册商标的证据。注册商标专用权人不能证明此前三年内实际使用过该注册商标的,被控侵权人不承担法律责任。注册商标专用权存续期间未满三年的,不适用本条规定	1.将"不承担赔偿责任"修改为"不承担法律责任"。在侵权救济中明确注册商标使用义务,全面限制未使用注册商标专用权人的请求权,包括停止侵害请求权、损害赔偿请求权等。 2.免赔条款应当仅适用于注册已满三年的商标
未规定	【限制恶意注册者的请求权】 违反不予注册绝对理由的恶意注册,恶意抢注驰名商标,以及违反不予注册相对理由且在先权利并非驰名商标权并自商标注册之日尚未满五年的,对恶意注册者的诉讼请求不予支持	对于是否支持恶意注册者的诉讼请求的问题,分情况进行规定

附录二 《商标法实施条例》与修改建议对比表

现行规定	修改建议	修改说明
第二十三条 依照商标法第二十九条规定,商标局认为对商标注册申请内容需要说明或者修正的,申请人应当自收到商标局通知之日起15日内作出说明或者修正	第二十三条 依照商标法第二十九条规定,国务院知识产权行政部门认为对商标注册申请内容需要说明或者修正的,申请人应当自收到国务院知识产权行政部门通知之日起15日内作出说明或者修正。 依照商标法第二十九条规定,向国务院知识产权行政部门提交书面意见说明的,应包含注册商标的信息,违反的绝对注册理由以及证据	引入第三方陈述意见
第六十二条 申请人撤回商标评审申请的,不得以相同的事实和理由再次提出评审申请。商标评审委员会对商标评审申请已经作出裁定或者决定的,任何人不得以相同的事实和理由再次提出评审申请。但是,经不予注册复审程序予以核准注册后向商标评审委员会提起宣告注册商标无效的除外	第六十二条 申请人撤回商标评审申请的,不得以相同的事实和理由再次提出评审申请。国务院知识产权行政部门对商标评审申请已经作出裁定或者决定的,任何人不得以相同的事实和理由再次提出评审申请	删除《商标法实施条例》第六十二条但书条款

续表

现行规定	修改建议	修改说明
未规定	《商标法实施条例》新增：办理商标注册申请,应同时缴纳费用,未缴纳费用的,该商标注册申请视为未提交	此条款为《商标法(征求意见稿)》新增条款。本书建议提高商标注册审查费用,实行"先缴费再审查",因此建议采纳此条款并对《商标法实施条例》作出同步修改。同时,本书建议知识产权行政部门研究提高商标注册申请的费用收取
未规定	《商标法实施条例》新增：当事人可以申请撤回其商标注册申请、商标复审申请或其他商标事宜,国务院知识产权行政部门经审查认为可以撤回的,程序终止。对于尚未进入实质审查的商标注册申请,减半收取申请费用	此条款为《商标法(征求意见稿)》修改和新增条款。为了尊重当事人的私权和意思自治,也为减轻审查压力,本书认为应允许当事人在任何阶段撤回商标注册申请。同时,本书建议在《商标法实施条例》增加相关规定,规范进一步的撤回程序和费用收退事宜

附录三 《商标审查审理指南》与修改建议对比表

现行规定	修改建议	修改说明
《商标审查审理指南》下编第一章2.1.2 相对理由 相对理由涉及损害他人的在先商标权利、他人现有的其他在先权利等,损害的是特定主体的合法权益,具有相对性。除注册审查程序依职权将他人在先商标权利作为驳回事由外,商标注册部门一般不能依职权主动审理相对理由,仅在异议或评审程序中依当事人申请进行审查审理。包括:《商标法》第十三条规定的他人的驰名商标,第十五条规定的被代理人、被代表人商标或其他特定关系人的商标,第十六条第一款规定的他人的地理标志,第三十条规定的他人已经注册的或者初步审定的商标,第三十一条规定的他人注册申请在先的商标,第三十二条规定的他人现有的在先权利和已经使用并有一定影响的商标	建议删除	本书建议扩充实质审查阶段的审查事项,将全部不予注册绝对理由和相对理由涉及的事项纳入实质审查的范围,以提高审查质量,因此建议删除《商标审查审理指南》限定审查范围的内容

附录四 《商标注册申请快速审查办法(试行)》与修改建议对比表

现行规定	修改建议	修改说明
《商标注册申请快速审查办法(试行)》第二条 有下列情形之一的商标注册申请,可以请求快速审查: (一)涉及国家或省级重大工程、重大项目、重大科技基础设施、重大赛事、重大展会等名称,且商标保护具有紧迫性的; (二)在特别重大自然灾害、特别重大事故灾难、特别重大公共卫生事件、特别重大社会安全事件等突发公共事件期间,与应对该突发公共事件直接相关的; (三)为服务经济社会高质量发展,推动知识产权强国建设纲要实施确有必要的; (四)其他对维护国家利益、社会公共利益或者重大区域发展战略具有重大现实意义的	《商标注册申请快速审查办法(试行)》第二条新增 有下列情形之一的商标注册申请,可以请求快速审查: …… (四)申请人实际使用商标或为了使用已有前期投入的; (五)存在第三人商标侵权的紧急情形的; (六)为马德里商标国际注册或国外商标的基础申请,需要尽快确定国内商标权利状态的; (七)其他涉及国家和公共利益及有正当理由的	本书建议完善我国商标注册快速审查的申请事由,(四)(五)(六)为新增事由,并修改原第(四)项规定

续表

现行规定	修改建议	修改说明
未规定	《商标注册申请快速审查办法(试行)》新增 国务院知识产权行政部门可以对商标异议案件进行快速审查,并要求异议人提供其在先注册商标实际使用的证明。进行异议快速审查的,国务院知识产权行政部门应自公告期满之日起六个月内做出是否准予注册的决定	本节建议增加针对恶意申请和囤积的商标异议等案件的快速审查机制,并在《商标注册申请快速审查办法(试行)》中增设相关规定
未规定	《商标注册申请快速审查办法(试行)》新增 申请人申请进行快速审查的,应在提出申请的同时缴纳审查费用	本书建议对快速审查采取预先缴费政策,以防止利用快速审查机制进行不当注册

参考文献

一、中文图书

(一) 中文著作

[1] 王莲峰:《商标法学》(第4版),北京大学出版社2023年版。

[2] 戴文骐:《商标权取得制度研究》,中国政法大学出版社2023年版。

[3] 王迁:《知识产权法教程》(第7版),中国人民大学出版社2021年版。

[4] 彭学龙:《商标法的符号学分析》,法律出版社2007年版。

[5] 王太平、邓宏光主编:《商标法》,北京大学出版社2017年版。

[6] 王太平:《商标法:原理与案例》,北京大学出版社2015年版。

[7] 刘春田主编:《知识产权法》(第5版),高等教育出版社2015年版。

[8] 何永坚主编:《新商标法条文解读与适用指南》,法律出版社2013年版。

[9] 陈锦川主编:《商标授权确权的司法审查》,中国法制出版社2014年版。

[10] 李明德:《美国知识产权法》(第2版),法律出版社2014年版。

[11] 李明德:《欧盟知识产权法》,法律出版社2010年版。

[12] 吴汉东:《知识产权多维度学理解读》,中国人民大学出版社2015年版。

[13] 李明德、闫文军:《日本知识产权法》,法律出版社2020年版。

[14] 孔祥俊:《知识产权与竞争法论集》,法律出版社2022年版。

[15] 孔祥俊:《商标与不正当竞争法——原理和判例》,法律出版社2009年版。

［16］孔祥俊:《反不正当竞争法新原理:原论》,法律出版社2019年版。

［17］孔祥俊:《商标法适用的基本问题》(第2版增订版),中国法制出版社2014年版。

［18］张玉敏:《商标注册与确权程序改革研究——追求效率与公平的统一》,知识产权出版社2016年版。

［19］冯晓青:《知识产权法利益平衡理论》,中国政法大学出版社2006年版。

［20］冯术杰:《商标注册条件若干问题研究》,知识产权出版社2016年版。

［21］曹世海:《商标权注册取得制度研究》,商务印书馆2019年版。

［22］汪泽:《中国商标法律现代化——理论、制度与实践》,中国工商出版社2017年版。

［23］中国人民大学知识产权教学与研究中心、中国人民大学知识产权学院:《十二国商标法》,《十二国商标法》翻译组译,清华大学出版社2013年版。

［24］国家工商行政管理总局编著:《商标注册与管理》,中国工商出版社2012年版。

［25］付继存:《商标法的价值构造研究——以商标权的价值与形式为中心》,中国政法大学出版社2012年版。

［26］余俊:《商标法律进化论》,华中科技大学出版社2011年版。

［27］郑其斌:《论商标权的本质》,人民法院出版社2009年版。

［28］王泽鉴:《民法总则》,北京大学出版社2009年版。

［29］陶鑫良、袁真富:《知识产权法总论》,知识产权出版社2005年版。

［30］龙文懋:《知识产权法哲学初论》,人民出版社2003年版。

［31］冯晓青:《知识产权法哲学》,中国人民公安大学出版社2003年版。

［32］邵建东:《德国反不正当竞争法研究》,中国人民大学出版社2001年版。

［33］中国社会科学院知识产权中心、中国知识产权培训中心编:《专利法、商标法修改专题研究》,知识产权出版社2009年版。

［34］吴凯、宋振山、刘淑华主编:《商标注册与保护实务》,法律出版社2022年版。

［35］崔忠武、于正河编:《知识产权管理实务》,中国政法大学出版社2022

年版。

[36]冯晓青主编:《知识产权法热点问题研究》(第6卷),中国政法大学出版社2021年版。

[37]沈世娟、杨伟红:《知识产权法原理与案例》,中国政法大学出版社2018年版。

[38]张法连、赖清阳:《美国商标法判例研究》,中国政法大学出版社2018年版。

(二)中文译著

[1][美]E. 博登海默:《法理学:法律哲学与法律方法》,邓正来译,中国政法大学出版社1998年版。

[2][日]森智香子、[日]广濑文彦、[日]森康晃:《日本商标法实务》,北京林达刘知识产权代理事务所译,知识产权出版社2012年版。

[3][日]江口俊夫:《日本商标法解说》,魏启学译,专利文献出版社1982年版。

[4]查尔斯·吉伦等编辑:《简明欧洲商标与外观设计法》,李琛、赵湘乐、汪泽译,商务印书馆2017年版。

[5]《美国商标审查指南》,美国专利商标局译,商务印书馆2008年版。

[6][美]威廉·M. 兰德斯、[美]理查德·A. 波斯纳:《知识产权法的经济结构》(中译本第2版),金海军译,北京大学出版社2016年版。

二、外文著作

[1] Mary LaFrance, *Understanding Trademark Law*, Vol. 1, 4th edition, Carolina Academic Press, 2019.

[2] Irimescu & George-Mihai, Trademark Protection Systems-Use v. Registration Romanian Journal of Intellectual Property Law, 2017.

[3] Husovec & Martin, Trademark Use Doctrine in the European Union and Japan Marquette Intellectual Property Law Review, 2017.

[4] Sandra Edelman, *Proving Your Bona Fides-Establishing Bona Fide Intent to Use under the U. S. Trademark (Lanham) Act*, Trademark Rep, 2009.

［5］Kur & Annette/von Bomhard & Verena/Albrecht, *Friedrich BeckOK Markenrecht*, München, 2018.

［6］服部謙太朗『インターネット上での商標の使用：商標機能論からのアプローチと商標的使用』（日本知財学会誌,2018 年）。

［7］平澤卓人『商標的使用論の機能的考察』（知的財産法政策学研究,2017 年）。

［8］Yun-chien Chang ed., *Law and Economics of Possession*, Cambridge University Press, 2015.

［9］Brad Sherman & Lionel Bently, *The Making of Modern Intellectual Property Law：The British Experience*, Cambridge University Press, 1999.

［10］Frank I. Schechter, *The Historical Foundations of the Law Relating to Trade-Marks*, Columbia University Press, 1925.

［11］Dinwoodie B. G. & Janis D. M., *Research Handbook on Trademark Law Reform*, Edward Elgar Publishing, 2021.

［12］Lavinia Brancusi, *EU Trade Mark Law and Product Protection：A Comparative Analysis of Trade Mark Functionality*, Taylor and Francis, 2023.

［13］Black Jennifer M., *Branding Trust：Advertising and Trademarks in Nineteenth-Century America*, University of Pennsylvania Press, 2023.

［14］Althaf Marsoof, *Internet Intermediaries and Trade Mark Rights*, Taylor and Francis, 2019.

三、中文论文

（一）中文期刊论文

［1］王莲峰、胡丹阳：《商标异议制度改革研究——以〈商标法修订草案（征求意见稿）〉为视角》，载《河南财经政法大学学报》2023 年第 5 期。

［2］吴汉东：《恶意商标注册的概念体系解读与规范适用分析》，载《现代法学》2023 年第 1 期。

［3］靳学军、张航：《比较法视域下我国商标权取得制度的优化进路》，载《法律适用》2022 年第 5 期。

［4］王莲峰、包雪颖：《欧盟和德国商标确权程序比较及对我国的借鉴》，

载《电子知识产权》2021年第6期。

[5]王莲峰:《新〈商标法〉第四条的适用研究》,载《政法论丛》2020年第1期。

[6]王莲峰、沈一萍:《论清理闲置注册商标制度的构建》,载《知识产权》2019年第6期。

[7]王莲峰、沈一萍:《关于建立商标恶意注册黑名单制度的设想》,载《中华商标》2019年第6期。

[8]王莲峰、刘润涛:《无真诚使用意图商标注册的立法规制》,载《中华商标》2018年第9期。

[9]王莲峰、康瑞:《法律责任视角下商标恶意抢注的司法规制》,载《中华商标》2018年第7期。

[10]王莲峰、牛东芳:《论声音商标审查采用获得显著性标准的依据及其完善》,载《中州学刊》2017年第12期。

[11]王莲峰:《我国商标权利取得的制度的不足与完善》,载《法学》2012年第11期。

[12]李超光:《位置商标的注册可能性辨析——从"阿迪达斯三道杠"到"红色鞋底"》,载《电子知识产权》2020年第1期。

[13]崔守东:《"十四五"时期商标工作的展望与思考》,载《知识产权》2022年第3期。

[14]崔守东:《新中国七十年商标工作回顾与展望》,载《知识产权》2019年第10期。

[15]刘铁光:《商标侵权中"商标使用"的判定规则》,载《法学杂志》2021年第6期。

[16]刘铁光:《商标显著性:一个概念的澄清与制度体系的改造》,载《法学评论》2017年第6期。

[17]刘铁光:《规制商标"抢注"与"囤积"的制度检讨与改造》,载《法学》2016年第8期。

[18]姚鹤徽:《论显著性在商标侵权判定中的作用——基于消费者心理认知的考察》,载《兰州学刊》2018年第7期。

[19]陈明涛:《"商标使用"之体系建构与反思》,载《环球法律评论》2022

年第 3 期。

[20]冯术杰:《〈商标法〉第 4 条中"不以使用为目的的恶意商标注册申请"的认定》,载《知识产权》2022 年第 6 期。

[21]冯术杰:《论注册商标的权利产生机制》,载《知识产权》2013 年第 5 期。

[22]李昊:《论"公众使用"与"商标使用"的关系及其法律效果——由商标俗称案件引发的思考》,载《行政与法》2022 年第 9 期。

[23]许亮:《商标注册"不良影响"条款的理解与适用——基于比较法和法解释学的分析》,载《电子知识产权》2020 年第 11 期。

[24]杨建军、彭菲:《商标注册中"不良影响"的司法认定》,载《陕西师范大学学报(哲学社会科学版)》2020 年第 5 期。

[25]张鹏:《规制商标恶意抢注规范的体系化解读》,载《知识产权》2018 年第 7 期。

[26]冯文杰:《我国商标专用权取得制度的反思与重构》,载《上海政法学院学报(法治论丛)》2018 年第 4 期。

[27]林秀芹、代晓焜:《一流营商环境视角下商标使用制度的完善——兼评美国〈商标现代化法案〉》,载《中国市场监管研究》2022 年第 5 期。

[28]邢程程:《真诚使用意图商标注册制的立法完善——兼评我国新修〈商标法〉第 4 条》,载《萍乡学院学报》2020 年第 2 期。

[29]李琛:《中国商标法制四十年观念史述略》,载《知识产权》2018 年第 9 期。

[30]李琛:《法的第二性原理与知识产权概念》,载《中国人民大学学报》2004 年第 1 期。

[31]祝建军:《囤积商标牟利的司法规制——优衣库商标侵权案引发的思考》,载《知识产权》2018 年第 1 期。

[32]戴文骐:《认真对待商标权:恶意抢注商标行为规制体系的修正》,载《知识产权》2019 年第 7 期。

[33]刘自钦:《论我国商标注册诚信原则运用机制的改进》,载《知识产权》2016 年第 11 期。

[34]刘丽娟:《我国商标注册制度的问题和完善》,载《电子知识产权》

2016年第4期。

[35]蒋万来:《商标使用的恰当定位与概念厘清》,载《政法论坛》2016年第3期。

[36]徐晓建:《商标确权行政程序与司法程序之重构》,载《中国工商管理研究》2005年第11期。

[37]曹博:《商标注册无效制度的体系化研究》,载《知识产权》2015年第4期。

[38]刘文远:《从"移植"到"内生"的演变:近代中国商标权取得原则的确定及调整》,载《知识产权》2015年第4期。

[39]郑悦迪:《商标注册制度中的"使用意图"要求比较研究》,载《知识产权》2020年第4期。

[40]詹爱岚、沈建娅:《商标注册"不良影响"条款的规制目的与判定标准:基于中欧立法及司法实践的比较》,载《电子知识产权》2020年第5期。

[41]董慧娟、贺朗:《新"商标法"背景下恶意注册之类型化及规制——以商标审查程序为重点》,载《电子知识产权》2020年第6期。

[42]陈月:《恶意抢注"非遗"标志的司法认定——评秦慧星诉商标评审委员会、第三人固始县张老埠乡人主村手工挂面专业合作社商标无效宣告请求行政纠纷案》,载《中华商标》2019年第5期。

[43]王胜:《我国应该在继续采用商标注册取得制度的前提下坚持全面审查、先异议后注册原则——关于商标法第四次修改的建议之一》,载《中华商标》2018年第3期。

[44]彭学龙:《论连续不使用之注册商标请求权限制》,载《法学评论》2018年第6期。

[45]彭学龙:《寻求注册与使用在商标确权中的合理平衡》,载《法学研究》2010年第3期。

[46]彭学龙:《知识产权:自然权利亦或法定之权》,载《电子知识产权》2007年第8期。

[47]彭学龙:《论商标权的原始取得》,载《中南财经政法大学学报》2007年第4期。

[48]郭超:《恶意抢注商标行为的应对与法规完善》,载《中华商标》2018

年第 12 期。

[49]李铭轩:《商标注册不良影响条款的规范目的和判定方法》,载《人民司法(应用)》2017 年第 4 期。

[50]刘建臣:《异化与回归:原样保护原则下"不良影响"条款的适用——以"微信"商标案为视角》,载《电子知识产权》2015 年第 9 期。

[51]李雨峰、曹世海:《商标权注册取得制度的改造——兼论我国〈商标法〉的第三次修改》,载《现代法学》2014 年第 3 期。

[52]曹世海:《注册商标不使用撤销制度及其再完善——兼评〈关于修改《中华人民共和国商标法》的决定〉》,载《法律适用》2013 年第 10 期。

[53]郭伟:《在商标授权确权行政案件中如何适用不良影响条款》,载《中华商标》2012 年第 9 期。

[54]湛茜:《TRIPS 协定下的非传统商标注册义务》,载《世界贸易组织动态与研究》2012 年第 3 期。

[55]罗晓霞:《竞争政策视野下商标权取得制度研究》,载《法学杂志》2012 年第 6 期。

[56]龙文懋:《财产权与人的解放——财产权的人学价值及其局限》,载《改革与战略》2012 年第 7 期。

[57]龙文懋:《制度哲学·法哲学·法律科学——制度的哲学思考与制度哲学概念探讨》,载《哲学动态》2009 年第 8 期。

[58]龙文懋:《西方财产权哲学的演进》,载《哲学动态》2004 年第 7 期。

[59]苏喆、秦顺华:《公平与效率何以兼顾——美国〈兰哈姆法〉商标权取得制度对中国的启示》,载《天津法学》2012 年第 2 期。

[60]湛茜:《单一颜色商标的注册问题研究》,载《暨南学报(哲学社会科学版)》2012 年第 10 期。

[61]周波:《"位置商标"注册申请的司法审查》,载《人民司法》2011 年第 24 期。

[62]崔丽娜:《恶意抢注他人商标行为探析》,载《中华商标》2021 年第 6 期。

[63]钟红波等:《关于清理闲置商标的立法建议》,载《中华商标》2021 年第 6 期。

[64]熊北辰:《商标恶意抢注行为的规制——商标法第四十四条第一款适用问题研讨》,载《中华商标》2019年第2期。

[65]刘洋豪:《试探索"恶意抢注"判断突破地域性限制之可能性(下)》,载《中华商标》2020年第10期。

[66]林丹:《防御性商标、储备商标与"囤积"》,载《中华商标》2022年第7期。

[67]林丹:《"防御性商标"与"囤积"的距离》,载《中华商标》2022年第9期。

[68]张迁:《转让行为对商标恶意囤积认定的影响》,载《中华商标》2022年第7期。

[69]张芳:《〈商标法〉在打击恶意注册方面的应用实践》,载《中华商标》2021年第4期。

[70]章子旋:《对我国商标异议制度完善的建议》,载《中华商标》2021年第3期。

[71]马丽萍:《我国商标权注册取得模式存在的问题及其完善路径——基于商标使用视角的分析》,载《时代法学》2019年第6期。

[72]朱千潆:《意大利kiwy在华品牌成功异议恶意抢注商标》,载《中华商标》2019年第9期。

[73]黄晖、卢结华:《商标法框架梳理和优化课题报告(二)》,载《中华商标》2019年第9期。

[74]陶钧:《"超五年恶意抢注驰名商标"的适用情形——商标法第四十五条条款属性的辨析》,载《中华商标》2018年第11期。

[75]王太平:《论商标注册申请及其拒绝——兼评"微信"商标纠纷案》,载《知识产权》2015年第4期。

[76]黄汇:《中国商标注册取得权制度的体系化完善》,载《法律科学(西北政法大学学报)》2022年第1期。

[77]黄汇:《注册取得商标权制度的观念重塑与制度再造》,载《法商研究》2015年第4期。

[78]杨延超:《声音商标的立法研究》,载《知识产权》2013年第6期。

[79]邓宏光:《商标注册周期过长的困境及其出路》,载《电子知识产权》

2009 年第 7 期。

[80]邓宏光:《我们凭什么取得商标权——商标权取得模式的中间道路》,载《环球法律评论》2009 年第 5 期。

[81]田晓玲、张玉敏:《商标抢注行为的法律性质和司法治理》,载《知识产权》2018 年第 1 期。

[82]张玉敏:《我国商标注册审查方式的改革设想》,载《理论探索》2016 年第 5 期。

[83]魏丽丽:《商标恶意抢注法律规制路径探究》,载《政法论丛》2020 年第 1 期。

[84]魏丽丽:《规制商标恶意抢注的立法检视与完善》,载《河南大学学报(社会科学版)》2019 年第 3 期。

[85]汪泽:《相对理由审查取舍之辨》,载《中华商标》2007 年第 9 期。

[86]汪泽、徐琳:《商标异议制度比较研究》,载《中华商标》2011 年第 2 期。

[87]汪泽:《中德商标法国际研讨会综述》,载《中华商标》2009 年第 12 期。

[88]汪泽:《商标异议制度重构》,载《中华商标》2007 年第 8 期。

[89]郭建广:《新商标法确立的基本制度》,载《中华商标》2014 年第 1 期。

[90]沈兰英、孙娜、贾宏:《〈商标审查程序的简化〉课题调研报告(上)》,载《中华商标》2020 年第 Z1 期。

[91]沈兰英、孙娜、贾宏:《〈商标审查程序的简化〉课题调研报告(下)》,载《中华商标》2020 年第 4 期。

[92]冯晓青、刘欢欢:《效率与公平视角下的商标注册制度研究——兼评我国商标法第四次修改》,载《知识产权》2019 年第 1 期。

[93]潘高扬:《浅析我国商标异议制度的完善——以"微信商标"案为例》,载《法制与经济》2018 年第 7 期。

[94]李雷、梁平:《论我国商标授权确权程序的优化》,载《知识产权》2017 年第 7 期。

[95]易玲:《日本专利无效判定制度之改革及其启示》,载《法商研究》2017 年第 2 期。

[96]孔祥俊:《论非使用性恶意商标注册的法律规制——事实与价值的二元构造分析》,载《比较法研究》2020年第2期。

[97]孔祥俊:《论我国〈商标法〉的私权中心主义——〈商标法〉公法秩序与私权保护之定位》,载《政法论丛》2023年第3期。

[98]张玲玲:《专利商标确权司法程序中司法变更权的确立》,载《人民司法(应用)》2016年第28期。

[99]程顺增:《商标授权确权行政诉讼之特性分析与改良建议》,载《中华商标》2012年第3期。

[100]林威:《新〈商标法〉第四条评析》,载《大连海事大学学报(社会科学版)》2020年第4期。

[101]钟鸣、陈锦川:《制止恶意抢注的商标法规范体系及其适用》,载《法律适用》2012年第10期。

[102]范亚利:《严把商标实质审查程序 遏制恶意注册》,载《中华商标》2018年第6期。

[103]齐爱民:《论民法基本原则在知识产权法上的应用》,载《电子知识产权》2010年第1期。

[104]刘春田:《民法原则与商标立法》,载《知识产权》2010年第1期。

[105]马一德:《知识产权法与民法的关系——以公序良俗为连接点》,载《知识产权》2015年第10期。

[106]王利明:《论公序良俗原则与诚实信用原则的界分》,载《江汉论坛》2019年第3期。

[107]魏宵林:《从"Going Down"案看商标法"不良影响"条款的适用》,载《中华商标》2019年第8期。

[108]纪明明:《美国商标异议程序简介》,载《中华商标》2014年第3期。

[109]杜颖:《〈商标法〉第四次修改的问题面向与基本思路》,载《中国发明与专利》2018年第8期。

[110]杜颖、王国立:《欧盟共同体商标的注册》,载《中华商标》2009年第10期。

[111]邱竞:《我国新近的〈商标法修改草稿〉取消相对理由审查的启示》,载《中国包装》2007年第6期。

[112]谢冬伟:《取消相对理由审查的几点考虑》,载《中华商标》2007年第12期。

[113]杜颖、王国立:《知识产权行政授权及确权行为的性质解析》,载《法学》2011年第8期。

[114]杜颖、郭珺:《〈商标法〉修改的焦点问题:商标异议程序重构》,载《中国专利与商标》2019年第3期。

[115]杜颖:《欧盟第12442166号三道杠商标无效案述评》,载《中华商标》2019年第7期。

[116]甘藏春、柳泽华:《行政复议主导功能辨析》,载《行政法学研究》2017年第5期。

[117]张惠彬:《历史演进与当代启示:商标与商誉关系新探——以英美普通法实践为考察中心》,载《北方法学》2016年第6期。

[118]崔立红:《商标无效宣告制度比较研究》,载《知识产权》2014年第7期。

[119]李明德:《商标注册在商标保护中的地位与作用》,载《知识产权》2014年第5期。

[120]李思佳:《中国商标审查程序存在的问题及对策》,载《河北学刊》2012年第4期。

[121]曹新明:《商标抢注之正当性研究——以"樊记"商标抢注为例》,载《法治研究》2011年第9期。

[122]马强:《论商标的基础显著性》,载《知识产权》2011年第8期。

[123]王天华:《日本的"公法上的当事人诉讼"——脱离传统行政诉讼模式的一个路径》,载《比较法研究》2008年第3期。

[124]尹佳妮:《美日商标制度比较及对我国的启示》,载《法制与社会》2008年第34期。

[125]佚名:《欧盟:欧盟知识产权局上诉委员会在相对理由无效程序中不得主动审查没有争议的使用证据》,载《中华商标》2018年第12期。

[126]国家工商总局商标评审委员会:《德国、英国、欧盟商标司法审查制度考察与分析》,载《中国工商管理研究》2005年第1期。

[127]张慧霞、杜思思:《商标使用的类型化解读》,载《电子知识产权》

2020年第12期。

[128] 郑楠:《欧盟商标授权确权制度改革的最新情况研究　世界商标授权确权制度最新改革动向研究之一》,载《中华商标》2020年第7期。

[129] 孙国瑞、董朝燕:《论商标权人的商标使用义务》,载《电子知识产权》2020年第4期。

[130] 梁韵笛:《回归以使用为授权基础的原则——评美国商标现代化法案》,载《中华商标》2020年第4期。

[131] 孙靖洲:《〈德国商标法〉的最新修订及其对我国的启示》,载《知识产权》2019年第6期。

[132] 薛友飞:《商标海外注册快速审查制度探析》,载《中华商标》2019年第11期。

[133] 刘点、肖冬梅:《日本专利异议制度回归缘由及其启示》,载《湘潭大学学报(哲学社会科学版)》2018年第3期。

[134] 孙瑜晨:《优先论抑或竞合论:商标法和反不正当竞争法的关系考论——兼评〈反不正当竞争法(修订草案)〉第6条》,载《经济法学评论》2017年第1期。

[135] 朱冬:《不可争议商标中在先权利的保护及限制》,载《知识产权》2017年第8期。

[136] 卢结华:《欧盟商标法对恶意注册的认定》,载《中华商标》2017年第7期。

[137] 易继明、黄晓鲧:《欧盟商标法的改革及意义》,载《陕西师范大学学报(哲学社会科学版)》2016年第6期。

[138] 梅远:《如何获得并维持美国联邦商标注册》,载《中华商标》2016年第6期。

[139] 刘蕴、王华:《私权语境下的商标异议制度反思》,载《北京邮电大学学报(社会科学版)》2015年第4期。

[140] 刘海虹:《欧盟商标法改革方案评析》,载《知识产权》2015年第8期。

[141] 叶挺舟:《混合取得模式下商标共存制度研究——兼评2013年商标法修正案第59条》,载《时代法学》2015年第3期。

[142]唐艳、王烈琦:《对知识产权行政授权行为性质的再探讨》,载《知识产权》2015年第1期。

[143]叶秋华、杨嵩涛:《中美商标法律制度的比较与启示》,载《现代管理科学》2014年第12期。

[144]鲍荷花:《欧盟商标异议程序简介》,载《中华商标》2014年第8期。

[145]陈飞:《欧盟商标"第三方意见"程序》,载《中华商标》2014年第2期。

[146]卢爱媛、李明珍:《商标法之"在先权利"条款的法律适用——兼评商标法第三次修改中的商标异议制度》,载《电子知识产权》2011年第11期。

[147]桂万先:《欧盟与中国商标注册程序法比较研究》,载《经济研究导论》2011年第30期。

[148]王芸芸:《论我国商标异议制度的改革——兼评恶意异议的治理》,载《知识产权法研究》2011年第2期。

[149]邢冬生、刘瑞旗等:《浅论"闲置"商标的处置利用(一)》,载《中华商标》2013年第12期。

[150]刘沛:《比荷卢地区商标异议程序解析》,载《中华商标》2012年第10期。

[151]付继存:《形式主义视角下我国商标注册制度价值研究》,载《知识产权》2011年第5期。

[152]郑友德:《德国知识产权法的演进》,载《电子知识产权》2010年第10期。

[153]周俊强:《商标异议程序立法研究——兼论我国商标异议程序的改革》,载《知识产权》2010年第2期。

[154]金多才:《中德注册商标无效制度比较研究》,载《公民与法》2014年第9期。

[155]钟鸣:《商标异议理由及异议人主体资格的确定问题》,载《中华商标》2014年第2期。

[156]李慧辉:《美国商标申请与中国之差异》,载《中华商标》2013年第4期。

[157]赵毅:《在德国或欧盟遭遇商标"恶意抢注"的应对方法》,载《中华

商标》2011年第11期。

［158］张法连:《美国处理商标注册与在先权利的冲突问题探究——评析日本华特克公司诉刘氏及美国华特克公司案》,载《法律适用》2009年第7期。

［159］《德国专利商标局(DPMA)》,载《中华商标》2009年第8期。

［160］刘沫含:《商标异议过程中的使用行为对商标核准注册司法判断的影响》,载《人民司法》2008年第17期。

［161］桂万先:《欧盟统一商标注册要件研析——以案例为基础的解读》,载《经济研究导论》2008年第13期。

［162］周新艳:《从"GALANZ"商标案看欧盟异议制度》,载《中国外资》2008年第3期。

［163］邱竟:《我国新近的〈商标法修改草稿〉取消相对理由审查的启示》,载《中国包装》2007年第6期。

［164］文学:《德国商标异议制度》,载《中华商标》2006年第11期。

［165］黄光辉:《论我国商标权取得制度的重构——基于"使用"与"注册"的考量》,载《北京工业大学学报(社会科学版)》2004年第4期。

［166］朱雪忠、柳福东:《欧盟商标法律制度的协调机制及其对我国的启示》,载《中国法学》2001年第4期。

［167］张保国:《欧共体商标审查案例评析》,载《中华商标》2001年第2期。

［168］黄铭杰:《日本新商标法解析——朝向更迅速、简便、合宜的商标制度之修正》,载《月旦法学杂志》1998年第4期。

［169］杨和义:《台湾地区商标专用权制度》,载《法学家》1997年第6期。

［170］姚新超:《欧盟新商标法与我国外贸商标的国际保护》,载《国际贸易问题》1997年第7期。

［171］沙斌:《欧共体商标法律制度基础知识问答(二)》,载《中华商标》1997年第3期。

［172］郑兴无:《试析欧盟商标法规》,载《欧洲》1997年第5期。

［173］宋锡祥:《论欧盟联盟的新〈商标法〉(续)》,载《外国经济与管理》1996年第8期。

［174］宋锡祥:《论欧盟联盟的新〈商标法〉》,载《外国经济与管理》1996

年第 7 期。

[175] 乔云:《德国新商标法简介》,载《知识产权》1996 年第 4 期。

[176] 梁慧星:《诚实信用原则与漏洞补充》,载《法学研究》1994 年第 2 期。

[177] 黄晖:《六国商标异议机制概述》,载《知识产权》1993 年第 5 期。

[178] 周剑波:《商标注册时引用不以使用为目的的恶意注册商标规制》,载《中华商标》2023 年第 12 期。

[179] 覃林航:《我国商标注册取得制度完善研究》,载《科技创业月刊》2023 年第 12 期。

[180] 郑楠:《全球视角下气味商标的接受、注册及审查研究》,载《中华商标》2023 年第 8 期。

[181] 杜颖、鉌乌:《商标存续期间说明商标使用情况制度研究——兼论〈商标法修订草案(征求意见稿)〉第 61 条》,载《知识产权》2023 年第 5 期。

[182] 王莲峰、黄安妮:《论我国商标注册审查制度的优化——兼评〈商标法修订草案(征求意见稿)〉的相关规定》,载《知识产权》2023 年第 5 期。

[183] 余俊、廖慧姣:《"不以使用为目的的恶意商标注册申请"的解释与适用》,载《法律适用》2022 年第 8 期。

[184] 张露:《取消商标相对理由审查的可行性分析》,载《中华商标》2022 年第 6 期。

[185] 明泽宇:《方言商标审查中常见的几种情形》,载《中华商标》2022 年第 5 期。

(二) 中文学位论文

[1] 叶霖:《我国商标注册制度完善研究》,中南财经政法大学 2020 年博士学位论文。

[2] 郭珺:《我国商标异议程序完善研究》,中央财经大学 2021 年博士学位论文。

[3] 党晓林:《商标权注册取得制度研究》,中国政法大学 2018 年博士学位论文。

[4] 曹世海:《商标权注册取得制度研究》,西南政法大学 2016 年博士学位论文。

[5]戴彬:《论商标权的取得与消灭》,华东政法大学 2013 年博士学位论文。

[6]黄保勇:《未注册商标的法律保护研究》,西南政法大学 2012 年博士学位论文。

[7]刘华俊:《知识产权诉讼制度研究》,复旦大学 2012 年博士学位论文。

[8]杨凯旋:《商标法在先权利保护研究》,华东政法大学 2021 年博士学位论文。

四、英文论文

[1] Wu, J. K., Lam, C. P., Mehtre, B. M., Gao, Y. J. & Narasimhalu, A. D., *Content-based Retrieval for Trademark Registration*, Representation and Retrieval of Visual Media in Multimedia Systems, 69 – 91 (1996).

[2] Khang, A., Abdullayev, V., Hahanov, V. & Shah, V. eds., *Advanced IoT Technologies and Applications in the Industry 4.0 Digital Economy*, CRC Press (2024).

[3] Lemley, M. A. & McKenna, M. P., *Trademark Spaces and Trademark Law's Secret Step Zero*, Stan. L. Rev., 75, 1 (2023).

[4] J. K. Wu, C. P. Lam, B. M. Mehtre et al., Content-Based Retrieval for Trademark Registration[C]. //Representation and Retrieval of Visual Media in Multimedia Systems/. 1996:245 – 267.

[5] Brookfield Commc'ns, Inc. v. West Coast Entm't Corp., 174 F. 3d 1036, 1062 – 64 (9th Cir. 1999).

[6] Trans Union LLC v. Credit Research, Inc., 142 F. Supp. 2d 1029, 1034 – 44 (N. D. Ⅲ. 2001).

[7] Carol M. Rose, *Modularity, Modernist Property, and the Modern Architecture of Property*, 10 Property Rights Journal 69 (2021).

[8] Dotan Oliar & James Y. Stern, *Right on Time: A Reply to Professors Allen, Claeys, Epstein, Gordon, Holbrook, Mossoff, Rose, and Van Houweling*, 100 Boston University Law Review 48 (2020).

[9] Douglas W. Allen, *Right on Time: Not Quite Right on Economics*, 100

Boston University Law Review 1 (2020).

[10] Wendy J. Gordon, *Response to Oliar & Stern: On Duration, The Idea/Expression Dichotomy, and Time*, 100 Boston University Law Review 33 (2020).

[11] Timothy R. Holbrook, *The Importance of Communication to Possession in IP*, 100 Boston University Law Review 16 (2020).

[12] Eric R. Claeys, *Claim Communication in Intellectual Property: A Comment on Right on Time*, 100 Boston University Law Review 4 (2020).

[13] Richard A. Epstein, *The Acquisition of Property Rights in Animals: A Brief Comment on Oliar and Stern: Right on Time: First Possession in Property and Intellectual Property*, 100 Boston University Law Review 11 (2020).

[14] Adam Mossoff, *The U.S. Patent System Was (and Is) A Rule-of-capture Property Rights Regime*, 100 Boston University Law Review 19 (2020).

[15] Carol M. Rose, *Right on Time, but How Much Does It Cost?*, 100 Boston University Law Review 23 (2020).

[16] Molly Shaffer Van Houweling, *Failed First Possession and the Permanent Public Domain*, 100 Boston University Law Review 28 (2020).

[17] Dotan Oliar & James Y. Stern, *Right on Time: First Possession in Property and Intellectual Property*, 99 Boston University Law Review 395 (2019).

[18] Rebecca Tushnet, *Registering Disagreement: Registration in Modern American Trademark Law*, 130 Harvard Law Review 867 (2017).

[19] Thomas W. Merrill, *Property as Modularity*, 125 Harvard Law Review 151 (2012).

[20] Daniel R. Bereskin, Miles J. Alexander & Nadine Jacobson, *Bona Fide Intent to Use in the United States and Canada*, 100 The Trademark Reporter 709 (2010).

[21] Harold Demsetz, *Frischmann's View of Toward a Theory of Property Rights*, 4 Review of Law and Economics 127 (2008).

[22] Graeme B. Dinwoodie, *Ten Years of Trademark Law: Lessons for the Future*, 8 International Intellectual Property Law and Policy 1 (2006).

[23] Daniel M. McClure, *Trademarks and Competition: The Recent History*, 59 Law and Contemporary Problems 13 (1996).

[24] Stephen L. Carter, *The Trouble with Trademark*, 99 The Yale Law Journal 759 (1990).

[25] Sidney A. Diamond, *The Historical Development of Trademarks*, 65 The Trademark Reporter 265 (1975).

[26] Gerald Ruston, *On the Origin of Trademarks*, 45 The Trademark Reporter 127 (1955).

[27] Abraham S. Greenberg, *The Ancient Lineage of Trade-marks*, 33 Journal of the Patent Office Society 876 (1951).

五、网络资源

(一) 中文网络资源

[1] 华孙事务所:《德国商标改革方案简介》,载华孙欧洲知识产权网 2018 年 9 月 21 日,http://www.huasun.org/ipnews/617。

[2] 孙一鸣、段路平:《德国商标申请指南》,载华孙欧洲知识产权网 2020 年 5 月 19 日,http://www.huasun.org/de_trademark/huasun_guide。

[3] 华孙事务所:《自 2020 年 5 月 1 日起德国商标权利失效和无效程序的最新变化》,载华孙欧洲知识产权网 2020 年 5 月 12 日,http://www.huasun.org/ipnews/715。

[4] 华孙事务所:《德国专利商标局发布 2020 年度主要数据》,载华孙欧洲知识产权网 2021 年 3 月 19 日,http://www.huasun.org/ipnews/745。

[5]《德国〈商标法现代化法案〉第二部分生效实施》,载集佳知识产权网 2020 年 9 月 25 日,http://www.unitalen.com.cn/html/report/17122603-1.htm。

[6] Jesús GÓMEZ:《【欧盟商标】存在准合同关系的一方恶意抢注对方商标(C-528/18 P)》,载微信公众号"艾萨博睿知识产权"2020 年 9 月 16 日,https://mp.weixin.qq.com/s/tznRlkoZXP5 moRPk3MhAcg。

[7] 华孙事务所:《〈华孙欧洲知识产权通讯〉第十九期》,载华孙欧洲知识产权网 2020 年 8 月 27 日,http://www.huasun.org/info/announcements/724。

[8] 木已成舟:《2019年中国申请人在欧盟商标异议情况及裁决简析》,载微信公众号"百一知识产权与法律",https://mp.weixin.qq.com/s/gx9uxznIF5N9eq1souBfeg。

[9] 华孙事务所:《欧盟知识产权局就欧盟商标发展情况(2010－2019)发布报告》,载华孙欧洲知识产权网2020年7月28日,http://www.huasun.org/ipnews/722。

[10] 华孙事务所:《欧盟商标和欧盟外观设计实务指引》,载华孙欧洲知识产权网2020年7月27日,http://huasun.de/cn/node/620。

[11] 黄晖:《中欧商标立法和实务比较》,载微信公众号"万慧达知识产权"2020年6月2日,https://mp.weixin.qq.com/s/X0aZmrsPJXwK0K-ozAFzHA。

[12] 薛友飞:《欧盟知识产权局2019年度报告解读(商标部分)》,载微信公众号"中华商标杂志"2020年6月15日,https://mp.weixin.qq.com/s/cpe98vMXPxV6d44Ggf8jRw。

[13] 华孙事务所:《〈华孙欧洲知识产权通讯〉第十八期》,载华孙欧洲知识产权网2020年4月28日,http://www.huasun.org/info/announcements/713。

[14] 龚涛:《欧洲法院认为商标使用的范围不清晰不构成商标无效的理由》,载微信公众号"武大知识产权与竞争法"2020年2月3日,https://mp.weixin.qq.com/s/8-3AQfdRXGwdQxbJpGHfOw。

[15] 中华商标杂志:《欧盟:欧盟法院认为恶意不以混淆为条件》,载微信公众号"中华商标杂志"2019年12月3日,https://mp.weixin.qq.com/s/ZKSpcKbYO_o41ymR1-jYkA。

[16] 武大知竞:《欧盟普通法院裁定撤销由"魔方"形状组成的欧盟商标》,载微信公众号"武大知识产权与竞争法"2019年10月31日,https://mp.weixin.qq.com/s/NwB1lKXq0tjmrr5VAQy-kA。

[17] 中华商标杂志:《欧盟:不改变显著特征的使用可视为商标的真实使用》,载微信公众号"中华商标杂志"2019年11月21日,https://mp.weixin.qq.com/s/z_0B43WLeAaS8eu8oWIcDQ。

[18] 华孙事务所:《〈华孙欧洲知识产权通讯〉第十六期》,载华孙欧洲知识产权网2019年10月25日,http://www.huasun.org/info/announcements/678。

[19] 王国浩:《【热点案例】阿迪达斯在欧盟注册的一件"三道杠"图形商标被宣告无效》,载微信公众号"北京知识产权公共服务"2019年9月26日,https://mp.weixin.qq.com/s/5phEh foGAtpQ-s637Scp_A。

[20] 焦雁:《欧盟和中国商标异议程序之比较》,载微信公众号"正理知识产权"2019年8月20日,https://mp.weixin.qq.com/s/h2Io2sUYdf_4GHk3N3mOeg。

[21] 中华商标杂志:《环球资讯|欧盟普通法院明确商标对外使用不必须针对终端消费者》,载微信公众号"中华商标杂志"2019年5月18日,https://mp.weixin.qq.com/s/4bkYbE1UBcTpl NPbEv8q6A。

[22]《欧盟法院认为描述性使用不能视为商标的使用》,载微信公众号"万慧达知识产权"2019年3月21日,https://mp.weixin.qq.com/s/BVz-Y8nCBhggd6 EM91PgFg。

[23] 何放译:《回顾|缓慢的变革:欧盟商标真实使用之判定》,载微信公众号"INTA国际商标协会"2019年2月15日,https://mp.weixin.qq.com/s/YjUyBOx9bpM IqF9ZB-cY9g。

[24] 武大知竞:《域外动态||欧盟普通法院宣布撤销EUIPO关于欧盟商标SPINNING所有者权利的撤销决定》,载微信公众号"武大知识产权与竞争法"2019年1月18日,https://mp.weixin.qq.com/s/74iwnsRfZ6tf1qHU24m9gg。

[25] 王树展、姚冰:《汉盛法评|中国与欧盟的商标异议制度对出海企业品牌保护的启示》,载微信公众号"汉盛律师"2018年12月7日,https://mp.weixin.qq.com/s/M8kD9Agy39rF N6pgJiQNOIg。

[26] 卢结华:《欧盟知识产权局调解中心:设立沿革、运行现状与未来展望》,载微信公众号"万慧达知识产权"2018年11月27日,https://mp.weixin.qq.com/s/3YAwdiA0VD2u2F MmeOzA9Q。

[27] Ana SANZ:《普通商标作为证明商标使用被撤销案(C-689/15)》,载微信公众号"艾萨博睿知识产权"2018年11月23日,https://mp.weixin.qq.com/s/rnudea3gEHYw-fo96 Pww3Q。

[28] 陈滢编译:《欧盟商标法改革,究竟改了些啥?》,载微信公众号"知识产权与竞争法"2017年7月20日,https://mp.weixin.qq.com/s/U3nyQShEzkwim4GlUez3gw。

[29] 华孙事务所:《〈华孙欧洲知识产权通讯〉第七期》,载华孙欧洲知识

产权网 2017 年 4 月,http://www. huasun. org/info/announcements/491。

[30]秦慧敏:《欧盟法院判决在撤销案件中明确何为"注册商标显著性已经改变"》,载微信公众号"万慧达知识产权"2017 年 3 月 2 日,https://mp. weixin. qq. com/s/As0F7PL9PGH2H0Pk7tzrsw。

[31]深圳知元商标:《欧盟商标异议程序》,载微信公众号"深知元商标注册"2016 年 12 月 14 日,https://mp. weixin. qq. com/s/0mfaH0f3qozmHeIgQQ4RiA。

[32]盛凡国际部:《盛凡国际|欧盟商标快速审查程序介绍》,载微信公众号"盛凡知识产权 IP"2014 年 11 月 25 日,https://mp. weixin. qq. com/s/xIF2mKkNIbAQAkT-Hc31mw。

(二)外文网络资源

[1] Kluwer Trademark Blog, *Germany:Modernized Trademark Law*, http://trademarkblog. kluweriplaw. com/2019/02/04/germany-modernized-trademark-law/.

[2] European Patent Office, *EUIPO Statistics in European Union Trade Marks1996 – 01 to 2020 – 12 Evolution*, https://euipo. europa. eu/tunnel-web/secure/webdav/guest/document _ library/contentPdfs/about _ euipo/the _ office/statistics-of-european-union-trade-marks_en. pdf.

[3] European Patent Office, *Overview of CJ/GC Case-law*, https://euipo. europa. eu/tunnel-web/secure/webdav/guest/document_library/contentPdfs/law_and_practice/yearly_overview/yearly_overview_2019. pdf.

[4]European Patent Office, *Alicante News Up to Date Information on IP and EUIPO-related Matters January 2020*, https://euipo. europa. eu/tunnel-web/secure/webdav/guest/document _library/contentPdfs/about _euipo/alicante _news/alicantenews_january_2021_en. pdf.

[5]European Patent Office, *EU Mediation Directive and the EUIPO Boards of Appeal ADR Service*, https://ipkey. eu/sites/default/files/ipkey-docs/2020/IPKeySEA_aug2020_GordonHumphreys_EUMediation_Directive_EUIPO_BoA_ADRService_presentation. pdf.

[6]European Patent Office, *2019 Annual Report of EUIPO*, https://euipo. europa. eu/tunnel-web/secure/webdav/guest/document _library/contentPdfs/about _

euipo/annual_report/annual_report_2019_en. pdf.

［7］European Patent Office, 2018 *Annual Report of EUIPO*, https://euipo. europa. eu/tunnel-web/secure/webdav/guest/document_library/contentPdfs/about_euipo/annual_report/annual_report_2018_en. pdf.

［8］European Patent Office, *Overview of GC/CJ Case-law* 2018, https://euipo. europa. eu/tunnel-web/secure/webdav/guest/document_library/contentPdfs/law_and_practice/yearly_overview/yearly_overview_2018. pdf.

［9］Pinsent masons, *Opposition against an EU Trade Mark Application*, https://www. pinsentmasons. com/out-law/guides/opposition-against-eu-trade-mark-application.

［10］European Patent Office, *The Boards of Appeal*, https://euipo. europa. eu/tunnel-web/secure/webdav/guest/document_library/contentPdfs/law_and_practice/appeal/BoA_2018_Annual_Report_en. pdf.

［11］European Patent Office, *Procedural Changes*, https://euipo. europa. eu/ohimportal/en/procedural-changes.

［12］European Patent Office, *You Have Just Applied for a Trade Mark What Happens Next?*, https://euipo. europa. eu/ohimportal/registration-process.

［13］European Patent Office, *EU Trade Mark Reform Summary of Changes Applying from 1 October 2017*, https://euipo. europa. eu/tunnel-web/secure/webdav/guest/document_library/contentPdfs/law_and_practice/eutm_regulation/Summary_LR2_en. pdf.

［14］European Patent Office, *EU Trade Mark Reform Comparative Document-Regulation (EC) 207/2009 (as amended) and Regulation Eutmr* 2017/1001, https://euipo. europa. eu/tunnel-web/secure/webdav/guest/document_library/contentPdfs/law_and_practice/DGWPLR/EUTMR_as_amended_en. pdf.

［15］Annette Kur, *The EU Trademark Reform Package—(Too) Bolda Step Ahead or Back to Status Quo?*, https://scholarship. law. marquette. edu/cgi/viewcontent. cgi? article = 1269&context = iplr.

六、研究报告

[1]《德国专利商标局 2017 年年度报告》,载德国专利商标局 DPMA 官网,https://www.dpma.de/english/our_office/publications/annual_reports/index.html。

[2]《德国专利商标局 2019 年年度报告》,载德国专利商标局 DPMA 官网,https://www.dpma.de/english/our_office/publications/annual_reports/index.html。

[3] *Study on the Overall Functioning of the European Trade Mark System*, presented by Max Planck Institute for Intellectual Property and Competition Law Munich,15.02.2011.

七、报刊

[1][日]园田吉隆:《中日商标制度的主要差异有哪些?》,载《中国知识产权报》2013 年 6 月 7 日,005 版。

[2]刘颖:《是否有必要进行商标查询?》,载《中国贸易报》2014 年 12 月 18 日,A6 版。

后记　有梦不觉人生寒

2025年是我在高校从教的第40个年头,回想起来,还是甜味多于酸咸苦辣;感恩于我所生活的时代和工作的高校,欣慰于自己当初的选择和40年的坚守,不断追寻梦想并实现,或许就是天地间的一点了不起吧!

本书是我圆梦的果实之一。2020年10月,我中标并主持国家社科基金项目重点课题《商标注册审查制度改革研究》,自课题立项通知下达后,立即召集课题组成员开会布置工作,并制定了课题的大纲和研究计划。其间,克服疫情带来的困难,带领课题组多次外出调研了解商标注册审查的实际情况、收集相关数据、请教审查员和相关专家等,经过3年多的努力和反复修改讨论,于2024年上半年完成研究报告,通过结项并获得了良好成绩。

在结项报告的基础上,我又制定了书稿的框架结构和目录,更新了相关数据和实例,在课题组主要成员的辛勤耕耘下,2025年6月最终完成书稿的撰写和修改工作。其中,张立新博士撰写书稿第二章、第四章及第五章的部分内容;胡丹阳博士撰写书稿第一章、第五章的部分内容和整理汇总附录;黄安妮博士撰写书稿第三章、第五章的部分内容;我个人负责全书的通稿工作。其间,叶赟葆博士、胡同、栗晨曦和李朴博士研究生参与了书稿的校对工作;在读的部分博士研究生和硕士研究生参与课题和书稿的资料收集和整理工作,对各位的辛勤付出,在此一并表示感谢。

尽管为书稿的完成殚精竭虑,但受语言的限制,本书对德国和法国的商标注册审查实践及数据掌握不多;对异议后置和无效程序的制度协调,由于我国目前尚未实施,缺乏具体数据;异议后置的变革是否会影响无效程序的功能实现?或者是否会有大量案件被挤压到无效程序中?这些问题还需要结合相关审查数据,后续还要做进一步研究和论证。

有梦不觉人生寒,琴到无人听时工。学术和生活都是我所热爱的,那就继续心系远方、追逐梦想吧!

王莲峰
2025 年 6 月于上海苏州河畔